本书为著者主持的国家社科基金重大专项
"中国马克思主义学术通史研究"（23VLS004）的阶段性成果

中国现代学术概论

第四卷

吴汉全 著

人民出版社

目　　录

第　四　卷

第九章　教育学 ……………………………………………………… 001

一、中国现代教育学产生的背景 ……………………………………… 001

二、20 世纪 20 年代的教育学 ………………………………………… 004

（一）西方教育思想的输入 …………………………………… 005

（二）"教育救国"思想的兴起 ……………………………… 006

（三）中国马克思主义教育思想的产生 ……………………… 009

三、20 世纪 30—40 年代的教育学 …………………………………… 009

（一）中国共产党人教育思想的发展 ………………………… 009

（二）美国教育思想对国统区的影响与教育问题的论战 …… 013

（三）教育学的大众化走向及与相关学科的结合 …………… 015

四、教育学研究的主要成就 …………………………………………… 019

（一）马克思主义者的教育思想 ……………………………… 019

（二）著名民主人士的教育思想 ……………………………… 082

第十章　社会学 ……………………………………………………… 146

一、资产阶级社会学在中国的兴起 …………………………………… 146

（一）西方社会学的引进及其本土化走向 …………………… 147

（二）人口问题的研究 ………………………………………… 150

（三）家庭社会学的兴起 ……………………………………… 154

（四）社会学研究的学术团体和相关刊物 …………………… 158

二、中国马克思主义社会学体系的构建 ……………………………… 161

（一）中国马克思主义社会学的创建阶段（1919—1927 年）············ 161
（二）中国马克思主义社会学的发展阶段（1927—1937 年）············ 163
（三）中国马克思主义社会学的初步成熟阶段（1937—1949 年）······ 166
三、社会调查运动与社会学研究的推进 ················ 171
（一）五四时期的社会调查 ···················· 171
（二）20 世纪 20 年代至 30 年代的社会调查运动 ········· 185
（三）马克思主义者的社会调查思想 ·············· 190
四、代表性的社会学著作 ······················· 212
（一）理论社会学著作 ······················ 212
（二）应用社会学著作 ······················ 247

第十一章　民族学 ······························ 305
一、民族学研究的历程 ························· 305
（一）民族学的引进 ······················· 305
（二）20 世纪 20 年代末和 30 年代中国学者的民族学研究 ······ 307
（三）民族学研究的学术组织与相关刊物 ············· 308
二、民族学研究的主要问题 ······················ 311
（一）民族本质及其规律的研究 ················· 311
（二）民族压迫问题的研究 ···················· 317
（三）民族解放道路的探索 ···················· 320
三、民族学研究的代表性著作 ····················· 324
（一）瞿秋白的《现代民族问题讲案》（1926 年）等著作 ········· 324
（二）李达的《民族问题》（1929 年） ·············· 330
（三）吴清友的《民族问题讲话》（1936 年） ··········· 334
（四）林克多的《民族革命战争论》（1937 年） ·········· 337
（五）刘少奇的《论国际主义与民族主义》（1948 年）········ 339

第九章　教育学

教育学是以教育现象、教育问题为研究对象,归纳总结人类教育活动的科学理论与实践,探索并解决教育活动产生、发展过程中遇到的实际教育问题,从而揭示出一般教育规律的一门社会科学。现代中国的教育学在西方教育观念的影响下,经历了一个"本土化"的历程,形成了立足于中国教育现状的教育学研究成果。马克思主义在五四时期传入中国后,极大地引领了教育学的研究方向,并构建了中国马克思主义教育学学科体系和学术体系,为推进中国教育学的发展作出了贡献。

一、中国现代教育学产生的背景

民国的建立及其后新文化运动的开展,为中国现代教育的发展和中国现代教育学的产生奠定了基础。

1912 年成立的中华民国,开启了中国现代教育的新局面,并对中国教育学的发展产生了积极作用。作为临时大总统的孙中山,高度重视教育对培养人格的极端重要性,指出:"今民国既已成立,国民之希望正大;然最要者为人格。我中国人民,受专制者已数千年,近二百六十余年,又受异种族专制,丧失人格久矣。今日欲回复其人格,第一件须从教育始。"①民国成立后,对封建主义旧教育进行资产阶级性质的改造,将西方资产阶级的教育理念贯彻到教育中。1912 年 4 月,南京临时政府教育部总长蔡元培发表了《对于教育方针之意见》,一方面对封建主义教育予以全面地批判和清算,另一方面提出了军国民主义教育、实利主

———————————

① 孙中山:《女子教育之重要》(1912 年),舒新城编:《中国近代教育史资料》下册,人民教育出版社 1961 年版,第 1017 页。

义教育、道德教育、世界观教育、美感教育的"五育"主张,为现代中国教育的发展及教育学理论的创建指明了方向。同年7月召开的临时教育会,讨论并通过了新的教育方针:"注重道德教育,以实利主义教育、军国民教育辅之,更以美感教育完成其道德。"这一教育方针的提出,集中体现了资产阶级的教育理念和教育主张,将资产阶级关于人的德智体美的思想上升到国家意志的层面,彻底否定了封建主义的忠君、尊孔、尚武的教育宗旨,这是中国教育走向现代化的重要表征。随后,蔡元培又发表了《世界观与人生观》、《三民主义的中和性》、《新教育与旧教育之歧点》等文章,全面而又系统地阐发了以道德教育为中心的教育宗旨,以及关于"教育独立"、"兼容并包"的教育原则,关于发展个性、培养独立人格、崇尚自然的教育主张。至此,资产阶级教育的主体思想和基本框架在中国被正式确立起来。

民国所建立的新政治秩序及所确立的教育方针,推动了学者对教育问题的探索,从而使中国教育学研究出现了新气象。譬如,著名教育家杨昌济在1914年发表了《教育学讲义》,对教育的本质及教育的条件作了探讨,指出:"教育为人及于人之感化,然非凡感化皆为教育。人及于人之感化,而非教育者甚多。例如,人与人交际之时,无意识所与之感化不得谓为教育。人与人交际之时无意识所与之感化,非达某一定目的之感化,又此交际之感化非取此手段必取彼手段有一定次序之感化,即非有一定之方案之感化,不得入之教育之中。有目的、备方案与人以意识的感化,乃谓之教育。故教育有三条件:第一,教育之主体,不可不为人;第二,教育之客体,又不可不为人;第三,教育不可不为有目的、有方案之意识的感化。有此三条件,则谓之教育。教育之主体,不可不为心性已成之人;教育之客体,必有受教育之可能性。故教育者,乃心性已成熟者对于心性未熟者有目的、有方案之意识的感化也。"①又譬如,教育家范源濂对于教育与社会发展的关系进行研究,阐明了教育对于国家进步、文明发展的关系。范源濂指出:"今者世界大通,文化日进,人生必要之知能,因以益多。人苟于日用寻常之事理,茫乎莫悉其要,斯涉身处世,鲜不动辄得咎者矣。普通学之程度,虽至浅近,然差足应此种之需求。故文明各国,莫不定普通教育之一部为国民义务教育。其年限愈长者,则各国势之发展亦愈强大。诚以普通学之力,足以推举后辈之国民,同跻于当世进化之域;更能齐一其根本思想,而成举国一致之远谟。此最为强固民志,伸张国力之要图也。我国今处存亡

---

① 《教育学讲义》(1914年),《杨昌济文集》,湖南教育出版社1983年版,第101—102页。

危急之秋，使为国民者而长此缺乏知己知彼之常识，不克尽其公私之责务焉，几何而不自速于沦丧耶？是欲培养国民适于生存之力，又非普通学不为功也。"①民国建立之初，出现了教育学研究的良好风气，推动了全社会对教育问题的重视。

中国现代教育学同时又是在新文化运动精神的直接推动下形成和发展起来的。新文化运动从三个方面推动现代教育学的产生：

一是新文化运动高举民主和科学的大旗，对以孔子为代表的传统教育思想给予有力冲击，极大地解放了人们的思想。新文化运动把斗争的矛头指向孔家店，对孔子的思想体系予以无情的批判。如吴虞发表《家族制度为专制主义之根据论》、《说孝》、《吃人与礼教》等文章，把儒家封建的旧道德宣布为"吃人的礼教"；鲁迅发表《狂人日记》（1918 年），把中国几千年的封建历史作为统治者"吃人"的历史；李大钊发表《自然的伦理观与孔子》（1917 年）等文章，抨击孔子是"历代帝王专制之护符"。

二是新文化运动的精英通过引进西学的重大努力，使包括西方教育观点和教育理念在内的西方文化迅速地传入中国，进一步解放了人们的思想、拓宽了人们的视域。西方教育思想的输入尤其是日本学者教育学著作的输入②，促进了人们思想和观念的转变，为中国现代教育学体系的构建提供了重要的学术资源。正是在新文化运动的影响下，西方的教育思想如民主主义的教育观点、儿童教育的思想、平民主义教育思想等纷纷进入中国，开启了中国现代教育大规模引进西方教育思想之先河，推进了中国教育现代化的历程，这也使得中国现代教育学具有西学的渊源。

三是新文化运动中对教育问题的集中探讨和深入研究，开辟了现代教育的

---

①　范源濂：《说新教育之弊》（1914 年），舒新城编：《中国近代教育史资料》下册，人民教育出版社 1961 年版，第 1062—1063 页。

②　民国初年及新文化运动早期，日本学者教育研究的成果得以输入。如日本学者吉田雄次著《新教育学》（蒋维乔编译，商务印书馆 1915 年出第 6 版）、大濑甚太郎著《中华教育学教科书》（宋嘉钊译，中华书局 1913 年 10 月初版）、泽柳政太郎著《实际教育学》（彭清鹏译，教育杂志社 1914 年 7 月版）、小泉又一的《教育学》（顾倬译著，文明书局 1914 年 12 月初版）等，在当时的中国教育界影响就很大。中国学者编写的教育学著作，也有不少是以日本学者的著作为蓝本的。如宋嘉钊、张沂的《教育学教科书》（中华书局 1914 年 2 月初版），即取材于日本小山左文所著的《实用教育学提纲》；张毓聪编纂的《教育学》（师范学校新教科书，商务印书馆 1914 年 8 月初版，1916 年 10 月出第 4 版），参考了日本森冈常藏《教育学精义》及其他日本人的著作。——参见北京图书馆编：《民国时期总书目（教育·体育）》，书目文献出版社 1995 年版，第 2—3 页。

发展方向。新文化运动加强了对教育问题的研究,提出了改造中国教育的基本思想。如陈独秀于 1915 年发表《今日之教育方针》、1917 年发表《近代西洋教育》等文章,反对学校的尊孔读经和封建的伦理纲常教育,要求学校中多注意科学教育和职业教育,提倡在教育上发展儿童的个性,主张学校采用国语和白话文,这在当时的思想界和教育界产生了很大的影响。李大钊在 1919 年上半年发表的《劳动教育问题》、《现代青年活动的方向》等文章,不仅提出了劳动教育、青年教育、妇女教育、农民教育的极端重要性,而且将教育变革与社会改造结合起来。新文化运动精英的这些教育主张,努力探讨中国教育中的关键问题,将教育改造与社会改造联系起来,并指明了中国现代教育的发展方向,为"五四"以后中国现代教育学的开创奠定很好的思想基础。

正是由于民国的成立及其以后的新文化运动的积极影响,中国学者在借鉴西方教育思想的基础上,开始编著相关的教育学著作。北京女子师范学校于 1913 年出版周维成、林壬的《实用教育学》,商务印书馆于 1914 年出版了张毓聪的《教育学》(师范学校新教科书,杨保恒、蒋维乔校,据森冈常藏等人著作编写)及张子和的《大教育学》(高等师范学校教科书,据松本孝次郎等人著作编写),中华书局于 1914 年出版了刘以钟的《新制教育学》、彭清鹏的《实际教育学》以及宋嘉钊、张沂的《教育学教科书》(据小山左文《实用教育学提纲》编写),1915 年又出版了周维成、林壬编的《实用教育学讲义》,等等①。这不仅为现代中国教育学的发展注入了新的教育理念,而且也推动了教育学学科在中国的创建和发展。

"五四"至 1949 年间是中国现代教育学的建立和发展阶段,有着中华民国的建立和新文化运动发生的历史背景,同时也有着"五四"后社会变革所给予的深刻影响。马克思主义传入中国特别是中国共产党成立后,以马克思主义为指导的教育学在中国得以创建起来,并成为现代中国教育学发展的根本力量。现代中国的教育学研究就其演化历程而言,大体上可以分为两个阶段,即 20 世纪 20 年代的教育学和 30—40 年代的教育学。

二、20 世纪 20 年代的教育学

20 世纪 20 年代是中国现代教育学的产生阶段。在这一阶段,一方面是西

---

① 叶澜主编:《二十世纪中国社会科学·教育学卷》,上海人民出版社 2005 年版,第 57 页。

方教育学思想的进一步输入，从而使得作为学科形态的教育学处于创建之中，另一方面是中国马克思主义教育学思想开始产生并有初步的发展，有力地推进马克思主义教育学思想中国化的进程。这期间的特点是，不仅教育学的研究呈现流派纷呈的局面，而且体现了教育与实践结合相结合的趋势，教育学的研究及其提出的各种教育主张也更多地联系中国教育的实际状况。

（一）西方教育思想的输入

1920 年，美国实用主义教育家杜威来华讲学，胡适、陶行知等人积极宣传其实用主义教育思想。一时间，在中国形成了实用主义的教育思潮，并且实用主义在中国教育界的影响，一直延续到 20 世纪 30 年代及其以后。杜威主要的教育著作在中国的翻译情况，见下表[①]：

著者	书名	译者	出版社
杜威	杜威三大演讲	刘伯明口述、沈振东笔记	泰东图书馆 1920 年 11 月初版、1921 年 2 月再版
杜威	学校与社会	刘衡如	中华书局 1921 年 9 月初版，1935 年出第 10 版
杜威	杜威教育哲学	金海观等笔记	商务印书馆 1921 年 10 月初版、1922 年 7 月再版
杜威	平民主义与教育	常道直	商务印书馆 1922 年初版，1925 年 10 月出第 4 版，1931 年 4 月出第 6 版
杜威	民本主义与教育	邹韬奋（邹恩润）	商务印书馆 1928 年 3 月初版，1935 年 6 月出国难后第 2 版
杜威	民主主义与教育（1—5 册）	邹韬奋（邹恩润）	商务印书馆 1929 年 10 月版（为前书的易名版本）
杜威	明日之学校	朱经农、潘梓年	商务印书馆 1923 年 8 月初版，1927 年 8 月出第 4 版。此外，还有 1933 年 9 月国难后 1 版
杜威	教育科学之源泉	张岱年、付继良	人文书店 1932 年 8 月版
杜威	教育科学之资源	丘瑾璋	商务印书馆 1935 年 10 月初版（为前书另一译本）
杜威	教育哲学	刘伯明口述、沈振生笔记	泰东图书局 1935 年 4 月出第 6 版

---

① 参见北京图书馆编：《民国时期总书目（教育·体育）》，书目文献出版社 1995 年版，第 25—26 页。

续表

著者	书名	译者	出版社
杜威	经验与教育	曾昭森	商务印书馆 1940 年 10 月初版
杜威	经验与教育	李相勖、阮春芳	文通书局 1941 年 12 月初版、文通书局 1946 年 10 月 1 版（为前书另一译本）
杜威	经验与教育	李培囿	正中书局 1942 年 6 月渝初版、1946 年 3 月沪 1 版（为前书另一译本）
杜威	今日教育	董时光	商务印书馆 1946 年 2 月渝初版、1947 年 6 月沪初版

自然，实用主义教育思想在中国的演变之中也发生了很大的变化。陶行知将杜威的"学校即社会，教育即生活"的教育理念予以改造和创新，提出了"社会即学校、生活即教育、教学做合一"的教育思想，并在一些教育场所进行了实施。应该说，杜威的教育思想在现代中国的教育界有着很大的影响。

"五四"以后，美国的教育思想在中国得以大规模传播。在 20 世纪 20 年代，克伯屈的教育著作在中国得到广泛的传播。譬如，克伯屈的《教育方法原论》一书，分方法之广义与狭义问题、学习之简例、强制与学习、兴趣、思想之全程、教材与教育历程、道德教育等 21 章。该著在中国有孟宪承、俞庆棠的译本，商务印书馆于 1927 年 3 月初版，以后又多次再版。又譬如，克伯屈 1927 年 2 月在中国广州的演讲，以《奇帕脱勒博士演讲集》书名于 1927 年 4 月由广州国民政府教育行政委员会出版。再譬如，瞿菊农还将克伯屈的《文化变迁与教育》、《现代教育方法的批评》、《中国目前之教育问题》、《我对于印度及中国的印象》等文章收集起来，编选为《克伯屈讲演集》著作，由北京中华教育改进社于 1927 年 7 月出版。至 20 世纪 30 年代和 40 年代，克伯屈的教育思想在中国的影响还在继续着①。

（二）"教育救国"思想的兴起

五四时期"教育救国"思想的兴起，是以勤工俭学为其先导的。1920 年前后，蔡元培、吴玉章等人著书立说，提出留法勤工俭学思想。蔡元培于 1917 年 5 月 27 日在北京留法俭学会预备学校开学仪式上发表演讲，全面地阐发留学法国

---

① 如克伯屈的《现代教育》，有周瑞赓译本，大东书局 1933 年 12 月初版；有孙承光译本，书名改为《教育与现代文明》，中华书局 1939 年 4 月出版。克伯屈的《新教育原理》，有朱炳乾译本，商务印书馆 1948 年 4 月初版。

的理由："同人独提倡留法何故？曰：同人均经留法，于法国教育界适宜吾国学生之点，知之较详，则举所知以介绍于国人。其他留美、留德诸君，各介绍其所知，并行不悖，一也。同人之意，以为绅民阶级、政府万能、宗教万能等观念，均足为学问进步之障碍。所留学之国，苟有此种习惯，亦未始无影响于吾国之留学生。惟法国独无此种习惯，二也。欧美各国，生活程度均高，率非自费生所能堪。法国自巴黎以外，风气均极俭朴，其学校之不收学费、及所取膳宿费极廉者，所在多有。得以最俭之费用，求正当之学术，三也。吾国人恒言各国科学程度，以德人为最高。同人所见，法人科学程度，并不下于德人。科学界之大发明家，多属于法。德人则往往取法人所发明而为精密之研究。故两国学者，谓之各有所长则可，谓之一优一劣则不可。吾国学者颇有研究之耐心，而特鲜发明之锐气，尤不可不以法人之所长补之，四也。"① 吴玉章于 1920 年 1 月在四川留法预备学校发表演讲，指出："我们何以提倡留学法国？因为法国是欧洲文明中心，世界学术发明多由法国，近又战胜德、奥，其人民性质与吾国颇相似。吾人留学不但专重学术，尤在取得其社会观感，以为本国改良之用。此时吾国混乱已极，学校几有停办之势。去岁湖南各校教习、学生到北京来预备勤工俭学者不下四百余人，彼等谓与其死于沟壑，毋宁往法作极苦之工。国内无良学校，可痛！国内无干净土，尤可痛！近来新思潮颇盛，因为这种时势，更易产生此等思想。俄国革命进步最快，是因为俄国有新党主政。俄国党人无不曾历法国。吾人欲察其发动之源，亦不可不一往考查。诸君遇着这举世浑浊之时，新潮汹涌之会，不可不勇往直前，造最新的时势。前途远大，诸君勉之！"② 在这一留法俭学思想的指导之下，一些青年纷纷赴欧勤工俭学，使勤工俭学教育思想得以有效地实践。

在五四时期"教育救国"思想兴起过程中，与此相关联的各种教育主张应时而出：

黄炎培早在"五四"前即倡导职业教育，几十年如一日兴办职业教育。1923年，黄炎培发表《职业教育之礁》，1931 年又发表《怎样办职业教育》等文章，积极倡导职业教育，提出职业教育的宗旨，一是为己谋生，二是为群服务。黄炎培努力促成了学制改革运动，主张把职业教育列入学制系统之中。

从 1926 年开始，陶行知先后发表《中国大众教育问题》和《实施民主教育的

---

① 《北京留法俭学会预备学校开学式演说词》(1917 年 5 月 27 日)，《蔡元培全集》第 3 卷，浙江教育出版社 1997 年版，第 95 页。

② 《吴玉章文集》上卷，重庆出版社 1987 年版，第 39 页。

纲要》等文章,积极提倡和实践其生活教育的思想。他主张,通过乡村教育的途径,使生活教育思想落到实处。陶行知还认为,教育要与农民携手,"乡村学校是今日中国改造乡村生活之唯一可能的中心",并根据这一思想创办了晓庄学校和山海工学团。陶行知的教育思想不仅在国统区得到推行,而且在解放区亦有很大的影响①。

晏阳初的平民教育思想得益于五四时期平民主义思潮的影响,其本人亦高度重视"平民"的意义,认为社会上注重平民乃是"一种好现象",因为"平民程度之高低,关系于国家努力之强弱"②。1927 年,晏阳初发表《平民教育的宗旨目的和最后的使命》,1928 年又发表《平民教育概论》,系统地提出了平民教育思想,并在河北定县成立了定县实验区。

梁漱溟的教育思想在 20 世纪 20 年代即引起学界的注意,至 30 年代更引起学界的重视。1934 年,梁漱溟发表《社会教育与乡村教育之合流》、《乡农学校的办法及其意见》等文章,认为中国的命运取决于"乡村建设",提出了包括乡村教育在内的"乡村建设"的办法,同时还在山东邹平进行了实验,形成了乡村建设派的教育思想。在 20 世纪 30 年代,唐现之编有《梁漱溟先生教育文录》,收入梁氏《东西人的教育之不同》、《孔子学说之重光》、《目前中国小学教育方针之商榷》、《村学乡学释义》、《社会教育与乡村建设之合流》等 22 篇文章,由山东乡村建设研究院出版股于 1935 年 10 月初版。其后,唐现之又将梁氏教育文章重新编订,删去梁氏的《孔子学说的重光》、《人类社会建设应有的原则》等 11 篇,加入梁氏的《教育的出路与社会的出路》、《论广西国民中学制度》等文章,形成梁氏 22 篇文章的《梁漱溟教育文集》,由重庆开明书店 1945 年 6 月初版,1948 年 3 月出第 3 版③。

---

① 延安新教育学会编选的《行知教育论文选集》,在解放区有三个版本:一是华北新华书店 1945 年 10 月版,收录陶行知《教学合一》、《从野人生活出发》、《行是知之始》、《答朱端琰之问》、《育才学校创办旨趣》、《告生活教育社同志书》等 34 篇文章;二是胶东新华书店 1946 年 8 月初版,是 1946 年版增删本,新增的有《中华教育改进社改造全国乡村教育宣言书》、《湖南教学做讨论会记》、《试验乡村师范学校答客问》等文章;三是大连大众书店 1947 年 2 月再版及冀东新华书店再版,为纪念陶行知去世在书名加副标题"陶行知先生遗著",所收文章基本与前书相同。——参见北京图书馆编:《民国时期总书目(教育·体育)》,书目文献出版社 1995 年版,第 28 页。

② 晏阳初:《平民教育新运动》(1922 年 11 月),《平民教育与乡村建设运动》,商务印书馆 2014 年版,第 1 页。

③ 参见北京图书馆编:《民国时期总书目(教育·体育)》,书目文献出版社 1995 年版,第 14 页。

以上这些教育思想,皆是"教育救国"思想在"五四"以后的发展。就内容而言,大多具有改良主义的性质,亦即幻想在既有的政治经济条件下,通过教育手段来达到改造社会的目的,因而是不能解决中国教育问题和社会问题的。但这派的教育思想,在现代中国的教育界还是有着较大影响的。

(三) 中国马克思主义教育思想的产生

在 20 世纪 20 年代,中国马克思主义教育学的产生是中国现代学术史上一个重大的成就,并引领中国教育学发展的方向。以李大钊、陈独秀、恽代英、瞿秋白、杨贤江等为代表的早期马克思主义者,在宣传马克思主义教育学思想的同时,研究中国教育的实际问题,积极地推进马克思主义教育学思想中国化的进程,对封建教育、帝国主义奴化教育进行猛烈批判,运用马克思主义探讨教育与政治、经济的关系,教育与社会发展的关系,提出了无产阶级的教育方针思想;同时,对各种教育形式进行具体的研究,尤其是对于学校教育、青年教育、工农教育、妇女教育、儿童教育等诸多问题,在马克思主义指导下进行较为深刻的阐发,初步构建了中国马克思主义的教育学体系。关于中国马克思主义者教育思想的具体内容,在本书的"马克思主义者的教育思想"中加以重点叙述。

三、20 世纪 30—40 年代的教育学

20 世纪 30—40 年代的这一阶段,中国资产阶级教育思想尽管在某些方面还有所发展,但总体上看是处于衰落阶段,而中国马克思主义教育学思想表现出强劲的生命力,并在中国共产党新民主主义实践的推进中得到极大的发展。这期间的特点是,教育学与政治斗争的紧密结合,教育学就整体来说呈现单线化发展态势。

(一) 中国共产党人教育思想的发展

以毛泽东为代表的中国共产党人,在开辟农村包围城市武装夺取政权的过程中,将马克思主义的普遍原理与中国革命的具体实践相结合,逐步建立起新民主主义教育学体系。1934 年,毛泽东在《对第二次苏维埃代表大会的报告》中,提出:"苏维埃文化教育的总方针在什么地方呢? 在于以共产主义的精神教育广大的劳苦民众,在于使文化教育为革命战争与阶级斗争服务,在于使教育与

劳动联系起来,在于使广大中国民众都成为享受文明幸福的人。"1940年,毛泽东发表《新民主主义论》一文,又明确指出:新民主主义的教育应该是无产阶级领导的、人民大众的、反帝反封建的文化教育,即民族的、科学的、大众的教育。

在十年内战时期和抗日战争、解放战争时期,以毛泽东为代表的中国共产党人高度重视根据地的新民主主义教育,以马克思主义为指导阐发新民主主义教育的内容,指明了新民主主义教育为中国新民主主义革命服务的方向,并提出了新民主主义教育的民族的、大众的、科学的发展道路,推进了中国新民主主义教育思想的发展。毛泽东关于新民主主义教育的论述,继承和发展了"五四"以来的民主与科学的教育思想,提升了新民主主义革命中教育实践的新鲜经验,从理论上丰富和发展了马克思主义的教育理论宝库,建构了新民主主义教育理论的基本框架。

在毛泽东的新民主主义教育思想的指导之下,中共领导人和中国马克思主义教育家,如刘少奇、周恩来、朱德、林伯渠、罗瑞卿、李维汉、徐特立、刘季平、成仿吾、江隆基、程今吾、戴伯韬、林砺儒等,结合新民主主义教育的实践经验,从多个视角研究教育本质、教育内容、教育方法、学校体系、教育管理以及家庭教育、社会教育、儿童教育和妇女教育等各方面问题,进一步丰富了新民主主义的教育理论,使中国马克思主义教育学体系成熟起来。

中国马克思主义教育学理论之所以在抗日战争和解放战争时期得到发展与成熟,除了中国共产党自身走向成熟及不断地加强对新民主主义教育的领导外,还因为马克思主义教育理论此时与根据地的新民主主义教育实际相结合。在抗日战争时期,陕甘宁边区的教育之所以有声有色、丰富多彩、成效显著,成为各抗日民主根据地的模范,一个重要的原因是中国共产党加强了对"国民教育"的指导,以适应边区教育的实际需要。

譬如,柳湜[①]、贺连城在《陕甘宁边区教育厅指示各县关于一九四三年教育工作中的几个问题》中,就边区"国民教育之精简"作出以下几个原则:"1. 将中心力量放在完小,各县应把完小办好,其次多注意中小,整顿普小。这次精简主

---

① 柳湜(1903—1968),湖南长沙人,现代中国著名教育家。1928年加入中国共产党,1934年在《申报》开辟"读书专栏",曾任生活书店总编辑。1941年到延安,任陕甘宁边区参议员、边区政府委员、教育厅长等职务。新中国成立后,历任北京市教育局局长,教育部视导司司长,《人民教育》总编辑,教育部副部长、党组副书记等职。著作有《社会学常识》、《柳湜论文选》、《怎样研究政治经济学》、《柳湜文集》、《柳湜教育文集》行世。

要在提高质量,巩固过去成绩。……2. 中小、普小如无适当的教员或学生数过少,实无存在之可能或无存在之意义时,可以进行合并。但虽学生少而办得并不坏,仍不应合并。……3. 注意干部的配备,将最好的干部配备到完小,其次中小。使用干部以政治上服从边区施政纲领(不问党派)、边区政府的法令及有教学能力为标准。……4. 注意保持培养教育干部,教育干部以继续从事教育工作为原则,不得随便调动,尤其对本地干部是如此。……5. 改变强迫动员学生方式为劝学,区乡政府应对劝学认真负责,劝学以不妨碍群众家庭经济生活为原则。凡家庭经济可以供给子女入学者,必须劝导入学。……6. 小学课程可就各地具体情况,减少次要科目;加强识字、算术、习字等门,如能增加农业常识更好。……7. 增强社教工作,这里精简原则是扩大工作,不增加人,各县应配合有组织能力、热心社教的干部到民教馆去改进民教馆工作,与当地驻军、民众团体、中等学校、完全小学、党政及民众中热心人士合作,发动各种力量,用多种方式进行。民教馆应多做组织与领导工作。"①

又譬如,边区教育坚持从实际出发的原则,采取"民办公助"的政策,将民办与公办很好地结合起来。罗迈在《开展大规模的群众文教运动》中指出:"今天边区还是农业为主的经济,还是地广人稀,村庄分散,劳动力不足的条件。在这样基础和这种条件之上,群众文教工作宜于分散经营,以村庄为单位,以村庄的形式出现(如村学,村的识字组,读报组,卫生组……),才为群众乐于接受,才易于普及。过去由一个或两个乡办理集中的初级小学,与上述条件不适合,即使采用了强迫办法,实际上也办不通。所以一般说来,群众文教运动的推广与普及需要采取分散的形式,主要靠群众自己觉悟与自己动手,主要靠村民自己主办。由此,提出了民办公助政策。民办公助的目的,就是经过群众自己觉悟与自己动手,也即是毛主席所说需要与自愿这两个原则的具体实现。"又指出:"在今后边区的群众文教运动中,一方面要展开大量民办,以资普及;一方面需要小量公办,真正办好,作为民办的楷模与核心,以资提高,放弃或忽视小量公办,是不对的。"②

再譬如,抗日根据地坚持"教学一致"、"学用一致"的原则,将根据地教育与抗战的目标紧密联系起来。邵式平在 1938 年总结陕北公学办学经验时,就将

---

① 柳湜、贺连城:《陕甘宁边区教育厅指示各县关于一九四三年教育工作的几个问题》(1943年),中央教育科学研究所编:《老解放区教育资料》(二),教育科学出版社 1986 年版,第 92—93 页。

② 罗迈:《开展大规模的群众文教运动》(1944 年),中央教育科学研究所编:《老解放区教育资料》(二),教育科学出版社 1986 年版,第 36—37 页。

"教学一致"问题提出来。他指出:"教学一致的问题略说几句:第一,教员教的与学员学的要一致,而教的与学的都是很正确的前进的思想与实际生活联系的结晶,例如教员教的是抗日救国,学生要求的也是抗日救国,就是说,教员与学生所努力的目标是正确的,所以是一致的,这是很重要的基本问题,否则就不能一致。第二,学校的教育计划的决定,吸收所有的教员及学员代表来开会共同讨论,提出总的计划,再由各区教员和学员共同去讨论,定出自己执行的计划,并共同为争取计划的实现而奋斗。第三,按期召集会议检查执行中的优点缺点,教员和学生在会议上相互帮助,相互发展,互相勉励。学生对教员有意见时,站在改进的立场上提出与教员共同商量改进的方法。教员对学生有意见时,也同样提出共同改进。第四,教职员自己加紧学习,以身作则的模范工作,虚心克己的帮助学生学习等等。这些是陕公在教学方法上很注意的。这样我把它叫做教学的一致,也叫做教职员与学生打成一片。"[1]刘季平 1944 年在《论抗日民主立场学用一致精神》的文章中,对"学用一致"有这样的说明:"所谓学用一致,乃是要求根据地教育与目前抗日民主斗争与建设的实际需要相一致,与目前根据地进步的社会斗争、生产斗争相一致。在这样的要求下,我们如何才能做到学用一致呢? 第一,一切教育的具体使命,必须与目前根据地具体的斗争任务一致起来。……第二,教育对象必须与目前负责一切斗争与建设的基础力量相一致。目前负责一切斗争与建设的基础力量是些什么人呢? 首先是领导广大人民从事一切斗争与建设的各级干部与专门人才,没有他们,群众就没有骨干,就散漫无力,把他们教育好,一切就可以如身使臂,如臂使指。其次是广大的成年群众,他们是担当一切斗争的主体,是一切斗争力量的源泉,教育如果不能首先为他们服务,增进他们的斗争知能,就会徒劳无功,根本无法致用。儿童重要不重要呢? 重要的,但儿童到底是后一代,在目前这种紧急情势下,必须降到第三位,否则正在担当责任的人得不到教育,增加不出力量,而得到了教育的人,一时又接不上力,这个教育还是要落空的。……第三,教育内容必须与根据地一切斗争与建设的实际需要一致起来。……第四,教学方法必须与实际工作取得密切联系。从学习心理来讲,一切知识的学习,如常与实际接触,有实感基础,就易获得,易领会,能融化,能运用,而且刺激多,情绪高,进步快,效果大,有偏向也可以马上纠正。否则,读的是死书,听的是空话,究竟如何,始终不可设想、不可思议。即使

---

① 邵式平:《陕北公学实施国防教育的经验与教训》(1938 年),中央教育科学研究所编:《老解放区教育资料》(二),教育科学出版社 1986 年版,第 337—338 页。

能死记一点，也要多花许多冤枉劲，更谈不到融会贯通，运用自如了。所以要谈学用一致，就必须在教学过程中，尽可能做到教学做合一。不过有一点应该注意，过去我们太着重方法改造，对学制课程的改造，始终没有下苦功，这是不对的。须知学制不改，课程就难得改，课程不改，光谈方法就是一句空话。今后决不能再把方法孤立起来谈，一定要在改造学制课程的基础上来研究他，而且要先着重于学制课程的改造。上述这一切，就是学用一致问题的真谛。"①

中国共产党在 20 世纪的 30 年代和 40 年代由于有自己的根据地依托并切实有效地开展新民主主义教育的实践，这促进了新民主主义教育思想得以走向成熟，并形成以马克思主义为指导的、以新民主主义教育实践为基础的，有着民族性、科学性、大众性为显著特征的理论体系。

（二）美国教育思想对国统区的影响与教育问题的论战

美国的教育思想在 20 世纪 20 及 30 年代的国统区有着很大的影响。譬如，美国学者桑戴克（E.L.Thorndike）、盖次（A.I.Gates）合著的 *Elementary Principles of Education*，共 14 章，内容包括教育的范围，教育之最后目的，目前教育的重大需要，学习的主要特性，学科与活动的选择，教学法，教育结果的评鉴，小、中及高级学校的职能等。此著在中国至少有 6 个译本：雷通群译本《新教育的基本原理》（新亚书店 1933 年 5 月初版）、陈衡玉译本《教育概论》（大东书局 1933 年 9 月初版）、熊子容译本《教育学原理》（世界书局 1933 年 10 月出版）、宋桂煌译本《教育之基本原理》（商务印书馆 1934 年 6 月初版、1935 年再版）、贡志容译本《教育原理》（大东书局 1934 年 8 月初版）、王丐萍译本《教育之根本原理》（1934 年 10 月出版）②。又譬如，美国学者怀特伦（E.G.White）的《教育论》（*Education*），以 9 编的篇幅阐述教育的基本原理，在中国有刘瑶年译本，上海时兆报馆 1940 年 4 月初版。再譬如，美国学者波特（B.H.Bode）的《教育哲学大意》（主要阐发教育的意义和价值、教育与平民主义、理想的发展、思想的历程和训练、心灵实质说、意识状态说、意识即行为说、教育与哲学等），有孟宪承的译本，商务印书馆 1924 年 11 月初版，1931 年 5 月出第 3 版③。波特的《十字路上之进步教育》（主

① 刘季平：《论抗日民主立场学用一致精神》（1944 年），中央教育科学研究所编：《老解放区教育资料》（二），教育科学出版社 1986 年版，第 61—63 页。
② 参见北京图书馆编：《民国时期总书目（教育·体育）》，书目文献出版社 1995 年版，第 8—9 页。
③ 参见北京图书馆编：《民国时期总书目（教育·体育）》，书目文献出版社 1995 年版，第 8 页。

要阐述进步教育民本主义、儿童教育内容、教育之社会性、应用进步哲学等内容),亦有秦希廉的译本,正中书局 1947 年 10 月初版①。波特的《现代教育学说》,有孟宪承的译本(商务印书馆 1930 年 8 月初版),此著还有马复、李溶的译本易名《近代教育学说》(世界书局 1930 年 12 月初版,1932 年 5 月出第 3 版)。此外,美国学者吉特(C.H.Judd)的《教育之科学的研究》(郑宗海译,上海商务印书馆 1924 年初版、1925 年 12 月再版)、美国学者谷德(C.V.Good)的《教育研究法》(李相勖、陈启肃译,长沙商务印书馆 1939 年 7 月初版)、美国学者克劳福德(C.C.Crawford)的《教育研究法及其原理》(钟鲁奇、吴江霖译,世界书局 1947 年版)等,在中国学术界亦有重要影响。

在 20 世纪 30—40 年代,教育学上的论战不少,在思想界和学术界的影响也较大。1933 年发生教育的中国化与现代化之争。在这次论战中,徐旭升发表《教育罪言》文章,认为现行教育制度与社会实际状况"完全不适合",因而"应该创造出来一种农村的教育"。陈序经发表《教育的中国化和现代化》,认为教育上所谓"中国化"其结果可能使新教育"退后化","至少也有新教育的古董化的危险";教育固然要适应国情,但"这一个国情,显明非中国固有的国情,而是现代化的国情。现代化的国情是现代的环境,并非中国所独有的,更非中国所固有的"。因而,教育适应国情就必须彻底地采取西洋教育,推进教育的现代化。陈序经指出:"全部的中国文化是要彻底现代化的,而尤其是全部的教育,是要现代化,而且要彻底的现代化。职业教育固是要如此,普通教育也是要如此。低级教育固是要如此,高等教育也是要如此。城市教育固是要如此,农村教育也是要如此。惟有现代化的教育,才能叫做活的教育。惟有现代化的教育,才能叫做生的教育。惟有现代化的教育,才能叫做新的教育。中国人而不要新生活的教育,也算罢了,要是要了,那么只有赶紧的、认真的、彻底的现代化。"②

至 20 世纪 40 年代,又发生了关于大学教育方针及计划的论争。抗战胜利后,国民政府教育部将一些私立大学改为国立,这引起教育界的争论。陈序经的看法是:"经过八年多的抗战,好多国立大学固是不易发展,而这些寥寥无几的私立大学,更不容易支持。现在抗战胜利了,大学教育复员的呼声正高的时候,政府对于国立的大学固要负起责任,使其能够充分地发展,而对于私立的大学也

① 参见北京图书馆编:《民国时期总书目(教育·体育)》,书目文献出版社 1995 年版,第 10—11 页。
② 陈序经:《教育的中国化和现代化》,《独立评论》第 43 号,1933 年 3 月 26 日。

要特别加以补助。因为从国家的立场来说，无论是国立的大学，或是私立的大学，同样地为国家提倡学术，同样地为国家培育人才。"①时任北京大学校长的胡适，于1947年9月发表《争取学术独立的十年计划》，提出教育的十年计划，主张先重点培植北大、清华、浙大、武大、中央大学等五校，然后扩展到十个高校。胡适说："我提议，中国此时应该有一个大学教育的十年计划。在十年之内，集中国家的最大力量，培植五个到十个成绩最好的大学，使他们尽力发展他们的研究工作，使他们成为第一流的学术中心，使他们成为国家学术独立的根据地。"②陈序经不同意胡适的观点，他在文章中认为胡适推荐的五所大学有"一点偏私"的感情在起作用，更不同意用停止派遣留学生的经费来作购置大学图书仪器，指出："我们赞成胡先生提议充实我们大学的图书仪器，然而我们反对他提议以留学的经费去作这件事，因为这是两件功用不同的事情。在一个相当的时期里，充实国内大学的设备固是很重要，而出洋留学尤宜注意。我们不要忘记世界学界而尤其是自然科学日新月异。若说我们只靠买大量图书与最新仪器，就可以赶上人家，那是一个最大的错误。这是八十年前曾国藩的思想，还赶不上五十年前张之洞的留西洋不如留东洋的浅见。"③陈序经是主张政府不仅要办好国立大学，而且要补贴办得较好的私立大学，并且也应该保留国立、私立大学制度，保持各种性质学校的办学风格。

（三）教育学的大众化走向及与相关学科的结合

在20世纪30年代和40年代，中国教育学的研究有着通俗化、大众化的走向，出版了不少教育概论、教育通论的著作，为普及教育学理论作出了贡献。参见下表④：

书名	著者	出版社
教育通论	舒新城	中华书局1927年2月初版，1928年2月再版，1933年出第12版

---

① 陈序经：《论国立大学与私立大学》，《读者》第3卷第5期，1947年5月16日。
② 《争取学术独立的十年计划》（1947年），《胡适文集》（11），北京大学出版社1998年版，第805页。
③ 陈序经：《与胡适之先生论教育》，《大公报》1947年9月11日。
④ 参见北京图书馆编：《民国时期总书目（教育·体育）》，书目文献出版社1995年版，第5—7页。

续表

书名	著者	出版社
教育概论	庄泽宣	中华书局 1928 年 4 月初版 1933 年 9 月出第 12 版
新中华教育概论	庄泽宣	新国民图书社 1932 年初版,1935 年 8 月出第 9 版
教育概论	范寿康	开明书店 1931 年 9 月初版,1932 年 9 月出第 3 版
教育通论	邓胥功	世界书局 1932 年 5 月初版,1933 年出第 3 版
现代教育通论	汤增扬	大东书局 1933 年 4 月初版
教育概论	罗廷光	世界书局 1933 年 9 月初版
教育概论	罗廷光	正中书局 1938 年 11 月初版
教育概论	孟宪承	商务印书馆 1933 年 9 月初版,1936 年出第 13 版,1947 年 2 月出第 29 版
教育通论	孟宪承、陈学恂	商务印书馆 1937 年 8 月初版
教育概论	刘仁甫	著者书店 1933 年 11 月初版
现代教育概论	沈雷渔	开明书店 1933 年 12 月初版
教育概论	胡忠智	文化学社 1934 年 6 月初版
教育概论	高希裴	立达书局 1934 年 11 月初版
教育概论	张楷	正中书局 1935 年 5 月初版
教育概论	胡子瑫	百城书局 1935 年 7 月初版
教育概论	吴俊升、王西徵	正中书局 1935 年 7 月初版,1936 年 8 月出第 11 版
教育概论	倪文宇、陈子明	中华书局 1935 年 8 月初版,此后还有 1937 年 4 月初版,1939 年 2 月出第 4 版,1946 年 12 月出第 8 版
教育概论	赵廷为	大华书局 1935 年 8 月版
教育概论表解	周阆风	东方文学社 1936 年 8 月版
教育概论	黄明宗	黎明书局 1936 年 9 月初版
教育概论	浦漪人	黎明书局 1936 年初版,1937 年 2 月改订再版
教育概论	张宗麟	商务印书馆 1937 年初版
教育概论	范任宇	商务印书馆 1943 年 5 月重庆初版,1946 年 12 月沪初版,1947 年 2 月沪再版

教育及教育研究皆是在一定的哲学观指导下的,这就促进了教育与哲学的结合。而对教育进行哲学的反思,又是教育哲学题中之义。这就开启了教育哲学研究的道路。教育哲学的研究,在20世纪20年代的中国即已开启了,至20世纪30年代及40年代取得显著的成就,试举几例①:

书名	作者	版本
教育哲学大纲	范寿康	中华学艺社 1923 年 5 月初版、1933 年再版
教育哲学	李石岑等	商务印书馆 1925 年 7 月初版
教育哲学	萧恩承	商务印书馆 1925 年版
教育哲学 ABC	瞿世英	世界书局 1929 年 8 月初版
教育哲学	陆人骥	商务印书馆 1931 年 4 月版
中国教育哲学底派别及今后教育哲学者应取底态度与观察点	姜琦	厦门大学 1931 年 6 月出版
教育哲学	姜琦	群众图书公司 1933 年 8 月出版
教育哲学	范锜	世界书局 1933 年 2 月初版、1933 年 8 月再版
教育哲学大纲	吴俊升	商务印书馆 1935 年 1 月初版、1935 年 5 月再版
民生教育哲学大纲	毛礼锐	国立中山大学师范学院 1943 年 5 月初版
教育哲学	林砺儒	开明书店 1946 年 7 月初版、1947 年 2 月再版
教育哲学	张栗原	生活・读书・新知三联书店 1949 年 6 月初版

以上表中所列出的教育哲学专著,大致可以分为三类:一是主张以哲学来研究教育原理之根据,阐发教育原理和事实之哲学的根据及所具有的哲学意蕴,以范锜、陆人骥等为代表;二是主张从哲学与教育之间的关系来确定教育哲学的性质,将教育哲学视为哲学在教育学中具体运用而形成的哲学门类之下的分支学科,以吴俊升等为代表;三是以马克思主义的世界观和方法论来研究教育哲学,使教育本质论、教育目的论、教育价值论等置于马克思主义教育理论统领之下,

---

① 参见北京图书馆编:《民国时期总书目(教育・体育)》,书目文献出版社 1995 年版,第16—17 页。

以张栗原①、林砺儒等为代表。

教育学与社会学的结合是现代中国教育学研究的重要趋势,代表性的学术著作有雷通群的《教育社会学》(上海商务印书馆1931年7月初版)、沈冠群与吴同福合编的《教育社会学通论》(上海南京书店1932年10月初版)、陈翊林的《教育社会学概论》(上海中华书局1933年5月初版)、卢绍稷的《教育社会学》(上海商务印书馆1933年版)、钱歌川的《社会化的新教育》(上海中华书局1934年)、苏芗雨的《教育社会学》(北平人人书店1934年12月初版)、陈科美的《教育社会学讲话》(上海世界书局1945年5月版)等。

需要说明的是,教育社会学这个分支学科在中国的开辟,是与西方教育社会学相关著作在中国的翻译与出版相联系的。陈启天翻译斯密司的《应用教育社会学》(上海中华书局1925年3月初版,1931年5月出第5版)、刘建阳据 G.H. Betts《教育之社会原理》(*Social Principles of Education*)一书,编成《教育之社会原理述要》(商务印书馆1925年12月初版)、刘世尧翻译日本学者田制佐重的《教育社会学》(上海民智书局1932年4月初版)、余家菊翻译美国学者芬赖(R.L.Finney)的《教育社会哲学》(上海中华书局1933年2月初版、1937年4月再版)、鲁继曾翻译美国彼得斯(C.Peters)的《教育社会学原论》(上下册,上海商务印书馆1937年版、1939年长沙再版)等,是当时翻译的西方教育社会

---

① 张栗原是现代中国著名的马克思主义教育学家,1941年不幸去世,生前为广东文理学院教授,著有《教育哲学》、《教育生物学》、《社会科学理论之体系》、《现代人类学》等专著。张栗原与马克思主义学者邓初民、林砺儒、杨东莼等有密切交往,与杨东莼合作翻译摩尔根的《古代社会》著作在学界亦有很大影响。张栗原的《教育哲学》分为前编和后编,共9章内容:第一章"引论",阐述"教育与哲学"、"教育学与教育哲学"、"为什么研究教育哲学"等问题;第二章为"教育学的诸问题",研究教育目的、教育内容、教育方法等问题;第三章为"哲学的诸体系",就哲学的问题、唯物论、观念论、唯用论等给予说明;第四章为"唯物论的教育哲学",分"辩证唯物论创始者的教育理论"、"苏联的教育理论"、"教育理论的影响"等三个方面加以说明;第五章为"观念论的教育哲学",介绍黑格尔以后观念论的衍化,对观念论关于哲学与教育关系及教育的目的、内容与方法上的看法;第六章为"唯用论的教育哲学",对杜威的生平、实用主义关于科学工业与民主主义看法及教育的目的、内容与方法等作介绍;第七章为"教育本质论",在马克思主义指导下说明本质、教育的本质、教育的变质等问题;第八章为"教育目的论"在马克思主义指导下阐发教育的可能性、教育的过程、教育的目的等问题;第九章为"教育价值论",以马克思主义观点说明教育的价值、教育的效能等问题。此著,是张栗原生前未完成的著作。作者原定在"教育价值论"之后,还有教育方法论和当代教育哲学的思潮、当前中国教育哲学问题等几章,但作者于1941年8月不幸病逝。遗稿由林砺儒交给生活书店,于1949年6月初版。——参见叶澜主编:《二十世纪中国社会科学·教育学卷》,上海人民出版社2005年版,第99—100页。

学的代表性著作①。

现代中国教育学的发展历程表明,教育学作为一门科学的学科体系,既需要有科学的政治思想作理论指导,又需要正确处理好教育与中外文化的关系,同时也需要教育工作者勇于探索和实践,实现教育理论与教育教学实践的紧密结合,使教育学理论有具体的教育实践活动的有力支撑,并不断提升教育实践活动的新鲜经验,从而构建既吸收外来新知又继承民族文化和民族精神,既具有时代特色又具有实践根基的中国特色的教育学体系。

四、教育学研究的主要成就

现代中国处于社会转型时期,教育也处在由传统教育向现代教育发展的进程中,涌现出以蔡元培、李大钊、陶行知、陈鹤琴、黄炎培、杨贤江等为代表的一批著名的教育家,为推进现代中国教育的发展和教育学体系的构建作出了重要贡献。对于20世纪20年代至40年代教育学的成就,试以"马克思主义者的教育思想"和"著名民主人士的教育思想"两个方面,作简要的概述。

(一)马克思主义者的教育思想

中国马克思主义者对于教育学的研究,乃是现代中国教育学体系中的重要组成部分。以下,试主要介绍李大钊、恽代英、杨贤江、成仿吾、戴伯韬、程今吾、江隆基、林砺儒、毛泽东等马克思主义者的教育思想。

1. 李大钊的教育思想

五四时期是中国教育走向现代化的关键时期,李大钊为推进中国教育的现代化及中国马克思主义教育学体系的构建作出了重要贡献。1917年底李大钊进入北京大学这一中国的最高学府,先后任图书馆主任、教授等职。不仅在北京大学史学系、政治系、经济系任教,而且在女子高等师范、师范大学、朝阳大学、中国大学等校任课。直至三一八惨案后,李大钊才被迫离开北京大学、离开教育岗位。在李大钊八年多的教育生涯中,积极开展马克思主义理论教育,为中国的教育事业作出了重大的贡献,在教育学的发展史上有突出的地位。

---

① 　参见北京图书馆编:《民国时期总书目(教育·体育)》,书目文献出版社1995年版,第22—23页。

其一，对封建教育和奴化教育的批判。五四时期的中国教育仍然受封建教育和帝国主义奴化教育的影响，新的教育观念在中国的发展受到阻碍。要推动中国教育向民主主义方向发展并进而走向现代化，就必须批判封建主义教育和帝国主义的奴化教育，引进新的教育思想。李大钊在五四时期反封建斗争的过程中，尤其注重对封建教育和奴化教育的批判，以便为新的教育思想特别是马克思主义教育思想的传播创造良好的条件，为中国教育的现代化发展扫除观念上的障碍。

李大钊认为，封建教育宣传三纲五常，修齐治平，在于灌输封建孔门伦理，维护封建统治秩序。李大钊著文指出，"看那二千余年来支配中国人精神的孔门伦理，所谓纲常，所谓名教，所谓道德，所谓礼义，哪一样不是损卑下以奉尊长？哪一样不是牺牲被治者的个性以事治者？哪一样不是本着大家族制下子弟对于亲长的精神？所以孔子的政治哲学，修身齐家治国平天下，'一以贯之'，全是'以修身为本'；又是孔子所谓修身，不是使人完成他的个性，乃是使人牺牲他的个性。""总观孔门的伦理道德，于君臣关系，只用一个'忠'字，使臣的一方完全牺牲于君；于父子关系，只用一个'孝'字，使子的一方完全牺牲于父；于夫妇关系，只用几个'顺'、'从'、'贞节'的名辞，使妻的一方完全牺牲于夫，女子的一方完全牺牲于男子。"①在中国封建社会时代，孔子是"万世师表"、"至圣先师"，孔门伦理是封建道德规范的集中体现，教育是传承孔门伦理、维护封建统治的政治工具。李大钊在宣传马克思主义的过程中对封建道德伦理的批判，就在于揭示孔门伦理崩溃的历史的必然性，为新思想的输入、教育观念的更新创造条件。

李大钊对帝国主义的奴化教育也进行了猛烈的批判，揭露帝国主义者利用宗教控制中国人精神的目的。近代以来，中国沦为半殖民地半封建的社会。帝国主义为了适应其侵略的需要，加紧了在文化教育上的侵略和渗透，最突出的是利用宗教对中国人民进行精神上的控制。1922年4月4日，世界第11次基督教学生同盟会在北京清华学校开会，到会代表500余人，代表40余国的学生。在这次基督教开会前，李大钊主持起草了《非宗教者宣言》，由邓中夏去征集著名学者签名。《非宗教者宣言》表示："我们相信在宗教的迷信之下，真理不能昌明，自由不能确保，故当世界基督教学生同盟将在北京开第十一次大会的时候，联合非宗教的同志，作非宗教的宣传运动。我们对于背反科学原理的迷信的宗

---

① 《由经济上解释中国近代思想变动的原因》，《李大钊全集》第3卷，人民出版社2006年版，第144—145页。

教,不论它是中国的,外国的,一律反对。对于影响所及较为普遍的宗教,尤其反对。"①当基督教同盟学生大会在清华学校召开后,北京大学针锋相对,于4月9日在北京大学三院召开非宗教同盟第一次大会,中外人士与会一千余人,蔡元培、李大钊等在会上发表了演说。李大钊在演讲中指出:"最近在北京召开了世界基督教学生大会,从各国来了很多人,使这个会变成了宣传的会议,这就更多地散布了宗教的毒害。……因此应首先反对这个最有势力因而流毒最广的基督教"②。李大钊指出,宗教具有很大的欺骗性。他提出这样的疑问:即如基督教义中所含的无抵抗主义,如"人批我左颊,我更以右颊承之","人夺我外衣,我更以内衣与之","贫贱的人有福了","富者之入天国,难于骆驼之度针孔"等语,"其结果是不是容许资产阶级在现世享尽他们僭越的掠夺的幸福,而以空幻奇妙的天国慰安无产阶级在现世所受的剥削与苦痛?是不是暗示无产阶级以安分守己的命示,使之不必与资产阶级争抗?是不是以此欺骗无产阶级而正足为资产阶级所利用?资产阶级是不是听到这等福音便抛弃他们现世的幸福而预备入天国?这是大大的疑问"③。李大钊以马克思主义为指导对宗教进行批判,揭露了宗教的虚伪本质及帝国主义者利用宗教控制中国人思想的险恶用心,这同时也是对科学思想和无神论的积极宣传。

其二,倡导现代教育的新观念。李大钊在对封建教育和奴化教育批判的同时,积极提倡现代教育的新观念:

一是个性充分发展的观念。李大钊依据现代教育的发展趋势和民主的原则,主张社会成员要机会均等地接受教育,尤其是下层劳动人民更应该得到接受教育的权利,以充分地发展个性。他指出:"现代的教育,不许专立几个专门学校,拿印板的程序去造一班知识阶级就算了事,必须多设补助教育机关,使一般劳作的人,有了休息的工夫,也要能就近得个适当的机会,去满足他们知识的要求。……劳工聚集的地方,必须有适当的图书馆、书报社,专供人休息时间的阅览。"④李大钊强调教育必须促进人的个性的充分发展,尤其要使下层人民具有受教育的权利,这是因为民主主义精神是时代发展的潮流,教育上贯彻民主主义精神也不能例外。李大钊对发展个性的倡导具有鲜明的与下层劳动人民的切身利益相联系的特色。

---

① 《非宗教者宣言》,《李大钊全集》第4卷,人民出版社2006年版,第66页。
② 《宗教妨碍进步》,《李大钊全集》第4卷,人民出版社2006年版,第68页。
③ 《宗教与自由平等博爱》,《李大钊全集》第4卷,人民出版社2006年版,第83页。
④ 《劳动教育问题》,《李大钊全集》第2卷,人民出版社2006年版,第292页。

二是人格教育的观念。按现代教育的观点来看,教育在于塑造人的心灵,是培养人的独立人格的工程。李大钊倡导人格教育的重要意义,认为人格教育是教育过程中不可缺少的主要内容。在李大钊看来,人生观的树立对于人格的形成有着十分重要的意义。1923年4月15日李大钊在上海大学的演讲中,强调人生观树立的重要性,要求学生树立进步的人生观,"像马克思创造一种经济的历史观",如此"我们当沿着这种进步的历史观,快快乐乐地去创造未来的黄金时代。……所以无论如何,应当上前进去,用了我们底全力,去创造一种极乐的世界。不要悲观,应当乐观。"[①]李大钊认为,只有强化人格的教育,才能使青年树立乐观向上的人生观,才不会悲观厌世。而对于青年厌世自杀问题的解决,除了"在寻出那些原因,而去其可以去者"外,还尤其要"使个人的品性加强"。李大钊说:"我的朋友陈独秀先生说:'救济厌世的人生观,是救济一切自杀的根本方法。对于人生根本的怀疑,有了解答,才可以和他说改良生活,反抗社会。'罗家伦先生的三个救济方法里,亦有'新的人生观'一条,都是透宗之语。不过要想他抛弃了'厌世的人生观',建立一个'新人生观',非先使他个人品性的力量健强不可。"[②]李大钊主张在教育中要使"个人的品性加强",并将"个人品性"视为建立"新人生观"的前提条件,这就提出了要注重人格教育必须进行品性教育的任务。1923年10月14日李大钊在接受《申报》记者的采访时说,当今的"教育只是偏重知识,而忽于使用知识之人格,知识也不过是作恶的材料,这是一定的。所以至少于每小时授课之余,当授以三五分钟的人格教育,使人们相互之间,都能以赤裸裸的真面目相见,而知识教育的效用也因此增进,此时也可以供我们的利用了"[③]。李大钊倡导人格教育,并就人格教育中品性教育、知识教育等问题进行探索,适应了现代教育的新要求。

三是游玩于教育有益的观念。李大钊认为,社会的发展使得人们的工作、生活节奏加快,精神上的疲劳与烦厌有增无减,而人体的健全又全在身体和精神得以协调和发展,因此有必要通过有益身心的娱乐活动来调剂倦苦、慰安疲劳。他比较赞同一些学者提出的"游玩为生活的训练的预备"的主张,认为游玩在人生的发展和社会教育中应占有相当大的分量,在学校教育中也是属于"第一级的课程"。他说:"游玩是自然的训练的表现,是自然的学校的一部,是第一级的课

① 《演化与进步:在上海大学的演讲》,《李大钊全集》第4卷,人民出版社2006年版,第157页。
② 《论自杀》,《李大钊全集》第4卷,人民出版社2006年版,第36页。
③ 《与申报记者的谈话》,《李大钊全集》第4卷,人民出版社2006年版,第345页。

程。游玩一事,于小孩子固是要紧了,就于成年的工人亦是最高无上的再造
者。"李大钊认为,游玩不是奢侈的事,在教育的意义上说是增益生活的准备,对
于工人来说"游玩占我们生活的三分之一,并且是最主要的三分之一,可以苏慰
工作的疲倦,可以免除堕落的恶习,可以回复身体的健康,精神的畅旺,可以补少
年时教育的不足,可以与人的机械的生活所缺的变化与迁动,并机器产业所毁坏
的训练,增加人们产业的、政治的、社会的效能。游玩应与教育一样重视"①。鉴
于游玩对人生的重要性,李大钊主张应有两种游玩机关与设备,一为商业的设
备,如剧院等;二为社会的设备,如公园、运动场、学校、俱乐部等。李大钊提出游
玩有益于教育进步、有益于个人身心发展的观点,就在于使人们有必要的时间得
到精神上的修养和各种能力的发展,比较接近于我们今天所提倡的素质教育。

　　四是科学的观念。李大钊认为,科学的精神能使人们摆脱愚昧与盲从,使社
会走向光明与真实的境界。他在回顾科学传入中国时的情形时说:"前些年科
学的应用刚刚传入中国,一般愚暗的人都说是异端邪教。看待那些应用科学的
发明的人,如同洪水猛兽一样。不晓得他们也是和我们同在一个世界上一样生
存而且比我们进化的人类同胞,却说他们是'鬼子',是'夷狄'。这种愚暗无知
的结果,竟造出来一场义和拳的大祸。由此看来,到底是知识、思想危险呢? 还
是愚暗无知危险呢?"②在李大钊看来,要使人们摆脱愚暗无知的危险只有宣传
科学的精神,使社会成员接受科学知识的教育,提高全民族的文化素质,因为
"知识是引导人生到光明与真实境界的灯烛,愚暗是达到光明与真实境界的障
碍,也就是人生发展的障碍。"③为此,就必须反对宗教迷信,倡导科学的精神和
真理的权威,这是由于"宗教是妨碍人类进步的东西,把所有的问题都想依赖宗
教去解决,那是一种不承认科学文明的态度"④。而且,"在宗教的迷信之下,真
理不能昌明,自由不能确保"。因此,在对青年学生的教育中必须反对宗教迷
信。当然,"我们反对宗教的运动,不是想靠一种强有力者的势力压迫或摧残信
仰一种宗教的人们,乃是想立在自由的真理上阐明宗教束缚心灵的弊害,欲人们
都能依自由的判断,脱出他的束缚与蒙蔽"⑤。李大钊倡导科学精神,希望人们

---

　　① 《五一纪念日于现在中国劳动界的意义》,《李大钊全集》第4卷,人民出版社2006年版,第
72—73页。
　　② 《危险思想与言论自由》,《李大钊全集》第2卷,人民出版社2006年版,第344页。
　　③ 《危险思想与言论自由》,《李大钊全集》第2卷,人民出版社2006年版,第345页。
　　④ 《宗教妨碍进步》,《李大钊全集》第4卷,人民出版社2006年版,第68页。
　　⑤ 《非宗教者宣言》,《李大钊全集》第4卷,人民出版社2006年版,第66页。

从宗教迷信的束缚下解放出来。

五是教育与实践相结合的观念。在中国封建社会里,教育不仅成为少数人的专利,而且与社会实践相脱离。在五四时代,随着"劳工神圣"呼声的高涨和平民主义教育思潮的兴起,教育界有识之士逐步注意到教育与生产劳动相结合的重要性。1919 年 2 月李大钊曾撰文要求青年知识分子到农村做开发农村、启发农民觉悟的先驱,在广阔的农村培养民主主义的沃土。他说,青年应"早早回到乡里,把自己的生活弄简单些,劳心也好,劳力也好,种菜也好,耕田也好,当小学教师也好,一日把八小时作些与人有益、与己有益的工活,那其余的工夫,都去作开发农村、改善农民生活的事业,一面劳作,一面和劳作的伴侣在笑语间商量人生向上的道理。"①"五四"以后,李大钊更主张青年知识分子深入社会实践,到工人、农民中去,一方面启迪工人、农民的觉悟,另一方面使自己在实践中得到改造和锻炼。李大钊还从理论上阐明研究实际问题的重要性,倡导教育要面向社会生活的实际、理论要与实践相结合。李大钊关于教育与实践相结合的思想,推动了中国教育观念的更新和马克思主义教育观在中国的传播。

李大钊立足于民主革命的需要而对封建教育和奴化教育的批判,以及他在马克思主义指导下对新的教育观念的倡导,推动了中国教育思想向现代化方向发展,促进人们的教育观念的更新,不仅为中国教育向现代化轨道迈进扫清思想障碍,而且为教育的发展提供了新的理念和新的思想。

其三,阐发工农教育、妇女教育的思想。五四时期中国教育有着重大的变化,其突出的表现是受教育的对象范围扩大,对广大工人、农民、妇女的教育受到格外的重视,平民教育思潮得以兴起。这主要是受到第一次世界大战后"劳工神圣"思潮的影响和十月革命中劳工力量得到充分体现的影响。李大钊主张中国教育向平民化方向发展,重视社会下层人民接受教育的权利,并在积极关注工农教育和妇女教育的状况中,提出了工人、农民、妇女教育的思想。

李大钊坚持民众至上的教育理念,对广大民众的教育是非常重视的。当李大钊还是民主主义者时,他尤其崇尚民主主义的精神,认为民主主义精神要求个性的发展,乃是社会全体民众(包括下层民众)个性的全面发展,拥有平等的受教育的机会。他说,民主主义就是人类生活上一切福利的机会均等,不仅体现在政治上、经济上、社会上,同时也体现在伦理上、教育上,因为"人类的生活,衣食而外,尚须知识;物的欲望而外,尚有灵的要求。一个人汗血滴滴的终日劳作,靡

---

① 《青年与农村》,《李大钊全集》第 2 卷,人民出版社 2006 年版,第 307 页。

有工夫去浚发他的知识,陶养他的性灵,他就同机械一样,牛马一般,久而久之,必把他的人性完全消失,同物品没有甚么区别。人但知道那些资本家夺去劳工社会物质的结果,是资本家莫大的暴虐,莫大的罪恶,哪知道那些资本家夺去劳工社会精神上修养的工夫,这种暴虐,这种罪恶,却比掠夺他们的资财更是可怕,更是可恶!"①民主精神使得李大钊更注重广大下层民众个性的充分发展和享有平等的受教育的机会。李大钊在向马克思主义者转变的过程中,对知识在社会变革中的作用有深刻的认识,认为社会成员的知识水平和政治觉悟是社会变革的前提条件。他指出,俄国革命的酝酿就在于广大民众接受了启蒙教育,接受了现代知识,在于俄国"有许多文人志士,把自己家庭的幸福全抛弃了,不惮跋涉艰难的辛苦,都跑到乡下的农村里去,宣传人道主义、社会主义的道理。……有时在农村里聚集老幼妇孺,和他们灯前话语,说出他们的苦痛,增进他们的知识"②。李大钊进一步指出,知识有益于个人精神上的修养,对个人的发展有特别重要的意义,"人生必须的知识,就是引人向光明方向的明灯";没有现代知识,就没有现代阶级的觉悟和个性发展的条件,只有"眼看人家一天天安宁清静去求知识,自己却为衣食所迫,终岁勤动,蠢蠢的跟牛马一样,不知道人间何世"③。正是对知识在现代社会中重要性的认识,所以李大钊极力主张广大民众应接受普遍的知识教育,使知识在社会变革中发挥更大的作用。

——工人教育思想。李大钊对中国工人教育程度低下的现状有深刻的认识,认为有必要在提高教育程度上下功夫。他说,唐山煤厂的工人约有八九千人,不仅阶级意识不高,而且也不知道精神修养,他们在劳动之余就去胡吃狂饮、乱嫖大赌,"因为他们太无知识,所以他们除嫖赌酒肉外,不知道有比较的稍为高尚的娱乐方法"④。关于工人教育问题,李大钊提出了这样两点主张:

第一,要为工人教育提供必要的设施。在李大钊看来,随着劳工阶级力量的发展,战后劳工生活改善的第一步,就是为劳工阶级提供补助教育机关的设备,因此中国设立劳动补助教育机关就尤其必要。他说:"像我们这教育不昌、知识贫弱的国民,劳工补助教育机关,尤是必要之必要。"为此,在"劳工聚集的地方,必须有适当的图书馆、书报社,专供人休息时间的阅览"⑤。

---

① 《劳动教育问题》,《李大钊全集》第2卷,人民出版社2006年版,第291页。
② 《青年与农村》,《李大钊全集》第2卷,人民出版社2006年版,第304页。
③ 《劳动教育问题》,《李大钊全集》第2卷,人民出版社2006年版,第292页。
④ 《唐山煤厂的工人生活》,《李大钊全集》第2卷,人民出版社2006年版,第315—316页。
⑤ 《劳动教育问题》,《李大钊全集》第2卷,人民出版社2006年版,第292页。

第二，工人教育重在提高工人的阶级觉悟。李大钊指出："不能说中国的劳动阶级不重要。——不过有一点可惜，就是我们东方劳动者，没有'阶级自觉'，常常拿很低廉的工银替人做工。……他们既没有集合的地点，更找不着资本家的门，同他们对抗！"①因此，李大钊认为对工人进行阶级意识的教育就显得尤为必要。他在为《黄庞流血记》写的序中，进一步要求中国工人明确自己的历史使命，继承先烈的遗志。他说，黄、庞两位先生的死，"乃是为救助他的劳动界的同胞脱离资本阶级的压制而死，为他所信仰的主义而死"。"黄、庞两先生，便是我们劳动阶级的先驱。先驱遇险，我们后队里的朋友们，仍然要奋勇上前，继续牺牲者愿做而未成的事业"②。在李大钊看来，只有通过阶级意识的教育，才能使工人联合起来，并形成轰轰烈烈的工人运动。

李大钊不仅在思想上对工人教育予以高度重视，而且直接指导工人教育的活动。他委派邓中夏、张国焘赴铁路工人比较集中的长辛店筹办劳动补习学校。长辛店劳动补习学校，以增进"劳动者"和"劳动者的子弟"完全知识、养成"劳动者"和"劳动者的子弟"高尚人格为宗旨，开办夜班和日班。夜班注重国文、法文、科学常识社会常识（工场和铁路知识）；日班课程与普通工界国民学校、劳动高等小学略同③。在李大钊的组织、领导和关怀下，长辛店工人补习学校在增进工人知识、启迪工人觉悟、开展北方工人运动中发挥了积极的作用。

——农民教育思想。李大钊认为，农村里文化教育水平更低，农民的阶级意识和文化素质急待提高。在中国，农民"不知道结合起来，抗那些官绅，拒那些役棍，他们自己中间也是按着等级互相凌虐，去结那些官绅棍役的欢心"；甚至"佃户与工人不但不知互助、没有同情，有时也作自己同行的奸细"。农村教育水平低下还表现为，"农村的教育机关，不完不备，虽有成立一二初等小学的地方，也不过刚有一个形式。小学教师的知识，不晓得去现代延迟到几世纪呢！至于那阅书报的机关，更是绝无仅有"④。鉴于中国农村教育落后的现状，李大钊提出要开展广泛的农民教育。早在1919年2月的《青年与农村》一文中，李大钊就要求青年注重对农民的教育。他认为，对中国农民的教育刻不容缓，因为中国是一个农国，大多数劳工阶级就是那些农民，"他们的愚暗，就是我们国民全

① 《马克思的经济学说》，《李大钊全集》第4卷，人民出版社2006年版，第47页。
② 《〈黄庞流血记〉序》，《李大钊全集》第4卷，人民出版社2006年版，第62页。
③ 国焘：《长辛店工人发起劳动补习学校》，《劳动音》第15册，1920年11月2日。转引自《李大钊史事综录》，北京大学出版社1989年版，第499页。
④ 《青年与农村》，《李大钊全集》第2卷，人民出版社2006年版，第305页。

体的愚暗"。他说在中国农村,"那些老百姓,都是愚暗的人,不知道谋自卫的方法,结互助的团体";"世界潮流已竟到了这般地步,他们在那里,还只是向人家要什么真主,还只是听官绅们宰割蹂躏"①。李大钊认为,农民教育的关键在于引导青年知识分子深入农村,作传播现代文明的先驱。他希望在都市里漂泊的青年朋友们"早早回到乡里","去作开发村、改善农民生活的事业"②;同时亦希望"农村中觉悟的青年们,乡下的小学教师们,知识分子们,以及到田间去的农民运动者",一起从事农民教育,向农民讲解"现在中国农民困苦的原因","让他们很明了的知道农民阶级在国民革命运动中的地位和责任,很明了的认识出来谁是他们的仇敌和朋友"③。在李大钊看来,农民教育应注重这样几个方面的内容:

一是教育农民提高阶级的觉悟,认识帝国主义的本质。针对农民不能认识帝国主义本质而只是本能地仇视洋人的情况,李大钊指出:"我们应该给他们以正确的解释,使他们知道帝国主义的本质,把他们的仇恨转移到帝国主义者压迫中国剥削中国农民的行动和工具上来,以渐渐的消灭他们狭隘的人种的见解,知道全世界革命的工农民众,都是他们的朋友。"④

二是教育农民破除迷信,认识农民阶级的力量和农民团结的极端重要性。李大钊指出,农民受本身知识的限制和迷信的影响,不知道自己起来革命可以自救,而只是希望一个模模糊糊的"真主",因此"我们应该告诉他们,只有工农民众自己团结起来,才是他们得到生活安定的惟一出路,'从来没有什么救世主,不是神仙亦不是皇帝,谁也解放不了我们,只靠自己救自己'这一类的歌声,应该常常吹入他们的耳鼓"⑤。

三是教育农民认识组织的重要性和开展武装斗争的迫切性。随着大革命的进行,李大钊尤其关注农民组织的健全和武装斗争的开展,他说应该教育农民知道"有集中的组织"才能免于农民之间的冲突和被官府、土豪的利用,因此"我们的口号,是武装农民自卫的组织,应该是属于乡村大多数群众而从事于守望相助的,而不是供军阀、土豪、流氓、土匪所驱使,而离开农村化兵为匪的"⑥。

---

① 《青年与农村》,《李大钊全集》第 2 卷,人民出版社 2006 年版,第 305 页。
② 《青年与农村》,《李大钊全集》第 2 卷,人民出版社 2006 年版,第 307 页。
③ 《鲁豫陕等省的红枪会》,《李大钊全集》第 5 卷,人民出版社 2006 年版,第 133 页。
④ 《鲁豫陕等省的红枪会》,《李大钊全集》第 5 卷,人民出版社 2006 年版,第 130 页。
⑤ 《鲁豫陕等省的红枪会》,《李大钊全集》第 5 卷,人民出版社 2006 年版,第 130—131 页。
⑥ 《鲁豫陕等省的红枪会》,《李大钊全集》第 5 卷,人民出版社 2006 年版,第 132 页。

李大钊提出的对农民进行教育的主张,切合了中国大革命发展的需要,不仅对于提高农民的知识水平有着重要的意义,而且对于动员农民参加民主革命亦有着重要的政治意义。

——妇女教育思想。李大钊曾多次就妇女问题进行演讲,阐明妇女教育的重要性及妇女在社会发展中的地位。在李大钊看来,妇女教育问题是现代妇女问题中主要问题之一,应引起高度的重视。他说:"现代妇人问题中的主要问题,大约有三:(一)职业问题,(二)教育问题(三)法律问题。"①李大钊认为,妇女接受教育是妇女得以解放的前提条件,因为"生活上职业的要求,使妇女有教育的修养的必要。女子教育机会的扩张似乎比承认参政权还要紧"。为了说明妇女受教育的重要性,李大钊借用英国人 Canon Gare 的一段话:"除非你得了知识,一切为正义公道的热情都归乌有。你可以成为强有力与骚乱,你可以获得一时的胜利,你可以实行革命,但若把知识仍遗留于特权阶级的手中,你将仍旧被践踏于知识的脚下,因为知识永远战胜愚昧。"②李大钊认为,妇女教育除了使妇女与男子享有同等的教育机会、接受知识教育外,要特别注重对妇女进行阶级意识的教育,教育妇女认识自己的阶级地位。李大钊说,要使妇女认识到"劳工妇女的运动亦不该与劳工男子的运动互相敌对,应该有一种阶级的自觉,与男子劳工团体打成一气,取一致的行动"③。李大钊对妇女教育的关注及其所提出的相关主张,对于中国妇女教育的发展和妇女运动的兴起有着重大的意义。

李大钊从当时中国社会变革的高度,重视工农教育、妇女教育的发展,着重提出教育要面向广大下层人民,提高下层人民的知识水平和阶级觉悟,培养广泛的社会变革力量,这不仅对中国社会变革特别是新民主主义革命的推进有积极的意义,而且也推动了中国教育的平民化发展。

其四,开创马克思主义理论教育的新局面。五四时代中国教育现代化的一个显著标志是马克思主义理论教育在中国的开展,青年学生受到马克思主义基本理论的教育。李大钊是中国马克思主义理论教育的先驱,他不仅撰写马克思主义理论文章在全社会范围内宣传马克思主义,而且利用高校的合法讲坛对青年学生开设马克思主义理论课程,同时亦通过进步社团引导青年研究马克思主义,从而开创了中国马克思主义理论教育的新局面。李大钊为中国马克思主义

① 《各国的妇女参政运动:在北京大学政治学系的演讲》,《李大钊全集》第4卷,人民出版社2006年版,第258页。
② 《现代的女权运动》,《李大钊全集》第4卷,人民出版社2006年版,第18页。
③ 《现代的女权运动》,《李大钊全集》第4卷,人民出版社2006年版,第17页。

理论教育的发展,做了这样几个方面的工作:

一是通过撰写和发表介绍马克思主义的文章,在全社会范围内形成马克思主义理论教育的氛围。如前所述,1919年李大钊在《新青年》第6卷第5号、6号,发表《我的马克思主义观》的文章,根据日本学者河上肇对马克思主义经典著作的译文,从日文中翻译和辑录了《共产党宣言》、《哲学的贫困》、《〈政治经济学批判〉序言》中的主要段落。李大钊在《我的马克思主义观》中依据自己对马克思主义的理解,对马克思主义基本观点作了比较系统的解说。这在中国马克思主义教育史上是有着开创性意义的。李大钊还在杂志上发表了其他系列宣传社会主义的文章,如在日文《新支那》发表《中国的社会主义及其实行方法的考察》、在《曙光》上发表《社会主义下之实业》、在《评论之评论》上发表《中国的社会主义与世界的资本主义》等文章。李大钊撰写和发表的宣传马克思主义和社会主义的文章,对在全社会形成马克思主义理论教育的氛围,产生了积极的影响。

二是利用高校讲坛和校内外演讲的机会对青年进行马克思主义理论的教育。"五四"以后李大钊开始在北京大学政治系、经济系开设"社会主义与社会活动"的课程,对青年学生系统地讲述社会主义运动史。这在高校的教学史上还是第一次。从李大钊的学生邵纯熙所记的笔记来看,李大钊在讲述这门课时,尤其注重通过梳理空想社会主义的演变、分析人们对社会主义的种种误解来阐明科学社会主义的要义,预见社会主义发展的前景。李大钊在北大通过演讲的形式,来对青年学生进行马克思主义理论教育。重要的如,1922年2月19日李大钊在北大马克思学说研究会上作了《马克思的经济学说》的演讲,通过对马克思主义经济理论特别是剩余价值学说的分析,说明"'社会主义'之发生,恰如鸡子在卵壳里发生一样"[1]。1923年1月16日李大钊在北大经济学会发表《社会主义下的经济组织》的演讲,依据马克思主义科学社会主义理论,着重对未来社会主义社会中的具体经济组织作出分析和说明,反映李大钊对社会主义前景的设计。李大钊还在其他高校进行演讲,宣传马克思主义的基本观点:1923年3月12日,李大钊在上海职工俱乐部作了《马克思经济学说》的演讲;1923年11月13日在上海大学作《社会主义释疑》的演讲;1924年2月7日在广州追悼列宁并纪念"二七"大会上发表演讲。李大钊通过演讲向青年学生进行马克思主

---

[1]　《马克思的经济学说:在北京大学马克思学说研究会上的演讲》,《李大钊全集》第4卷,人民出版社2006年版,第46页。

义理论教育,扩大了马克思主义在中国的影响。

三是组织青年学生研究马克思主义的基本著作。李大钊作为青年的导师,不仅向青年演讲马克思主义理论,而且组织青年系统地研究马克思主义的基本著作。在图书资料方面,注重收集马克思主义著作,如"将本校(北大)所藏关于俄国问题之参考书二十三种,陈列本课第四阅读室,以备同学诸君披阅"①,以引起广大学生对马列主义的研究兴起。1920 年 12 月 2 日,李大钊与费觉天等 8 人发起成立北京大学社会主义研究会。李大钊认为,"社会主义研究会"要研究社会主义实行的具体方法,为此就必须使人们了解什么是社会主义,因此这就必须加强对马克思主义著作的研究。李大钊等发起组织的北京大学马克思主义研究会,也是"以研究关于马克思派的著述为目的",并且"筹集了 120 元的购书费,至少要购备《马克思全集》英、德、法三种文字的各一份"②。李大钊通过组织社团来引导青年研究马克思主义的基本著作,这对马克思主义理论教育的深入有特别重要的意义。

李大钊是中国最早的马克思主义教育家,推进马克思主义理论与教育的有机结合是一个鲜明的特色。在五四时代中国教育迈向现代化的历程中,李大钊是一个杰出的先驱者、开拓者。五四时期中国教育观念的更新,教育战线上反封建斗争的开展,教育向民众化、民间化方向的发展,以及马克思主义理论教育局面的初步形成,都是与李大钊的名字联系在一起的。李大钊为推进马克思主义与教育的结合作出了贡献,是中国马克思主义教育学的开创者。

2. 恽代英的教育思想

恽代英是无产阶级革命家,中国青年运动的领袖。他的教育思想是以马克思主义为指导研究教育问题的结晶,具有极为丰富的内容,在中国现代学术史上有着重要的地位。

恽代英早年倡导平民教育,主张设立平民学校,对普通民众进行教育。1920年春,恽代英在湖北创建了平民教育社,定名为"湖北平民教育社","以补救失教育平民并研究督促平民教育之进行为宗旨",并在各县或各商埠市村组成分社③。在恽代英看来,实施平民教育的方法"要以平民学校为最重要",这是因为平民学校有三个方面的好处:"(一)平民学校可以使无力量读书的人都受教育。

---

① 《北京大学日刊》1920 年 12 月 1 日。
② 参见《李大钊史事综录》,北京大学出版社 1989 年版,第 465 页。
③ 《平民教育社宣言》(1920 年),《恽代英文集》上卷,人民出版社 1984 年版,第 129 页。

我国的教育不能普及有两个大原因:第一是政府无力量广设学校;第二是父兄无力量培养子弟。……有我们这个平民学校就可以辅助政府力量所不及,凡是无力量读书的人都可以到这里来读,并不要半文的学费。(二)平民学校可以使失了教育的人补受教育。……(三)平民学校较之政府开办的学校,收效大而成功速。……我们这个平民学校是专为贫苦无力量读书的人设的,不要好多经费就可以开办,教员是尽义务的,地点是各地庙宇,各保安会,各处善堂,各学校附设,随时可以开办,以最短的时间,教以最合用的知识,不要好多时,教育就可以普及了。"①为什么要创建平民教育社呢? 恽代英的回答是:第一,"做事业的人总要有个统系的组织,不然所做的事就生出茫无头绪,乱七八糟的弊病来了";第二,"我们办这个事要本互助的精神去做分工的事业,免得有挂一漏万的弊病"②。恽代英关于平民学校优势的说明,就在于通过平民学校的推广,助力于"无力量读书的人"来接受教育,使广大民众能够接受普遍的教育。

恽代英依据"社会改造"的需要提出了"教育改造"的主张,这在中国马克思主义教育史上可谓独树一帜。恽代英对于教育目的与要求有着明确的看法,他指出:"第一,教育是要顺着学生生长的原理,使他在心理方面、社会方面得着他合当的发展;第二,教师是为社会、为学生来做那种教育事业的;第三,教育当用试验的态度,求方法的刷新。"③在恽代英看来,既有的教育存在着诸多的问题,这在办学实践中业已表现出来。他在总结办学效果时指出:"我们办了二三十年学校,不能发生效果,一则由于教育未曾对着职业的需要培养人才;二则由于人才的供给,与职业的需要不能巧于配合,所以便有少数人才,又牺牲了;三则由于人才便得着相当的职业,但因不曾研究社会情形,所以不善适应职业界的环境,因而不能胜改造社会的责任。"④正是基于对教育问题的分析,恽代英认为必须就既有的教育加以改造,尤其是在教育目标等方面必须有根本的改变。概括起来说,恽代英关于"教育改造"的主张,有这样几点:

第一,必须使受教育者成为"社会上有益的人"。恽代英说,"有价值的教育,是因为他是改造社会的工具,不是因为他可以为这些劳工减轻生活的压迫";而教育作为改造社会的工具就在于培养人才,"我以为教育者真想除了奴隶工作以外,还做点人的事,或者想利用这种奴隶工作去做人的事,必然要注意

---

① 《平民教育社宣言》(1920年),《恽代英文集》上卷,人民出版社1984年版,第127—128页。
② 《平民教育社宣言》(1920年),《恽代英文集》上卷,人民出版社1984年版,第128页。
③ 《致杨效春》(1921年),《恽代英文集》上卷,人民出版社1984年版,第301页。
④ 《教育改造与社会改造》(1921年),《恽代英文集》上卷,人民出版社1984年版,第292页。

教育的成绩,要使学生一个个为社会上有益的人。这样,我们的努力直接放在学生身上,间接便都到社会上去了。"①何谓"社会上有益的人"? 恽代英说,"我以为要使学生成为社会上有益的人,第一层要使他在这种恶社会里站得住,第二层要使他能改造这种恶社会",而"要使学生能在这种恶社会里站得住,而且能改造这种恶社会,我们要就这种标准培养学生的品格、学问、能力"。为此,"我们要看清他要走的途径,要到的地位。一切教育都照这样用力。就品格说,自然无论他择何生活的学生,都一样要注意刚健(这种品格,许多奴隶教育不敢提起)、和平、周密、勤劳、刻苦、恒久等美德。但知识、能力,便须视学生将来生活的需要而给他一种正当切要的供给。"②恽代英这里说的是,教育必须与学生将来的生活和社会的变革相联系,这样培养出的学生才能"改造这种恶社会"而成为社会上有益的人。这是恽代英面向社会需要、面向社会改造的教育理念。

第二,教育者必须在"生活实际上"就择校、择课、择业等方面帮助学生。恽代英对教育工作者提出了很高的要求,要求教师全面关注和关心学生的生活并能给予指导及帮助。他指出:"我以为今天我们的教育家,须就生活实际上给学生许多帮助。譬如求学择课,升学择校,谋生择业,教育家不可不十分注意给他以合当的指导。照理论上,固然入师范学校的,当重教育;入工业学校的,当重工业。但中国今日社会的情形,学生父兄多于学校内容全然隔膜。学生自身他所以择校,或出于趋时,或出于盲动。所以真想尽职的教育家,为给学生合当的教育,或须在校内设别种补救方法,或须劝学生休学转学,切不可拘守成法,泥执小仁小义,以误学生终身。卒业后升学谋生,普通教师多不认为他有指导责任。若以工人上工下工之例律他,当然学生一出校门,便是他下工的时候了。不过若真想他所教育的学生,能成就个社会有益的人,那便择校择业,还是完成教育功效最要的事。……我以为要指导学生择课、择校、择业,不可不使学生常与社会接触,而且与某一部分社会生一种关系。……我们要使学生能在这种社会里站得住,而且改造他,那便不可不深知这种社会的内情,使自己一出学校,便有可靠地站脚地下手地。"③恽代英的看法是,指导学生必须顺应学生的个性发展需要,而在指导学生择课、择校、择业问题上同样"不可不注意学生的个性",但由于"社会事实是如何复杂,中国社会的情形更复杂紊乱得可怪",故而需要引导学生知

---

① 《教育改造与社会改造》(1921 年),《恽代英文集》上卷,人民出版社 1984 年版,第 288 页。

② 《教育改造与社会改造》(1921 年),《恽代英文集》上卷,人民出版社 1984 年版,第 289—290 页。

③ 《教育改造与社会改造》(1921 年),《恽代英文集》上卷,人民出版社 1984 年版,第 290 页。

道"社会的内情"。就是说,在教师的指导下,"学生要不但熟悉社会情形,而且要熟悉他要入的某种职业界的情形。这样,庶几能养成个有能力的职业家,一出去便可以改变社会,不受社会的改变。"①可见,恽代英关于教育改革的主张,就在于造就"社会改造"的人才。

第三,学校教育必须帮助学生解决家庭问题、职业问题。恽代英认为,学校与社会及家庭皆是相互关联的,故而帮助学生解决其家庭问题亦是教育者分内的事,所以"今天我们的教育家,要注意帮助学生解决家庭问题",就是说,教育者需要帮助学生就家庭问题"做个合当的解决"。他指出:"我们怎样帮学生处置家庭,他便会没有生活恐慌,便会不受父兄妻孥非理的系累,而且便会渐求他家庭改造到理想的田地? 中国的家庭,捆死了累死了许多好汉。若家庭问题不得合当的解决,一切教育的努力,都会被家庭一关生生的拦住,一点效力不能到社会上来。许多教育家亦知道须将家庭改造了,教育才有功效。但他不知改造学生家庭,便是他分内的事。"②同时,恽代英还要求教育者"要帮学生解决生活问题,且帮他在职业界奋斗"。他指出:"学生初出学校,他既不十分懂得他的知识能力最好加入甚么职业界,职业界更不十分懂得学生是否有充分加入的知识能力。这时候教师的责任,必须引合当的人到合当的事里。"③恽代英以上提出的教育改造的设想,是将教育改造置于社会改造之中,力图使教育能够与社会上的实际进行对接。故而,他说:"我还有个最综括最切要的方法,便是教育家必须把改造教育与改造社会打成一片,用自己所养的人,去做自己所创的事,创自己能做的事,以容自己所养的人,这样才人无不有合当的事,事无不有合当的人;再说显明些,教育家必同时兼营各种社会事业,办学校,只是完成他社会运动的一个手段。换过来亦可以说,社会运动,只是完成他教育事业的一个手段。……我们要改造教育,必须同时改造社会。要改造社会,必须同时改造教育。不然,总不能有个理想圆满的成效。"④恽代英关于教育改造的主张,不仅指出了教育改造的基本内容,而且鲜明地提出了"把改造教育与改造社会打成一片"的目标,这集中地体现了他通过教育改造进而进行社会改造的理想。

恽代英对于中学的课程改革也提出自己的看法。在恽代英看来,当时的中等教育存在着"洋八股"的情况,就是课程的设置皆以西方为标准,特别重视英

① 《教育改造与社会改造》(1921 年),《恽代英文集》上卷,人民出版社 1984 年版,第 291 页。
② 《教育改造与社会改造》(1921 年),《恽代英文集》上卷,人民出版社 1984 年版,第 292 页。
③ 《教育改造与社会改造》(1921 年),《恽代英文集》上卷,人民出版社 1984 年版,第 292 页。
④ 《教育改造与社会改造》(1921 年),《恽代英文集》上卷,人民出版社 1984 年版,第 293 页。

文、数学这些课程,但学生学习了这些课程也只是作为升学的"敲门砖"。他指出:"什么是洋八股的教育呢?专就中等教育说,现在一全国的中学生,每天要花很多的时间去学习英文、几何、三角,因此总计一全国,不知造成了几千几万半通不通的英文、数学学者。这种人若是不升学,若是升学不是学习数、理、工科,他们的英文、数学终究是要忘记干净,但他们从前为学习英文、数学所冤枉的时间精力,没有一个大教育家觉得可惜的。我们为八股无用,所以废八股,现在这多的中学生学这种无用的英文、数学,果然是无可非议的事情吗?……现在一般中学生一天到黑疲精劳神于这种无用的英文、数学,使他们没有一点工夫学习做人的做公民的学问,果然是什么很满意的办法吗?"①恽代英对中学以大量的时间教授英文、数学这些课程表示不满,认为这不符合大多数中学生不升学的需要,也不符合中学阶段主要是公民教育的宗旨。在他看来,英文、数学等课程是"进学中举的敲门砖",只是为了部分中学生的升学需要,故而学生"学了英文、数学也仅仅只能用来应升学考试,除了升学是学数、理、工科的以外,这种敲门砖是再没有用了的;至于原来不升学的人,他本用不着敲门,却也辛辛苦苦的去谋这一块敲门砖",这就与古代的八股教育没有什么两样。恽代英的看法是,中学的课程设置就得适应大多数中学生即将走上社会的需要,不能以少部分学生的升学为唯一的目标。由此,也就不应该盲目仿效西方的课程体系而过多地设置英文、数学等课程,而应该将大多数学生将来走上社会所需要的技术、常识及公民教育列为重要的课程。他指出:"我以为要升学或要深造的人,若是需要英文、数学,尽可以在中学毕业以后,用短的期限去补习这种学问。我们要让中学生多有些时间精力去学习读书、写字、算账的必要技术,自然科学的常识以及历史、地理、政治、经济的大概。中等教育应该是养成健全的公民的教育。现在的中学毕业生,仅学了些半通不通的英文、数学,他对于一个人与一个公民所需要的常识,仍是全然无有,我真不知道这比八股教育有什么好处?"②恽代英这里的论述说明,中学课程的设置应该符合大多数中学生不升学的需要,因而也就需要按照公民教育的要求,来设置有关技能教育、常识教育的课程。

恽代英针对青年教育的问题提出了诸多创见性的主张,有着十分丰富的思想内涵。他认为,青年要服务于社会就要树立远大的志向,将读书和社会改造的目标结合起来,并将社会改造作为自己的奋斗目标。他指出:"真有志的青年!

---

① 《八股?》(1923年),《恽代英文集》上卷,人民出版社1984年版,第390页。
② 《八股?》(1923年),《恽代英文集》上卷,人民出版社1984年版,第391页。

你固然要读书,你读的书,最要能帮你奋斗,最要能帮你克服恶社会才好。所以你最要能懂得社会,最要能懂得如何是改造社会最好的方法。你能克服而改造恶社会,你才不至于会受他们的引诱或逼迫,你才能达到你做人的目的。"①在恽代英看来,对于青年进行教育,首先要使青年有着"主义"的坚定信仰,为"实现革命的主义"而奋斗。这样,才不会将"主义"架空,才不会成为一个"盲目"的"主义者"。关于信仰,他指出:"信仰之引人向上,固不可诬之事。且其功用能使怯者勇,弱者强,散漫者精进,躁乱者恬静,历史所载,其伟大之成绩,不可偻数,今人震眩之以为不可抛弃,盖亦非偶然也。"②关于"主义"与人生的努力及奋斗的关系,他指出:"主义真是一个有力量的东西。人每每因为一种革命的主义能解决自己与社会的苦痛,不惜牺牲一切为主义奋斗。多少被压迫者集合在这种主义的旗帜之下,多少革命的志士为了主义流血啊!……被压迫的青年们应当看轻自己的利益,为一种代表自己利益——解放自己的主义而奋斗!但是,切不可只知盲目的做一个甚么主义者,被一个空空洞洞的好听的名字欺骗,使那些魔鬼们高兴!我们要实现革命的主义,打倒反革命的主义!"③这里,恽代英要求青年要将坚定的信念、远大理想与切实的努力结合起来,发扬脚踏实地的精神来践行"革命的主义","不惜一切为主义奋斗"。恽代英还强调青年修养的极端重要性,认为"欲改良社会,以建设社会事业","舍修养国人之社会性,更无由也"。恽代英所说的"社会性"之修养,主要有"公德"、"公心"、"诚心"、"谨慎"、"谦虚"、"服从"、"礼貌"及"利他"这八个方面④。他认为,要做一个"好人"就必须有"操守"。他指出:"好人不因为许多人都做坏事,他亦做坏事。好人亦不因为许多人都不做好事,他亦不做好事。好人是自动的选他应做的事情。他不是刚愎专断,但是他决不因为人家的讥笑消骂,而无理由的改变他的行为。他看父兄师长,都只是一个人,至多是一个应当受他尊敬的人。但他决不能做他们的奴隶。他不能把他的行为,完全受他们盲目的或者谬误的支配,以丧失了他独立自主的人格。"⑤值得注意的是,恽代英尤为重视"力行"的意义,认为青年要走向社会、服务于社会,就要努力从事社会实践活动。他指出:"不力行,则能力不能切实而增长;不力行,不能有明确之责任心;不力行,不能有容异己者之

---

① 《做人的第一步》(1923年),《恽代英文集》上卷,人民出版社1984年版,第346页。
② 《论信仰》(1917年),《恽代英文集》上卷,人民出版社1984年版,第44页。
③ 《主义》(1926年),《恽代英文集》下卷,人民出版社1984年版,第839—840页。
④ 《社会性之修养》(1917年),《恽代英文集》上卷,人民出版社1984年版,第27—32页。
⑤ 《怎样才是好人》(1923年),《恽代英文集》上卷,人民出版社1984年版,第362页。

量;不力行,不能感化他人而联络同志。能力不切实不增长,无明确之责任心,无容异己者之量,不能感化他人而联络同志,此岂非我国有志之士之大患,所以不能为国家社会效丝毫之力之原因乎。欲救此弊,舍力行何以哉。"①又指出:"除了读书以外,我们还要在做事中,应用我们在书本中所学习的知识。我们还要在做事中,寻求我们在书本中所未曾学习的知识。"②恽代英强调社会实践的极端重要性,把"力行"作为青年的重要要求。

恽代英是无产阶级革命家、教育家,中国早期杰出的马克思主义者,他的教育主张不仅有着马克思主义的理论基础,而且积极服务于中国共产党领导的中国社会变革的需要。恽代英提出的"教育改造"思想,隶属于其"社会改造"的思想体系,体现了以马克思主义为指导来改造社会的目标,同时也有着注重社会实际的显著特征。恽代英的教育思想虽然尚未形成完备的体系,但其中的不少观点具有创造性,在当时的青年中有着广泛的影响。恽代英的教育思想体现马克思主义与中国教育实际相结合的意蕴,直接服务于中国共产党领导的新民主主义革命的伟大实践,在中国马克思主义教育学史上有着重要的开创者地位,同时也是中国现代学术史上的宝贵财富。

3. 杨贤江的教育学思想

杨贤江③是著名的马克思主义教育理论家、杰出的青年运动领导人,为马克思主义教育学理论中国化作出了重要的贡献。

《新教育大纲》是杨贤江1929年写成的重要教育学著作。该著署名李浩吾,由上海南强书局于1930年2月公开发行。第一版很快售完,同年9月又发行了第二版。由于该书影响力巨大,国民政府当局在1936年将其列为禁书,但在1937年3月,该书又发行了第三版。《新教育大纲》是中国第一部用马克思主义的原理阐述教育理论的书籍,揭露了教育上种种错误、欺骗的东西,许多内容、观点在中国都是第一次提出,在中国教育史及中国教育学史上具有重大意义。该书第一章是教育的本质。共分四节:教育是什么;教育的本质及其变质;

---

① 《力行救国》(1918年),《恽代英文集》上卷,人民出版社1984年版,第74—75页。
② 《做人的第一步》(1923年),《恽代英文集》上卷,人民出版社1984年版,第346页。
③ 杨贤江(1895—1931),又名李浩吾,浙江慈溪人。早年毕业于浙江省立第一师范,后应聘到南京高等师范学校工作,并进修教育学、心理学等课程。1921年被商务印书馆聘为《学生杂志》主编,任职六年。后参与了五卅运动和上海三次工人武装起义的组织工作。大革命失败后,转移到日本,在日本边进行革命活动,边从事社会科学和教育科学的研究及翻译工作。1929年秘密回国,继续从事革命斗争。主要教育专著有《教育史ABC》《新教育大纲》等。

批判几种对教育的曲解；教育的效能。第二章是教育的进化。着重阐述了原始共产社会的教育、封建社会的教育、资本主义社会的教育、社会主义社会的教育。第三章是教育的概观。其内容在我国几乎都是前无古人的新学说，所涉及的第一个大问题是教育和经济的关系，第二个大问题是教育与政治的关系。最后他研究了学生问题。这里所说的"学生"，不是纯粹从教育角度来讲，而是阐明当时中国学生所处的地位，以学生应该从事政治运动为出发点。在该著中，杨贤江认为，到了阶级社会，教育成为剥削阶级统治的工具，所实施的教育同生产劳动相脱离。他批判了"神圣说"、"教育清高说"、"教育中正说"和"教育独立说"等观点，并驳斥了"教育万能说"、"教育救国论"和"先教育后革命论"。他认为，要变革当时不合理的社会制度，只有进行革命。故而在革命中，教育应当作为革命武器之一，革命胜利之后教育便应当促进建设社会主义社会。杨贤江关心青年的政治思想、道德品格以及学习、健康各个方面的成长，主张对青年应进行"全人生的指导"，而关键则在于使青年们树立革命的人生观。这是杨贤江最主要而又辉煌的教育学著作。就中国现代教育学史来看，杨贤江的《新教育大纲》不仅具有严密的体系，而且内容丰富、理论联系实际，是我国第一部系统地用马克思主义观点来阐明教育原理的教育学名著。

　　杨贤江以马克思主义理论为指导，从社会的视角来看教育的本质，说明教育的社会性、阶级性及其所具有的上层建筑的本质。在杨贤江看来，在教育本质的问题上，社会上有诸多的不正确的看法，这些看法"都是掩蔽教育的本来面目"，故而也就需要正本清源。他指出："教育在人类生活进程上，自是一种重要的作用。但若要给教育说些不相干的漂亮话，添上些冠冕堂皇的假面具，那不特穿凿附会，且是假饰欺骗。象这样的曲解，举最流行即最被人迷信的来说，共有四端：第一是教育神圣说，第二是教育清高说，第三是教育中正说，第四是教育独立说。这四端都是掩蔽教育的本来面目，而具欺蒙麻醉的作用的。"[1]关于教育的本质，杨贤江指出："教育的本质，……是社会所需要的劳动之一领域，是给与劳动力一种特殊的资格的。换句通俗的话，教育便是帮助人营造社会生活的一种手段。"[2]又指出："教育的本质，是为帮助人营社会生活之一种手段；这种教育是全社会的，是统一的。但自私有财产制度发生，社会分成支配者与被支配者阶级，

---

① 《新教育大纲》(1929年)，《杨贤江教育文集》，教育科学出版社1982年版，第442—443页。
② 《读舒新城君的〈致青年教育家〉》(1929年)，《杨贤江教育文集》，教育科学出版社1982年版，第419页。

支配者处处以维持并巩固自己的利益为出发点,所创的法制、所定的道德、所主张的哲学等等,莫不以拥护支配权为标的;即其所设施的教育,也以专供支配者的方便为主;所以这种教育显然是阶级的。"①这就是说,教育是由于社会生产劳动的需要而产生,并在生产劳动过程中发展起来;而教育的"本质",是与生产劳动密切结合,为全社会所共享的;但在阶级社会中,教育具有鲜明的阶级性。在杨贤江看来,教育无疑是属于上层建筑,它同经济基础有着依存关系;教育既受生产方式也受政治制度所制约,又对经济的发展、政治的变革起促进作用。这就是说,"教育是社会上层建筑之一,是观念形态的劳动领域之一,是以社会的经济结构为基础的",但教育并不是上层建筑中第一位的东西,教育作为上层建筑还受同为上层建筑的如政治等因素的制约,故而教育作为上层建筑也就有着自己的特点。杨贤江指出:"教育虽是和法制、宗教、道德、艺术、哲学、科学等等同为社会的上层建筑,但它有一点特别的地方,就是它不象别的精神生产各有各的内容,而是以其他的各项精神生产的内容为内容的。譬如学校里面的课程,无论是科学,是哲学,是艺术,这种种学科的内容,没有不和当代社会的一般科学的内容,一般哲学的内容,一般艺术的内容相同的。换言之,学校科目所教授的样式、倾向等等,都是以当代一般的样式、倾向等等做根据——但要注意:这所谓一般,自是指着一时代占支配的地位者而言;而'任何一个时代的统治思想都不过是统治阶级的思想'。——因此,在新兴社会科学上解释各种精神生产即上层建筑时,往往不列入教育一门,就为了教育只是一种动作,是一种技巧,以讲究怎样实施'支配思想'为务的。教育之不成为独立的,不仅为了在旨趣及实施上受制于经济及政治;也为了在资料与方法上受制于其他各项精神生产的缘故。"②杨贤江还认为,教育作为上层建筑也不同于上层建筑中的政治,教育固然受到政治的制约作用,亦即"由政治所决定"的,但"教育与政治也是互相作用的"。他指出:"就教育言,它虽和政治同为上层建筑之一,但它是较为第二义的,较为派生的。因为它不仅由经济所决定,也由政治所决定。……正犹教育与经济互有关系,教育与政治也是互相作用的。……先说政治支配教育的力量:在阶级社会中,政治支配一般社会的精神生活过程;教育当然不在例外。教育意义的变迁,便为在社会阶级关系的历史变动期中所表现的形态;自有历史,就没有脱离过政治关系的教育。无论哪一种的教育制度,终只是由支配阶级掌握,且是为支配阶

---

① 《新教育大纲》(1929年),《杨贤江教育文集》,教育科学出版社1982年版,第441页。
② 《新教育大纲》(1929年),《杨贤江教育文集》,教育科学出版社1982年版,第417—418页。

级服务的。"①杨贤江不仅揭示了教育的上层建筑的本质,而且指出了教育作为具有独特性的上层建筑所具有的新特点,这就是教育作为一种精神生产是"以其他的各项精神生产的内容为内容的",并且教育在上层建筑的范畴体系之中,是由同为上层建筑的政治等因素所决定的。

　　杨贤江探讨了教育的产生与发展问题,并以唯物史观为指导给予了回答。他指出:"教育怎样起源的?是根据于什么人性吗?是根据于教育者的意识吗?或是根据于什么天命吗?——即所谓'作之君,作之师',都不是的。教育的起源并不在于这样玄妙的处所。教育只是一件'日用品',是与社会的生活过程、物质的生产关系有密切联系的;而且是以这种现实的社会经济生活为基础的,只要是现实的经济关系变了,它是必然地跟着变的。若说教育是与现实的经济生活无关,单凭某个人头脑中的思索所得决定,从来就没这样一回事。"②杨贤江认为教育的产生源于社会的物质生活,不仅是由物质的生产关系所决定,而且随着现实的经济关系的变动而变动。这是运用唯物史观分析而得出的正确结论,科学地坚持了马克思主义唯物史观的立场。正是基于教育产生问题的唯物史观分析,杨贤江在联系中国教育实际的基础上,重点就教育与革命的关系作出回答。杨贤江早在1924年就撰文认为,教育是需要完成救国的使命的,亦即"教育根本的意义应该要救国",但教育并不能直接"救国",而只有教育与革命结合起来才能"救国"。他指出:"教育是要适应时代、环境和需要的,要与实际上发生关系;换句话说,就是要使得人生的意义更完满,更幸福。故所以教育根本的意义应该要救国,因为现在中国需要救国。我们明定教育方针是救国的,实为非常紧要。不过教育不是直接的救国,也不是单靠教育可以救国,更不是现在的教育能有效于救国。我以为改革现在的教育方法,有二点是最重要的:(一)教育的革命;(二)革命的教育。"③在1929年的《新教育大纲》中,杨贤江对于"革命的教育"作了进一步的阐发,从而比较全面地阐明了教育与革命的关系。他指出:"我们知道'革命的教育'这个名词的含义,是把教育用作革命的武器,用作斗争的武器,也可以视为对'为教育而教育'或'在教言教'那种空想的论调而发的。在革命时期,一切的一切都要适应革命的总策略,协力并进,革命才会成功。现在中国的革命既然未算成功,故教育工作人员当与一般革命斗士及革命民众互通声

---

①　《新教育大纲》(1929年),《杨贤江教育文集》,教育科学出版社1982年版,第542页。

②　《新教育大纲》(1929年),《杨贤江教育文集》,教育科学出版社1982年版,第413页。

③　《教育问题》(1924年),《杨贤江教育文集》,教育科学出版社1982年版,第184页。

气,齐一步骤,协力以谋革命总纲领的实现。换言之,要把教育视为革命力量的一个方面军,在推翻帝国主义统治,肃清封建势力的革命任务之下,向着革命胜利的方向走去。这是我们对于教育与革命关系之见解,也就是对于教育效能之见解。"①这里,杨贤江从教育的产生与社会生活的关系出发,不仅阐明教育为现实服务的功能和适应时代需要的前进方向,而且具体地联系中国半殖民地半封建社会的特点,强调中国的教育必须服务于新民主主义革命的反帝反封建斗争的目标。

杨贤江以马克思主义为指导开展教育问题研究,对于教育的特征进行了马克思主义的阐述,认为从"阶级性的教育"中,可以看出教育具有五大特征。教育的第一个特征是"教育与劳动分家",这缘于阶级社会之中有"治者与治于人者的两种阶级出现,前者变成所谓'劳心者',后者变成所谓'劳力者'",其结果是"劳心者"与"劳力者"之间成支配关系,而在教育上就表现在"学问"与"劳动"的关系,其情形就是:治者阶级一味从事"学问"而绝不从事"劳动",被治者阶级则一味从事"劳动"而绝不从事"学问",亦即"脑与手拆了伙,求知与做工离了婚,两者形成俨然对抗的阵势"。教育的第二个特征是"教育权跟着所有权走",这表现为"教育的分配,主要是受所有的多寡以决定;就是所有的特权联系到教养的特权;从而有产阶级成为有知识阶级,无产阶级成为无知识阶级。这样的教育,根本是少数有钱人的专有品,无产者自可不必享受,也且不容享受。"教育的第三个特征是"专为了支配阶级的利益",亦即教育是为了支配阶级的利益,而不是为了被支配阶级的利益,这缘于教育的阶级性,故而"阶级的教育,对于被支配阶级,既不是适应他们的利益,也不是适应全社会的要求,主要乃是施行对支配阶级有方便的教育,以俘虏被压迫者的心意,且使之成为对支配阶级服役的工具。"教育的第四个特征是"两重教育权的对立","这所谓两重教育权,就是阶级社会中相并存甚至相对抗的两种的教育。即教育制度之组成与教育行动之存在是相对立而不相统一的"。教育的第五个特征是"男女教育的不平等",就是女子不能与男子有同等的教育机会,这是缘于"社会的隶属与压制皆由被压制者对压制者之经济的隶属而起",故而在"私有财产存在之限度内","世界一切的历史是属于同型的种种样样之阶级支配的历史"。"所以女子在经济上未能独立以前,是无法得以脱离男子的支配的。不独女子,即一般劳苦群众在少数人握有经济支配权的时候,也是不能脱离隶属的地位的。妇女问题与劳动问

---

① 《新教育大纲》(1929 年),《杨贤江教育文集》,教育科学出版社 1982 年版,第 470 页。

题相关之处在此。要解决女子教育问题,便不可不以解决妇女经济问题为前提。实在说一句,妇女参政和女子教育,还是次要问题。"①杨贤江对阶级社会中教育的特征予以马克思主义的阐述,深化了对教育本质问题的认识。

杨贤江对于教育目的有多方面的论述,将为社会进步培养人才作为教育的目标。在杨贤江看来,教育是为人生服务的,同时也是为社会的进步服务的,故而"教育者,为人生战斗之准备;学校者,为专施教育之所;学校时代者,即专心于学修之时代"②。他指出:"学生者,国之花也,未来之主人翁也。师范学生者,学习教育之原理与方法,为预备教养儿童陶冶国民者也。"③又指出:"我以为我国现在的中学教育的目标不特须使学生将来能升学,也须使学生将来会做事;不特须使学生将来能维持个人生活,且须使学生将来能保障社会安宁。因此,中学训育的目标,不当仅希望学生做各个的好人,乃应培养学生做社会的好人。"④杨贤江分析教育的目的,不仅顾及个人发展的需要,而且也立足于社会进步的需要,并且将个人个性的发展与社会的进步统合起来,故而他要求中国的教育应该面向"中国社会改进"而培养所需要的人才。他指出:"故今后训育的方针,应养成中国社会改进上适用的人才为主;这种人才必须为明白国家现状,能忍受苦痛,且肯为中国民众的利益及青年们的利益而努力奋斗的。我们要反对禁止活动,束缚个性的专制教育,但更要反对因循苟且,任情纵欲的'自由教育'!"⑤杨贤江立足于中华民族振兴的需要来阐发教育目的问题,紧密结合中国亟须"改进"的国情,阐明了教育服务于民族的需要、国家的独立、民众的利益的使命。

杨贤江坚持以唯物史观为指导并以社会生活的视角来看待教育内容问题,主张教育内容的全面性与丰富性,并将人生的修养与技能的增进作为教育内容的重要方面。杨贤江说,以生活的视角看待教育,则教育的内容就应体现生活的要求,"故我主张学生生活内容应有健康、劳动、社交与文化的四要素,且更要求其适应有趣"⑥。在杨贤江看来,基于社会生活的视域,教育内容就应该服务于现实的社会,故而"教育如果真想尽'教育救国'的功能,应该即刻提倡军事训

①　《新教育大纲》(1929年),《杨贤江教育文集》,教育科学出版社1982年版,第424—441页。

②　《我之学校生活》(1915年),《杨贤江教育文集》,教育科学出版社1982年版,第6页。

③　《我之学校生活》(1915年),《杨贤江教育文集》,教育科学出版社1982年版,第16页。

④　《中学训育问题的研究》(1925年),《杨贤江教育文集》,教育科学出版社1982年版,第222页。

⑤　《中学训育问题的研究》(1925年),《杨贤江教育文集》,教育科学出版社1982年版,第225—226页。

⑥　《学生生活改造论》(1926年),《杨贤江教育文集》,教育科学出版社1982年版,第248页。

练;而训育上即须努力提倡这种新的尚武精神"①。关于教育的具体内容,杨贤江指出:"举凡人群社会往来交际之道德,及世界应需之常识,无不于学校内预为之储。"②又指出:"在内容上讲,我们的生活应该是全人的。有肉体和精神的两方面,精神依通常的分法,又有知、情、意三项。有的人专门守静读书,这是把肉体忽略了;有的人专门游玩运动,这是把精神忽略了;有的只会讲讲,不会实行,这是缺少意的修养;有的只会盲动,不会思想,这是缺少知的修养;也有很会想很会做事的人,可惜感情上缺少欢乐和同情,就不能与人相得。这种种显然都不是全人的生活。所以我个人的主张,要做个完人,须得具备下列几个条件:1. 强健的体魄,实现思想;2. 充实的精神,神采奕奕;3. 清楚的头脑,远见(为求智多智的根);4. 热烈的兴趣,敢为(活动的根);5. 和乐的感情,同群善处;6. 坚强的意志,持久;7. 超个人的主张,普遍的幸福。"③杨贤江将教育的内容分为肉体的和精神的两方面,但不认为两者可以分开,而是认为两者需要有机的结合,故而他特别强调修养与劳动结合的重要性,并希望在教育上和教学上能够有一个重大的改革。他指出:"我们倘想把修养和劳动实际结合起来,那么,现在学校的设备和组织必得改变一下。在学科上,要注重实科的,在训练上要注重人生的。拿修身来讲,要使学生有做人必用劳力的觉悟。拿史地来讲,要使学生有现代生活趋重平民的实业的理解。此外像数学须注重观察判断的能力;像理科须注重生产原则的理解。总之,教授方面必以养成活知活能为归宿。从训练方面讲,第一要教学生个人生活能独立,第二要教学生共同生活负责任,而以养成劳动及协作的习惯为目的。"④杨贤江关于教育内容的阐述,体现了社会生活的视角和教育对象全面发展的需要,并将教育内容的设置与社会变革的要求结合起来。

杨贤江基于教育内容的研究,主张教育在内容上应有其侧重点。他在学校教育中,特别强调了美育、体育和劳动教育这三个方面。关于美育,杨贤江指出:"美育的意义是什么?我们简单解释起来,可以说是美的陶冶,审美心的养成。爱好美、识别美,这是美的欣赏力。创作美、设计美,这是美的发动力。美育所要

---

① 《中学训育问题的研究》(1925 年),《杨贤江教育文集》,教育科学出版社 1982 年版,第 224—225 页。

② 《学生自动之必要及其事业》(1915 年),《杨贤江教育文集》,教育科学出版社 1982 年版,第 3 页。

③ 《学生新生活》(1921 年),《杨贤江教育文集》,教育科学出版社 1982 年版,第 33—34 页。

④ 《教育与劳动》(1921 年),《杨贤江教育文集》,教育科学出版社 1982 年版,第 36—37 页。

陶冶的能力,就指这两种而言。"①又指出:"美育的价值,且分作四方面来说:
(一)从道德上看:一个人有了高尚的审美心,足以使志趣纯洁,品格优美;自然
他的道德力也增高了。(二)从人生目的上看:真、善、美的自身,都是同等的为
社会文化而为我们心身所要求的;所以'美'自有它独立存在的价值,决不是为
了别种方便才有价值。它的价值,就在使我们能脱离现实社会的束缚,另在一个
理想的境地得著喜悦,以扩大人生的活动。(三)从美术上看:由美育而发达的
一般美术思想,自能帮助美术品的创作,因此发生上述的价值。(四)从经济上
看:美的生产品的销路很大,于经济上的利益自必很多。这样看来,美育的价值,
无论是当做目的,当作手段,终是明白存在。而在现代物质文明进步的时代,人
间精神上享受幸福的机会很少,于是美育更有提倡的必要了。"②关于体育,杨贤
江指出:"我承认体育是造成健全人格,养成具足生活的一种工具。重视体育,
实行体育,是个个人应有的态度,应尽的义务。……我们体育目的,是在使感觉
灵敏,姿势优美,筋肉发达,内脏完整,动作敏捷,精神充实;是要使天然的一架人
间机器,能运用得法而且充分;能常保光泽而且结实。总结一句:是在造成强健
而美的体格和体质。"③关于劳动教育,杨贤江指出:"劳动生活像是出校以后到
社会上谋生时才有,但我以为不然。我们在校时,为练习勤劳,为训练肢体,为运
用筋肉,也可有多种关于劳动方面的作业;譬如室内的扫洒整洁,农场的栽培饲
养,以及木工金工的制造修理乃至铺路、植林、办消费公社等等,皆富有教育的价
值,不仅仅为学得一种技巧而已。我们就要注意从这种生活上得到对于实际工
作的知识与对于特殊职业的知识,重视由实行工作及满足工作的需要而获得的
习惯,并养成普遍劳动于人间的理想及真正认识劳动价值的态度。各个学生
为满足这方面的生活起见,应要求学校有农场、工厂以及机械器具等的设
备。"④杨贤江关于美育、体育及劳动教育的论述,体现了他在教育内容上特别
重视各相关学科结合的意义与任务,这之中关涉人生的修养与境界、人格的塑
造与健全、劳动技能的提高等多方面内容,体现了社会生活的实际对于人才培
养的要求。

　　杨贤江在教育方法上主张依据学生的特点,施行不同的教育方法,强调教育

　　①　《美育的价值》(1921年),《杨贤江教育文集》,教育科学出版社1982年版,第40页。
　　②　《美育的价值》(1921年),《杨贤江教育文集》,教育科学出版社1982年版,第40—41页。
　　③　《青年对于体育的自觉》(1923年),《杨贤江教育文集》,教育科学出版社1982年版,第
85页。
　　④　《学生生活改造论》(1926年),《杨贤江教育文集》,教育科学出版社1982年版,第255页。

方法的多元化,但认为学生的主体积极性发挥则是根本性的要素。譬如,关于学生意力(毅力)的培养与训练,杨贤江主张注重"胆力的养成"、"知识的真切"、"热情的充实"这三方面下手,但认为这三方面的努力,也需要学生本身要有"坚确的信仰"为前提。他指出:"要养成胆力,除出多事历练而外,别无方法。譬如怕登台演说的,要想矫正,那么只有老一老脸皮硬上台去。多做几次,自会习惯。所以在这一端要不怕羞,要不怕成绩不好,要不怕人家说笑。……要知识真切,似乎是个复杂的问题。但我以为只要得其法便容易入门。大概观察敏捷,心思细密,工夫专精都是必需的条件。……至于热情的培养这一端却真是个难题了。因为情之为物,有些微妙。没有的时候,很难强致;生的时候,也难骤灭。现在我的意见是这样:如果自审是个热情欠缺的人,应该勉力多交几个富于血气和活力的朋友。要请他们来鼓舞你,催促你。你则要勉力听从,勉求乐趣。……最后一句话,若非自己有坚确的信仰,以上种种,也便都成废话。所以回转头来,结论是只有意力方能增强意力。那么意力薄弱的青年如果要训练自己的意力,也只有先从相信自己有意力做第一步工夫了。"[1]又譬如,关于教师的讲授与学生学习的关系,杨贤江认为教师只是起"诱导"的作用,而学生的"自动之力"乃是根本性的。他指出:"故吾人欲明一理,知一事,固有藉乎教师之教授,而举一反三之功,则仍在吾学生。是以教授之力,仅为诱导之具,而自动之力,实为成功之基。仅有知识而不发展其能力,则所得终难见诸实行。是故不惟知之,且须能之;不惟理会之,且须应用之。自动者,以自己之能力而为活动者也;即自能之事而自为之者也。况就世界教育之趋势以观,注重生徒自动的方面,已成为事实。"[2]正是因为杨贤江重视学生本身"坚确的信仰"、"自动之力",强调学生主体积极性的发挥,故而他要求培养学生自学的能力,但同时也要求教师要发挥"助力"的作用,担负起"诱掖指导"的责任。他指出:"'循循善诱'这句话,真是教学法上很有价值的方法。有的人并非不能学,只是没有人先来启发他,因此终于不能学到很多。一个人有许多本能,有些本能不利于人群生活的要设法消灭;有些本能有利于人群生活的就要设法发展。譬如草木,具有生长发达的能力,但若不得适当的阳光雨露来滋养助长,也将终于萎枯。所以做教师的能够考察各个学生的天性特长,引导他到有益的一条路上去尽量发展,然后用学生自动的能力,来谋

① 《意力的训练》(1923年),《杨贤江教育文集》,教育科学出版社1982年版,第111页。

② 《学生自动之必要及其事业》(1915年),《杨贤江教育文集》,教育科学出版社1982年版,第2页。

学业的精进,这实在是教师莫大的天职。学生既于不知不觉中受着教师引导的影响,自然会自己用力。于是自学的工夫就开始了。"①杨贤江将学生主体性发挥作为教育方法的基础,不仅有助于培养学生的主动精神而且也有助于学生能力的培养,因而也体现了学生本位的教育理念。

杨贤江将教师队伍建设作为一项重要任务,将"革命者"作为教师的要求,阐明了教师所应担负的责任。早在1921年,杨贤江就指出:"因为教育事业底对象是一个个活泼泼的人,教育事业就可以说是造人的事业。所以做教师的人,应得认清这一种职业底关系,而有以尽自己做人的义务。我以为现在做教师的人应当能够做到下面两种责任:(一)消极的,不当看教师职业是糊口的职业。我们虽然解脱不了经济底支配,但在可能底范围之内,应当拿出真心诚意来干。(二)积极的,应当培养有改造能力的人。现在社会确是不良,确应改造。但一般人还不晓得有改良底必要,只是瞎了眼睛去乱钻;听见有人说改造还要惊奇起来,骂他是做梦。所以现代学校教师,要做一种改造人心的事业,使受教育者都觉悟到现代社会不良底事实,因以养成改造社会底空气,只要有了感情上的不满意,容易发动改造底实际了。……总而言之,教育者应当是一个革命者。要评定教师能不能尽职,就看他有没有革命的精神。有革命精神底教师,是不为利势所动的,不为章部所拘的,不为成例旧习所迷蒙的;乃是向着更善更美更适宜更光明的路上走。能指导受教育者都有活泼的态度奋斗的勇气的。可敬的教师!请注意这个重大的使命!"②杨贤江以"革命者"来要求教师,一个重要的方面就是,主张教师在学生中施行阶级意识的教育、国情的教育。对此,他在《新教育大纲》中这样说:"教育者所日夕与共的儿童,不是极大部分属于中下阶层的子女吗? 他们是被压迫者,他们要求一切的解放:在政治上,在经济上,在法律上,在社会上,乃至在教育上。究竟他们能获得解放的门路,抑或依旧为支配势力所屈服而不获见天日,就视今日的教育者如何教育他们以决定。你们若教他们'安分守己',不要与闻一切斗争工作,那么他们就得不到什么益处——虽然实际的生活条件自能给他们以实际的政治教育;反之,你们若教他们明白当地的政治环境如何,当地的经济情况如何,对他们本身的利害关系如何,随时随地领导他们去接近实际,参与工作,那么这种教育才是与他们生活有关的教育。"③杨贤

---

① 《自学的成功》(1920年),《杨贤江教育文集》,教育科学出版社1982年版,第29页。

② 《教师职业底重要》(1921年),《杨贤江教育文集》,教育科学出版社1982年版,第51—52页。

③ 《新教育大纲》(1929年),《杨贤江教育文集》,教育科学出版社1982年版,第554—555页。

江以"革命者"来要求教师,不仅是要求教师在学生中树立"革命者"的形象,而且要求教师面向社会大众,担负起指导社会变革的使命与责任,在社会的民众中成为真正的"革命者"。他指出:

> 教育者对于一般民众也有应尽的责任,革命要靠民众力量才会成功,这是大家所知道的。中国革命尚未成功,有待于民众的运动者非常迫切。教育者于此,就不要拘于现在所见所处的那样狭小的天地,要自认为自己是通过文化与民众之间的一条大路。教育者决不该以幽禁在校门之内,研究研究学理,教教书本,以维持个人的生活,满足个人的欲望算已尽职。教育者的人生观教育观是不局限于个人,而是公开于社会的。教育者负有社会的使命,他们应从讲坛上解放,向着社会民众走去,参加甚或领导社会民众运动。今后的学校也不当仅仅是儿童们的学校,更不该再是"闲人莫入"的学校,而当成为当地文化的中心点,为当地民众吸取文化资料的源泉。它要做扫除文盲运动,它要做民众政治训练运动,它要利用种种革命纪念日做扩大的鼓动宣传运动;它将是破除迷信和旧习的大本营,它将是民众娱乐、民众集合的大会场。故今后的教育者当是国民文化的宣导者,而学校是国民文化的灯塔。文化逾开明,同时政治斗争的工作当逾有成效。自然这样的效果,据我们所已知道,是在这个布尔乔亚社会中很难如意地获得的。但为了困难而就束手,难道是觉悟的教育者所该有的态度吗?①

杨贤江对教师提出了担负起"革命者"的责任,故而他所认可的教师需要具备多方面的条件。在他看来,教师除了在政治上具有"革命者"的素质外,在业务能力上也应该是过硬的。他在 1915 年的《我之学校生活》文章中,将为人师表、以身作则、示范作用视为教师的必备条件,指出:"为教师者,对于儿童之品性行为,有示范之必要,若自己先有不当,何能感化他人,使之就正。故欲教训他人,必先以身作则,若是则今日之修养,益不容缓矣。"②在 1924 年的《要怎样一种人做我们的教师》文章中,杨贤江"对于教师的条件提出二个:(一)他须是真希望我们好的,(二)他须是具有现代知识和现代思想的——就是他的所谓'好',须是合乎进步的人生的要求的"③。在 1925 年的《怎样可以增进学业成绩》文章中,杨贤江认为学校的"各科教员"须有两方面的条件:一是"须有专门的

---

① 《新教育大纲》(1929 年),《杨贤江教育文集》,教育科学出版社 1982 年版,第 555 页。
② 《我之学校生活》(1915 年),《杨贤江教育文集》,教育科学出版社 1982 年版,第 15 页。
③ 《要怎样一种人做我们的教师》(1924 年),《杨贤江教育文集》,教育科学出版社 1982 年版,第 157 页。

学识并且懂得教学的方法"，二是"须有与时俱进的精神及世界的眼光"①。杨贤江在1926年还根据当时学校里师生关系紧张的情况，将能够处理好师生关系视为教师的条件。为此，他具体解读了"师生合作"的内涵，认为所谓"师生合作"有三个方面的内容：一是"师"当以原谅"生"者为合作；二是"师"当以不干涉"生"者为合作；三是"师"当以援助"生"者为合作②。杨贤江关于教师条件的论述是很有见地的，不仅有助于教育教学工作的推进，而且也有助于建立新型的师生关系。

杨贤江是现代中国杰出的马克思主义教育家，中国马克思主义教育科学的先驱者和奠基人。他撰写的《新教育大纲》等著作，运用马克思主义唯物史观研究教育的本质、教育的目的、教育的地位与作用、教育内容、教育方法等问题，积极探索教育发展的规律，并联系中国教育的状况集中地批判了社会上关于教育问题的各种错误观点（如教育神圣说、教育清高说、教育中正说、教育独立说、教育万能说、教育救国论、先教育后革命说等），构建了以马克思主义为指导的教育学的理论体系，为推进马克思主义教育学理论的中国化作出了开创性的贡献。杨贤江在中国现代学术史上有着重要的地位。

4. 成仿吾的教育思想

成仿吾③是中国无产阶级革命家、无产阶级教育家和社会科学家、文学家、翻译家，他为推进马克思主义教育思想中国化作出了重要贡献，在中国现代学术史上有着重要的地位。

成仿吾主张教育的阶级性和民族性，强调教育方针必须服务于中国无产阶级和全民族的政治利益，并需要根据时代任务的要求而具体地贯彻到教学之中。全面抗战后，成仿吾紧密联系中国抗战的形势和特点，主张教育方针必须切实适应全民族抗战的需要，因而在教学上必须有一个重大的变革。他指出："我们的

---

① 《怎样可以增进学业成绩》（1926年），《杨贤江教育文集》，教育科学出版社1982年版，第266页。

② 《论"师生合作"》（1926年10月），《杨贤江教育文集》，教育科学出版社1982年版，第270页。

③ 成仿吾（1897—1984），原名成灏，笔名石厚生、芳坞、澄实，湖南省新化人。早年留学日本。主要著作，《守岁》（小说，创造社1929年版），《使命》（评论，创造社1927年版），《流浪》（小说、诗合集，创造社1927年版），《仿吾文存》（论文，创造社1928年版），《从文学革命到革命文学》（论文集，与郭沫若合集，创造社1928年版），《文艺论评》（论文集，与郁达夫合集，创造社1928年版）；《新兴文艺论集》（论文、游记合集，创造社1930年版），《长征回忆录》（回忆录，人民出版社1977年版），《战火中的大学》（回忆录，人民教育出版社1982年版），《成仿吾文集》（山东大学，1985年印刷），《记叛徒张国焘》（北京出版社1985年版），《成仿吾教育文选》（教育科学出版社1984年版）；《我们是怎样走上人生之路的》（上海人民出版社1982年版）等。

教育方针是要在短期内给青年们以抗战的必要知识,要使他们得到比较深刻的认识,因此我们的教学法不是单纯的灌注,而多采取讨论与集体研究的方法。平均每天有一次小组讨论会(约八人至十人为一小组)或一队(约百二十人至百五十人)的讨论会,或自由参加的座谈会。上课时间不多,每天少则三小时,多则五小时。星期三规定为救亡日,这天下午有计划的进行各种救亡活动。上课以外的时间实行集体自习,或集体的讨论,各队都有自己的经过讨论的详细计划。"①在成仿吾看来,新民主主义革命时期的教育方针服务于新民主主义革命和新民主主义教育,而在新民主主义革命取得胜利的条件下,由于中国是要建设新民主主义社会,故而教育方针仍然是新民主主义教育方针。他在 1949 年中国人民政治协商会议上的发言中,指出:"新中国的教育方针必须是新民主主义的,即民族的、科学的、大众的。只有这样才符合中国广大民众的需要。我们必须提高全国人民的文化水平,使他们个个都成为新民主主义社会的积极建设者。我们必须培养千万个新中国的建设人才。我们必须肃清封建的、买办的、法西斯主义的思想,使人民大众从反动思想的影响下完全解脱出来。我们的教育工作还必须贯彻为人民服务的思想,教育方针必须使理论与实际一致,我们的教育工作必须贯彻这一原则。"②成仿吾关于新民主主义教育方针的说明,突出了教育必须为中国无产阶级政治服务的要求,强调了教育方针与建设新民主主义社会的内在统一性,并阐明了教育方针在贯彻中国共产党的政治意识形态、服务于广大民众中的重大意义。

成仿吾联系中国共产党领导新民主主义革命的需要,阐明了无产阶级教育的目的。在他看来,无产阶级教育是服务于无产阶级的政治任务,推进无产阶级领导的革命事业,故而中国的新民主主义教育也就必须适应中国革命的需要,并随着中国新民主主义革命的发展而前进。1931 年,成仿吾在《鄂豫皖省苏维埃文化委员会决议案》中指出:"目前学校教育有两个中心问题:一是普遍地发展乡学,使我们苏区里每个工农劳苦儿童、红军子弟有读书的机会;二是培养苏维埃政府各部门所需要的干部。"③延安时期,成仿吾阐明了陕北公学的办学目的,

① 《半年来的陕北公学》(1938 年),《成仿吾教育文选》,教育科学出版社 1984 年版,第 16—17 页。

② 《在中国人民政治协商会议第一届会议上的发言》(1949 年),《成仿吾教育文选》,教育科学出版社 1984 年版,第 34—35 页。

③ 《鄂豫皖省苏维埃文化委员会决议案》(1931 年),《成仿吾教育文选》,教育科学出版社 1984 年版,第 11 页。

指出："陕北公学设立的目的，不是因为外面有大批的青年失学了，要办一个学校来'救济'，供他们有书读。我们认为这是偏于消极的办法，而且不是边区财力所能允许的。我们这个学校设立的目的是要吸收这批青年——这个抗战力量——到抗战的各个方面，使他们能够发挥出自己的伟大力量，加强整个民族抗战的力量。完全是为这个目的，我们陕北公学吸收了这批不远千里而来的青年，给予了他们一些对于抗战必要的、革命的理论与实践。"①成仿吾立足于中国新民主主义革命的实际，将教育的目的落实在无产阶级事业的需要上，并阐明了发展教育事业对于中华民族的独立与解放的特殊意义。

成仿吾的教育思想有着鲜明的特点，体现了中国马克思主义教育的根本要求。譬如，成仿吾基于全民族抗日战争的需要，认为教育中的课程设置，应该切合抗日的要求。这体现他的教育思想紧密联系实际的特点。他指出："为着适应抗战的需要，我们的课程暂定以下三门：（甲）抗日民族统一战线与民众运动；（乙）游击战争与军事常识；（丙）社会科学概论。"②又譬如，成仿吾特别强调理论学习的极端重要性，尤其重视马克思主义的思想政治教育，认为理论的学习在于更好地改造自己的思想，在于掌握科学的世界观和方法论。他指出："学习马列主义，仅仅读一些书也是很少用处的，我们今天不是为学习马列主义而学习马列主义。我们掌握马列主义的武器首先要改造自己。我们一定要坚持这一方面。因此我们学习马列主义，不是钻研它的词句，而是学习它的精神实质，学习立场，观点和方法。如果离开这个方针，就不合于我们的需要，只读书那是教条主义的学习，是不行的。"③成仿吾的教育思想是中国新民主主义教育思想体系的重要组成部分，有力地推进了新民主主义教育思想的发展和完善。

成仿吾的教育思想源于他亲自参与并领导新民主主义教育的实际经验，集中体现中国共产党人的教育理念和新民主主义教育的根本要求。他关于教育方针、教育目的等问题的论述，切合中国共产党领导的新民主主义革命的实际，为推进新民主主义教育的发展及新民主主义教育体系的完善作出了重要贡献。成仿吾是现代中国著名的马克思主义教育家，在中国马克思主义教育史上有着重

---

① 《半年来的陕北公学》（1938 年），《成仿吾教育文选》，教育科学出版社 1984 年版，第 15—16 页。

② 《半年来的陕北公学》（1938 年），《成仿吾教育文选》，教育科学出版社 1984 年版，第 16 页。

③ 《学习马克思列宁主义的目的在于应用》（1949 年），《成仿吾教育文选》，教育科学出版社 1984 年版，第 37 页。

要的地位。

5. 戴伯韬的教育思想

戴伯韬①是现代中国著名的马克思主义教育家,不仅为抗日根据地教育事业作出了重要贡献,而且对新民主主义教育作出理论上的研究和学理上的阐发,在中国马克思主义教育史上有着重要的地位。

戴伯韬阐发了新民主主义教育的本质,突出了新民主主义教育为民众服务的根本目的。在他看来,新民主主义教育是面向广大民众的,教育的目的就在于使他们觉悟起来,因而也就是"觉悟起来的一种自觉教育"。他说:"所谓新民主教育就是教育青年儿童民众自觉地觉悟起来的一种自觉教育,就是教学生自觉的起来追求真理,为实现真理而奋斗的一种教育。"②这里,戴伯韬强调了新民主主义教育既是一种"自觉教育",同时也是一种追求真理、实现真理的教育,并把民众作为受教育的主体,这就揭示了新民主主义教育的本质要求。基于民众至上的理念,戴伯韬强调教育面向大众的极端重要性,这就为新民主主义教育指明了大众化的方向。他指出:"过去的社会教育仍在知识分子里打圈子,没有深入到民众队伍里去。如果我们今天不把自私的、迷信的、愚昧的、武断的、散漫的、没有民族国家意识的、担任生产的最大多数的民众教育起来,如果我们今天不把在前线担任民族生死斗争的士兵教育起来,提高其认识,加强其信心,那么要巩固和增强国力,来驱逐日寇,建设国家,就不容易。没有普遍地深入勤劳大众的公共教育,新的政治生活和新的经济建设是不可能建立起来的。因此目前的社会教育必须向农村、工厂和战壕里发展,把图书馆、识字班、俱乐部、教育馆、教育车、文化室以及一切新的文化资料,用各种各样的方式,带到每一个农村,每一个

---

① 戴伯韬(1907—1981),曾名白韬,笔名白桃、许宗实,江苏丹阳人。中国现代著名教育家、出版家。1928 年毕业于南京晓庄学校。1931 年到上海,编辑《儿童》,《师范》、《生活教育》杂志和《儿童科学丛书》。抗战后,参与发起成立"抗战教育研究会",任常务理事,在武汉、重庆主编《战时教育》杂志。1941 年到苏北抗日革命根据地,历任中共华中局宣传部国民教育科科长、盐阜行政公署文教处处长、地委宣传部副部长、苏北行政委员会委员兼第一厅厅长、苏皖边区政府教育厅副厅长、山东省人民政府教育厅厅长,华东局宣传部教育科长,上海市军事管制委员会文教管制委员会副主任兼上海市政府教育处处长、上海市人民委员会委员兼教育局长。1949 年出席中国人民政治协商会议第一届全体会议。中华人民共和国成立后,任华东文化教育委员会委员、上海市文化教育委员会副主任、人民教育出版社副社长兼总编辑。为第三届全国人民代表大会代表,中国人民政治协商会议第一、五届全国委员会委员,中国共产党第八次全国代表大会代表,中国教育学会副会长、全国教育学研究会理事长著有《陶行知的生平及其学说》,编有《解放战争初期苏皖边区教育》,著有《戴伯韬教育文选》、《小学教师工作手册》、《陶行知生平及其学说》等。

② 《什么是新民主教育》(1941 年),《戴伯韬教育文选》,人民教育出版社 1985 年版,第 83 页。

战壕里去,用密集的火力来扫除文盲。"①戴伯韬不仅将教育对象具体地落实在社会大众上,说明了新民主主义教育以民众为对象、为本位的内涵,而且将以大众为教育对象的新民主主义社会教育,直接地与"驱逐日寇,建设国家"这一政治任务紧密地联系起来,并进而阐明了新民主主义教育对于建立"新的政治生活和新的经济建设"的极端重要意义,这实际上也是阐明了新民主主义教育与新民主主义政治、新民主主义经济的关系。

　　戴伯韬研究新民主主义教育,是紧密联系全民抗战实际的,并且是直接地服务于中国共产党领导的新民主主义革命。全面抗战以后,戴伯韬基于中华民族的根本利益并联系民族革命的迫切需要,阐发了新民主主义教育直接地服务于抗战的使命。他指出:"目前社会教育的主要任务,是把一般落后的民众教育起来,动员起来,个个都变成为民族自由解放而斗争的战士。"②又指出:"小学教育,在目前抗战期内,所负的使命很大:第一,在文化落后的我国,小学校在目前应该担负起训练民众、组织民众的中心任务来,在过去,已有人提倡把小学,特别是乡村小学,作为改造社会的中心;此刻小学校更应是启发农工参加抗战的大本营。其次,在抗战期内小学教育所教育的儿童,不但要参加艰苦困难的长期抗战生活,而且是创造新中国的小主人。"③为了更好地适应全民族抗战的需要,戴伯韬对教师也提出了"集体主义的自我教育"的新要求:"抗战期内万事总在刻刻进展,新发生的问题,也就非常多,教师自身一定会感到应付困难。为了解决这些困难,在教育史上打开一条血路,教育者就必须进行集体主义的自我教育,来充实自己。因此,教师们必须组织起来,举行会议,讨论实际的困难问题,研究抗战教育的理论与方法,进而研究时事,分析时事,举行教育的、经济政治的以及哲学的自我教育,用集体的方法来执行工作检查和自我批评,以及把零碎的经验总结起来,把已得的理论加以检验和深入。只有这样,教育者才能把握住时代,完成时代赋予我们的任务。"④依据毛泽东提出的新民主主义革命理论,戴伯韬就新民主主义教育的具体实施作了进一步的阐释,他指出:"在文化教育的方向

---

　　① 《目前社会教育的中心任务及其他》(1938年),《戴伯韬教育文选》,人民教育出版社1985年版,第29页。

　　② 《目前社会教育的中心任务及其他》(1938年),《戴伯韬教育文选》,人民教育出版社1985年版,第28页。

　　③ 《怎样办战时的小学教育》(1937年),《戴伯韬教育文选》,人民教育出版社1985年版,第3页。

　　④ 《怎样办战时的小学教育》(1937年),《戴伯韬教育文选》,人民教育出版社1985年版,第7页。

上，今后是人民大众的方向，即为人民服务的方向，使工农大众受到教育，为工农大众创造文化。在这个新文化教育政策之下，我们来办教育，究竟要培养成什么样的人材呢？就是要培养为人民服务的、有文化科学知识、能建设新社会、新国家的青年一代。这就是说，我们所要培养的新人，在道德上要具有爱祖国、爱人民、爱劳动、爱科学，爱护公共财物的新道德观点。……同时，我们又很重视文化技术和自然科学。我们希望青年一代，都有一技之长，精通一门科学，把我们落后的祖国建设成为一个进步的工业国家。"①戴伯韬关于新民主主义教育的论述，紧密联系新民主主义教育的实际，立足于"培养为人民服务的、有文化科学知识、能建设新社会、新国家的青年一代"的要求，为具体地贯彻中国共产党的新民主主义教育方针提出了进一步努力方向。

戴伯韬在分析抗日根据地教育基本状况的基础上，就新民主主义教育的课程设置问题提出了具体主张。在他看来，抗战时期的新民主主义教育，是以民族解放、民主自由、民生幸福为内容的三民主义教育，但学校的课程设置还不能适应这种需要。就课程设置而言，"过去学校里的课程有三大缺点：一是和实践脱离，学生所学的，往往所学非所用，不适合实际生活的需要；第二是所有的课程一盘散沙，没有一个中心；第三是许多不必要的功课，浪费了光阴。"鉴于这种情况，戴伯韬在课程问题上提出自己的主张："在课程方面，要有一个根本的改造。我们最近有一个一致的意见：认为课程的改造，在原则上应拿民族解放的政治教育做基础，在民族解放的政治教育基础上，进行组织教育，史地教育，语文教育，技术教育，军事教育，就是一切知识，都要以民族解放的政治教育做中心，而以达到完成民族解放、民主自由、民生幸福的三民主义革命为目的。民族解放的政治课程，是大中小学生必须学习的课程。一个中学生必须学习民族解放的政治民运工作，军事训练，特别是游击战术等等，这是他的必修课。其他各课程都必须依据'以民族解放的政治教育为基础'这一原则，重新改订；取消不必要的功课，增加与抗战直接有关的各种功课。"②这里，戴伯韬提出了"以民族解放的政治教育为基础"的原则，将"民族解放的政治教育"作为整个抗战时期新民主主义教育的中心和相关课程设置的依据，主张其他课程的开设都必须服务于这个中心，从而建立有助于全民抗日的新民主主义教育的课程体系。自然，戴伯韬在强调

① 《为贯彻文化教育政策而努力》（1949年），《戴伯韬教育文选》，人民教育出版社1985年版，第190—191页。

② 《立即改造学校课程》（1938年），《戴伯韬教育文选》，人民教育出版社1985年版，第15页。

"民族的政治教育"这个"中心"时，还主张要具体地研究各地实际的状况，从而将这个"中心"有效地落实在课程的内容与进度上。譬如，进入解放战争阶段，政治形势发生了根本性的变化。戴伯韬根据解放区教育的情况，就课程内容和进度问题，提出了这样的主张："决定课程内容和进度的要素有三：(1)人民的生活状况，经济条件，特别是生产技术，决定了课程内容和修业时间长短。(2)人民需要和革命的要求，即一方面根据客观革命形势发展的需要，有目的有计划去安排教学内容，达到革命所需要的目的，另一方面则根据人民群众的需要。(3)受教育的对象身心发展情形，估计他们是否能接受得了。"①戴伯韬关于课程设置的主张，不仅依据政治形势与任务的变化，将现实的政治目标作为课程设置的指针，而且也立足于教育的实际状况与迫切需要，这是一个戴伯韬教育思想中一个很鲜明的特色。

戴伯韬论述新民主主义的教育内容，是建立在马克思主义中国化理论成果基础上的，其目的是推进新民主主义教育的发展。毛泽东的《新民主主义论》发表之后，戴伯韬依据毛泽东提出的"民族的、科学的、大众的"文化教育主张，并结合新民主主义教育的实际需要，具体地阐发了新民主主义教育的内容。他指出：

因为我们的新民主主义文化教育，要满足全国最多数人的要求，要适合抗战建国需要，所以它的内容包涵：

(一)民族的。由于过去帝国主义侵略中国，把中国沦为它的半殖民地，现在日本帝国主义更用武力进占中国，灭亡中国，想把中国沦为它的殖民地。因此，亡国灭种的大祸，已经迫在眉睫。我们需要提高民族意识，发扬民族气节，激励全国人民，一致奋起抗日，才能挽救危亡。

(二)民主的。三十多年来，中华民国，只是一块空招牌，实际仍是少数人专政，在乡村仍然是封建势力占优势，在全国范围仍然是少数握有实权的中国国民党中的大资产阶级大地主专政，多数老百姓仍然是被鱼肉得透不过气来。我们要建立一个真正的民主共和国，要真正实行民主政治，在文化教育上也要与之配合。除人民在实质上要享有民主权利外，首先就要普及民主教育，发扬民主精神，肃清思想上的法西斯武断独裁主义，及奴隶观念。

(三)科学的。因为中国科学落后，一般人民的迷信观念很深，他们相

① 《华中教育的一般概况报告》(1947年)，《戴伯韬教育文选》，人民教育出版社1985年版，第160—161页。

信鬼神、命运,因而不易觉悟,而且常被敌人利用来统治压迫他们。其次,是今后中国要迎头赶上世界各国,要从农业国过渡到工业国上去,要增加农工业生产,增进人民物质生活,都非推行自然科学教育不可。所以不但要有科学头脑而且要能运用科学来改造世界,以丰富我们的生活。

(四)大众的。就是要把民族民主革命的教育和自然科学教育,普及于大众,要不被少数人所垄断。……也就是培养人民的集体意识,反对自私自利的个人主义教育。

以上就是我们的文教内容,一切课程、教材、方法、方式、行政、训练、制度等等,都是根据上列四个原则规定出来的。①

戴伯韬对于新民主主义教育内容的阐发,在"民族的"、"科学的"、"大众的"的基础上又突出"民主的"内容,并认为"民族的、民主的、科学的、大众的"是新民主主义教育中必须遵循的"四个原则"。值得注意的是,戴伯韬对于新民主主义的教育方法与教学方法进行研究,极力主张教育方法的多样性,认为教育方法是教育工作得以进行、课程教学得以实施的重要保证,并高度强调理论与实践相结合方法的重要性。戴伯韬强调教育方法的多样性,在全面抗战开始时他就指出:"我们要运用各种各样的方法,创造各种各样的方法来教育民众。比方,演剧、唱歌、演讲、报告时事、说故事、谈天、放电影、开留声机、画一张抗战漫画、贴壁报等等,都是一种教育方法。用这许多方法把民众团聚在我们周围。"②在戴伯韬看来,理论与实践相结合不仅是思想方法,同时也是极其重要的教育方法,而运用这一方法就必须重视实践教学的地位,从而培养学生研究问题的"自动"能力。他指出:"有了较好的学校组织和课程,还必须有好的教育方法,才能把它实现。我们过去的教育方法,有一个缺点,就是把学习和实践分家,变成一种死读书的书本教育,这是一个根本的错误。我们认为最有效最经济的学习方法,莫过于在实践上学习。比如,自然科学的学习,必须注重实验。……教师必须提高学生自动学习的精神。尽量帮助他们组织各种研究班、讨论会等等,来研究各种战时的专门问题,以养成自动学习的风尚。……我们对同学的人格修养,也着重实践和自觉的纪律。"③戴伯韬不仅从宏观上研究教育方法,而且具体地

① 《序言》(1943年),《戴伯韬教育文选》,人民教育出版社1985年版,第89—90页。
② 《立即成立小学教师假期服务团》(1937年),《戴伯韬教育文选》,人民教育出版社1985年版,第11页。
③ 《对学校实施抗战教育的几个具体意见》(1938年),《戴伯韬教育文选》,人民教育出版社1985年版,第25—26页。

探讨相关课程的教学法,并积极倡导"新教学法"在教育和教学过程中的灵活运用。这一"新教学法"的要点有三:其一,"启发其自觉自明",就是通过"反复教育"的形式"从各方面去启发学生自己明白过来"。其做法是:"(1)把一切新知识与事物和学生的亲知亲闻或切身经验结合起来。(2)多用对比的方法,分别是非。(3)多从实际出发,原原本本从历史上去进行分析和说明问题。(4)由近及远,由浅及深,由已知到未知地去说明问题。(5)积极的帮助与鼓励,和教师以身作则,促进自觉。"其二,就是"在实践中学习,使理论与实际一致"。这就是"使他人的知识与经验变为自己的;是使学生在实践中增加自己的新经验与新知识"。其做法是:"(1)把自然科学教学和生产劳动结合起来,多到工厂、农村去参观,尽可能做试验与种植饲养,把自然科学教学和人民国家各种建设事业结合起来。(2)把社会科学教学和目前人民革命运动结合起来,联系时事,联系群众运动,联系社会上所发生的事,并适当地参加各种革命活动或社会活动。(3)把语文教学和生活结合起来,比如小学作文就可以改成写话。过去死读书和先生出题目做文章,不但枯燥而且脱离实际。(4)如果是先有书本知识,就需要到实践中去证明,就需要与学生切身经验联系起来:这就是指导学生去行动,在行动中得到更深的理解,获得新概念、新知识;就使学生已有的知识经验向前生长或发展了一步,这就不是死读书和死教书的教条主义了。(5)如果是先有做或行动,那就必须参考书籍,研究理论,讲出行动的道理,提到理论上去。"其三,使学生在"知"和"行"两方面获得发展。具体而言,"我们采取这种教学方法,就是要使学生一方面从书本上获得知识,一方面又能从行动上获得经验与知识,总之要使学生获得系统的科学知识,而使这种知识能在儿童心里根深蒂固地向前发展并指导他的行动"①。戴伯韬提出的这一"新教学法",坚持了马克思主义的理论指导地位,在教师的"教"与学生的"学"的互动关系中研究教学过程,突出了启发式教学、"理论与实际一致"教法及知行统一在教学中的地位。戴伯韬倡导的这种"新教学法"是将理论与实践相结合的教育方法在教学中的具体运用,是马克思主义的教育方法论在新民主主义教育中的深化和发展,对于教学法的研究有着重大的指导意义和运用价值。

基于教育方法在整个教育体系中的重要性,戴伯韬将教育方法与政治思想教育结合起来,特别就思想政治教育的原则问题,作了如下的论述:

---

① 《目前教育上几个问题的研究提纲》(1949年),《戴伯韬教育文选》,人民教育出版社1985年版,第179—180页。

实施政治思想教育,必须依据下列各项原则:

(一)进行政治思想教育时必须与实际结合,首先必须按照规定的课程内容及进度,认真地上政治课,使政治课的课堂教学,不仅有生动丰富的内容,而且要和当前的实际斗争结合起来,既要克服与实际脱节的空洞八股的政治说教,也要克服零碎的无系统的不联系理论的打通思想。

(二)政治思想教育是一个自我觉醒过程,因此必须大胆放手,引导学生发挥自由思想,开展自由争论,在思想斗争中暴露真实思想,加以分析,找出错误思想根源,对症下药,进行教育,达到建立进步思想、克服反动思想、追求真理的目的。发挥自由思想不能放任自流,让反动的思想在学生中传播,而不组织学生进行讨论开展斗争。因此开展自由思想时,必须是有目的、有计划、有领导地进行。

(三)政治思想教育是一个思想改造的群众运动,必须有目的、有计划、有步骤的开展各种课外活动与社会活动,以课程为中心,组织歌咏、戏剧、壁报、演讲、辩论,各种学术研究。……

(四)政治思想教育工作,必须和组织工作结合起来:

1. 首先要在学习运动与思想斗争中,选择与培养大批成分较纯洁,思想进步快的积极分子,作为政治思想教育的助手。

2. 根据学生觉悟程度与不同要求,把他们分别组织起来,在学生会的领导下,进行各种学习活动,在活动中更进一步的提高他们的觉悟与认识。……

3. 选择条件较好的班级,加强领导,随时吸收经验,培养成为政治上进步的典型与范例,作为全校学生努力的方向。

4. 必须把一般教育和个别教育结合起来……

(五)政治思想教育,必须贯穿于各科教学之中,尤其国文、历史、地理和师范的教育等课,更容易贯彻政治思想教育内容,必须予以适当的重视和运用。①

以上,戴伯韬关于思想政治教育原则的论述,集中体现了理论与实践相结合方法在思想政治教育中的具体运用。他提出的五条关于思想政治教育原则,是对于政治思想教育规律的积极探索。这一探索,不仅体现了马克思主义教育思

① 《关于中等学校的政治思想教育》(1949年),《戴伯韬教育文选》,人民教育出版社1985年版,第197—198页。

想关于理论联系实际的基本要求，而且将这一要求具体地结合到思想政治教育的实际中。故而，在彰显政治思想教育“与实际结合”的这一基本原则时，尤为强调政治思想教育乃是一个“自我觉醒过程”，是一个“思想改造的群众运动”，并要求政治思想教育必须与“组织工作结合”，同时将政治思想教育“贯穿于各科教学之中”。戴伯韬关于政治思想教育原则的研究，是马克思主义教育方法论在政治思想教育中的成功运用和积极探索，丰富和发展了马克思主义的教育思想体系。

戴伯韬非常关心和研究学制问题，主张依据中国共产党的历史任务、革命形势的特点及社会需要来改革学制。关于学制改革的原则，戴伯韬在抗战时期指出：“改革这个学制系统的最高原则，是配合目前整个国策，即抗战建国的需要而定的。因此，第一，要能发展和提高一般国民文化，以应抗战建国之需要；并使教育机会均等。第二，要能节省金钱、时间及青年精力，以期用最经济最有效的办法来造就人材，藉以适应抗战建国时期国家对人材的迫切需要及一般人民经济状况，这就必须在教育内容上采取少而精的办法把不必要的功课除掉，以缩短在学年限。第三，要能于较短期间内造就各种抗战建国的上中级干部人材，就必须使学制富于弹性：第一，时间可以伸缩；第二，可以根据自己的兴趣和家庭状况，来选择所要学习的东西。”①在解放战争时期，戴伯韬依据当时的条件也就学制问题提出自己的意见。他指出：“根据我们的经验，规定学制，须依据下面两大因素：1. 人民的生活水平、经济条件、生产方式方法为主要依据。……2. 第二个依据是人民的需要和革命的需要。这是客观的需要，同时也是主观的要求。人民需要培养哪种人材呢？革命需要培养哪些干部呢？这在我们规定学制时，是需要考虑的。”②关于学制改革的方向及前景，戴伯韬指出：“将来，生产力和生产关系发展了，一方面人民生活富有了，有力量送子女多读几年书，一方面工商业发达，生产技术复杂化、现代化了，这就需要我们有较长的较系统分明的学制来与它配合。因此，我们主张目前可采取多轨的学制，一方面让幼稚园、小学、中学、专门学校、大学这一系统存在，不断地跟随人民经济情况向前发展；一方面让短期小学、民众学校、青年工读学校、短期训练班、补习学校以及各种技术学校不断发展，这些学校不规定年限，也不规定划一课程，由各地根据需要自定，但可以

---

① 《对于目前改革学制的具体意见》(1938 年)，《戴伯韬教育文选》，人民教育出版社 1985 年版，第 36 页。

② 《华中教育的一般概况报告》(1947 年)，《戴伯韬教育文选》，人民教育出版社 1985 年版，第 158—159 页。

以同等学历投考任何高一级的学校。如果无一定学制，则不能齐一步骤，有计划有目的地推进教育；如果刻板划一，又不能适应实际情况。"①概括起来说，戴伯韬对于学制的研究主要有这样几点思想：第一，学制的规定是必须的，"如果无一定学制，则不能齐一步骤，有计划有目的地推进教育"；第二，学制必须具有一定的"弹性"，"如果刻板划一"，那就"不能适应实际情况"；第三，学制必须符合当时的社会条件以及社会需要。故而，学制首先必须以"人民的生活水平、经济条件、生产方式方法为主要依据"；其次，学制必须满足社会的需要尤其是人民的需要，在抗战时期就必须满足"抗战建国的需要"，而在解放战争时期就必须满足"人民的需要和革命的需要"。这是将学制置于社会关系和社会体系之下进行考量的，亦即立足于社会经济政治的具体条件来看待学制，这就凸显了学制与社会运行的内在关系及其所具有的变动性的特征。

戴伯韬的新民主主义教育思想自成体系，是马克思主义教育理论与中国新民主主义教育实际相结合的产物。戴伯韬的教育思想极为丰富，对于教育本质、教育目的、教学内容、教育方法、课程设置、教学法、学制问题等皆作了富有创造性的阐发。他提出的理论与实践相结合的教育方法、"新教学法"的具体观点、政治思想教育的原则等皆具有创见性，丰富和发展了马克思主义教育理论宝库。他的教育思想坚持以马克思主义为指导，密切联系中国新民主主义教育的具体实际，有着与时俱进、不断发展、日臻成熟、建构体系的特色，为推进马克思主义教育思想中国化作出了贡献。戴伯韬是现在中国著名的马克思主义教育理论家，其教育思想在中国现代学术史上有着重要的地位。

6. 程今吾的《新教育体系》（1944 年）

程今吾②是现代中国著名的马克思主义教育家，其教育思想为新民主主义

---

① 《华中教育的一般概况报告》（1947 年），《戴伯韬教育文选》，人民教育出版社 1985 年版，第 160 页。

② 程今吾（1908—1970），原名程蕴璋，曾用名程洁声、程今吾、沈文星、程万里、程宁远、宁越，安徽省嘉山县人。1934 年听从陶行知安排去广西南宁、安徽蚌埠及贵池等地从事乡村教育工作，1938 年 1 月参加中国共产党领导的武汉抗战研究会工作。1943 年回南方局，1944 年到延安任八路军抗属子弟学校校长兼党支部书记，1946 年任中共中央城市工作部研究员，1947 年任晋冀鲁豫华北新华书店编辑，1948 年任中宣部研究员、教育组组长。1949 年任中央教育部视导司副司长兼部党组秘书，1951 年调任中宣部，历任学校处副处长、教育处处长、高教处处长等职。1956 年当选中共第八次全国代表大会代表，1965 年任北京师范大学党委书记兼副校长。著有《新教育体系》、《工农读写教学的实际经验》、《青年修养》等。北京师范大学出版社于 1982 年出版了《程今吾教育文集》。

教育理论体系的发展作出积极的探索,在中国现代学术史上有着重要的地位。所著《新教育体系》①是一部马克思主义教育学理论著作,以10章的篇幅阐发教育的本质、社会根源、教育与哲学、儿童的发展与教养、课程、教育方法、教师等问题,不仅具有理论上、学术上的开创性,而且具有丰富的思想内容和鲜明的特色,为推进马克思主义教育学理论中国化作出了重要贡献。

程今吾以马克思主义的唯物史观为指导,对于教育的上层建筑地位作出科学的解释,凸显出教育与社会之间的密切关系。他指出:"教育决不能超然于社会之外,而必须依存于一定的社会生活而存在,与一定的社会实践相一致。根据当时社会的要求决定教育目标,教育内容,培养出合于当时某种社会某一人群(或全社会的)理想的儿童、青年和成人。社会实践虽然是教育的客观基础,对于教育具有决定作用,同时也必须指出教育也具有推动社会,变革社会的能动性,而不完全是被动的,消极的,无能的。但是也不能过分夸大教育的功能而得出教育万能的结论,因为教育对于社会的推动,不是无条件的,必须根据当时社会的具体情况,顺乎历史发展趋向,教育才能发生力量。"②这里,程今吾承认教育是"依存于一定的社会生活而存在",说明教育以"社会生活"为基础,受制于"一定的社会实践",这就鲜明地提出了教育的上层建筑地位;同时,程今吾又指出了教育作为上层建筑具有能动的反作用,亦即具有"推动社会,变革社会的能动性",而不是"完全被动的,消极的,无能的",但教育的这种能动性也不是无条件的,故而也就不能得出"教育万能的结论",这就在教育的能动性方面作出了唯物史观的解读。程今吾还从社会演变的角度,具体地分析了教育产生的历史过程,突出社会经济生活对于教育的决定性地位。他指出:"人类开始生产劳动、社会生活,便创造了文化,产生了教育。从此,教育便伴随着生产的进步,社会的发展,文化的提高,而不断的进步,不断的发展,不断的提高。下等生物运动,绝谈不上是教育,……也只是对于环境适应的本能活动,而不是有政治目的经济目的文化目的的教育行为。这正是因为人类能发明工具,制造工具,应用工具积极的征服自然,营谋社会生活,创造了人类的文化。而一般动物只是本能的顺应自然,营谋单纯的自然生活,也便没有文化可言。因此,人类可能进行教育,也必须进行教育,而一般动物既没有教育的可能,也没有教育的需要。所以我们

---

①　程今吾的《新教育体系》成书于1944年,文治出版社1945年6月重庆初版。其后,又有生活教育出版社1948年9月的初版。

②　《新教育体系》(1944年),《程今吾教育文集》,北京师范大学出版社1982年版,第11页。

决不能从教育本身来说明教育,必须从生产劳动,社会生活,文化创造来理解教育的发生与发展。离开经济实践,政治实践,文化实践,来讨论教育是什么？是不可能的,是没有意义的。生产劳动、社会生活是教育的基础,教育的归宿,文化活动是教育的内容。"①程今吾关于教育与社会关系的唯物史观解读、关于教育产生与发展历史进程的学理分析,强调了教育"与一定的社会实践相一致"的特点,阐明了社会生活在教育中的基础地位及决定作用,要求"必须从生产劳动,社会生活,文化创造来理解教育的发生与发展",并就教育的能动性内涵给予了科学的说明。这是马克思主义唯物史观原理在教育问题上的具体运用。

程今吾正是基于对教育与社会生活关系的认识,重点研究了儿童教育与人的身心发展的关系,强调教育必须从社会生活的实际出发,积极地发挥教育在人的身心发展中的作用。程今吾以儿童教育为例,重点说明合理地利用教育实施条件的重要性,并以社会演进的视域看待教育的地位与目标。他指出:"教育原在认识儿童遗传的性能,作为进行教育的条件(对儿童发展说是主观条件,对教育设施说是客观条件)然后运用环境,组织环境,去帮助领导儿童的发展,把他发展成为具有合乎当时社会要求的知识技能理想的成员。"②在程今吾看来,从社会生活的实际研究儿童教育,不仅要考察儿童教育的遗传性因素,而且也要分析儿童教育的社会环境,这样才有可能对于教育与人的身心发展的关系作出正确的说明。他指出:"遗传与环境对于儿童发展,二者不可缺一,这一点是不成问题的。不过二者在儿童发展过程中所处的地位,所发生的作用却不相同,遗传给儿童发展以主观基础,遗传性的优劣,规定发展可能和限度,为了遗传有差异的缘故,儿童并不完全像一张白纸听人去着色,虽然在同一环境影响之下,往往得出不同的结果。环境是儿童发展的客观条件,是儿童知识,感情的泉源,环境不同,儿童发展的可能性转变为现实性的程度与质量也就不同,儿童决不能听凭主观意志去自由发展,只能在一定客观条件助长与制约之下,得到可能的发展。遗传与环境在儿童发展过程中相互依赖,相互助长,相互制约,决定儿童的具体发展。"③程今吾研究遗传与环境对于儿童发展的关系,就在于说明儿童教育的可能性与必要性及其所应采取的对策,就在于突出教育的能动性作用及其对于人的身心发展的意义。关于儿童教育的可能性,程今吾从儿童发展的社会化视

① 《新教育体系》(1944年),《程今吾教育文集》,北京师范大学出版社1982年版,第6—7页。
② 《新教育体系》(1944年),《程今吾教育文集》,北京师范大学出版社1982年版,第20页。
③ 《新教育体系》(1944年),《程今吾教育文集》,北京师范大学出版社1982年版,第18页。

域给予了以下的分析：

在儿童少年青年期间，有更大的教育可能，更多的教育要求，也是千真万确的。

（一）这一时期，是一个新生的机体，蓬勃的充满了活力，迅速向上发展时期，倘若顺乎这种生长的自然趋势，用教育力量，有意识的，因势利导加以教养引申，在这两方面势力相互助长，相互发展之下，便可以分外有效的发展为合乎教育理想，社会要求的成员。

（二）儿童初生对于广大的客观世界全然无知无能。一切事物在他都新鲜都需要学习，因而所要学习的东西也特别多，要用教育力量加以长期的培养，才能有效的获得做人做事必须的知识、技能和理想，成为一个能自立的人。所以儿童期间对于教育的要求也特别多。

（三）儿童虽然不识不知，一方面缺少好的知识，习惯，感情；另一方面，不良的知识，习惯，感情却也没有先入为主的占着位置，一切行为大体上是可左可右的尚未定型，这时候如果有计划的用教育力量加以引导，助长其有益于自身，有益于人群的良好的知识，习惯，感情的养成，便比较容易收效。

（四）儿童当幼稚年代，尚不能自谋生活，在成人养育下过着有闲岁月，既不直接参加生产劳动，又不负担社会改造的责任，……就时间这一点来讲，儿童便有优裕的闲暇去受可能受到的教育。……

根据以上四点，人类的儿童时期在教育上是显然占着重要地位。这一时期，应当多受教育，可能多受教育，教育对于儿童也分外能发挥其效能。[①]
程今吾主张在一定的教育目标之下来具体地研究教学内容问题，认为应该在课程的设置上下功夫，并需要将实践的理念嵌入教育的具体课程之中，从而为形成"新教育体系"奠定基础。关于教育的目标及发展方向，程今吾主张教育要立足于民族的需要及社会的发展，使教育沿着社会实践的方向前进，从而努力构建以实践为中心的"实践的教育"体系。他指出："今后的教育总的发展方向，已经明显的放在我们的面前。第一，我们需要为民族解放为人类谋福利的教育，其次我们需要建立起以实践为中心，理论与实践统一的实践性的教育。所以新教育的基本特点，是与社会实践相一致的实践的教育，新课程的特点也便是与社会

---

① 《新教育体系》（1944年），《程今吾教育文集》，北京师范大学出版社1982年版，第14—15页。

实践相一致,理论与实践统一的实践课程。"①在他看来,教育目标是具有宏观性的,它只能告诉我们教育要走向哪里去,而不能告诉我们教育应当怎样按部就班的走过一定的路程,经过怎样的手续,达到预期的目的,从而实现教育的具体要求。所以,在一定的教育目标指导之下,更需要有与教育目标相一致的课程,而这种课程也就成为能够"达到一定教育目标的周密计划,具体内容,适当步骤,使全部教育设施有系统、有组织、有规律的向前发展,具体的完成教育的任务"。基于从教育目标出发的理念,程今吾主张教育应从设置好的课程体系入手,将课程设置作为教育中的一件大事来落实。他认为,设置课程必须注意三个方面:"第一,全部课程就是教育设施的全部内容,具体的选取人类文化成果中的与当时教育目标相一致的,重要的不可少的知识,技能,理想,助以组织配调,建立起课程体系去教育学生。……第二,全部课程就是教育设施的全盘计划,在选取必须的知识、技能、理想,作为全部教育内容之后,还须依照课程的内容与性质,环境条件的具体情况,儿童身心发展状态,加以组织配合,并决定其进行步骤,规定哪些可以少学,哪些应当多学,哪些可以略加学习,哪些应当着重学习,哪些应当先学,哪些可以迟学,哪些可以一次学完,哪些必须多次反复,哪些应当分科学习,哪些应当混合学习……等。在横的方面要注意到全部教育内容的联络与配调,在纵的方面要注意到各阶段教育内容的进程与发展,把全部教育内容编织成应有条不紊的全盘教育计划。第三,课程一方面对教育目标负责,选定适当的教育内容,构成完整的教育计划。通过各阶段各方面课程的具体教学,完成预定的教育目标,在另一方面,课程又对教材教法负责,规定各科教材的性质,范围,分量,以教育实施的具体形式和方法,使每一具体的教学活动都依照计划,合于目的,去完成每一教学活动的具体任务。"②程今吾在课程设置与课程教学问题上所提出的三点看法,概括起来,就是强调建立合适的课程体系。而其重要性就在于,不仅必须依据教育目标来具体地设置课程和建立课程体系,而且必须使全部课程成为"教育设施的全盘计划",故而需要"依照课程的内容与性质,环境条件的具体情况,儿童身心发展状态,加以组织配合,并决定其进行步骤",同时还需要使课程能够"对教材教法负责,规定各科教材的性质,范围,分量"。可见,程今吾将课程设置及建立课程体系作为实施教育目标的关键,亦即使课程及课程

①　《新教育体系》(1944年),《程今吾教育文集》,北京师范大学出版社1982年版,第35页。

②　《新教育体系》(1944年),《程今吾教育文集》,北京师范大学出版社1982年版,第33—34页。

体系与"新教育体系"之间形成内在的统一关系。值得注意的是,正是基于课程建设的极端重要性,程今吾不仅在研究课程的设置及建立课程体系方面着力,而且特别强调"课程改造"紧迫性,并主张依据"实践教育"的理念而建立"实践课程"体系。这是程今吾在教育学理论上的一个重大的创见,集中体现了马克思主义的实践观念在教育学上、在课程建设中的具体运用与发展。关于开展"课程改造"而推进"实践课程"计划的问题,程今吾提出了八点具体主张:

　　课程改造乃是整个教育改造的一个重要的环节,课程是教育实施的全部内容,全面计划,进行步骤。……着重实践的新教育必须具有一套"实践过程",通过这套实践课程的实施,才能培养出征服自然改造社会具有丰富生活力的健全国民。如果希望用观念课程来实现"实践教育"的理想,无异于痴人说梦。所以观念课程改造问题,也就是建立实践课程问题。

　　第一,新的课程是与某一时空,某一社会革命实践相一致的课程。是以实践为基础在实践中进行的课程,一切课程都须从实践的要求出发,围绕着实践来组织,为着实践而进行,同时课程本身也就是实践,和传统教育的观念课程刚刚相反。

　　第二,实践课程不仅是广泛地要求实践,而且要更进一步的指出人类征服自然的经济实践,和改造社会的政治实践,乃是一切实践的基础,一切实践的泉源,一切实践的归宿。所以自然实践与社会实践在整个课程中,绝不能和各种科目并列,而要了解这两大实践是更基础,更有目的的基本课程,要以这两大实践作为各种实践安根立命的基础,作为组织全部课程的中心,作为各种课程最后的归宿。

　　第三,征服自然的经济实践和改造社会的政治实践的关系,正如经济和政治的关系一样,每一个经济实施都必须有正确的政治领导。每一社会实践都必须具有经济意义、经济基础,二者有着不可分的血肉关系。这两大实践在课程的价值上不能说谁轻谁重,主要的要看时间空间条件,和教育的具体要求来决定。……

　　第四,各种知识技能理想的学习,都要为了经济政治两大实践,在两大实践中进行学习,在这里两大实践便成为各种知识技能理想的两大基础(出发点),同时又是各种知识技能理想的归宿(目的),……所以在实践的课程里,不仅政治经济自然社会是实践的,就是语言、文字、音乐、图画等本身也成为实践的。

　　第五,实践课程的实践,是真实的实际行为。……

第六，实践课程，不但不反对理论的学习，精神的陶冶等观念的成份，而且相当重视这一方面的训练与培养，所不同的祇是在实践课程之下，这一种的观念形态的教育是从实践出发的，在实践中培养的。为了实践而培养的，是以实践为基础，是以实践为归宿。……我们决不可以把实践课程，机械地理解为经验主义的课程。

第七，实践课程的构成，要以当时当地的某一社会人群的政治要求经济要求为主要根据，以当时当地的具体情况（社会的，自然的）和教育对象的身心发展状态（年龄、性别、性格等等的心理状态）为主要条件，构成足以培养一定政治、经济要求下的儿童、青年和成人的具体的课程。所以实践课程必须按照教育的各阶段（初等教育、中等教育、高等教育）各方面（各种专门的特殊的教育）决定实践的重点或中心，并决定课程的范围，各种科目分量的轻重，然后围绕着一定的中心，选取不可少的教育内容，构成某一阶段，某一方面教育的全盘计划。

第八，实践课程科目的繁简分合，须视教育的各阶段（大中小学）各方面（各种专科的特殊的学校）的实际需要为转移。对于普通课程力求简单、朴素，使得课程在具体实施上切实有效，对于专门课程固应力求专精深入，使得课程在具体实施上精密细致，便更需适合于当时当地的社会需要。①

程今吾以马克思主义方法论为指导，对于教育方法进行研究，并提出了自己的"实践教育方法"的见解。在他看来，无论注入式的教师本位主观教育法，或是自由主义儿童本位客观教育法，都是形而上学的思想方法在教育上的运用，前者偏重演绎，后者偏重于归纳。由此，程今吾运用马克思主义方法论具体地研究教育方法问题，提出了推行"实践教育方法"的必要性。他指出："教育方法受规定于当时的社会生活的具体情况，社会生活反映出来的教育思想，以及适应当时社会要求的教育目标与内容。所以教育方法随伴着社会的演变，教育思潮的演变，教育目标与内容的演变而演变。落后的基础上便产生不出进步的教育方法，希望用落后的教育方法实现进步的教育内容，教育目标，教育理想，以满足新时代的要求也是不可能的。所以要实施实践性的课程，正确把握教育各方面的关联，运用各种条件，以实现推进社会的教育目标，必须具有与以上各方面相一致的教育方法，这是不难理解的。于是在新的思想方法指导之下，便有实践教育方

---

① 《新教育体系》（1944 年），《程今吾教育文集》，北京师范大学出版社 1982 年版，第 36—38 页。

法的产生。"①正是基于"实践教育方法",程今吾提出要重视儿童主观能动性和创造性的培养。他指出:"在教学活动中应当充分发挥儿童的主观能动性,有创造性的进行学习。所以,教育儿童不仅仅要理解儿童,而且要使儿童理解学习,自觉的要求学习,在教育活动中,保持其相对主动地位,自动的把自己力量发挥出来。"②当然,程今吾主张发挥儿童的主观能动性和积极性,并不是否认教师对学生的学习情况进行考查的重要性。相反,他认为对学生的学习情况进行考查是必要的,只是要改变过去的考试方法,而建立"合理的成绩考查制度"。在他看来,在合理的成绩考查制度之中,"成绩考查只是结算过去的教育效力,改进今后设施的一种手续";但这种考查也不是就将过去使用的"命题考试及各种测验"等形式全盘取消,而是主要的"看重平时的作业"、"看重具体的活动成绩"及"学生行动生活成绩考查";这种"考查成绩须充分注意学习的进度和发展,要时时把过去成绩和现在相比较",而且这种考查"不必重视分数等第",而主要的是"看重具体的结果,以及提出切实的批评和改进办法",等等③。程今吾提出的建立学生成绩考查制度的主张,就在于积极推进教育教学方法的改革,从而有助于学生创造性能力的培养。程今吾对教育方法的历史唯物主义分析及其所倡导的"实践教育方法",有助于建立以马克思主义为指导的实践教育体系的新模式。

程今吾高度重视教师的地位,主张积极地发展师范教育、努力培养大批师资,并对教师这个职业提出了具体的要求。在他看来,教师是教育活动得以开展的主要因素之一,是教育活动的实际执行者,在教育中处于"主脑"的和指导性的地位。他指出:"教师是教育最实际的执行者。一切理论方法和环境设备,必须为教师所掌握才能发生力量。一切教育政策必须通过教师实践才能实现,教师是教育重要的主观条件之一。对于教育实施,有着莫大的作用。……教师是教育实施中的主脑,虽然不是'师道尊严'把教师看成无上权威,当作教育上的独裁者,可是在教育设施上,教师是始终处在指导的地位,是一个舵手。"④正是对教师重要性的认识,程今吾主张积极地发展师范教育,在培养师资方面下工夫。他指出:"新型的师范学校不仅孤零零的办一所师范学校,或是像孤星伴月

① 《新教育体系》(1944年),《程今吾教育文集》,北京师范大学出版社1982年版,第64页。
② 《新教育体系》(1944年),《程今吾教育文集》,北京师范大学出版社1982年版,第27页。
③ 《新教育体系》(1944年),《程今吾教育文集》,北京师范大学出版社1982年版,第124—127页。
④ 《新教育体系》(1944年),《程今吾教育文集》,北京师范大学出版社1982年版,第128页。

似的附加上一所附属小学,而是以师范学校为中心,同时举办十几所甚至于几十所国民学校,民众夜校,妇女识字班,民众教育馆等,以足够学生学习,使学生有用武之地为原则。这些学校不必另请校长、教员,全部由师范生充任,这样师范学校好像大后方,好像练兵的兵营,举办的各学校好象前方作战的战场。学生初入学的一个时期,先加以做教师最低限度的知识、技能、理想的训练,并经常往前方各校参观见习,与实际工作保持接触,这一时期不必太长,少则数月,多则一年。当然,一开始就参加实际工作未尝不可,不过先给以总的方向指示,必要知能的准备(为实践而学习)比摸黑路盲目乱碰比较合理而有效。第二步便是往各校参加实地工作,正式的充任校长教员,或去办一所新的学校。这一时期,把初步获得的知识、技能,可以用来指导实践,在实践中加以验证发挥,并获得更丰富的实际经验。这一时期少则半年,多则一年。第三个时期在调回学校作更深入的训练,根据实际工作进步加以知识的补充,经验的整理,理论的探讨,同时经常有参观实习,与实际工作保持接触。经过这样三个时期的教育,便可以离开母校到社会去服务了。"①程今吾不仅高度重视教师的地位及师资培养的工作,而且也对教师的素质问题提出很高的要求。他指出:

教师在教育上既然处在执行和指导的地位,教师本身健全与否,直接影响到教育的成功与失败,因此教师必须有特殊修养,具备相当的条件,才能负起教师应负的责任。

第一,教师必须加强自己的修养,理解现实的世界,理解整个人生,建立起积极的战斗的人生观,成为一个教育战士。教师任务主要的就是要研究真理,实现真理;发现假理,批驳假理,反对假理,这样才能指导学生懂得怎样去征服自然,怎样去改造社会,怎样去建立新的国家,新的世界。甚而至于像一个殉道者似的,为真理不怕牺牲自己的生命。

第二,要正确理解教育在社会中的地位,教师在教育中的地位。必须如此,才能正确的运用自己的力量去进行教育,运用教育力量去推进社会。过去所流传下来的教育万能,或是教育无能,教育清高,教育超然等错误见解,都应当加以无情的铲除。正确的把握住教育这武器,正确的运用自己的力量,发挥教育所能发挥的力量,做自己所应做的事情。

第三,教师要热爱着教育对象。应当象父母之于子女,农夫之于土地一

---

① 《新教育体系》(1944年),《程今吾教育文集》,北京师范大学出版社1982年版,第132—133页。

样有着深挚的热爱。如果你不从心的深处,热爱着你的学生,你便教不好你的学生。我深信这是十分正确的。……所以一个优良教师,必须热爱儿童理解儿童,乐于和儿童生活在一起。

第四,教师要有服务于教师事业的忠诚。……一个教师,必须相信自己的事业,尽忠于自己的事业,才能守住自己的岗位,发生伟大的力量。

第五,要有广博的知能和专业的修养。教师对于学生的指导,不限于功课以内的教学,日常生活问题都须要予以指导解决,所以教师的知识愈广博,经验愈丰富,愈能得心应手,无时无地不在把儿童放在春风化雨之中。教育是一种复杂的专业,已经成为具有独立体系的科学,不是任何人都可以做的简单劳动可比,所以教师必须充分获得教育事业的知识、技能、理想,才能经济有效的完成任务,达到预期的效果。[①]

程今吾以马克思主义为指导而建立的教育理论体系,有着极为丰富的思想内容,并体现出鲜明的政治特色、学术特色和实践特色。程今吾是一位善于创立学术理论体系的学者。他所创建的"新教育体系"不仅基于马克思主义的唯物史观来考察教育与社会之间的关系,强调社会生活的基础性地位和教育的能动性作用,而且又是在马克思主义实践观指导下建构教育理论体系,这就使得他的教育思想不仅具有严密的理论性、学理性与体系性,而且上升到马克思主义教育哲学的高度。程今吾创建的这一理论体系集中表现为"实践教育",包含着教育本质与地位、实践教育方法、实践教育课程、实践教育的教材建设、师资队伍的培养等等具体方面,并体现在教师的教学理念、教学方式、教学活动、学生学习成绩的考查等具体环节之中。这是马克思主义实践观在教育领域的具体运用和创造性的发展。程今吾是现代中国著名的马克思主义教育理论家,具有深厚的马克思主义理论修养,他的"新教育体系"在马克思主义指导的前提下,又紧密结合中国共产党领导的新民主主义教育的具体实际,具有鲜明的中国特色和实践特色,为推进马克思主义教育学理论中国化作出了突出的贡献,是马克思主义教育学理论中国化的学术成果,因而是中国马克思主义教育思想的宝贵财富。程今吾在中国马克思主义学术史以及整个的中国现代学术史上皆有着重要的地位。

---

① 《新教育体系》(1944年),《程今吾教育文集》,北京师范大学出版社1982年版,第129—130页。

7. 江隆基的教育思想

江隆基①是现代中国著名的马克思主义教育家,其新民主主义教育理论在中国现代学术史上有着重要的地位。

江隆基以马克思主义观点分析教育的本质,实事求是地阐明新民主主义教育的状况。在抗战时期,江隆基曾从社会经济状况的视角,就华北联大产生条件进行分析,指出:"华北联大成长在模范抗日根据地的晋察冀军区,这是它的一个优越条件。如果缺乏这个条件,那在敌后开展新民主主义的教育,是不可想象的。因为文化根据地的建设必须和抗日军事根据地的建设相结合,没有军事上的屏障,文化教育是难以立足起来的。华北联大所以能够有今天的成就,首先是由于军区子弟兵的英勇善战,为我们创造了一个巩固的工作环境;反过来说,华北联大的存在也帮助了军区的巩固和发展,促进了军区的各种建设事业。总之,抗战的文化教育离不开军事,而进步的军事也离不开文化教育,这是一个十分浅显而又十分重要的道理。"②江隆基以马克思主义的观点看待新民主主义教育,他指出:"一定的文化教育是一定的政治经济的反映。边区的社会经济基本上是进步的,但也有其落后的一面。以此为基础的文化教育,基本上也是进步的,但也有其落后的一面。……新民主主义的文化教育反映了边区人民的政治经济生活,同时又推动和丰富了边区人民的政治经济生活。"③这里,江隆基在唯物史观的指导下研究教育与政治、经济的关系,阐明了新民主主义教育形成的历史条件及新民主主义教育在新民主主义社会建设中的独特作用,推进了人们对于新民主主义教育本质的认识。

关于新民主主义教育的目的,江隆基结合新民主主义教育的实际进行了探索,既指明了新民主主义教育在当时的现实目标,也揭示了新民主主义教育服务于新民主主义国家的最终任务。在江隆基看来,新民主主义教育是在抗战的历史条件下得以发展的,则新民主主义教育在目前就是直接地服务于抗战事业,但新民主主义教育的目的又不仅仅如此,而是有着服务于建设新民主主义国家的

---

① 江隆基(1905—1966),又名泮庵,字盘安,陕西省西乡县人,早年留学日本、德国。曾任陕北公学副教务长、教务长,华北联大教务长,延安大学副校长,陕甘宁边区教育厅副厅长等职。全国解放后,历任西北军政委员会教育部部长,北京大学党委书记兼副校长,兰州大学党委书记兼校长。担任中国共产党八大代表,全国人大代表。著作有《江隆基教育论文选》等。

② 《在新民主主义教育的旗帜下前进》(1941年),《江隆基教育论文集》,陕西人民出版社1981年版,第6—7页。

③ 《边区教育的回顾与前瞻》(1948年),《江隆基教育论文集》,陕西人民出版社1981年版,第29页。

任务。他以华北联大为例,指出:"华北联大是抗战的产物,它是因抗战而产生,随抗战而发展,为抗战而服务的。因此,它的一切设施都是以抗战的需要为根据,以抗战的胜利为目标的。但这并不是说,他的任务,就只限于支持抗战,在抗战胜利以后,它就可以自动解散了。不,决不是的。它在抗战当中和抗战胜利以后,都要担负起建设新民主主义共和国的任务。"①江隆基还指出,新民主主义教育有着长远的目标,但在抗战时期首要的还是为抗战服务、完成抗战所亟须完成的任务,从而推进新民主主义教育的发展。"发展新民主主义文化教育的基本环节,就是消灭文盲和培养知识干部,这是边区教育多年以来的努力方向,但至今仍未彻底解决,今后仍需以巨大的努力,作长期的打算,才能完成这两项历史任务。"②江隆基以马克思主义为指导并结合边区教育的实际,既阐明了新民主主义教育的短期目标,又展望新民主主义教育的长远目标。这是对新民主主义教育的重要探索。

江隆基对于新民主主义教育内容与教育方法上有着独特的看法。譬如,在教学内容上,江隆基主张加强历史教育,尤其是要加强中国近代史的教育。他指出:"不抹杀历史,不割断历史,不单要懂得外国,而且要懂得中国,不单要懂得今天,而且要懂得昨天与前天。根据这一原则,今后我们要加强中国历史的教育,无论专修科或普通科都要学习中国通史,至少要把中国近代史弄个明白。"③又譬如,在教育方法上,江隆基主张实事求是的方法,强调理论与实际的统一,坚决地反对教条主义的态度。他指出:"由于教条主义的教学态度便产生了粗枝大叶,不求甚解,好高骛远,不切实际的恶劣作风。不少的学生习惯于词句背诵和条文的搬用,不善于思考,生吞活剥,人云亦云,望文生义,强词夺理,这就阻碍了学习的深入。还有不少的学生,一心向往于高深的理论,对于抗战与革命的实际问题反而不感兴趣,他们迷惘于外国的古典名著,对于现实的具体材料反而不加重视。这种态度发展下去,就会造成脱离实际斗争的倾向。……教条主义象一条毒蛇爬进了我们的教学过程,将其毒液浸染了我们的教育内容、教学方法和教学态度,因而不能不妨害我们的教学效果与败坏我们的学风。要想改变学风,

---

① 《在新民主主义教育的旗帜下前进》(1941 年),《江隆基教育论文集》,陕西人民出版社1981 年版,第 6 页。

② 《边区教育的回顾与前瞻》(1948 年),《江隆基教育论文集》,陕西人民出版社 1981 年版,第 30—31 页。

③ 《反对教条主义,贯彻理论与实际一致的原则》(1942 年),《江隆基教育论文集》,陕西人民出版社 1981 年版,第 11 页。

提高教学效果,就必须斩断这条蛇,把它的毒液从我们工作的各个方面彻底地清洗出去。只有彻底肃清教条主义,才能实现理论与实际,所学与所用的一致。"①那么,在教育教学中如何才能做到"理论与实际一致"呢?对此,江隆基有这样三点具体看法:

第一,要把国际革命的普遍真理与中国革命的具体实践联系起来。这就是说,要有目的地研究革命理论,不是为理论而理论,为马列而马列,而是为了解决抗战与革命中的实际问题而向马克思、列宁那里找立场,观点和方法。这就是毛泽东同志所说的"有的放矢",以马列主义之"矢",去射中国革命之"的",就是理论与实际的一致。根据这一原则,我们今后要坚决地废止静止的、孤立的、抽象的学习马列主义的方法,而以抗战与革命的实际问题为中心,并由此出发,去研究马列主义,也就是说要把马列主义中国化、具体化,使马列主义的立场、观点与方法和新民主主义的教育内容辩证地统一起来。

第二,要把革命理论与周围的事变联系起来。这就是说,要依据辩证唯物论的方法,对瞬息万变的敌、友、我三方面的情况进行详细的调查研究,引出正确的结论,并以此结论作为我们行动的指导。这就是毛泽东同志所说的"实事求是"的态度,从客观存在的事物中找出他们的内部联系,即规律性,作为我们行动的依据,就是理论与实际的一致。根据这一原则,我们今后要加强实习工作,使各院、部与一定的工作机关或事业部门取得密切的联系,举行定期的实际考察,以充实和印证讲授的内容,使学生从处理事物的过程中去获得分析和综合等经验,并加强学习的信心和致用的能力。

第三,要把革命理论和历史实际联系起来。这就是说,要以历史唯物论的观点研究历史,同时以历史的事变去印证革命理论的正确与否。②

江隆基倡导教育中的"理论与实际一致"原则,就在于从根本上改变教条主义的学风,使实事求是、理论联系实际的要求得以有效地贯彻到整个的教育过程之中。为此,江隆基对于教师提出了很高的要求:"在教学过程中,教员要负起全部的责任,不仅要使学生了解其所授的课程,而且要对学生的生活、思想各方面的情况有细致的了解,予以亲切的关怀和具体的帮助。在学习态度和生活习

---

① 《反对教条主义,贯彻理论与实际一致的原则》(1942年),《江隆基教育论文集》,陕西人民出版社1981年版,第9—10页。

② 《反对教条主义,贯彻理论与实际一致的原则》(1942年),《江隆基教育论文集》,陕西人民出版社1981年版,第10—11页。

惯上,教职员更要以身作则,'养成学生自由思想,实事求是,埋头苦干,遵守纪律,自动自治与团结互助的学风'。"①他要求教员在思想认识上,首先要对于理论与实际的统一加以科学地理解,并在具体的行动上加以坚持和落实。他指出:"教员在上课之前,必须对其教育对象作深入的调查与了解,务使教学内容能和学生的实际生活与工作经验联系起来。在教学方式上要坚决地废止注入的方式,而根据学生的程度与课程的种类采用启发、研究、实验、探讨、质疑和辩难的方式,以做到讲授具体、切实、生动、明确。"②可见,江隆基关于教育中的"理论与实际一致"的要求,不仅体现在教员的教学理念、教学态度以及对教学对象的研究上,也体现在教学内容、教学方法等诸多方面。

江隆基结合新民主主义教育的实际需要,积极倡导"民办公助"这种教育形式。他指出:"民办公助是教育工作中的群众路线问题,是学校在群众中生根的问题,是'学校与生产、社会相结合'的问题。换句话说,民办公助是实现新民主主义教育方针的一种组织路线,我们可以而且应该把它提到政策高度去认识。那末,所谓民办公助,究竟包含着什么涵义?我以为'民办'就是把教育事业交给群众作为乡村自治的一个重要项目,让群众根据自愿,按照自己的需要去办。……一村的民小应是全村人民的共同事业,人人都有权利入学,人人也有义务支持学校。……所谓公助应是全面的指导和帮助。帮助民小解决经费问题,固然重要,但不能片面地理解公助就是助粮助款,所有教育方针、教学内容、教学方法、教员、教材,都应在公助之列,但不是包办代替。指导和帮助是要建立在群众自愿和需要的基础之上。"③江隆基将"民办公助"这种教育形式上升到群众路线的高度,并认为这是新民主主义教育方针的"一种组织路线",可见其对"公办民助"教育的高度重视。

江隆基是现代中国著名的马克思主义教育理论家,他以马克思主义为指导阐发教育的本质与目的,并紧密联系中国共产党领导的新民主主义教育的实际。他在教育思想上,鲜明地反对教条主义和脱离实际的作风,积极地倡导"理论与实际一致"的原则,并要求将这一原则贯彻到整个教育教学过程之中,使教学态

---

① 《反对教条主义,贯彻理论与实际一致的原则》(1942年),《江隆基教育论文集》,陕西人民出版社1981年版,第12页。

② 《反对教条主义,贯彻理论与实际一致的原则》(1942年),《江隆基教育论文集》,陕西人民出版社1981年版,第11—12页。

③ 《关于贯彻民办公助政策经验的初步总结》(1947年),《江隆基教育论文集》,陕西人民出版社1981年版,第24—25页。

度、教学理念、教学内容、教学方法等方面有一个根本性的转变,推进了新民主主义教育思想的发展。江隆基的教育思想形成于新民主主义教育的实践之中,成为中国现代教育学史上的宝贵财富,在中国现代学术史上有着重要的地位。

8. 林砺儒的教育思想

林砺儒①是现代中国著名的马克思主义教育家,一生中主要从事学术研究和教育的管理工作,对伦理学亦有重要的研究②,为中国现代教育学体系的发展做出了积极的探索,在中国现代教育史上有着重要的地位。

林砺儒在马克思主义指导下阐明教育与政治的关系,不仅认识到教育对于政治的依附性,而且也看到教育对于政治的促进作用。关于教育对于政治的依附性地位及对政治的反作用问题,他指出:"进步的政治必产出进步的教育;颓废的政治必不能完成教育的进步。进步的教育可以助成进步的政治,而不能挽救政治的颓废,更不能为颓废的政治作掩饰。"③林砺儒是当时中国教育界中国民教育的积极倡导者,他站在民众的地位研究教育问题,主张国家实行普遍的国民教育,并认为国民教育是国家中民权状况的具体反映。他指出:"国民教育,由形式言,是国民的权利。某一国民教育的量与其实现的民权成正比。又由内容言,国民教育是国民生活。国民教育的程度与其生活之发展成正比。"④林砺儒正是依据教育与政治的关系,认为普及国民教育需要有多方面的条件,而政治的条件也是不可缺少的。他指出:"普及国民教育所必须的条件可以大别为三种:其一是经济的条件。生产力发达了,可以改变民众的生活,可以促成政治的改造,从而产出国民教育。十九世纪的英国是一个显著的例证。若产业落后,公众教育筹款困难,人民生计不足,自然谈不到教育,这是显而易见的原理。其二是民众生活的条件。人民生活的内容至少要有文化的成分才有学校教育的需要。……其三是政治的条件。只是民权政治才有国民教育的需要,民权实现了

① 林砺儒(1889—1977),原名林绳直,广东信宜市人。曾留学日本。解放后,历任北京师范大学校长、中央教育部中等教育司长及教育部副部长。著作有《文化教育学》、《伦理学要领》、《教育哲学》、《教育危言》等,重要论文收入《林砺儒教育文选》(北京师范大学出版社 1984 年版)。

② 林砺儒是现代中国著名的教育家,同时也是伦理学研究的著名专家,其于 1924 年出版的《伦理学要领》(北京师范大学 1924 年 1 月初版,北京文化学社 1928 年再版),是著者在北京师范大学的讲稿,以 12 章的篇幅阐述了伦理学的理论和具体的道德规范。

③ 《中国民族解放运动与国民教育》(1943 年),《林砺儒教育文选》,北京师范大学出版社 1984 年版,第 153 页。

④ 《民族建国与国民教育》(1941 年),《林砺儒教育文选》,北京师范大学出版社 1984 年版,第 116 页。

多少,国民教育就可以成功多少。"①在林砺儒看来,教育根本离不开政治,即使是"生产教育"也是一样,需要与"政治教育合一"。他指出:"生产教育必须配合现在争取工业化的政策来进行,要切实合用,要跟政治教育合一,而决不可把技术看作孤立于政治之外。"②林砺儒在政治与教育的关系中分析教育的本质,阐明了教育对于政治的服从关系及教育对于政治改进的促进作用,并将教育与社会生活的状况联系起来,体现了积极而又进步的教育理念。

林砺儒特别重视中学教育的基础性地位,认为中学教育在整个的教育体系中占有十分重要的位置,并主张中学教育需要依据学生的个性来具体地开展教育工作,从而使教育在发展学生的个性方面能够发挥积极的作用。关于中学教育的极端重要性,林砺儒指出:"从中学本身说,中学教育是紧接小学教育之上,正对着青春时期,给以更高度的普通教育;从社会方面说,中学教育是把中层社会的儿女,给以教育,使他们能负起社会中坚的责任。"③关于个性与中学教育的关系问题,林砺儒指出:"辨别个性而给以适宜的教育,这又确是中学职责之一。由十二、三岁至十八、九岁的少年男女,个性步步分化,这时期的教育便不该硬化划一而限于一型。在产业发达的国家,最好是适应各学生的个性,而施以各种生产职业的训练,而我们的产业教育断不能离开社会产业实况而悬空发展。……所以今日我国中学教育之急务,是辨别学生个性,年龄未过长而资质聪颖的,就给以升学准备的教育,其余就切切实实地给以普通公民的训练。"④林砺儒重视中等教育在整个教育体系中的独特地位,并主张中等教育要依据学生的个性来开展工作,这是很有见地的。

林砺儒主张教育必须适应社会生活的需要,依据社会的转型的要求,为社会发展培养需要的人才。在他看来,教育不只是传授知识,在根本上是育人,就是"教他们怎样用所学以教人"⑤。故而,培养人才乃是教育的根本。林砺儒在人

① 《中国民族解放运动与国民教育》(1943年),《林砺儒教育文选》,北京师范大学出版社1984年版,第151页。
② 《在社会转形期中教育的任务是甚么?》(1949年),《林砺儒教育文选》,北京师范大学出版社1984年版,第209页。
③ 《怎样做中学校长》(1942年),《林砺儒教育文选》,北京师范大学出版社1984年版,第119页。
④ 《从批评中学新法令说到未来的改造》(1934年),《林砺儒教育文选》,北京师范大学出版社1984年版,第61页。
⑤ 《附属学校之使命及其与师范本部之联络》(1930年),《林砺儒教育文选》,北京师范大学出版社1984年版,第24页。

才培养的着力点方面,非常重视"人格"的培养,并从社会文化演进的视角给予说明。他指出:"教育的对象,从个人说,便是人格。教育要陶冶健全有用的公民,可以参与政治,可以肆力生产,可以效命疆场,可以从事职业,可以研究学术。总括地说,要人人都可以在社会文化生活当中尽一份职责,社会才能生长不息。于人格陶冶之外,教育别无直接救国的捷径。从社会说,教育的对象是文化生长。教育若能陶冶人格而推动社会生长,便算尽了能事,此外实在别无捷径。若在一个文化生气勃勃的社会,教育工作便须认清今后生长的途径,教导儿童青年去学习适应。倘遇着社会文化已走入穷途,难免崩溃的时候,只好藉革命力量打出一条生路,然后教育才有路走。当社会文化整个朽腐,生机将息的时候,教育的功效,充其量不过是养出一班革命的战士去冲破旧文化的壁垒,而杀开一条血路罢了。若希冀平静地凭教育力量把一个一个人都教好了,而自然而然改良社会,那是十八世纪一班教育家乌托邦的幻想,他们忘却了社会力便是教育力,文化生活便是教育环境。"[1]在林砺儒看来,教育之所谓培养人才,就要适应社会变革的需要,为社会提供所需要的、合格的人才。他在1949年的《在社会转形期中教育的任务是甚么?》文章中,指出:"今天中国的教育工作,要把专为广大群众而设的文化教育列为第一位,以充实群众的智慧,而加强他们运用政权的能力。这项工作务必迅速完成。"[2]又指出:"我们的教育就该配合这争取工业化的运动而进行。既然是争取,教育就不该只提供些生产技术,而必须训练现代的集体生产的习惯,启发新的智慧,新的思想,而破除旧日落后的个人生产的陋习。换句话说,要培养大批有身手而又有革命头脑的生产者。"[3]林砺儒以社会变革的需要看待教育,将培养社会所需要的人才作为教育的方向,这是他的教育思想中一个很有特色的方面。

林砺儒在教育管理上提出不少重要的主张,这也是很有特色的。譬如,林砺儒对教育试验持积极而又稳妥的态度,认为教育试验由于是关涉人才培养问题,故而也就需要在相关条件业已准备充分的前提下进行。他指出:"教育的试验,不同于自然科学的试验,失败了不过糟些材料,费些时间。教育欲试验新法,于

---

① 《中国教育与国难》(1936年),《林砺儒教育文选》,北京师范大学出版社1984年版,第102页。

② 《在社会转形期中教育的任务是甚么?》(1949年),《林砺儒教育文选》,北京师范大学出版社1984年版,第208页。

③ 《在社会转形期中教育的任务是甚么?》(1949年),《林砺儒教育文选》,北京师范大学出版社1984年版,第209页。

事前有必须遵守的条件：第一，于学理上必须有精深的研究、讨论。第二，于实际
状况必须考虑周到，务求适宜。第三，必须经过虚心静气的会议协商。第四，应
用的工具必须设备充足。第五，试验的动机须系纯粹的为儿童求实益，决不是替
学校博虚誉，更不是为教员个人出风头。"①可见，林砺儒主张并积极推进教育教
学的改革，但他认为教育教学及管理上的改革，不仅要有相关的教育试验，而且
教育试验也必须准备比较充分的条件，这充分体现了林砺儒求真务实的态度。
又譬如，林砺儒主张在教育管理上，要采取有效措施引导教师来研究教育与教学
问题，特别是要引导师范教师研究附属中学的教育状况，不能仅仅研究其所教授
的学科。他指出："师范之某科教员，必须与附属学校之某科教员，时时共同研
究该科教授教材之改良损益。关于附校教育之全局事宜，师范之教员亦须与附
校教员们会议讨论。则附属学校可藉师范教员们之优长的学识以谋改进，而师
范亦可依据附校之经验以决定其训练师范生之方针。惟今日我国师范学校教
员，大抵长于学问而乏普通教育的经验与兴味。现在要沟通师范本部与附属学
校，只有两条路：其一以校章规定师范学校教员必须兼任附属学校之教授，与附
属学校教员们共同讨论，以增其经验，而养其兴味。其二选择附属学校之已有成
绩的教员，减轻其工作，俾得有自修之余暇，以提高其学识，而预备充师范教员。
我以为若两条路同时并进，则四五年后，师范本部与附属学校可成有机的联
络。"②林砺儒不仅强调提升教师的教育理论研究水平，而且也特别重视"训练师
范生"的重要性，认为在管理上就有必要准备好相关的设施。他提出："我以为
一个师范学校之中，训练师范生之重要设施有三：其一是秩序严肃的寄宿舍及运
动场，这是训练师范生品性之所在；其二是内容充实的实验室及图书馆，这是培
养学殖之所在；其三就是附属学校，这是完成教育者资格之所在。"③林砺儒在教
育管理上主张通过"校章"来加强规范和引导，引领教师树立明确的目标和努力
方向，促进教师搞好教育教学的研究，这反映了教育管理的要求。

　　林砺儒是现代中国著名的教育家，有着丰富的教育实践经验，这对于他的教
育思想形成与发展有着极为重要的意义。他不仅有着中等教育领导的经验，而

---

　　①　《附属学校之使命及其与师范本部之联络》（1930年），《林砺儒教育文选》，北京师范大学
出版社1984年版，第22—23页。
　　②　《附属学校之使命及其与师范本部之联络》（1930年），《林砺儒教育文选》，北京师范大学
出版社1984年版，第24页。
　　③　《附属学校之使命及其与师范本部之联络》（1930年），《林砺儒教育文选》，北京师范大学
出版社1984年版，第19页。

且亦有着从事高等教育管理的经验,因而他的教育思想有着联系教育实际状况的显著特色。他的教育思想自成体系、自立一家①,服务于新民主主义教育事业,为推进马克思主义教育思想中国化作出了积极的贡献,在中国现代教育学史上有着重要的地位。

9. 毛泽东的新民主主义教育思想

毛泽东早年在向马克思主义者转变的过程中,就高度关注教育事业的发展,认识到教育的发展必须以无产阶级的政治实践为基础的道理。毛泽东在1920年12月致蔡和森的信中,批判了盛行一时的"教育救国论",认为发展教育需要政治条件的,教育本身是不能直接地达到救国的目的。他指出:"教育一要有钱,二要有人,三要有机关。现在世界,钱尽在资本家的手;主持教育的人尽是一些资本家或资本家的奴隶;现在世界的学校及报馆两种最重要的教育机关,又尽在资本家的掌握中。总言之,现在世界的教育,是一种资本主义的教育。以资本主义教儿童,这些儿童大了又转而用资本主义教第二代的儿童。教育所以落在资本家手里,则因为资本家有'议会'以制定保护资本家并防制无产阶级的法律;有'政府'执行这些法律,以积极地实行其所保护与所禁止;有'军队'与'警察',以消极地保障资本家的安乐与禁止无产者的要求;有'银行'以为其财货流通的府库;有'工厂'以为其生产品垄断的机关。如此,共产党人非取政权,且不能安息于其宇下,更安能握得其教育权? 如此,资本家久握教育权,大鼓吹其资本主义,使共产党人的共产主义宣传,信者日见其微。所以我觉得教育的方法是不行的。"②这说明,毛泽东在向马克思主义者转变的过程中,就认识到变革中国社会的政治实践乃是教育发展的先决条件,而那种单纯地"用教育的方法"来变革社会的主张则是行不通的。

毛泽东早年就立志以改造中国为使命,自己愿意留在国内研究国情,而不打算出洋留学。他在1920年3月致信周世钊说:"我觉得求学实在没有'必要在什么地方'的理,'出洋'两字,在好些人只是一种'迷'。中国出过洋的总不下几

---

① 林砺儒在教育学上尤为重视教育问题及教育哲学的研究,所著《教育危言》、《教育哲学》等专著有着很高的学术建树。《教育危言》,林砺儒著,香港文化供应社1947年版,收入《今后我国知识分子之命运》、《教育改造与世界改造》、《四十年来中学教育之彷徨》、《说师范生》、《五四运动底评价》、《循环论与责任感》等36篇。《教育哲学》,林砺儒著,上海开明书店1946年7月初版、1947年2月再版,分《教育之本质》、《教育目的》、《教育的效能》、《教育方法》、《现代教育学演进之鸟瞰》6讲。——参见北京图书馆编:《民国时期总书目(教育·体育)》,书目文献出版社1995年版,第14页,17页。

② 《致蔡和森等》(1920年12月),《毛泽东书信集》,人民出版社1983年版,第5页。

万乃至几十万,好的实在太少。多数呢? 仍旧是'糊涂',仍旧是'莫名其妙',这便是一个具体的证据。我曾以此问过胡适之和黎邵西(黎锦熙)两位,他们都以我的意见为然,胡适之并且作过一篇《非留学篇》。因此我想暂不出国去,暂时在国内研究各种学问的纲要。"①毛泽东早年不仅主张留在国内研究社会,而且对于从事教育的工作也抱有很大的兴趣,认为"从事教育之有大益",既能"研究与性相近之学,如文科等",也能达到"育才"的目的②。毛泽东早年尽管受过"新村教育"思想的影响,但他主张学校教育要以达到创造"新家庭新社会"的目的,这就将教育与社会改造联系起来。毛泽东在1919年12月发表的《学生之工作》的文章中说:"创造新学校,施行新教育,必与创造新家庭新社会相联。新教育中,以创造新生活为主体。前节所云'生产的工作''实际的工作''农村的工作',即新生活之大端也。新学校中学生之各个,为创造新家庭之各员。新学校之学生渐多,新家庭之创造亦渐多。合若干之新家庭,即可创造一种新社会。"③致力于研究国内的状况,主张教育与社会改造相结合,这是毛泽东早年就已经确立的理念,这对于毛泽东一生的教育思想有着深刻的影响。

毛泽东结合中国新民主主义革命的实践和需要,就新民主主义教育方针进行研究,阐明了新民主主义教育服务于新民主主义革命的目的。毛泽东早年就强调教育与社会变革的需要相结合,他认为当时的教育与社会相脱节的,"学生在学校所习,与社会之实际不相一致,结果学生不熟谙社会内情,社会亦嫌恶学生"④。此时,毛泽东不仅强调教育与社会实际相结合,而且强调学校教育要与家庭教育、社会教育统一起来,认为"但言改良学校教育,而不同时改良家庭与社会,所谓举中而遗其上下,得其一而失其二也"⑤。在中央苏区时期,毛泽东结合共产党开辟农村根据地的需要,揭示了新民主主义教育方针的基本要求。他指出:"苏维埃文化教育的总方针在什么地方呢? 在于以共产主义的精神来教育广大的劳苦民众,在于使文化教育为革命战争与阶级斗争服务,在于使教育与劳动联系起来,在于使广大中国民众都成为享受文明幸福的人。"⑥这一教育方

---

① 《致周世钊信》(1920年3月),《毛泽东早期文稿》,湖南出版社1990年版,第474页。
② 《致罗学瓒信》(1918年8月),《毛泽东早期文稿》,湖南出版社1990年版,第286页。
③ 《学生之工作》(1919年12月),《毛泽东早期文稿》,湖南出版社1990年版,第454页。
④ 《学生之工作》(1919年12月),《毛泽东早期文稿》,湖南出版社1990年版,第451页。
⑤ 《学生之工作》(1919年12月),《毛泽东早期文稿》,湖南出版社1990年版,第452—53页。
⑥ 《苏维埃区域的文化教育》(1934年),《毛泽东同志论教育工作》,人民教育出版社1958年版,第15页。

针阐明了马克思主义教育思想的基本精神,这就是:无产阶级的教育必须以共产主义思想为指导,必须为中国共产党的政治实践服务,必须使教育同生产劳动结合起来。这就为以后党的教育方针的发展作了重要的准备。进入全面抗战时期,毛泽东将抗日教育与伟大的民族战争结合起来,主张实行"抗日的教育政策","改变教育的旧制度、旧课程,实行以抗日救国为目标的新制度、新课程"①。此时,为适应全民族抗战的需要,应必须着力开展"国防教育","根本改革过去的教育方针和教育制度。不急之务和不合理的办法,一概废弃。新闻纸、出版事业、电影、戏剧、文艺,一切使合于国防的利益。禁止汉奸的宣传。"②在抗战时期,毛泽东结合抗战的形势,就抗日时期抗日军政大学的教育方针作出说明。他指出:"抗大的教育方针是:坚定正确的政治方向,艰苦奋斗的工作作风,灵活机动的战略战术,这三者,是造成一个抗日的革命的军人所不可缺少的,抗大的职员、教员、学生,都是根据这三者去进行教育与从事学习的。"③毛泽东高度重视"政治方向"在教育和学习中的地位,他在《在抗大应当学习什么?》的报告中指出:"首先是学一个政治方向。政治方向可以有许多不同的方向,你们要学一个正确的政治方向,这就是要打日本、怎样打日本、为什么日本帝国主义一定能打倒的正确的政治方向。其次要学一个达到及完成这种政治方向的工作作风——艰苦奋斗的工作作风。必得有这种作风才能达到及完成以上的政治方向。再次是要学点战略战术。抗大是军事学校,要学做一个军人,学点军事本领。军人是老百姓变来的,大家都不肯做军人,便不能打败日本帝国主义;要广大的老百姓都愿意变作军人,才能打败日本帝国主义。所以你们要学做一个军人,要学军事,要想战略战术——灵活的战略战术。……总之,你们在这里要学到坚定正确的政治方向,艰苦奋斗的工作作风,加上灵活的战略战术。有了这三样东西,我们便能够最后战败敌人。"④毛泽东对于党的干部教育十分重视,他在1939 年拟定的《反投降提纲》中指出:"两年来,在中央直接指导下建立了抗大、陕公、党校、马列学院、鲁艺、青训班、女大、工人学校、卫生学校、通讯学校、组织部训练班、行政人员训练班、边区党校、鲁迅师范、边区中学、鲁迅小学、儿童保育院等十七所学校,学生多的万余人,少的几百人几十人,几千个干部从事教育工

① 《毛泽东选集》第二卷,人民出版社 1991 年版,第 356 页。
② 《毛泽东选集》第二卷,人民出版社 1991 年版,第 348 页。
③ 《实行抗战教育政策,使教育为长期抗战服务》(1939 年),《毛泽东同志论教育工作》,人民教育出版社 1958 年版,第 36 页。
④ 《毛泽东文集》第二卷,人民出版社 1993 年版,第 116—117 页。

作,教育出来的及尚未出来的学生三万以上。这是一个很大的成绩,十八年来未有过的现象。这些学生现在还不能看出他们大的工作成绩,但数年以后就可以看见了。今后仍应继续这个方针。为物质与敌情原因,分在边区、华北两地办。去华北的,指挥管理仍属中央,但委托北方局监督之。"①毛泽东1939年5月在延安的在职干部教育动员大会上的讲话中,也指出:"现在我们这个干部教育制度很好,是一个新发明,是一个新发明的大学制度。讲到大学,我们这里有马列学院,抗日军政大学,女子大学等等,这都是很好的。在外边有北京大学、复旦大学等等,在外国有牛津大学、巴黎大学等等,他们都是学习五年、六年便要毕业,叫做有期大学。而我们这个大学,可算是天下第一,叫做无期大学,年纪大一点也没有关系,只要你是活着,都可以进我们的大学。我们这样的大学,是延安独创,不过是任何人都可以进的,不论在什么地方,华北、华中、华南各地,不论什么人,共产党员也好,不是共产党员也好,都可以进这个长期大学的。"②又指出:"现在在职干部教育的学习运动,是包括党、政、军、民、学的,民众团体中的工作干部和学校里的工作干部都在内。我们的会开了之后,大家都要努力,互相帮助,把从前有书只管自己读不给人家读的作风改正过来,今后要互相帮助学习,互相做先生,互相做学生,做同学。中央的同志,也是一样,跟同志们一道研究。……在座的同志,全党的同志,研究学问,大家都要学到底,都要进这个无期大学。要把全党变成一个大学校。学校的领导者,就是中央。各地方党部,八路军、新四军、游击队,都是这个大学的分校。全党同志以及非党的战士们,都须进这个学校。"③毛泽东关于新民主主义教育方针的阐述,明确了新民主主义教育为新民主主义革命服务的目的,这是马克思主义教育理论中国化的理论成果,为中国的新民主主义教育指明了方向。

毛泽东在《新民主主义论》、《在延安文艺座谈会上的讲话》等著作中,基于马克思主义与新民主主义教育相结合的理念,系统地论述了教育的本质和社会职能。毛泽东强调,教育属于上层建筑,是上层建筑中的重要组成部分,亦即教育是由一定社会经济基础所决定的,同时也是受制于同为上层建筑的政治;而教育作为上层建筑,也具有对经济基础和政治这种上层建筑的反作用。正是在《新民主主义论》等著作中,毛泽东亲自为中国共产党制定了民族的、科学的、人

---

① 《毛泽东文集》第二卷,人民出版社1993年版,第223—224页。
② 《毛泽东文集》第二卷,人民出版社1993年版,第183页。
③ 《毛泽东文集》第二卷,人民出版社1993年版,第184—185页。

民大众的新文化和新教育的总方针,使中国共产党领导的新民主主义教育切实地为中国共产党的政治实践服务,这标志着毛泽东的教育思想走向成熟。

毛泽东非常重视解放区教育事业的发展,指明了在教育上如何推进马克思主义理论与中国实际相结合的道路。毛泽东1940年12月在为党内起草的指示中指出,党的"文化教育政策","应以提高和普及人民大众的抗日的知识技能和民族自尊心为中心。应容许资产阶级自由主义的教育家、文化人、记者、学者、技术家来根据地和我们合作,办学、办报、做事。应吸收一切较有抗日积极性的知识分子进我们办的学校,加以短期训练,令其参加军队工作、政府工作和社会工作;应该放手地吸收、放手地任用和放手地提拔他们。不要畏首畏尾,惧怕反动分子混进来。这样的分子不可避免地要混进一些来,在学习中,在工作中,再加洗刷不迟。每个根据地都要建立印刷厂,出版书报,组织发行和输送的机关。每个根据地都要尽可能地开办大规模的干部学校,越大越多越好。"①在延安整风中,毛泽东倡导马克思主义教育与中国实际相结合的极端重要性。他在《改造我们的学习》的文章中,对于"理论和实际分离"在教育中的表现,提出了严肃的批评:"在学校的教育中,在在职干部的教育中,教哲学的不引导学生研究中国革命的逻辑,教经济学的不引导学生研究中国经济的特点,教政治学的不引导学生研究中国革命的策略,教军事学的不引导学生研究适合中国特点的战略和战术,诸如此类。其结果谬种流传,误人不浅。在延安学了,到富县就不能应用。经济学教授不能解释边币和法币,当然学生也不能解释。这样一来,就在许多学生中造成了一种反常的心理,对中国问题反而无兴趣,对党的指示反而不重视,他们一心向往的,就是从先生那里学来的据说是万古不变的教条。"②由此,毛泽东提出:"对于在职干部的教育和干部学校的教育,应确立以研究中国革命实际问题为中心,以马克思列宁主义基本原则为指导的方针,废除静止地孤立地研究马克思列宁主义的方法。研究马克思列宁主义,又应以《苏联共产党(布)历史简要读本》为中心的材料。《苏联共产党(布)历史简要读本》是一百年来全世界共产主义运动的最高的综合和总结,是理论和实际结合的典型,在全世界还只有这一个完全的典型。我们看列宁、斯大林他们是如何把马克思主义的普遍真理和苏联革命的具体实践互相结合又从而发展马克思主义的,就可以知道我们在

---

① 《毛泽东选集》第二卷,人民出版社1991年版,第768—769页。

② 《毛泽东选集》第三卷,人民出版社1991年版,第798—799页。

中国是应该如何地工作了。"①毛泽东在《论联合政府》中,集中地提出了中国共产党对于教育的基本立场,这就是:"要求取消国民党的党化教育,发展民族的科学的大众的文化教育;要求保障教职员生活和学术自由;要求保护青年、妇女、儿童的利益,救济失学青年,并使青年、妇女组织起来,以平等地位参加有益于抗日战争和社会进步的各项工作,实现婚姻自由,男女平等,使青年和儿童得到有益的学习"②。同时,毛泽东还明确地指明了解放区教育发展所要解决的重要问题及前进的方向。他指出:"为着提高解放区人民大众首先是广大的工人、农民、士兵群众的觉悟程度和培养大批工作干部,必须发展解放区的文化教育事业。解放区的文化工作者和教育工作者在推进他们的工作时,应当根据目前的农村特点,根据农村人民的需要和自愿的原则,采用适宜的内容和形式。"③在《论联合政府》中,毛泽东对于新中国的教育也有明确而又详细的规划:"从百分之八十的人口中扫除文盲,是新中国的一项重要工作。一切奴化的、封建主义的和法西斯主义的文化和教育,应当采取适当的坚决的步骤,加以扫除。……对于旧文化工作者、旧教育工作者和旧医生们的态度,是采取适当的方法教育他们,使他们获得新观点、新方法,为人民服务。中国国民文化和国民教育的宗旨,应当是新民主主义的;就是说,中国应当建立自己的民族的、科学的、人民大众的新文化和新教育。"④毛泽东在《论联合政府》等文章中关于教育问题的论述,表明中国共产党的新民主主义教育思想有了进一步的发展,同时也标志着新民主主义教育学理论走向成熟。

毛泽东对于农民教育特别重视,从中国新民主主义革命的高度阐发农民教育的极端重要性。早在1926年至1927年间,毛泽东在广州和武汉办过中央农民运动讲习所,亲自讲授《中国农民问题》、《农村教育》等课程,积极培养和训练农民革命运动的领导骨干。在新民主主义革命即将取得胜利的情况下,毛泽东更从建设新民主主义社会的高度强调对农民进行教育的极端重要性。他在《论人民民主专政》中指出:"严重的问题是教育农民。农民的经济是分散的,根据苏联的经验,需要很长的时间和细心的工作,才能做到农业社会化。没有农业社会化,就没有全部的巩固的社会主义。农业社会化的步骤,必须和以国有企业为主体的强大的工业的发展相适应。人民民主专政的国家,必须有步骤地解决国

---

① 《毛泽东选集》第三卷,人民出版社1991年版,第802—803页。
② 《毛泽东选集》第三卷,人民出版社1991年版,第1064页。
③ 《毛泽东选集》第三卷,人民出版社1991年版,第1091页。
④ 《毛泽东选集》第三卷,人民出版社1991年版,第1083页。

家工业化的问题。"①毛泽东从农业的社会化和国家工业化的目标,提出农民教育在社会变革的极端重要性。

毛泽东的新民主主义教育思想是从中国共产党领导新民主主义革命的实际出发的,将新民主主义教育作为新民主主义革命体系中的重要组成部分。就理论逻辑和历史逻辑的关系来看,毛泽东新民主主义教育思想的形成和发展,是与政权建设、军队建设、革命根据地建设等革命实践活动紧密联系在一起的,在新民主主义革命中发挥了理论指导作用。就马克思主义教育思想中国化进程来说,毛泽东的新民主主义教育思想又是马克思主义教育理论与中国的新民主主义教育实际相结合的产物,丰富和发展了马克思主义教育理论体系,为推进新民主主义教育的发展作出了重要贡献。毛泽东的新民主主义教育思想在中国现代学术史上有着重要的地位。

(二) 著名民主人士的教育思想

现代中国有不少著名民主人士从事过教育工作,并就教育问题作出专门的学术研究,为推进西方教育学的本土化进程和中国现代教育学体系的构建作出了积极的探索。以下,试就蔡元培、梁漱溟、陶行知、黄炎培、晏阳初、张伯苓、陈鹤琴等著名民主人士和教育家的教育思想,作简要的介绍。

1. 蔡元培的教育学思想

蔡元培②是现代中国著名的教育家,现代中国教育事业的重要开拓者、领导者,在中国现代教育学史上有着重要的地位。

蔡元培的教育独立思想很有社会影响。"教育独立"作为一种思潮,萌发于"五四"之前,发展兴盛于 20 世纪 20 年代。由于军阀混战,经济凋敝,北洋政府又不重视教育,国家预算中教育经费比例极低,如 1920 年前后国家预算中教育经费仅占 1.2%左右。仅此有限的预算内经费还常被侵占挪用,也不能如数到

---

① 《毛泽东选集》第四卷,人民出版社 1991 年版,第 1477 页。

② 蔡元培(1868—1940),字鹤卿,又字仲申、民友、孑民,乳名阿培,并曾化名蔡振、周子余,浙江绍兴山阴县(今浙江绍兴)人,原籍浙江诸暨。革命家、教育家、政治家。民主进步人士,国民党中央执委、国民政府委员兼监察院院长。中华民国首任教育总长,1916 年至 1927 年任北京大学校长,革新北大开"学术"与"自由"之风;1920 年至 1930 年,蔡元培同时兼任中法大学校长。早年参加反清朝帝制的斗争,民国初年主持制定了中国近代高等教育的第一个法令——《大学令》。北伐时期,国民政府奠都南京后,主持教育行政委员会、筹设中华民国大学院及中央研究院,主导教育及学术体制改革。1928 年至 1940 年专任中央研究院院长,贯彻对学术研究的主张。数度赴德国和法国留学、考察,研究哲学、文学、美学、心理学和文化史。著作有《蔡元培全集》《蔡元培教育文选》等。

位,导致教育经费奇绌,教育事业陷于难以为继的境地。蔡元培认为教育是救国的基本途径,推崇思想、学术自由,加之身为北京大学校长,对政府官僚掣肘、摧残教育有深切的感受,因而成为"教育独立"的积极倡导和支持者,并从理论上加以引导。1922 年 3 月,他在《新教育》上发表了《教育独立议》一文,比较系统地阐明教育独立的基本观点和实施的方法,成为教育独立思潮中的重要篇章。

蔡元培对于政党与教育的关系进行探讨,认为政党与教育的对立,主要表现在这样几个方面:一是教育要平衡发展人的个性和群性,政党则不然,它要造成一种特殊的群性,为本党服务,抹杀受教育者的个性。二是教育乃是求远效的,并且是着眼于未来,其效果不可能在短期内表现出来,所以讲"百年树人"。而政党是求近功的,往往只考虑眼前的利益。三是在政党政治背景下,政权在各党派之间更迭,而由政党掌管教育,必然会影响教育方针政策的稳定,这又最终影响教育的成效。所以,他认为教育要超脱各派政党之外,这就需要使教育取得独立的地位。

蔡元培有着强烈的"教育独立"的理念,希望借此使教育有发展的较大空间。为实现教育的真正独立,蔡元培设计了教育经费独立、教育行政独立、教育独立于宗教的具体措施,其中关于教育行政独立的方案是:分全国为若干个大学区,每区设立大学一所,区内的高等专门教育,中、小学教育,社会教育,文化学术事宜,均由该大学校组织办理。大学的事务,由大学教授组成的教育委员会主持,校长由教育委员会选举产生。各大学区大学的校长组成高等教育会议,处理各大学区间的事务。教育部只负责处理经高等教育会议议决而与中央政府发生关系的事务,及教育统计报告等,不干涉各大学区的事务,教育总长必经高等教育会议认可。这一设想成为南京国民政府初期实施"大学区制"的框架基础。

蔡元培对大学的性质进行探讨,认为大学应当成为研究高深学问的学府。这是蔡元培办学的指导思想,同时也是他的大学教育思想的出发点。早在 1912 年 5 月 16 日,他以教育总长身份出席北京大学开学典礼,在演说中就提出"大学为研究高尚学问之地"的主张。在担任北京大学校长后,他更是反复申述这一思想。1917 年 1 月 9 日,他在就任校长的演说中,明确的向学生说明:"诸君来此求学,必有一定宗旨,欲求宗旨之正大与否,必先知大学之性质。今人肄业专门学校,学成任事,此固势所必然。而在大学则不然,大学者,研究高深学问者也。……所以诸君须抱定宗旨,为求学而来。入法科者,非为做官;入商科者,非为致富。"①蔡元培强调大学的研究任务,这是源于他对于大学的定位:"所谓大学者,非仅为多数学生按时授课,造成一毕业生之资格而已也,实以是为共同研究学术之机关。"②

蔡元培还提出,大学不能只是从事教学,还必须开展科学研究。他要求大学教员不能灌输固定的知识,而是对学问有浓厚的研究兴趣,并能引起学生的研究兴趣;大学生也不是死记硬背教员的讲义,而是在教员的指导下自动的研究学问。为了使大学能承担起教学、科研双重任务,他极力主张"凡大学必有各种科学的研究所"。他在《论大学应设备科研究所之理由》的文章中,详列了三点理由:一是"大学无研究院,则教员易陷入抄发讲义不求进步之陋习";二是设立研究所,为大学毕业生深造创造条件;三是使大学高年级学生得以在导师指导下,有从事科学研究的机会。蔡元培提出的大学必须从事研究的理念,有助于大学在学术研究中提高办学层次。

蔡元培提出的"五育并举"思想,集中体现了他的教育理念。在中国现代教育史上,蔡元培是第一位提出"军国民教育、实利主义教育、公民道德教育、世界观教育、美感教育皆近日之教育所不可偏废"的教育思想家。主张"五育并举",这是蔡元培教育思想的一个显著特点。辛亥革命胜利不久,蔡元培在南京临时政府刚刚成立时提出"五育并举"思想,其目的是使资产阶级对封建教育的改革能够深入、健康地开展下去,达到资产阶级对于人才培养的目标和要求。正是在这样的形势下,蔡元培于1912年2月间发表了著名的《对于新教育之意见》的论文,比较系统地提出了五育并举的思想。

——军国民教育。蔡元培看来,尽管军国民教育与社会主义不是一个目标,并且"在他国已有道消之兆",但在中国却有推行之必要。这是因为中国处于"强邻交逼,亟图自卫,而历年丧失之国权,非凭借武力,势难恢复"。蔡元培指出,为了应对这种严峻的形势,"则如所谓军国民教育者,诚今日所不能不采者"。

——实利主义教育。蔡元培认为,实利主义教育是富国的主要手段,一个国家要富裕就不能不采行实利主义教育。这是因为,世界的竞争不仅仅是在武力,尤其是在财力方面。即使是武力竞争,很大部分也是因为财力的竞争。因此,必

---

① 《就任北京大学校长之演说》(1917年),《蔡元培教育文选》,人民教育出版社1980年版,第22页。

② 《〈北京大学月刊〉发刊词》(1919年),《蔡元培教育文选》,人民教育出版社1980年版,第58页。

须采行"实利主义之教育"。他指出："今之世界所恃以竞争者，不仅在武力，而尤在财力。且武力之半，亦由财力而孳乳。于是有第二之隶属政治者，曰实利主义之教育，以人民生计为普通教育之中坚。"蔡元培所主张的实利主义教育，就在于通过加强科学技术，提高社会生产力，发展国民经济，使国家不断走向富强而在世界的竞争中生存下来。

——公民道德教育。蔡元培认为，军国民教育和实利主义教育这两者是必需的，可以称之为"强兵富国之主义"教育，但这两者亦有可能走向极端，因而也就需要以公民教育加以引领和调适。他主张，公民教育需要接纳西方近代资产阶级所倡导的"自由、平等、博爱"的道德观念。他指出："顾兵可强也，然或溢而为私斗，为侵略，则奈何？国可富也，然或不免知欺愚，强欺弱，而演贫富悬绝，资本家与劳动家血战之惨剧，则奈何？曰教之以公民道德。何谓公民道德？曰法兰西之革命也，所标揭者，曰自由、平等、亲爱。道德之要旨，尽于是矣。"需要指出的是，在蔡元培的公民教育观中，一方面主张广泛吸收国外文化，另一方面又要求"必择其可以消化者而吸收之"，并且在消化之中还须有"我"之本位，充分体现"我"之主体性，亦即"必须以'我'食而化之，而毋为彼所同化"。他批评有些志行薄弱者，一到国外留学，"即弃捐其'我'而同化于外人"。

——世界观的教育。蔡元培对于"世界观的教育"予以高度重视，他说："循思想自由言论自由之公例，不以一流派之哲学一宗门之教义梏其心，而惟时时悬一无方体无始终之世界观为鹄。如是之教育，吾无以名之，名之曰世界观教育。"从学理上说，蔡元培所主张的世界观教育是建立在把世界划分为现象世界和实体世界这个唯心主义世界观的基础上，要求人们遵循思想自由、言论自由的原则，不要被某一学说的思想所束缚，这虽然有缺点，但在当时却具有从思想上打破几千年专制统治的作用。

——美育教育。蔡元培倡导美育教育，用以补"世界观教育"之不足。他说："虽然，世界观教育，非可以旦旦而聒之也。且其与现象世界之关系，又非可以枯槁单简之言说袭而取之也。然则何道之由？曰美感之教育。美感者，合美丽与尊严而言之，介乎现象世界与实体世界之间，而为津梁。……故教育家欲由现象世界而引以达于实体世界之观念，不可不用美感之教育。"蔡元培这里的论述说明，美育教育是进行世界观教育最重要的途径，并且也是人们从现象世界通向实体世界所必经的桥梁。

蔡元培将"五育"看作是一个相互联系、不可分割的整体，认为其中的每一个方面皆不可偏废。他说："五者（指五育），皆今日之教育所不可偏废者也。军国民主义,实利主义,德育主义三者,为隶属于政治之教育。(吾国古代之道德教育,则间有兼涉世界观者,当分别论之。)世界观、美育主义二者,为超轶政治之教育。……以心理学各方面衡之,军国民主义毗于意志;实利主义毗于知识;德育兼意志情感二方面;美育毗于情感;而世界观则统三者而一之。以教育界之分言三育者衡之,军国民主义为体育;实利主义为智育;公民道德及美育皆毗于德育;而世界观则统三者而一之。以教育家之方法衡之,军国民主义,世界观,美育,皆为形式主义;实利主义为实质主义,德育则二者兼之。譬之人身:军国民主义者,筋骨也,用以自卫;实利主义者,胃肠也,用以营养;公民道德者,呼吸机循环机也,周贯全体;美育者,神经系也,所以传导;世界观者,心理作用也,附丽于神经系,而无迹象之可求。此即五者不可偏废之理也。"①蔡元培的"五育"观,高度突出美育在其中的位置,并力求将美育贯穿于学科设置之中。关于学科设置,他指出:

修身,德育也,而以美育及世界观参之。

历史、地理,实利主义也。其所叙述,得并存各主义。历史之英雄,地理之险要及战绩,军国民主义也;记美术家及美术沿革,写各地风景及所出美术品,美育也;记圣贤,述风俗,德育也;因历史之有时期,而推之于无终始,因地理之有涯涘,而推之于无方体,及夫烈士、哲人、宗教家之故事及遗迹,皆可以为世界观之导线也。

算学,实利主义也,而数为纯然抽象者。希腊哲人毕达哥拉士以数为万物之原,是亦世界观之一方面;而几何学各种线体,可以资美育。

物理化学,实利主义也。原子电子,小莫能破,爱耐而几(Energy),范围万有,而莫知其所由来,莫穷其所究竟,皆世界观之导线也;视官听官之所触,可以资美感者尤多。

博物学,在应用一方面,为实利主义;而在观感方面,多为美感。研究进化之阶段,可以养道德,体验造物之万能,可以导世界观。

图画,美育也,而其内容得包含各种主义:如实物画之于实利主义,历史画之于德育是也。甚至美丽至尊严之对象,则可以得世界观。

唱歌,美育也,而其内容,亦可以包含种种主义。

手工,实利主义也,亦可以兴美感。

游戏,美育也;兵式体操,军国民主义也;普通体操,则兼美育与军国民

---

① 《对于教育方针之意见》(1912年),《蔡元培教育文选》,人民出版社1980年版,第5—6页。

主义二者。①

可见,在蔡元培的学科体系与课程设置之中,美育涉及多个学科领域。或者可以说,没有美育这个学科,其他不少学科皆难以成立。

蔡元培在几十年的教育生涯中积极倡导教育改革,将本于自然和发展个性这两个方面,作为教育改革的方向。他说:"知教育者,与其守成法,毋宁尚自然;与其求划一,毋宁展个性。"②在蔡元培领导下,北京大学整顿教师队伍,延聘积学热心的教员,发展研究所,广积图书,引导师生研究兴趣,砥砺德行,培养正当兴趣。蔡元培的大学教育思想是以民主和科学为其基本特征的,目的是要把大学办成高水平的教学科研中心。蔡元培的教育改革思想体现在这样几个方面:

一是贯彻"思想自由,兼容并包"的办学原则。1919 年,蔡元培阐明其"思想自由"、"兼容并包"的办学主张。他指出,在大学之中,"对于学说,仿世界各大学通例,循'思想自由'原则,取兼容并包主义,……无论为何种学派,苟其言之成理,持之有故,尚不达自然淘汰之命运者,虽彼此相反,而悉听其自由发展。……对于教员,以学诣为主。在校讲授,以无背于第一种之主张为界限。其在校外之言动,悉听自由,本校从不过问,亦不能代负责任。"③正是有了"思想自由"、"兼容并包"的办学思想,北京大学在蔡元培的领导下充满生机和活力,北大也成为新文化运动的中心。"思想自由,兼容并包"也体现在教师的聘任上,蔡元培以"学诣为主",罗致各类学术人才,使北大群贤毕至、人才济济,教师队伍一时出现流派纷呈的局面。如在文科教师队伍中,既集中了新文化运动的许多著名代表人物,也有政治上保守而旧学深沉的学者。在政治倾向上,教员有的激进,有的保守,有的主张改良。在新派人物中,有马克思主义、三民主义、无政府主义、国家主义的不同代表。当时的北大,《新潮》与《国故》对垒,白话与文言相争,百家争鸣,盛极一时。

二是教授治校,民主管理。1912 年由蔡元培主持制定的《大学令》中,即已确立了教授治校、民主管理的大学校务管理原则,规定大学设立评议会,各科设立教授会,但在北大并没有得到很好施行。蔡元培就任校长后,当年即组织了评议会,从全校每五名教授中选举评议员一人,校长为当然的评议长。评议会为全

---

① 《对于教育方针之意见》(1912 年),《蔡元培教育文选》,人民出版社 1980 年版,第 6—7 页。

② 《新教育与旧教育之歧点》(1918 年),《蔡元培教育文选》,人民出版社 1980 年版,第 49 页。

③ 《致〈公言报〉函并附答林琴南君函》(1919 年),《蔡元培教育文选》,人民教育出版社 1980 年版,第 64—65 页。

校最高的权力机构,凡学校重大事务都必须经过评议会审核通过,如制定和审核学校各种章程、条令,决定学科的废立,审核教师学衔,提出学校经费的预决算等。接着,组织各门教授会,由各门的教授公举教授会主任,任期两年,其职责是:分管各学门的教务,规划本学门的教学工作。北京大学所进行的管理体制的改革,体现了蔡元培教授治校、民主管理的思想,改变了京师大学堂遗留下来的封建衙门作风。

三是沟通文理,废科设系,改变"轻学而重术"的思想。蔡元培担任北大校长后,又进一步主张"学术分校",其理由有两条:一是文理两科,专署学理,其他各科偏重于致用;二是文理两科,设有研究所、实验室等设备,如若遍设其他各科,就要增设病院、工场等,困难更大。蔡元培主张学术分校,大学专设文理两科,显然是对民国元年"大学以文理两科为主"见解的发展,目的是突出大学所具有的研究学理的性质。蔡元培还进一步主张"沟通文理"。在他看来,文理是不能分科的,文科的史学、文学均与科学有关,而哲学全以自然科学为基础。同样,理科各学科都与哲学有关。由此,他主张沟通文理,打通文、理、法三科界限。

蔡元培对于教育改革问题还提出了诸多主张,在当时教育界有很大影响。譬如,他特别强调人生的信条在修养中的作用。他说:"修养之道,在平日必有种种信条:无论其为宗教的或社会的,要不外使服膺者储蓄一种抵抗之力,遇事即可凭之以定抉择。如心所欲作而禁其不作,或心所不欲而强其必行,皆依于信条之力。"[1]又譬如,他十分重视师范生的培养,指出:"师范生对于各科的知识,必须贯通,各有心得,多看参考书,参观实在情形,心身上才有利益。怎么叫做师范? 范就是模范,可为人的榜样。自己的行为要做别人的模范,所以师范生的行为最要紧。模范不是短时间能成就的,须慢慢的养成。"[2]再譬如,蔡元培特别重视女子教育中的"人格"教育,他指出:"今欲养成女子高尚之品行,非使其除依赖性质有自立性质不可。然自立不可误解,非傲慢自负,轻视他人之谓,乃自己有一定之职业,以自谋生活之谓。……又今日女子入学读书后,对于家政,往往不能操劳,亦为所诟病。必也入学后,家庭间之旧习惯,有益于女德者保持勿失,而益以学校中之新知识,则治理家庭各事,必较诸未受过教育者,觉井井有条。……可见女学固养成女子完全之人格,非使女子入学后,即放弃其固有之天职也。"[3]蔡元

<hr>

[1] 《科学之修养》(1919年),《蔡元培教育文选》,人民教育出版社1980年版,第73页。
[2] 《对于师范生的希望》(1921年),《蔡元培教育文选》,人民教育出版社1980年版,第128页。
[3] 《在爱国女学校之演说》(1917年),《蔡元培教育文选》,人民教育出版社1980年版,第15—16页。

培的教育学思想紧密切合当时教育的实际需要,为推进中国教育的发展作出了积极的努力,在当时的中国教育界具有引领性意义。

蔡元培是现代中国著名的政治活动家,同时又是现代中国著名的教育家、中国现代教育事业的重要领导者,其教育思想十分丰富并自成体系,且在北京大学得到具体的实践,并在中国教育界产生过很大的影响①,为推进中国教育的发展及教育学研究的深化作出了重要贡献。

2. 梁漱溟的乡村教育思想

梁漱溟不仅现代中国著名的哲学家、现代新儒学的重要代表,同时也是现代中国身体力行地开展乡村教育的领袖,其乡村教育思想自有其特别的地方,并且在当时的中国社会上和教育界产生过重要的影响。

梁漱溟从建构乡村教育体系的高度重视教育在社会中的地位,把教育看成是社会演进中极其重要的因素。他认为,教育无论是对于个人还是对于社会,皆有不可忽视的作用。他指出:"教育就是帮助人创造。它的工夫用在许多个体生命上,求其内在的进益开展,而收效于外。无论为个人计,或为社会打算,教育的贵重,应当重于一切。"②梁漱溟曾就教育与社会的关系进行具体分析,认为教育在事实上是不能离开现实社会的,但教育又不能依附于现实社会,而是要对现实的社会变革起引领作用,故而,教育在精神上要"领导现社会",亦即教育要有其引领社会的目标及宏大的理想之所在。他说:"说到此处,应知教育有一个根本原则,亦可云两个必要条件:教育之一事应当一面在事实上不离开现社会,而一面在精神上要领导现社会。此谓教育,在许多事实上,愈接近愈符顺现社会愈好;而精神上则宜有超离现社会者。缺前一条件,其教育必且为社会病;缺后一条件,其教育必无所进益于社会,皆不足以言教育。可是我们现在的学校教育,恰好与此原则相背反。就是在事实上,它离开了现社会,不合实际而与实际乖牾;在精神上,它又随现社会走,全无理想,以领导社会。"③这是说,教育既有服务社会的功能,同时又有领导社会的功能。梁漱溟所说的教育,是其乡村建设理

---

① 蔡元培的教育思想引起现代中国教育家的重视,著名教育家陈鹤琴等编有《蔡元培的革命教育》(上海华华书店 1948 年 2 月初版),收入《蔡元培的革命教育》(蔡尚思)、《青年的人生观》(陈鹤琴)、《教育普及及文字改革》(施效人)等研究蔡元培教育思想的文章。——参见北京图书馆编:《民国时期总书目(教育·体育)》,书目文献出版社 1995 年版,第 13 页。

② 《人生在创造》(1934 年),《梁漱溟教育文集》,江苏教育出版社 1987 年版,第 221 页。

③ 《抱歉——苦痛———件有兴味的事》(1930 年),《梁漱溟教育文集》,江苏教育出版社 1987 年版,第 19—20 页。

论中的重要组成部分,故而也就隶属于其乡村建设的体系之中,并且是以"乡村生活"为基础的。他说:"所谓乡村建设,事项虽多,要可归类为三大方面:经济一面,政治一面,教育或文化一面。虽分三面,实际不出乡村生活的一回事;故建设从何方入手,均可达于其他两面。例如从政治方面入手,先组成乡村自治体;由此自治体去办教育,去谋经济上一切改造,亦未尝不很顺的。或从教育入手,由教育去促成政治组织,去指导农业改良等经济一面的事,亦可以行。但照天然的顺序,则经济为先;必经济上进展一步,而后才有政治改进教育改进的需要,亦才有作政治改进教育改进的可能。"①这里,梁漱溟在教育与经济、政治的关系上,认识到教育相对于经济、政治而言处于服从性的地位,故而认为乡村建设中的教育要"经济为先",在经济上有了进展之后"才有政治改进教育改进的可能"。

梁漱溟在教育上提出了"社会教育与乡村教育之合流"的主张,这一"合流"的主张实际上就是要求教育要更多地面向乡村,使社会教育主要的趋向于乡村教育,亦即将社会教育的重点具体地落实在乡村教育上。梁漱溟认为社会教育的重点是"乡村建设",并将社会教育视为他实现其乡村建设的关键。他指出:"此刻的中国,天然的要注重民众教育,或说社会教育。此民众教育或社会教育,即乡村建设。中国的民众多在乡村,故民众教育,即乡村民众教育。中国是乡村社会,故社会教育即乡村社会教育。此种教育,是很活的、很实际的教育;此教育即乡村建设。"②又指出:"成人教育施行的办法:一方面须要民众教育;一方面须要构造一特殊环境——置受教者于其地而教之。此刻的中国,已不能用学校式的教育,而应以社会式的教育为主体;抽乡民而置之于学校,亦事实所不许。事实上非在其原来的环境里,教以农业改良,教以乡村自治不可。"③关于社会教育与乡村教育"合流"的必要性,他指出:"让社会教育与乡村建设合流的是中国社会问题。申言之,让教育往乡村里跑的是中国的社会问题,让地方自治往教育上跑的也是中国的社会问题;大家都是被社会问题所拘管。因为大家是中国人,中国社会是乡村社会;在社会上作一件事情,不往前作则已;要往前作,必

① 《山东乡村建设研究院设立旨趣及办法概要》(1933年),《梁漱溟教育文集》,江苏教育出版社1987年版,第47页。
② 《社会教育与乡村建设之合流》(1934年),《梁漱溟教育文集》,江苏教育出版社1987年版,第249页。
③ 《社会教育与乡村建设之合流》(1934年),《梁漱溟教育文集》,江苏教育出版社1987年版,第249页。

有一种方向或路线的探求,有此探求则不容不归到乡村。办教育的往前进,天然的要转到乡村;我们正面解决社会问题的乡村建设者,由于方法的探求,也一定要归到教育。"①梁漱溟之所以提出社会教育与乡村教育的"合流",之所以特别地看重乡村教育在社会建设中的意义,就在于他认为乡村教育虽然不能达到改造社会的根本目的,但中国社会的改造最终还是离开不了乡村教育。他说:"社会的根本改造,教育担当不了,则非至机械的解决不止!虽然,机械解决的前后,仍靠教育。革命的前半段,没有教育,则无从培植革命力量;后半段没有教育,则革命不能完成,社会一切的进步,固不能不有赖于教育——广义的教育——也。"②可见,梁漱溟尽管看重教育在社会改造中的作用,但也不认为教育是万能的,而他所要实施的乡村教育也就在于在"变时"(改造时期)能够有效地防止革命的发生。他指出:"以理言之,教育之在社会,其功用为绵续文化而求其进步;使教育果得尽其功,则社会宜无革命,以随时修缮,逐步改进,行其无所事也。然人类社会卒不免于暴力革命,此盖以从来教育之在社会,不居领导地位而处于被役使地位之故。……故从来社会进步虽无不赖于教育(狭义及广义),而教育卒不能改造社会也。……由是而论,徒教育固未足以改造社会,而社会改造于其前后卒又不能不仰赖于教育以竟其功。……前问:教育如何乃为尽其对于社会之功用?于是得分别答之如次:(一)平时要在能为社会绵续文化而求其进步;(二)变时(改造时期)要在能减少暴力至可能最小限度于其前,能完成改造达可能最大限度于其后。"③这可见,梁漱溟主张乡村教育有其防止社会革命的目的之所在。

梁漱溟强调教育机会的平等,认为教育对象应享有平等的受教育的机会。他指出:"现社会中人因有贫富之不同,所以在一切消费享受的机会上便不平等;这其间的不平等,我觉得问题都还小,唯有一桩问题的确重大,就是在受教育的机会上不平等。一则不得受教育是人生的悲惨远过于其他的啬遇;一则不得受教育更断了他以后增进经济地位的机会:所以这种的不平等是太残酷了。然而现在的学校完全随着现社会而商业化了,学生不缴费,就不得入学读书,如同

_____

① 《社会教育与乡村建设之合流》(1934年),《梁漱溟教育文集》,江苏教育出版社1987年版,第243页。

② 《社会教育与乡村建设之合流》(1934年),《梁漱溟教育文集》,江苏教育出版社1987年版,第246—247页。

③ 《社会本位的教育系统草案》(1936年),《梁漱溟教育文集》,江苏教育出版社1987年版,第101—102页。

商业交易一般,绝无人情可讲。本来现社会的'商业化的人生'就不合理,而用之于教育尤其不当。又以现在社会中生计之艰窘与求学费用之特高,让我们时常遇到这悲惨遭遇的青年,时时感着内心的苦痛。我以为教育家而不能于其自己事业的范围内想法努力免除或减少此类事情,他很可以不必办教育。"[1]梁漱溟看到了下层社会民众缺少受教育的机会,故而积极倡导教育机会的平等,这在当时的中国社会中是很难实现的。

梁漱溟基于乡村教育的目标就教育内容及课程设置提出自己的看法,其中有许多主张还是很有创见的。譬如,梁漱溟从社会生活的本身出发,强调"情意教育"的极端重要性,指出:"生活的本身全在情意方面,而知的一边——包括固有的智慧与后天的知识——只是生活之工具。工具弄不好,固然生活弄不好,生活本身(即情意方面)如果没有弄得妥帖恰好,则工具虽利将无所用之,或转自贻戚,所以情意教育更是根本的。"[2]当然,这不是说梁漱溟不重视"知"的问题,事实上他对于"知"也是特别强调的,并认为知识的传授乃是"知的教育"中最为重要的。故而,他又说:"知的教育固不仅为知识的授给,而尤且着意智慧的启牖。然实则无论如何,知识的授给,终为知的教育最重要之一端。"[3]可见,梁漱溟在强调"情意"教育重要性的同时,并没有忽视"知"的教育,相反他在"知的教育"中也十分注重知识的传授。又譬如,梁漱溟从中国民族精神弘扬的角度,提倡"精神陶炼"的重要意义,指出:"我们讲精神陶炼,包括合理人生态度的指点,中国历史文化的分析,人生实际问题的讨论。……所谓合理人生态度的指点,人生实际问题的讨论,乃至历史文化的分析,三者皆以'中国民族精神'为核心。指出中国文化的特别处(长处短处),从而领会其民族精神,这是历史文化分析的意义。合理人生态度的指点,是正面的讲明民族精神。人生实际问题的解决,是指点如何应用民族精神。中国民族精神,照我的认识,就在'人类的理性'。"[4]再譬如,梁漱溟从事乡村教育时认为,乡村教育的课程既要有相同的课程,又要根据具体地方的情形,"因时因地制宜"地而有不同的课程。他说:"所谓平淡入手日常工夫者,是指乡校中识字、唱歌、讲话等功课而言。乡校功课约

① 《抱歉——苦痛——一件有兴味的事》(1930年),《梁漱溟教育文集》,江苏教育出版社1987年版,第21页。
② 《东西人的教育之不同》(1923年),《梁漱溟教育文集》,江苏教育出版社1987年版,第4页。
③ 《东西人的教育之不同》(1923年),《梁漱溟教育文集》,江苏教育出版社1987年版,第4页。
④ 《精神陶炼要旨》(1934年),《梁漱溟教育文集》,江苏教育出版社1987年版,第175—176页。

可分为两大类:甲、各乡校同有的功课:如识字,这是普通都有的功课,因各地农民多是不识字的,所以成为普遍的必要。又如我们正在试验而尚未作好的,如音乐唱歌,亦是各校一律宜用的。还有一种我们以为重要的,就是精神讲话。这门功课很有它的意义,在我们看现在中国的乡村社会,不止是经济破产,精神方面亦同样破产。……乙、各乡校不必相同的功课:各乡校事实上必须应付它的环境来解决问题,才能发生我们所希望的作用与效果;故须自有它因时因地制宜的功课。例如有匪患的地方,他们自要感觉到讨论到匪患问题,我们的教员就可以帮助他们想办法。大家都赞同一个办法以后,就可以领导着农民实地去作。例如成立自卫组织,作自卫训练,这就是此时此地乡校的功课。"①梁漱溟关于乡村教育内容和课程设置方面的主张,应该说是有着显著特色的。

梁漱溟主张在教育方法上予以改良,认为教育方法应顺从学生的个性而加以引导,努力发挥学生的主动性和创造性。譬如,梁漱溟主张在教育上顺从学生的本能,反对"赏罚"式的教育方法。他指出:"我们对于本能只能从旁去调理它、顺导它、培养它,不要妨害它、搅乱它,如是而已。譬如孝亲一事,不必告诉他长篇大套的话,只须顺着小孩子爱亲的情趣,使它自由发挥出来便好。爱亲是他自己固有的本能,完全没有听过孝亲的教训的人,即能由此本能而知孝亲;听过许多教训的人,也许因其本能受妨碍而不孝亲。在孔子便不是以干燥之教训给人的;他根本导人以一种生活,而借礼乐去调理情意。但是到后来,孔子的教育不复存在,只剩下这种干燥教训的教育法了。这也是我们以后教育应当知所鉴戒而改正的。还有教育上常喜欢借赏罚为手段,去改善人的生活行为,这是极不对的。赏罚是利用人计较算账的心理而支配他的动作:便使情意不得活动,妨害本能的发挥;强知方面去作主,根本搅乱了生活之顺序。所以这不但是情意的教育所不宜,而且有很坏的影响。"②又譬如,梁漱溟主张教育方法要贴近学生生活的实际及其需要,使"学生拿出他们的心思、耳、目、手、足的力量,来实做他们自己的生活",从而发挥学生自身的积极性、主动性与创造性。他指出:"我的根本的主张,是要学生拿出他们的心思、耳、目、手、足的力量,来实做他们自己的生活。不一定是他们个人的,就是团体的,也要由他们自己去管理,去亲身经历。总要用他们自己的心思才力,其求他们所需要的知识学问。我们很不满意于现

①　《乡农学校的办法及其意义》(1934 年),《梁漱溟教育文集》,江苏教育出版社 1987 年版,第 140—141 页。

②　《东西人的教育之不同》(1923 年),《梁漱溟教育文集》,江苏教育出版社 1987 年版,第 5—6 页。

代手足不勤心思不用的教育。差不多现在学校里一切的事情,都是要学生不要操心,而由别人替他们预备好——吃的饭菜,有厨子替他预备;日常的杂务,有听差替他预备;一切的校务,都有职员替他照料;所有的功课,都由教员预备好了来讲给他听;校内的秩序,也都由学校管理人来维持。总而言之,现在的学生,只站在一个被动和受用的地位;好象把学生时代,看做是人生一个短期的预备时代,是专门读书的时代,不是做任何事情的时代。以为象这样有别人替他把什么事都预备妥帖,他就可以专心读书;但是所得的结果却完全不然,不仅是他的书不能读好,学问不能求得,并且还把他变成一个不能做事的废物。教育的本意,是要把人们养成有本领有能力;如果要使一个人有本领有能力,就非发展他的耳、目、心思、手、足不可。要能够这样来做事,才算得是有能力有本领;要是一个人始终不用他的耳、目、心思、手、足,他就始终不能够有能力有本领。反之,如果他能够常常用他的耳、目、心思、手、足,一旦遇到一个问题,他就立刻可以解决,不致茫然,也不致慌张,总能够寻出一个应付的法子;对于无论什么事情,他自己才能够做得来。"①这里,梁漱溟认为教育的本意就是"把人们养成有本领有能力",强调的是学生主体性的充分发挥,因而反对将学生置于"被动和受用的地位"。再譬如,梁漱溟主张加强学生自学能力的培养,认为要改变学生在教育中的被动地位,就必须改良那种教师讲得多、学生练得少的教学法,增加学生在知识和能力方面"自得"的机会。他指出:"废除或减少——至少也要改良——现在讲授课本的教授法。现在功课的科目分得很多,上课的钟点也多——一时上堂,一时下堂;一时又上堂,一时又下堂。而每堂总是一面讲一面听,我觉得教师和学生,都会感觉得太苦。尤其是对于学生方面,太使他们居于被动的地位了。我们应该想个法子,使上堂的钟点减少,而把自修的工夫加多加重。我以为有好多的功课,若是由学生自己去看书,一定要比上堂由先生讲课本,比较要方便,也要多得些益处。尤其是高中的功课,大都只要在教师指导之下,由学生自己去找参考书,比较要好些。就是英文和数学大家认为要难点的课程,我记得从前读书的时候,我和几个同学自己做的,常常要比先生在教室里讲的快很多。象英文还只讲到五十页,而我们自己就已经读到八十页了;又象代数,先生还不曾讲到二次方程式,而我们自己的算草,就已经演到二次方程式了。在英文和数学,都可以是这样自己来做,至于其他功课,自然更要容易做了。象高中的社会问题、世

---

① 《今后一中改造之方向》(1928 年),《梁漱溟教育文集》,江苏教育出版社 1987 年版,第33—34 页。

界进化史等等,如果自己肯用心读书,就不上课,都能够自己了解;不然,你就天天上课,所晓得的,只有先生在课堂上所讲的,并且不能亲切自得。"①在梁漱溟看来,改变学生在教育中的被动地位,并不是对学生放任自流,这就需要建立新型的师生关系,确保教师在其中负起领导的责任。他指出:"废除现在把学生看做被治者而教职员是治者的办法,总要想法使学生不只是站在被人管理的地位,而改善这个分为治者与被治者两种阶级的教育。一个学校,应该和一个国家不同。在国家里大家一律平等于法律之下;而在学校里面,师长则应负有领导学生的责任。……但学生纯处于被治者地位实在妨碍学生很大,不合教育道理;必须先生领导之义、学生自治之义兼有。所以,我希望在先生的领导中使学生自己能够造成一种秩序,并且能够维持他们自己所创造的这种秩序。"②梁漱溟在教育方法上有着学生本位的理念,注重潜移默化的作用和"亲师取友"的意义,故而十分重视教育环境的改善。他说过这样一段话:"如果我们有意去调理自己,则亲师取友,潜移默化,受其影响而得其养,是一个最好的办法。说得再广泛一些,如果要想调理自己,就得找一个好的环境。所谓好的环境,就是说朋友团体,求友要求有真志趣的朋友;好的朋友多,自然向上走了。如果在一块的人是不好的,那就很危险,不知不觉地就会日趋于下流。"③概而言之,梁漱溟在教育方法上特别注重学生能力的培养,重视培养学生的主体性和创造性。

梁漱溟特别不满意中国的官办教育制度,主张打破官办教育垄断的局面,发挥私人办学和地方办学的积极性,从而建立一个"社会本位的教育系统"。关于官办教育的弊端,他指出:"我们敢说要想中国教育有生机,非打破推翻今日官办教育的局面,得一大解放不可。官办教育,教育愈办愈死。官不办教育,听社会上有志教育的人去办教育,才得愈办愈活。分析言之,其利弊不同有四。(一)官办教育有形式,不然社会自办教育有精神。因唯其自动乃有精神。……(二)社会自办教育得各抱理想自由试验;而官办教育必有规绳,不免窒塞创造。然中国现在所需要的正是创造。……(三)官办教育易离开社会,不如社会自办

---

① 《今后一中改造之方向》(1928年),《梁漱溟教育文集》,江苏教育出版社1987年版,第36—37页。

② 《今后一中改造之方向》(1928年),《梁漱溟教育文集》,江苏教育出版社1987年版,第35—36页。

③ 《调整自己必亲师取友》(1934年),《梁漱溟教育文集》,江苏教育出版社1987年版,第184页。

切近事实。……（四）官办教育每多虚抛浪费，远不如社会自办者用钱经济。……所谓改革官办教育的局面，而由社会自办是怎样呢？那就要政府退处于考核、监督、奖励、补助地位，促兴社会事业而不阻碍社会事业；——现在有些社会事业正为政府力量所抑阻。我意并非不要政府力量，但以为政府力量宜用之得当耳。包办就是不得当；对于有志教育的人办教育有成效者，从旁提倡掖助即为得当。"①在梁漱溟看来，改变中国教育制度，实现"社会本位的教育"系统，乃是中国社会变迁的迫切需要，亦即教育制度的变革有着社会事实的有力依据，故而教育必须重新加以"统盘筹划"。他指出："吾人试一审今日社会趋势，将见教育时间放散而延长，有事实所不得不然者：（一）现代生活日益繁复，人生所需要学习者，随以倍增，卒非集中童年一期所得尽学，由此而教育延及成年之趋势，日见重迫。（二）社会生活既繁密复杂，而儿童较远于社会生活，未及参加，在此种学习上以缺少直接经验，效率转低，或至于不可能，势必延至成年而后可。又唯需要为能启学习之机；而唯成人乃感需要。借令集中此种学习于童年，亦徒费精力与时间，势必待成年需要，卒又以成人教育行之。（三）以现代文化进步社会变迁之速，若学习于早，俟后过时即不适用；其势非时时不断以学之不可。……今后社会之渐归于社会本位的组织，大势昭然。如是则不能不倚重多数个人，各为社会生活之有力的参加，而教育于是乃成大问题——如何能为最经济而有效的教育设施，以满足此社会需要？吾信其必为依桑戴克以及诸家所为成人学习之研究，而统盘筹划以建立一个教育系统是已。今之有社会教育、民众教育、成人教育，纷然发达于学制系统之外，极见其不经济者，正以未能从头统盘筹划之故耳。"②那么，在改革既有的教育制度之中，对于新的教育应该如何予以"统盘筹划"呢？梁漱溟提出以自然条件及社会条件为标准，在教育设施上应注意到各地的差异，并依据地方自治的要求予以规划。他指出："教育设施区域应视自然的及社会的形势条件等为厘定标准；但亦以符同于国家行政区域地方自治区域为便。今假定即以现行国家行政区域地方自治区域为教育设施之区域，则应有国学、省学、县学、区学、乡镇学之五级。都市地方以人口密集交通方便，除分置坊学外，不更分区域；坊学以上即为市学，无多等级。隶于省政府之市，其市学视同县学及区学；隶于行政院之市，其市学

---

① 《丹麦的教育与我们的教育》（1933 年），《梁漱溟教育文集》，江苏教育出版社 1987 年版，第 93—95 页。

② 《社会本位的教育系统草案》（1936 年），《梁漱溟教育文集》，江苏教育出版社 1987 年版，第 100—101 页。

视同省学。"①梁漱溟所拟定的这份《社会本位的教育系统草案》,应该说是一份比较详细的计划,对于乡学、区学、县学、市学等皆有明确的规定。譬如,对于乡学,梁漱溟有这样的规划:"乡学资借于上级学府之辅导,视其力之所及,又事之所宜,进行下列工作:(甲)酌设成人部、妇女部、儿童部等,施以其生活必需之教育,期于本乡社会中之各分子皆有参加现社会并从而改进现社会之生活能力。(乙)相机倡导本乡所需要之各项社会改良运动(如禁缠足、戒早婚等),兴办本乡所需要之各项社会建设事业(如合作社等),期于一乡之生活逐渐改善,文化逐渐增高,并以协进大社会之进步。乡学在职能上以基本教育为主。在程度上为当地社会及国家力所能举之最低级教育。在编制上酌设成人部、妇女部、儿童部等;旧制之小学校、民众学校等,应分别归入上项编制中(小学即儿童部,民众学校即成人部),在设备上酌设大会堂、图书馆、体育场、音乐堂等。在方式上兼用社会教育及学校教育两方式。"②又譬如,对于区学,梁漱溟有这样的规划:"区学资借上级学府之辅导,视其力之所及,又事之所宜,进行下列工作:(甲)酌设升学预备职业训练部等,办理本区所需要而所属各乡学独力所不办之教育。(乙)相机倡导本区所需要之各项社会改良运动,兴办本区所需要之各项社会建设事业,期于一区之生活逐渐改善,并以协进大社会之进步。区学在职能上以基本教育之高级及技术训练之预备段为主。在程度上为当地社会所办乡学教育之高一级的教育。在编制上酌设升学预备部、职业训练部等;凡旧制之高级小学、高级民众学校、职业补习学校等,应分别归入前项编制中。在设备上酌设大会堂、图书馆、医院等为乡学更进一步的设备。在方式上兼用社会教育及学校教育两种方式。"③再譬如,对于县学,梁漱溟有这样的规划:"县学资借于上级学府之辅导,视其力之所及,又事之所宜,进行下列工作:(甲)酌设升学预备部、职业训练部、自由研究部、乡村师范部等,办理本县所需要而所属各区独力所不办之教育。(乙)研究并指导所属各区之社会改良运动及社会建设事业,促进本县之自治,并以协进大社会之进步。县学在职能上以技术训练人才教育为主。在程度上为当地社会所办区学之高一级的教育。在编制上酌设升学预备部、职业训练

---

① 《社会本位的教育系统草案》(1936年),《梁漱溟教育文集》,江苏教育出版社1987年版,第106页。

② 《社会本位的教育系统草案》(1936年),《梁漱溟教育文集》,江苏教育出版社1987年版,第109页。

③ 《社会本位的教育系统草案》(1936年),《梁漱溟教育文集》,江苏教育出版社1987年版,第109—110页。

部、自由研究部、乡村师范部等。自由研究部指导有学术兴趣者之自由研究。乡村师范部则训练区学、乡学教员。旧制之中学职业师范等学校,应分别归入前项编制中。在设备上酌设科学实验室、农场、工厂、大会堂、图书馆等,为区学进一步的设备。在方式上以学校教育为主,兼用社会教育方式。"①又再譬如,关于市学,梁漱溟有这样的规划:"市学(隶于省政府之市)视同县学兼括区学。市学内分置坊学;坊学视同乡学。省学资借于上级学府同级学府与下级学府之协助,视其力之所及,又事之所宜,进行下列工作:(甲)酌设农工商医等科,举办所属各县学独力所不办之专业训练,为本省养成其建设所需人才;兼为本省人士供给专科研究上之设施与导师,以发展其不同之人才。(乙)负责研究本省地方上自然的及社会的各项问题,供给当地政府及社会以解决各问题之方案设计等,并指导所属各下级学府社会工作之进行。省学在职能上以专门技术教育及实际问题研究为主。在程度上为高等教育。在编制上视学术门类暨本省需要分科;所有旧制之专门学校大学校高中各科应分别归入上项编制中。在设备上酌设图书馆、各科实验室、研究室、农场、工厂等。在方式上以学校教育为主,兼用社会教育方式。"②梁漱溟拟定的这份《社会本位的教育系统菜案》,实在是很细致、很具体,其所说的乡学、区学、县学等不仅仅是当地的教育机关,同时也是当地的社会管理机关,担负着各地"各项社会改良运动"的使命。这尽管在当时的情况下无实现之可能,但却集中地反映了梁漱溟关于教育改革的具体主张,因而可视为梁漱溟关于教育改革的系统计划。

梁漱溟的教育思想是其乡村建设理论的重要组成部分,尽管他的乡村教育实践以失败而告终,但在现代中国的教育史上应该说也是极富有特色的。在军阀混战、中国农村日益破产的情况下,梁漱溟看到了中国农村问题的严重性及农村社会改造的必要性,身体力行地到乡村开展乡村建设的实践,并将乡村教育作为其社会改造的重要抓手。这是需要激情、理想和责任感的,同时也是需要努力践行的坚强意志的。梁漱溟在政治上主张改良,希望在不触动现有社会制度的前提下,通过改良的途径推进社会的改造,这不能不支配着他的乡村教育思想。故而,他的乡村教育思想充满改良的色彩,这在当时也是不能取得什么成效的。但从中国现代学术思想史的角度来看,梁漱溟的教育思想似乎亦有值

---

① 《社会本位的教育系统草案》(1936年),《梁漱溟教育文集》,江苏教育出版社1987年版,第110页。

② 《社会本位的教育系统草案》(1936年),《梁漱溟教育文集》,江苏教育出版社1987年版,第110—111页。

得总结的地方。

3. 陶行知的教育学思想

陶行知①是现代中国著名的人民教育家,"教学合一"思想的提出者,在中国现代学术史上有着重要的地位。

陶行知对于教育有着深刻的认识,主张将生活和教育打成一片,并重点阐发了生活教育的思想。他指出:"教育是什么?教育是教人发明工具,制造工具,运用工具。生活教育教人发明生活工具,制造生活工具,运用生活工具。空谈生活教育是没有用的。真正的生活教育必以生活工具为出发点。……只有发明工具,制造工具,运用工具是真教育,是真生活。"②陶行知倡导的生活教育,其落脚点是中国的广大民众,因而他的生活教育思想就其本质而言,也就是"大众教育"或"民众教育",其核心的主张是"给民众以教育,由民众来教育,为民众而教育",并将这一核心主张与中华民族的独立、自由与解放事业联系起来。他指出:"依据社会即学校,即知即传两条原则,拿了新文字及其他有效工具,引导大众组织起来,争取中华民族大众之解放:这便是中国所需要的大众教育。"③又指出:"民众教育是什么?民众教育是民众的教育,民众自己办的教育,为民众的最高利益而办的教育。换句话说:民众教育是给民众以教育,由民众来教育,为民众而教育。给民众以教育是用教育来动员民众。……由民众来教育是用民众来动员教育。……为民众而教育是为民众最高的利益而教育。……中国民众最高的利益,不消得说,是打倒日本帝国主义,建立一个自由平等幸福的中华民国,并和全世界反侵略之战友共同来创造一个合理公道互助的世界。所以由民众来动员教育,用教育来动员民众,以争取这最高之利益和最后之胜利,才算是真正的民众教育。"④陶行知倡导的"民众教育"不仅以广大的民众为本位,积极地推进面向全体国民的"国民教育",而且也特别重视"人才教育"的重要性。他说:"国民教育,与人才教育略有不同。国民教育,是人人应当免费受教育,但如有

---

① 陶行知(1891—1946),安徽省歙县人。中国人民救国会和中国民主同盟的主要领导人之一。早年毕业于金陵大学,后留学美国,师从杜威、孟禄、克伯屈等美国教育家研究教育。曾任南京高等师范学校教务主任,中华教育改进社总干事。先后创办晓庄学校、生活教育社、山海工学团、育才学校和社会大学。著作有《中国教育改造》、《古庙敲钟录》、《斋夫自由谈》、《行知书信》、《行知诗歌集》等。

② 《生活工具主义之教育》(1927年),《陶行知教育文选》,教育科学出版社1981年版,第60页。

③ 《中国大众教育问题》(1936年),《陶行知教育文选》,教育科学出版社1981年版,第214页。

④ 《我的民众教育观》(1939年),《陶行知教育文选》,教育科学出版社1981年版,第262页。

特殊才能的,也应加以特殊的教育,使其才能能充分发挥,这就是人才教育。"①
陶行知曾留学美国,高度重视民主在教育中的地位及其重要性,力主将民主贯穿
在教育之中,故而他倡导的"民众教育"乃是民主的教育,具有民主的思想意蕴。
他指出:"民主教育是教人做主人,做自己的主人,做国家的主人,做世界的主
人。……说得通俗些:民主教育是人民的教育,人民办的教育,为人民自己的幸
福而办的教育。"②陶行知倡导的"生活教育",概而言之乃是民众的教育、民主
的教育、民族的教育,归根到底乃是人民的教育,这在中国现代教育学史上有着
极为重要的意义。

　　陶行知的"生活教育"思想不仅坚持民众本位的立场,而且基于社会生活的
实际与需要,因而具有服务于社会的多方面内容。譬如,陶行知强调教育的普及
性并要求教育贴近生活的需要。他提出:"普及工以养生,学以明生,团以保生
之生活教育。工是做工,学是科学,团是集团,这三种生活缺少一样,便是残废的
教育。"③又譬如,陶行知强调"生活教育与教学做合一对于书之根本态度"的问
题,主张将生活教育与教学做结合起来。他指出:"生活教育指示我们说:过什
么生活用什么书。教学做合一指示我们说:做什么事用什么书。这两句话只是
一句话的两样说法。我们对于书的根本态度是:书是一种工具,一种生活的工
具,一种'做'的工具。工具是给人用的;书也是给人用的。"④又指出:"我们要
活的书,不要死的书;要真的书不要假的书;要动的书不要死的书;要用的书不要
读的书。总起来说,我们要以生活为中心的教学做指导,不要以文字为中心的教
科书。我们要声明在先,我并不拘于文字之改变。倘使真的拿生活为中心,从文
字退到工具的地位,从死的、假的、静的、读的,一变而为活的、真的、动的、用的,
那末就称它为教科书我也不反对;倘使名字改为生活用书或教学做指导,还是以
文字为中心,便利用先生讲解,学生静听而不引人去做,我也不能赞成。但是,如
果能够做到名实相副,那就格外的好了。"⑤再譬如,陶行知强调生活教育需要在

　　① 《实施民主教育的提纲》(1945年),《陶行知教育文选》,教育科学出版社1981年版,第
318页。
　　② 《民主教育》(1945年),《陶行知教育文选》,教育科学出版社1981年版,第325页。
　　③ 《中国普及教育方案商讨》(1935年),《陶行知教育文选》,教育科学出版社1981年版,第
151页。
　　④ 《教学做合一下之教科书》(1931年),《陶行知教育文选》,教育科学出版社1981年版,第
120页。
　　⑤ 《教学做合一下之教科书》(1931年),《陶行知教育文选》,教育科学出版社1981年版,第
124页。

教科书的编写上重点地突出生活的内容,并依据生活需要的层次而有所不同。他指出:"我们要想鼓起民众读书的兴趣,必须拿他们生活所需要的文字来教。但这种生活需要有经常的也有临时的,有共同的也有个别的。经常共同需要的文字可以编成课本。个别需要的文字可以编成补充材料,以适应一地方一职业或任何之特殊生活。临时需要的文字是要靠教者之灵敏,抓住当前的机会指导民众。"[1]需要说明的是,陶行知倡导生活教育重视教科书的编写,但不是仅仅局限于教科书,他要求生活教育需要从"教科书以外求课外的东西","要从学校以外到大自然、大社会中求得活的教材"[2]。又再譬如,陶行知认为生活教育在方法上必须将"教学做"作为一件事,这首先必须是"教学合一",然后才能有"教学做"三者的统一。关于"教学合一"问题,他指出:"教学两者,实在是不能分离的,实在是应当合一的。依我看来,教学要合一,有三个理由:第一,先生的责任不在教,而在教学,而在教学生学。……教学生学是什么意思呢?就是把教和学联络起来:一方面要先生负指导的责任,一方面要学生负学习的责任。对于一个问题,不是要先生拿现成的解决方法来传授学生,乃是要把这个解决方法如何找来的手续程序,安排停当,指导他使他以最短的时间,经过相类的经验,发生相类的理想,自己将这个方法找出来,并且能够利用这种经验理想来找别的方法,解决别的问题。……第二,教的法子必须根据于学的法子。……如果让教的法子自然根据学的法子,那时先生就费力少而成功多,学生一方面也就能够乐学了。所以怎样学就须怎样教:学得多教得多,学得少教得少;学得快教得快,学得慢教得慢。这是教学应该合一的第二个理由。第三,先生不但要拿他教的法子和学生学的法子联络,并须和他自己的学问联络起来。做先生的,应该一面教一面学,并不是贩卖些知识来,就可以终身卖不尽的。"[3]在"教学合一"的基础上,那就要将"教学做"统一起来。陶行知指出:"教的法子要根据学的法子;学的法子要根据做的法子。教法、学法、做法是应当合一的。我们对于这个问题所建议的答语是:事怎样做就怎样学;怎样学就怎样教;怎样教就怎样训练教师。"[4]又指出:"教学做合一是:教的法子根据学的法子;学的法子根据

① 《怎样做小先生》(1935年),《陶行知教育文选》,教育科学出版社1981年版,第190页。
② 《实施民主教育的提纲》(1945年),《陶行知教育文选》,教育科学出版社1981年版,第321页。
③ 《教学合一》(1919年),《陶行知教育文选》,教育科学出版社1981年版,第4—5页。
④ 《中国师范教育建设论》(1926年),《陶行知教育文选》,教育科学出版社1981年版,第42页。

做的法子。事怎样做就怎样学,怎样学就怎样教。"①可见,陶行知主张的"教学做合一",并不是一般地强调"做"的作用,也不是仅仅将"做"视为与"学"与"教"同等的地位,而是将"做"贯穿于其中而起基础性作用。他指出:"教学做是一件事,不是三件事。我们要在做上教,在做上学。在做上教的是先生;在做上学的是学生。从先生对学生的关系说:做便是教;从学生对先生的关系说:做便是学。先生拿做来教,乃是真教;学生拿做来学,方是实学。不在做上用功夫,教固不成为教,学也不成为学。……因此教学做是合一的。因为一个活动对事说是做;对己说是学;对人说是教。"②陶行知关于生活教育的要求,在内容和方法上皆是极为丰富的且具有特色,为推进生活教育的发展提供了努力方向。

陶行知提出的生活教育主张有着鲜明的"平等教育"与"民主教育"的先进理念。民主教育是陶行知倡导的重要教育理念,这一理念落实到教育的具体过程中,就是要充分尊重学生的个性,坚持学生本位、儿童本位,发挥学生的主体积极性。关于儿童教育,陶行知提出了解放"儿童创造力"的要求:"我们发现了儿童有创造力,认识了儿童有创造力,就须进一步把儿童的创造力解放出来。(一)解放小孩子的头脑。……(二)解放小孩子的双手。……我们希望保育员或先生跟爱迪生的母亲学,让小孩子有动手的机会。(三)解放小孩子的嘴。小孩子有问题要准许他们问。从问题的解答里,可以增进他们的知识。……(四)解放小孩子的空间。……解放了空间,才能搜集丰富的资料,扩大知识的眼界,以发挥其内在之创造力。(五)解放儿童的时间。……一般学校把儿童全部时间占据,使儿童失去学习人生的机会,养成无意创造的倾向,到成人时,即有时间,也不知道怎样下手去发挥他的创造力了。创造的儿童教育,首先要为儿童争取时间之解放。"③陶行知的民主教育理念,还体现在为教育对象服务上,以便发挥学生的学习积极性与主动性。他指出:"民主的教育方法,要使学生自动,而且要启发学生能自觉,要客观,要科学,不限于一种,要多种多样,因材施教,要生活与教育联系起来,并且在中国要会用穷办法,没钱买教科书,用尽种种办法来找代用品,招牌可以作刻本,树枝可以作笔,桌面可以当纸张。……另外还有一个办法,学生不能来上课的可以去上课,'来者不拒,不能能者送上门去',看牛的

① 《试验乡村师范学校答客问》(1926年),《陶行知教育文选》,教育科学出版社1981年版,第53页。

② 《教学做合一》(1927年),《陶行知教育文选》,教育科学出版社1981年版,第77页。

③ 《创造的儿童教育》(1944年),《陶行知教育文选》,教育科学出版社1981年版,第306—308页。

送到牛背上去,拾柴的送到柴山上去。这样,'教育为公'才有办法。最后,我们必须重提要着重创造,让学生自动的时候,不是让他们乱动,而是要他们走上创造之路,手脑并用,劳力上劳心。"①陶行知的民主教育理念不仅仅是面向在校的学生,而且是面向社会上的各个群体、各个阶层,强调教育对象的广泛性及多层次性。他指出,不仅"男女也应有平等受教育的机会",而且"无论贫富,也应该有均等受教育的机会",这是因为"民主教育要使穷人也有受教育的机会",同时"无论老少,也应该受教育",这是"生活教育很早就提出活到老,学到老"的要求。陶行知提出的"平等教育"就是要求受教育的"机会均等",就是"入学时求学的机会均等,长进的机会均等,离校时复学的机会均等,失学时补习机会均等,而且老百姓有办学管教育的机会"。陶行知还认为,坚持民主教育的方向,在教育对象上就不能有阶级的分别,"无论什么阶级,都要受教育的机会。……民主教育是要力求农工劳苦阶级有机会受教育。"同时,陶行知也极端重视"民族教育"的重要性,指出:"民族教育现在也成一个问题。过去把少数民族取名为边民,不承认他们为民族。我们对于侗族、苗族等小民族的教育,强迫他们学汉文,还要用汉人教师去教他们。但民主教育是让他们学习他们自己的文字,没有文字的,就帮助他们制造文字,让他们自己办学校,训练各民族的人才来教育他们自己的人民。"②民主教育及民族教育的思想使陶行知更加关注中华民族生存危机的现实,这同时也推动其教育思想的发展并彰显出民主性和民族性的特色。

陶行知将教育与社会演进结合起来,提出教育是"以民族的生命为生命"的主张,从而使教育赋予了担负起国家独立、民族振兴的使命。"九一八事变"之后,中华民族处于存亡的关头。面对民族危亡的严峻形势,陶行知提出教育必须为民族生存服务的要求。他在《乡村工学团试验初步计划说明书》中指出:"中华民族已经到了生死关头,我们要想起死回生整个的民族,须以最敏捷的手段,实施下列六大培养:(一)培养普遍的军事能力;(二)培养普遍的生产能力;(三)培养普遍的科学能力;(四)培养普遍的识字能力;(五)培养普遍的运用民权能力;(六)培养普遍的节制生育能力。"③在 1936 年,陶行知针对当时的"国

---

① 《实施民主教育的提纲》(1945 年),《陶行知教育文选》,教育科学出版社 1981 年版,第 320 页。

② 《实施民主教育的提纲》(1945 年),《陶行知教育文选》,教育科学出版社 1981 年版,第 319 页。

③ 《乡村工学团试验初步计划说明书》(1932 年),《陶行知教育文选》,教育科学出版社 1981 年版,第 138 页。

难"问题,批判了那种将教育与民族生存脱离开来的观点,指出:"解决国难的教育方案只有一个目的。这个目的就是保卫中华民国领土主权之完整以争取中华民族之自由平等。一切教育设施都要以这个神圣的使命做中心。教育部新近宣布国难时期教育宗旨,说:教育之生命,即民族之生命。还有人甚而至于说:我们先要救教育之生命,才能救民族之生命。前一说是把生命的源头弄颠倒了。后一说是把一个生命分成两个:一是教育的生命,二是民族的生命。我要郑重的说:教育没有独立的生命,它是以民族的生命为生命。唯有以民族的生命为生命的教育,才算是我们的教育。国难教育是要教人救民族之命,则教育之命自然而然的得救了。"[1]故而,他认为"国难教育之目标"就在于:"(甲)推进大众文化。(乙)争取中华民族之自由平等。(丙)保卫中华民国领土与主权之完整。"[2]陶行知的"民族教育"主张不仅是与民主教育、平等教育的思想紧密联系在一起的,而且也是与当时中华民族所面临的生存危机及所要完成的中华民族伟大复兴的历史使命紧密联系在一起的。

陶行知对于女子教育和儿童教育予以高度关注,提出了发展女子教育、儿童教育的主张。陶行知对于中国社会中轻视妇女的恶习予以猛烈的批判,强调妇女在社会上应有的独立与尊严,主张妇女享有与男子具有同样的受教育的权利。关于女子教育,他指出:"不识字的最大多数就是女子。平民学校因年龄较大又未经学校训练,不便男女同学,更使这个问题难于解决。我们现在采用的办法是:(一)为女子办女子平民学校;(二)家庭中多办平民读书处,使自己的人教自己的人;(三)劝女学生寒暑假回乡教乡村里的妇女;(四)极力提倡女子学校教育造就女子领袖,使女子平民教育可以尽量推广。"[3]关于儿童教育,他指出:"自从小学校注意比较家庭送来与幼稚园升来的学生性质,世人乃渐渐的觉得幼儿教育系为人生之基础,不可不乘早给他建立得稳。儿童学者告诉我们,凡人生所需之重要习惯、倾向、态度,多半可以在六岁以前培养成功。换句话说,六岁以前是人格陶冶最重要的时期。这个时期培养得好,以后只须顺着他继长增高的培养上去,自然成为社会优良的分子。倘使培养得不好,那末,习惯成了不易改,倾向定了不易移,态度决了不易变。"[4]陶行知认为,开展儿童教育首

① 《中国大众教育问题》(1936年),《陶行知教育文选》,教育科学出版社1981年版,第217页。
② 《中国大众教育问题》(1936年),《陶行知教育文选》,教育科学出版社1981年版,第215页。
③ 《平民教育概论》(1924年),《陶行知教育文选》,教育科学出版社1981年版,第28—29页。
④ 《创设乡村幼稚园宣言书》(1926年),《陶行知教育文选》,教育科学出版社1981年版,第34页。

先就要正视"儿童的生活",并且将"儿童的生活"作为整体性对待,如此才能根据"儿童的生活"有针对性地来进行"儿童的教育"。陶行知在当时历史条件下,面向社会生活的底层,高度关注女子教育、儿童教育对于社会进步的意义,就在于实践其"生活教育"的理念,这为推进中国教育事业做出了积极的探索。

陶行知主张学制上应根据中国教育处于过渡期的特点,努力汲取中外学制的成功经验,采行具有"民主教育"特色的学制,推进"新大学"的建设。他介绍了国外学制的情况,指出:"民主教育的学制,包含三原则:单轨出发。学制在世界上各国分成几种,如德国的学制是双轨制,穷苦的人民受国民教育,再受职业教育,有钱的人则由中学而直升大学。民主教育开始是单轨,不分贫富以单轨出发,以后依才能分成多轨,各人所走路线虽不同,但都将力量贡献给抗战,贡献给国家,这叫多轨同归。并且还要换轨便利,让他们在才干改变时有调换轨道的便利。"①陶行知是主张学习外国学制的,但他认为要根据我国社会处于转型期的特点,同时也不能放弃我们教育中既有的有用的部分。他指出:"当这学制将改未改之时,我们应当用科学的方法、态度,考察社会个人之需要能力,和各种生活事业必不可少之基础准备,修正出一个适用的学制。至于外国的经验,如有适用的,采取他;如有不适用的,就回避他。本国以前的经验,如有适用的,就保存他;如不适用,就除掉他。去与取,只问适不适,不问新和旧。能如此,才能制成独创的学制——适合国情,适合个性,适合事业学问需求的学制。"②陶行知主张学制改革,就在于能够推进《大学》中"大学"意义的现代性转型,从而加快"新大学"的建设。这里的"大学"并不是当今的所谓"高校",而是具有新的教育理念、体现新的"大学"精神的学府。陶行知以民主精神、民众理念来解读"大学"的内涵,指出:"新大学是什么?新大学是大众的学府。《大学》里面说:'大学之道在明明德,在新民,在止于至善。'这是从前的'大学之道'。新的大学之道就不同了。依照新的眼光看来,它是变成了'大学之道在明大德,在新大众,在止于大众之幸福。'什么是'大德'?'大德'是大众之德。大众之德有三:一是觉悟;二是联合;三是争取解放。'明'即明白,要教大众自己明白大众之德是这样。'新大众'是教大众自新。……'止'是瞄准的意思。新大学的一切课程设施都要对

①《实施民主教育的提纲》(1945年),《陶行知教育文选》,教育科学出版社1981年版,第321—322页。
②《我们对于新学制草案应持之态度》(1922年),《陶行知教育文选》,教育科学出版社1981年版,第19—20页。

着大众的幸福瞄准。"①陶行知关于学制建设和创办"新大学"的目标,突出了体现了民主主义精神的思想意蕴。

陶行知对于教师提出了很高的职业要求,希望教师能够成为"民主的教师"、成为受人尊重的"小先生",并由此提出了建设师范学校的设想。陶行知对于教师的素质有着多方面的要求,他理想中的教师能够与学生"共生活,共甘苦","以身作则";既"学而不厌"又"诲人不倦",并具有"发展思想及奋斗精神","做人民的朋友";而乡村的教师不仅能够"做改造乡村生活的灵魂",而且"有农夫的身手,科学的头脑,改造社会的精神",既能"用科学的方法去征服自然,美术的观念去改造社会",又能"用最少的经费办理最好的教育"②。陶行知期待教师能够成为"民主的教师",他指出:"民主的教师,必须具有:(一)虚心;(二)宽容;(三)与学生共甘苦;(四)跟民众学习;(五)跟小孩子学习——这听起来很奇怪的,其实先生必须跟小孩子学,他才能了解小孩子的需要,和小孩子共甘苦。并不是说完全跟小孩子学,而是说只有跟小孩子学,才能完成做民主教师的资格。否则即是专制教师。现在民主国家的领袖,都是跟老百姓学,否则成为专制魔王;(六)消极方面,肃清形式、教条、先生架子、师生的严格界限。"③他以民主、平等的精神要求教师,希望教师"不但要自己做小先生,并且要教别的小孩做小先生,最要紧的是要教自己的学生做小先生",这样做的目的"不是要得一个小先生的头衔,乃是要运用'即知即传'的原则,把知识公开给没有机会受教育的人。……总而言之,小先生的责任不单是教学生,而且是教学生做小先生和传递先生。"④为了培养出社会需要的教师,陶行知主张大力发展师范教育,充分地发挥乡村中心学校在师范教育中的中心作用,并将"中心学校"的办学理念贯穿于师范教育之中。他说:"我们主张由乡村实际生活产生乡村中心学校,由乡村中心学校产生乡村师范。乡村师范之主旨在造就有农夫身手、科学头脑、改造社会精神的教师。"⑤又说:"师范学校的使命,是要运用中心学校之精神及方法去培养师资。他与中心学校的关系也是有机体的,也是要一贯的。中心学

① 《中国大众教育问题》(1936年),《陶行知教育文选》,教育科学出版社1981年版,第219页。
② 《我们的信条》(1926年),《陶行知教育文选》,教育科学出版社1981年版,第49—50页。
③ 《实施民主教育的提纲》(1945年),《陶行知教育文选》,教育科学出版社1981年版,第321页。
④ 《怎样做小先生》(1935年),《陶行知教育文选》,教育科学出版社1981年版,第198页。
⑤ 《中华教育改进社改造全国乡村教育宣言书》(1926年),《陶行知教育文选》,教育科学出版社1981年版,第33页。

校是他的中心而不是他的附属品。"①这里,陶行知提出了一个非常重要的主张,就是师范教育不能独立地发展,它必须依据所在的"中心学校"这样的载体,这样培养的师资才能知晓教育的状况、满足于教育的需要。他进一步指出:"师范学校既以中心学校为中心,那末有那一种的中心学校就有那一种的师范学校。有幼稚园为中心学校,就可以办幼稚师范;有小学为中心学校,就可以办初等师范;有中学或师范为中心学校,就可以办高等师范或师范大学;有各种职业机关或学校做中心学校,就可以办各种职业师范。……师范学校既以中心学校为中心就得跟着中心学校跑。凡有好的中心学校的地方,都可以办个师范。凡是没有好的中心学校的地方,都可以取消师范的招牌,否则就应当根本改造中心学校和各方面的关系,使他名实相副。"②在陶行知看来,对于教师本身而言,要做好教师有两种途径,一是"从师",二是"访友",就是"和好教师做朋友"③。陶行知关于教师的具体要求,关于推进师范教育的设想,就在于使教师向"第一流的教育家"方面发展。

陶行知以"生活教育"而构建自己的学术研究体系,这一体系将民主理念、民族意识、民众观点与教育发展、民族振兴、国家独立紧密联系起来,不仅将"教学做"作为整体,突出"做"的基础性地位,有着知行合一的思想底蕴,而且将社会与学校紧密联系起来提出"社会即学校"的主张,形成了内容丰富、特色鲜明的民主主义教育体系。这个体系贯穿民主精神,面向社会的底层大众,以社会生活为中心、强调教育对象的个性伸张与自由发展,并有着强烈的反封建的意义。陶行知作为杜威的学生,具有学术上的承继关系,但又联系中国社会的需要而有了重大的发展,并具有鲜明的中国特色、民众本位。陶行知作为人民教育家,"他站在人民大众的立场上,创造性地运用和发挥了杜威的民主主义教育思想,为中国教育的大众化与民主化付出了毕生的心血"④。在国难当头、民族危亡之际,陶行知身体力行地投入民族解放的历史洪流中,提出"教学做"等主张皆以"救国"为中心、民族复兴为宗旨,并号召国人积极地参加"民族解放大学校"中。

① 《中国师范教育建设论》(1926年),《陶行知教育文选》,教育科学出版社1981年版,第44页。

② 《中国师范教育建设论》(1926年),《陶行知教育文选》,教育科学出版社1981年版,第46—47页。

③ 《艺友制师范教育答客问》(1928年),《陶行知教育文选》,教育科学出版社1981年版,第85页。

④ 叶澜主编:《二十世纪中国社会科学·教育学卷》,上海人民出版社2005年版,第82—83页。

陶行知的教育思想十分丰富,是现代中国推进西方教育思想本土化的重要代表,对中国教育发展及教育学研究体系的构建作出了重要贡献。陶行知的教育思想在中国现代学术史上有着重要地位。

4. 黄炎培的职业教育思想

黄炎培①是现代中国著名的政治家、教育家、社会活动家、实业家,其职业教育思想有着极为显著的特色,在中国现代教育史上有着重要的地位。

黄炎培的职业教育思想有一个演变的过程。1917 年中华职业教育社成立后,黄炎培发表《中华职业教育社宣言书》,这标志着以黄炎培为代表的职业教育思潮的形成。自此起,黄炎培的职业教育思想不断发展、成熟。黄炎培早期职业教育思想,反映民族资本主义工商业发展和改革普通教育的需要,更多以解决个人生计问题为重点,认为职业教育的要旨有三:"为个人谋生之准备","为个人服务社会之准备","为世界、国家增进生产力之准备"。自 20 世纪 20 年代起,黄炎培把职业教育的目的概括为"使无业者有业,使有业者乐业"。这样,既强调个人谋生,也重视服务社会;既强调职业技能训练,也重视职业道德教育;既强调一技之长,也重视全面发展。此时,更多地探讨了职业教育内部的规律问题。20 世纪 20 年代中后期,黄炎培总结近十年职业教育发展的经验,提出"大职业教育主义"的观念,认为"(一)只从职业学校做工夫,不能发达职业教育;(二)只从教育界做工夫,不能发达职业教育;(三)只从农、工、商职业界做工夫,不能发达职业教育。"即办职业教育,必须联络和沟通所有教育界和职业界,参与全社会的活动,更多地探寻了职业教育外部环境的适应问题。至此,黄炎培的职业教育思想基本成熟。进入 20 世纪 30 年代以后,民族危机加甚,黄炎培积极投身于民族救亡事业,职业教育思潮逐渐消退,但其职业教育思想仍然继续影响着此后的中国职业教育的实践。

黄炎培十分重视职业教育的推行,并将职业教育置于教育的发展体系之中,从而突出职业教育在社会生活中的应有地位。黄炎培将教育作为人才培养的工

---

① 黄炎培(1878—1965),号楚南,字任之,笔名抱一,江苏川沙县(今属上海市)人,著名的教育家、实业家、政治家,中国民主同盟主要发起人之一。著作有《黄炎培考察教育日记》、《新大陆之教育》、《东南洋之新教育》、《中国商战失败史》(合作)、《中国教育史要》、《黄海环游记》、《断肠集》、《蜀道》、《抗战以来》、《延安归来》、《学校教育采用实用主义之商榷》、《黄炎培教育考察日记》、《中华职业教育社宣言书》、《八十年来》、《南洋华侨教育商榷书》、《我之人生观与吾人从事职业教育之基本理论》、《中国关税史料》、《对外贸易史料》、《淞沪抗日史料》,诗集《断肠集》、《苞桑集初稿》、《红桑》等。

作,认识到教育对于促进社会进步的意义,故而他说:"教育者,所以养成未来之人物,恃感化以为作用者也。"①又说:"先当问教育何以必要,则以无教育,世界不能进步。是故教育者,促进进步者也。人生而无教育,一任自然,所具本能竟可消灭。"②黄炎培早年是教育救国论者,他曾申明:"吾辈宜十分信仰教育为救国惟一方法,而以全力注重之。中华民国成立以来,国体虽定共和,政局几经变嬗,事实所著,无可讳言。同人私相研究,谓此纷纷扰扰之原因,与其归之于道德问题、知识问题,不如归之于教育问题。"③尽管黄炎培早年是教育救国论者,但他在思想上转变之后,对于教育地位的认识也就有了很大的进步,如他在1936的一篇文章中认为"教育是方法,不是目的。是预定了一种目的,而以教育为达此目的的方法。"④正是基于对教育的长期关注,以及研究教育与社会生活的紧密联系,黄炎培强调职业教育在整个的教育事业中的重要位置。他指出:"盖教育云者,固授人以学识、技能而使之能生存于世界也。若以狭义言,则仅以讲求实用之知能者为限,亦犹实业教育也。惟实业教育,兼含研究学说之意味。而职业教育,则专重实用,纯为生活起见。"⑤黄炎培立足于社会生活的实际,既在社会生活的视域中看待教育,又在教育体系中看待教育,故而也就特别强调职业教育的必要性。在他看来,在教育体系之中定位职业教育,则职业教育的施行也就不能离开教育的一般要求,这是因为教育本身有着前后相继的特点,其原因就在于"前人所获得的知识和经验,乐于传给后人,后人从仿效中获得改进,或进而有所发明,这就是教育"⑥;同时,职业教育的施行也不能脱离社会上职业本身的实际状况,其原因就在于"职业教育,以教育为方法而以职业为目的者也",故而"施教者对于职业,应有极端的联络;受教者对于职业,应有极端的信仰。"⑦概而言之,职业教育之所以重要、之所以要先行,是因为"人类先有职业,后有职业教育。因从事于生活需求之供给,本于分工的自然趋势,养成专门工作,而职

①　《告教育界用人者》(1913年),《黄炎培教育文选》,上海教育出版社1985年版,第9页。
②　《本能教育》(1916年),《黄炎培教育文选》,上海教育出版社1985年版,第38页。
③　《对于斐律宾华侨教育意见书》(1918年),《黄炎培教育文选》,上海教育出版社1985年版,第71页。
④　《留告四川青年同学书》(1936年),《黄炎培教育文选》,上海教育出版社1985年版,第234页。
⑤　《职业教育》(1917年),《黄炎培教育文选》,上海教育出版社1985年版,第44页。
⑥　《职业教育的基本理论纲要》(1943年),《黄炎培教育文选》,上海教育出版社1985年版,第292页。
⑦　《职业教育之礁》(1923年),《黄炎培教育文选》,上海教育出版社1985年版,第115页。

业以兴。其后因生活竞争日烈,谋工作之传授与精进,才有所谓职业教育。"①黄炎培论证"先有职业,后有职业教育"的主张,特别强调了社会分工对于职业教育的引领作用,认为"自社会生活方式采分工制,求工作效能的增进与工作者天性、天才的认识与浚发,进而与其工作适合,于是乎有职业教育"②。黄炎培基于教育及职业教育重要性的认识,进而说明了职业与职业教育的关系,特别强调社会分工对于职业教育兴起的推动作用,体现了从社会生活实际出发的研究理念。

黄炎培的职业教育思想将教育与社会发展的关系作为主题,这是对教育本质问题认识的深化。关于职业教育与社会发展的关系,黄炎培指出:"教育不与职业沟通,何怪百业之不进步! 由是吾侪深知确信而复敢断言曰:吾国百业之不进步,亦实现时教育有以致之也。"③又指出:"教育不发达,固宜提倡职业教育;即教育发达,更宜提倡职业教育。否则以现时一般教育状况,受教育者日多,服务者将日少,势必减少生产力。"④对于职业教育与社会发展的关系,黄炎培从社会发展的整体性视域加以论述,强调教育的发展需要社会上的各种条件,特别是经济的、政治的条件。他指出:"社会是整个的。不和别部分联络,这部分休想办得好;别部分没有办好,这部分很难办的。譬如农业学校和农家联络,工业学校和工厂联络,是不用说的了。可是在腐败政治底下,地方水利没有办好,忽而水,忽而旱,农业是不会好的;在外人强力压迫底下,关税丧失主权,国货输出种种受亏,外货输入种种受益,工业是不会好的。农、工业不会好,农、工业教育那里会发达呢? 国家政治清明,社会组织完备,经济制度稳固,尤之人身元气浑然,脉络贯通,百体从令,什么事业会好。反是,什么事业都不会好。所以提倡职业教育而单从农、工、商职业界做工夫,还是不行的。"⑤这里,不难看出,黄炎培高度重视职业教育在推进社会进步中的作用,但不是主张教育万能,也不是认为职

---

① 《我来整理整理职业教育的理论和方法》(1929年),《黄炎培教育文选》,上海教育出版社1985年版,第169页。

② 《职业教育的基本理论纲要》(1943年),《黄炎培教育文选》,上海教育出版社1985年版,第292页。

③ 《中华职业教育社宣言书》(1917年),《黄炎培教育文选》,上海教育出版社1985年版,第54页。

④ 《在山西三星期之工作》(1925年),《黄炎培教育文选》,上海教育出版社1985年版,第151页。

⑤ 《提倡大职业教育主义征求同志意见》(1926年),《黄炎培教育文选》,上海教育出版社1985年版,第155页。

业教育是无条件的,相反,他认为教育同时也包括职业教育皆是以社会经济为基础的,不仅受制于社会的经济基础,同时还受制于社会的政治。黄炎培还从联系的视域看待职业教育与社会发展的关系,认为职业教育不能只是落实在职业学校,而是应该贯穿于整个的教育体系之中,如此才可能使职业教育在社会发展上发挥作用。他指出:"只从职业学校做工夫,使得职业学校以外各教育机关总觉你们另是一派,与我们没有相干。岂知人们常说什么界什么界,界是分不来的。不要说师范教育、医学教育等等都是广义的职业教育,就是大学、中学、小学,和职业教育何尝没有一部分关系?大学分科,高中分科,是不用说了,初中何尝不可以兼设职业科,小学何尝不可以设职业准备科?何况初中还有职业指导,小学还有职业陶冶呢。要是此方认为我是职业学校,与一般教育无关系,彼方认为我非职业学校,与职业教育无关系,范围越划越小,界限越分越严,不互助,不合作,就不讲别的,单讲职业教育,还希望发达吗?所以第一层只从职业学校做工夫是不行的。"①正是基于职业教育与社会发展关系的认识,黄炎培对未来职业教育的前景充满了希望:"希望早日实现社会主义、共产主义,……只有实现社会主义和共产主义,才能使人类职业问题获得最实际而美满的解决,才能十足地完成它最伟大的'无业者有业''有业者乐业'的使命。"②黄炎培关于职业教育与社会发展关系的论述,立足于社会发展的高度和社会上职业状况的实际,从而使职业教育在理论上具有可靠的学理基础。

黄炎培从社会进步的视域对于职业教育的目标予以研究,与时俱进地阐明了职业教育服务于个性发展、社会进步的任务。职业教育作为教育的一个类别,同其他教育一样,都在于为社会培养人才;而问题就在于,职业教育为社会培养出怎样的人才。在黄炎培看来,教育的目的在张扬人的个性,发展人的本能,故而"今日最重要者,莫如发展本能,不必专在书籍上、文字上考究"③。正是在这种理念下,黄炎培多次申明职业教育的目标,要求将学生个性发展和服务社会能力作为职业教育的目标。在 1917 年中华职业教育社成立的时候,确立了职业教育的目的有四项:"一、谋个性之发展;二、为个人谋生之准备;三、为个人服务社

---

① 《提倡大职业教育主义征求同志意见》(1926 年),《黄炎培教育文选》,上海教育出版社 1985 年版,第 154—155 页。

② 《中华职业教育社奋斗三十二年发见的新生命》(1949 年),《黄炎培教育文选》,上海教育出版社 1985 年版,第 332 页。

③ 《本能教育》(1916 年),《黄炎培教育文选》,上海教育出版社 1985 年版,第 39—40 页。

会之准备;四、为国家及世界增进生产力之准备。"①基于职业教育这样的目标,黄炎培早在20世纪20年代初就予以多次阐发。他指出:"吾人更愿郑重声明职业教育之宗旨曰:职业教育,将使受教育者各得一技之长,以从事于社会生产事业,藉获得适当之生活;同时更注意于共同之大目标,即养成青年自求知识之能力、巩固之意志、优美之感情,不惟以之应用于职业,且能进而协助社会、国家,为其健全优良之分子也。"②又指出:"职业教育应以补助贫民生计为主要目的,良以境遇所迫,谋生之志趣较为确定。以视中等人家子弟,其需要之程度不同,故其收效之难易亦异。况为改良工艺,增加生产起见,亦应注重养成一般适当之工人。其方法得采用半日或全日制,其毕业时期,以短为宜。"③到全面抗战时期,黄炎培又结合抗战时期的迫切需要,对于职业教育的目标作出新的阐释。他在1937年的《二十年来服务职业教育的回想》文章中指出:"今天呢? 世界战云,正在一步一步的展开,吾中华被破碎的河山、被蹂躏的国权,还没有回复完整。同人所辛苦二十年的中华职业教育社,惟有继续努力,矢愿在国族复兴大方策之下,根据整个的经济建设计划,就自给的目的,来训练生产需要人才;就自卫的目的,来训练国防需要人才。"④1941年,黄炎培在《从困勉中得来》的文章中写道:"职业教育的目的何在呢? 本社工作的目标又何在呢? 往远处说,是在实现一个民生幸福的社会。在那社会里,确切达到了'无业者有业,有业者乐业'的目的。要使社会上没有无业者,也没有不乐业者,职业教育,本社工作的任务,才算真正完成。就近处说,本社的使命,是在以最高的积极性,参与抗战建国的努力。吾们确信,职业教育,只有在民族解放、民权平等、民生幸福的社会里,才能实现他的造福人群的理想。反过来讲,又赖有职业教育的努力,吾们民族解放、民权平等、民生幸福的国家社会,才能加速的出现。"⑤为了使职业教育更好地为抗战服务,黄炎培将职业教育与抗战需要结合起来,提出了"职业教育的新使命"。他指出:"根据吾人新认识,应以最高度热诚与努力,

① 转引自《我之人生观与吾人从事职业教育之基本理论》(1942年),《黄炎培教育文选》,上海教育出版社1985年版,第273页。

② 《中华职业教育社成立五年间之感想》(1922年),《黄炎培教育文选》,上海教育出版社1985年版,第101页。

③ 《改进安徽职业教育办法案》(1923年),《黄炎培教育文选》,上海教育出版社1985年版,第124页。

④ 《二十年来服务职业教育的回想》(1937年),《黄炎培教育文选》,上海教育出版社1985年版,第250页。

⑤ 《从困勉中得来》(1941年),《黄炎培教育文选》,上海教育出版社1985年版,第284页。

接受下开各种新课题：一、在国防生产和民族生产要求下，应养成忠勇坚确而开展的斗士，同时为科学威权的执行者；二、在国防技术要求下，更应养成忠勇坚确而开展的斗士，同时为器材之管理运用并制造者；三、在福利人群的学术界，应养成志行贞固，践履笃实，接受并发挥科学精神与知能的实行家；四、在物质文明演成世界新趋势下，应养成以双手负荷新文化创造责任的先锋队；五、在民主政治制度下，应养成富于平民精神、自立立人、自治治人而兼能自养养人的公民；六、在渐趋社会主义的经济制度下，应养成适于新生产组织的健全分子；七、在今建国与抗战大时代，应养成矢忠矢孝、即知即行、以手以脑贡献于国家民族的强有力的保卫者。这就是现时职业教育的新使命。"①黄炎培关于职业教育目标的阐述，有着联系实际需要、服务于民族国家、与时俱进的显著特色。

黄炎培研究和阐发了职业教育的内容，并提出了诸多的主张。早在1913年，黄炎培在《学校教育采用实用主义之商榷》的文章中，提出："打破平面的教育，而为立体的教育。易言之，盖欲渐改文字的教育，而为实物的教育。"②在中华职业教育社成立后，黄炎培重点研究了职业教育的内容。在黄炎培看来，职业教育固然要将职业教育作为主要内容，但同时也要有中华民族本身的特色，因而需要将语言、历史、文化等列为职业教育的课程。他指出："宜以教育之力，保存发展中华国民之特性。一国之历史与其文字语言，实为其国民之所由结合，亦即为其国民特性之所由养成。对于侨商子弟，更宜特别注意此点。况吾国方言各别，号为同胞，亦非传译不能达意，岂非笑柄？今教育部正在提倡统一国语矣。为华侨教育计，其一宜于小学校特别注重国文科、本国历史科。其二尽力提倡本国普通语，从国民学校等一年起。此时各校已设国语专科，渐进而各科教授均用普通语。学校谈话，亦均限用普通语。其三各校附设国语补习科，于夜间或休假日行之。俾一般侨商来校补习，一面多方劝导，晓以能操国语，方为爱国，则收效速且普矣。"③在黄炎培看来，不仅华侨中要进行国语及中国历史文化的教育，就是在其他学校中，也应该将民族性的、实用性的内容等，贯穿于教育的过程之

① 《职业教育的基本理论纲要》（1943年），《黄炎培教育文选》，上海教育出版社1985年版，第293页。
② 《学校教育采用实用主义之商榷》（1913年），《黄炎培教育文选》，上海教育出版社1985年版，第18页。
③ 《对于斐律宾华侨教育意见书》（1918年），《黄炎培教育文选》，上海教育出版社1985年版，第72—73页。

中。他以商科职业教育为例,指出:"诸君如欲办商科职业教育,关于商业专科理论还在其次。第一先把应用的国文教得真能应用;应用的算术,尤其是珠算真能应用;书法真能应用,——如在通商大埠,英文、英语也是重要——并且注意训育,养成守规则、有礼貌、耐劳苦的习惯。"①黄炎培主张教育内容,应该随着国家的需要而有所变化,增设国家迫切需要的教学内容。1937 年,他针对全面抗战形势的需要,指出:"在此非常时期,吾人除对于锻炼体格、军事训练等集合群众工作,决不自外,苟可参加,决不放弃。此外还须一方努力于普通知识之增修,求常识之足以应用;一方须就战时所需要之各种知能中,专精一种。此点极为重要。"②教学中也就需要适应抗战的需要,"中小学课程,有若干门于抗战有关系的,例如地理、历史、国文等。如于原有教材以外,增加有关抗战的临时教材,尤为相宜。"③在教育内容的实施方面,黄炎培主张联系实际、因地制宜,以国家的需要和学生的就业为导向,更好地适应学生就业的需要。他说:"办职业学校,下手第一个问题,就是设什么科。假如某省、某市、某县、某乡行政当局,以为吾们已经设有农科、工科了,必得再设一商科,才算完全,这样落想,便是大错。职业学校设哪一科,乃至一科之中办哪一种,完全须根据那时候当地的状况。都市中办农科,固然是笑话,就是机械工业没有发达的地方设机械科,一班一班的培养出来,哪里去找出路呢? 无非是增进一部分青年的痛苦罢了。"④黄炎培关于职业教育内容的论述,不仅高度重视学生就业的导向性,而且将民族性内容置于其中,同时还要求职业教育要依据国家的现实需要,因地制宜地设置教育内容。这是很有见地的。

黄炎培在职业教育的方法上,倡导"理论与实习并授"、"自动自治"等教育方法。黄炎培主张职业教育在方法上汲取欧美的经验,采取"理论与实习并授"的方法。他指出:"吾国工业学校之制度,皆先理论、后实习。职业教育家近多主张理论与实习并授。欧美工商业近来用此制者颇盛。盖同时并授,虚实互证,趣味自浓,即可药呆读死书之弊,又可发挥尊重劳动之精神。成材以后,各厂需

① 《怎样办职业教育》(1931 年),《黄炎培教育文选》,上海教育出版社 1985 年版,第 190—191 页。

② 《吾人在非常时期将以何者为最重大贡献乎》(1937 年),《黄炎培教育文选》,上海教育出版社 1985 年版,第 252 页。

③ 《告宁属青年同学与爱护青年同学者书》(1941 年),《黄炎培教育文选》,上海教育出版社 1985 年版,第 262 页。

④ 《职业教育机关惟一的生命是什么》(1930 年),《黄炎培教育文选》,上海教育出版社 1985 年版,第 180 页。

用之不暇,自无仰求官厅给凭之必要,即无墨守部定章程之必要。"①黄炎培还主张"自动自治"的职业教育方法。他指出:"我们在训练上绝对主张提倡自动自治。很希望青年学成以后,在职业界上发展他们自己的能力,不要象从前加一鞭走一步的神气。那么职业的效能可以大大增加了。况且自动自治的习惯养成以后,人人觉得我的职业里头有很大的世界,可以发挥我的思想,使用我的才能,那么就有很浓厚的兴味发生出来了。所以自动自治在职业教育上确有很大的价值。"②黄炎培所说的"自动自治"的方法,就在于发挥学生主动性和创造性,有助于学生个性的发展。他说,自动自治就在于发挥学生的本能,其要求就是"于施教时,注意儿童之脑、之耳、之目、之口,不在书上、读书上看;考察成绩,不在几分、几分,而在发达其能力果有若干也"③。应该说,黄炎培关于"自动自治"的职业教育方法,在于培养学生自律自动、合作互助的优良习惯,这有助于增强学生学习的主动性与创造性,因而在教育上具有普遍性的指导意义。

黄炎培针对中国职业教育不发达的实际,对于开展职业教育的相关原则进行探讨,并提出了自己的看法。在黄炎培看来,中国的职业教育处于极为落后的状况,这就需要首先"确立职业教育之制度",而这方面也必须"以吾国历史与现状为依据"。他在1917年的文章中指出:"若德、若日,判划职业教育于普通教育之外;若英、若美,参加职业教育于普通教育之中。盖前者列职业教育于旁系,而后者列之正系。何去何从,此可研究者也。凡欲解决制度问题,不宜沾沾于各国制度利害得失之比较,必一以吾国历史与现状为根据而研究之。……今一时欲仿德、日,于中学、高等小学外广设种种包含职业性质之学校,俾适合乎十分之一、二十分之一中学、高等小学毕业生升学者与谋生者之比,不惟财力将有所不胜,即进行亦无乃过骤。若采英、美制,于高等小学、中学各酌设职业科,其设置本偏于郡邑市乡,则因地制宜,尤为利便。其有特别状况者,仍酌设职业学校。孰得孰失,孰难孰易,必有能辨者。"④黄炎培认为,在确立职业教育制度的前提下,还需要研究和确立"设施各种职业教育之分量",这又需要就各个"地方对于

①　《华商纱厂联合会棉铁工业学校计划书》(1920年),《黄炎培教育文选》,上海教育出版社1985年版,第92页。
②　《〈职业指导号〉的介绍语》(1919年),《黄炎培教育文选》,上海教育出版社1985年版,第80—81页。
③　《本能教育》(1916年),《黄炎培教育文选》,上海教育出版社1985年版,第39页。
④　《职业教育实施之希望》(1917年),《黄炎培教育文选》,上海教育出版社1985年版,第46—47页。

职业教育需要之程度"进行调查。这种调查,主要是两个方面:一是调查"已收教育者",即"调查中学毕业生之不升学者,其数若干;高等小学毕业生之不升学者,其数若干"。这是因为,"此不升学者,即为应受职业教育者"。二是调查"未受教育者",这主要是调查"学龄儿童"及"已过学龄之儿童",对于"学龄儿童"除接受义务教育还需"连带设施职业教育,或职业陶冶",而对于"已过学龄之儿童"则"应于补习学校内,以职业教育与普通教育并施之"①。由于中国是农村人口占绝大多数的国家,黄炎培对于乡村的职业教育进行了研究,并提出了"划定区域"来办理职业教育的看法:"乡村职业教育之设施,不宜以职业教育为限。就交通较便地方,划定一村,或联合数村,其面积以三十方里为度,其人口以三千至五千为度,地方治安,取其可靠者,水旱偏灾,取其较少者,先调查其地方农产及原有工艺种类、教育及职业状况,为之计划:如何可使男女学童一律就学;如何可使年长失学者得补习知能之机会;如何养成人人有就职业之知能,而并使之得业;如何使有志深造者得升学之准备与指导,职业余间如何使之快乐;其年老或残废者如何使之得所养,疾病如何使之得所治;如何使人人有卫生之知识;如何使人人有自卫之能力。凡一区内有利之天产,则增益而利用之;所需要之物品与人事,则供给之。无旷土,无游民;生产日加,灾害日减;自给自享,相助相成。更如何养成其与他区合作之精神,以完成对省、对国、对群之责任。凡此种种,先设一中心教育机关,就其固有之自治组织,用其当地之人才,量其财力,定设施之次第。在试办时间,或由上级酌予补助,但经常费用必以当地担负为原则。划定办理期间与成绩标准,依次考核,试办有效,再推广于各地。"②黄炎培关于职业教育的研究及其主张,始终以调查为基础并努力反映民意,并且能够及时地作出修正。如他1929年曾对自己的计划进行修改,指出:"应毕业生不升学者之请求,则以后初等、中等程度之职业学校及中、小学职业科,宜与普通教育方面依适当之比例而设置;应一般民众之请求,则以后民众的职业教育,至少宜与普通教育方面为平衡的进展。唯是事关社会对于教育之信仰,设无切实效能,以后何从取信?以故不敢遽求量的激增而先求质的完善。"③正是在对职业教育研究的基础

---

① 《江苏职业教育计划案》(1923年),《黄炎培教育文选》,上海教育出版社1985年版,第121—122页。

② 《在山西三星期之工作》(1925年),《黄炎培教育文选》,上海教育出版社1985年版,第152页。

③ 《第七届全国职业学校联合会里几个问题》(1929年),《黄炎培教育文选》,上海教育出版社1985年版,第178页。

上,黄炎培提出了职业教育的"三原则"。他指出:"职业教育之原则一——须绝对的因地制宜,因材施教。原则二——须向职业社会里边区设施。若专凭理想,不合实际,可名为飞机式的学校,因其飞舞空中,一落地便不能动。一般学校设施,皆宜以社会为根据,职业学校尤宜向职业社会里边去办,而以飞机式为大戒。原则三——宜从平民社会入手。"①黄炎培研究职业教育的实际状况,倡导"从平民社会入手"的理念,将眼光投向广大的乡村,并提出具有民主性与务实性的职业教育的原则,这是他在职业教育理论方面的大胆探索。

　　黄炎培在教育上倡导区别对待、分类教育的理念,主张不同学校在施行职业教育时应该有所分别,充分照顾到各类学校的不同特点。黄炎培认为学校性质不同,则其教育任务也就不同。他指出,大学与中学不同,"大学教育的真正使命在培养崇高的人格及深博的学术"②。而中学不仅与大学不同,在中学中亦有初级中学、高级中学、普通中学之别。对于中学,黄炎培提出了这样的看法:"(一)中学不应专以准备升大学为目标,中学的基本目标是在培养大量建设干部。升学准备与就业准备必须合一。(二)初级中学不必分科,但应注意基本生活知能的训练。(三)高级中学必须分科。(四)普通中学应该减少。"③基于学校性质的不同,在训导方面也就需要区别对待:"(一)中等学校要真正做到教导合一,革除教师教书不教人的习惯。(二)各级各类学校都应实行学生自治,养成学生自律自动、合作互助的优良习惯。(三)大学应重视学生思想的自由。(四)充实并扩充高等师范教育,培养优良的教师及训导人员。"④在黄炎培看来,正是由于各类学校的性质有所不同,施行职业教育既要整体推进,同时也要有所侧重,把握具体的情形。他指出:"故方今各国,为根本解决计,大抵在中等教育以下,即设种种职业学校;并于普通学校内,分设各种职业科。除力能受高等教育者外,悉予以生活上应有之学识与切要之技能,使出校后便能谋生。于是,青年使用其脑力与日力,一归于经济。其用意益精且周。是故职业教育者,在学说上为后起之名词,在社会上为切要之问题,而在教育上实为最新、最良之

---

　　① 《在山西三星期之工作》(1925年),《黄炎培教育文选》,上海教育出版社1985年版,第151页。

　　② 《对于中国今后教育设施的意见》(1947年),《黄炎培教育文选》,上海教育出版社1985年版,第308页。

　　③ 《对于中国今后教育设施的意见》(1947年),《黄炎培教育文选》,上海教育出版社1985年版,第308页。

　　④ 《对于中国今后教育设施的意见》(1947年),《黄炎培教育文选》,上海教育出版社1985年版,第309页。

制度也。"①黄炎培主张职业教育应针对社会上职业的需要,积极地研究职业教育所面临的"新问题",主动地将社会问题的解决作为职业教育的方向。为此,他主张开展"灾民职业教育"、"伤兵职业教育"、"裁兵后之职业教育"、"清室旗人职业教育"②。黄炎培依据各类学校性质的不同,而主张施行不同的职业教育,体现了区别对待、分类教育的理念。

黄炎培研究职业教育的管理问题,并将管理视为举办职业教育的关键。黄炎培高度重视管理工作在职业教育中的地位,他提出了两个重要的主张:一是要高度注重学生的"分科选业"问题。他指出:"我们既办了职业学校,在学生分科选业上很有关系。因而想到岂但是职业学校有这种情形,就是别的学校学生来学,凭怎么方法替他们分科? 用怎样方法教导他们养成职业界的种种资格? 学成以后,更有怎么方法使得他们走一条相当的出路? 仔细想想,这个职业指导,简直是职业教育的先决问题了。……依我想来,说到职业指导这件事的依据,脱不了两个标准。一个是职业心理,一个是社会状况。"③在黄炎培看来,指导学生的"分科"乃是职业指导的关键,必须采取有效的方法,"其方法:一、调查、发表各种职业状况及学校状况,使学生有选业、选校之根据与准备。二、测验或查询个人职业性能,俾择适宜于己、有益于群之职业。三、调查各职业机关所需人材、各学校学科及人数,以谋供求相应。四、用出版、演讲及其他方法,宣传职业指导之重要,及发表调查、研究所得之结果。而其尤要者,在对于男女青年,用种种方法发挥其服务社会之精神,唤起其从事职业之兴味。而指导之结果,兼设职业介绍机关,使学无不用,用无不学;而更调查其所介绍之适宜与否,以供指导时之参考。此职业指导之大概方法也。"④二是要将学生就业问题作为教育管理的抓手。在黄炎培看来,职业教育必须以学生的就业为导向,将学生的出路作为办学的关键,这也是考察办学效果的重要标准。他指出:"办职业学校最大的难关,就是学生出路。无论学校办得那么好,要是第一班毕业生没有出路,以后招生就困难了。万一第二班再没有出路,从此没有人上门了。怎样才使学生有出路呢?

① 《职业教育》(1917 年),《黄炎培教育文选》,上海教育出版社 1985 年版,第 44 页。

② 《职业教育上四个新问题》(1924 年),《黄炎培教育文选》,上海教育出版社 1985 年版,第 147—148 页。

③ 《〈职业指导号〉的介绍语》(1919 年),《黄炎培教育文选》,上海教育出版社 1985 年版,第 80 页。

④ 《对于云南职业教育进行之意见》(1923 年),《黄炎培教育文选》,上海教育出版社 1985 年版,第 131—132 页。

说几句联络职业界的空话是不够的。设什么科,要看看职业界的需要;定什么课程,用什么教材,要问问职业界的意见;就是训练学生,也要体察职业界的习惯;有时聘请教员,还要利用职业界的人才。不只是参观啦,实习啦,请人演讲啦,都要职业界帮忙哩。最好使得职业界认做为我们而设的学校,是我们自家的学校,那就打成一片了。所以只从教育界做工夫也是不行的。"①为了使职业教育能为学生找到出路,黄炎培主张摒弃那种"关门造车式"的办学方法,确立为"毕业生服务"的理念,面向社会需要和职业发展的走向来办学,加强学校与职业界的联络。他指出:"职业学校惟一的直接的贡献,就是毕业生服务。如果平时与服务机关没有多少联络,学生毕业以前,也没有借实习使与社会机关接近;毕业时也没有方法使毕业生有所表现,使社会机关因其表现而给以习练的机会,因其习练而予以相当的信赖;即去服务了,也没有考察他服务的结果怎样;更没有因他服务较久,而设法增进他的知能。把这种关门造车式来办他种学校,尚且不可,若拿来办职业学校,吾敢断言非实做到关门不可。反过来说,譬如有一工厂、商店,未开办以前,早把销路调查得清清楚楚;制造的时候,式样呀,花纹呀,色泽呀,耐久的程度呀,又把这种货物的用途、销数的多少和这种人的嗜好,调查的清清楚楚;货品出来了,尽人家试用,包退包换,用了几时,怕有什么不合适,还是包管修理,这样办工厂,办商店,营业还不发达,吾想很少很少的了。办职业学校,正是需要这种精神,适用这种方法。这个譬喻,莫说是不伦,其实道理确是如此。"②结合自己多年从事职业教育的经验,黄炎培从进一步发展职业教育的视角,就职业教育的管理问题提出了三点具体要求。他指出:

> 第一,办职业教育,万不可专靠想,专靠说,专靠写,必须切切实实去"做"。原来一切教育,都没有允许我们凭空想,说空话,写空文章的;不过职业教育,尤其重要。因为职业教育的目标,很简单,很分明,是给人家一种实际上服务的知能,得了以后,要去实地应用的。譬如学游泳,是要真会游泳,单说一大篇游泳的理论,那里行呢?

> 第二,办职业教育,必须把试验业已有效的授给人家。如果自己还没有试验,或试验结果在我和我的同事都还没有把握,无宁不办。因为一般教

---

① 《提倡大职业教育主义征求同志意见》(1926年),《黄炎培教育文选》,上海教育出版社1985年版,第155页。

② 《职业教育机关惟一的生命是怎么》(1930年),《黄炎培教育文选》,上海教育出版社1985年版,第181页。

育,总是根据一种原则,就是"先知觉后知";而职业教育,不惟着重在"知",尤着重在"能",在"先知觉后知"以外,还须郑重地补充一句——"先能授后能"。若我和我的同事,都还没有取得"先能"的资格,以盲导盲,又那里行呢?

第三,办职业教育,不但着重职业知能,而且还要养成他们适于这种生活的习惯。所以办某种职业学校,必须深入某种职业环境,如农必于农村,商必于商业区,工必于工业区,即家事学校,亦须使学生勿远离家庭生活,然后耳濡目染,不致理想日高,事实日远;即欲以教育的力量,改造环境,也须身入其中,然后随处得到待决的问题,供我研究。

以上第一点,须实地去做;第二点,须先试验有效;第三点,须深入这项职业的环境。这三点可以说是办职业教育的通则,在着手以前,应注意的。①

黄炎培不仅高度重视职业教育,而且对于师范教育、女子教育、家庭教育等也予以高度重视,并提出诸多的积极性主张。黄炎培主张办好乡村师范学校,指出:"乡村师范学校,即宜设置于整个乡村改进范围中,使一般师范生,以一部分时间研究理论,输入知识,同时以一部分时间在教师指导下,从事于农村教育和其他一切改进事业的实习。本文所提出三通则,即(一)须实地去做,(二)须先试验有效,(三)须深入这项职业的环境,是完全适用的。吾们平时所提倡做学主义,他的纲要:做,学。一面做,一面学。从做里求学。从随时随地的工作中间,求得系统的知能。在乡村师范教育上,也是完全适用的。"②黄炎培提出女子教育的极端重要性,主张"男女教育机会应该均等"、男女同校③,并要求将女子教育作为开拓教育新局面的一个重要的抓手。他指出,"女子家事教育"应注意这样几个方面:"一、设科问题。各级女学校,应提倡注重家事教育。或特设专科,或就相当学科,加入此项教材,可视其程度定之。二、传习问题。凡家庭工艺,或商业、或园艺等,为女子能力与社会习惯所适宜之职业,应设法使之逐渐推广。最好于正式学校内,附设或特设各传习机关,以期达到人人得以自立之目的。三、学生出路与出品销路问题。女子受职业教育后之出路,与其制成品之销

① 《怎样办职业教育》(1931年),《黄炎培教育文选》,上海教育出版社1985年版,第184—185页。
② 《怎样办职业教育》(1931年),《黄炎培教育文选》,上海教育出版社1985年版,第190页。
③ 《对于中国今后教育设施的意见》(1947年),《黄炎培教育文选》,上海教育出版社1985年版,第309页。

路,应由总机关特别设法,以唤起其对于职业教育之兴味。"①黄炎培对于家庭教育也十分关注,他以自己教育子女的事例,说明家庭教育的重要性及其注意点。主要是督促孩子写日记、督促用钱记账,训导孩子们注重"整洁"与"节俭",鼓励孩子们"帮助更清苦的同学"以"养成他们待人慷慨的心肠",高度关注孩子们"交友的好坏"②;同时,作为家长教育子女"须亲身试验",如对于三儿子的教育,根据其天性"近于工业"的情况,"乃随时随地加以暗示","带他坐船行黄浦江,导观两岸建筑物之伟大而美丽,使增进倾向工业的兴趣",此法的特点是"学而习,习而复学,使其所学与社会需要相配合"③。黄炎培对于社会教育也高度关注,指出:"现行社会教育之推行殊少成效,究应如何改革? (一)社会教育应配合整个国家教育的政策。(二)社会教育更须切于实用,人民需要什么,就给他们什么。(三)社会教育的方式必须灵活,使受教育者感到兴趣。"④黄炎培是在社会需要和服务于社会的视域中来研究教育的,并且是把教育作为一个相互联系、整体结构的有机体系,故而他对于各类教育都给予了高度的关注。

黄炎培是现代中国职业教育的开拓者和领导者,为推进中国职业教育的发展作出了重要的贡献。黄炎培对职业教育的内容、地位、目标、原则及方法等作出创造性的研究,阐发了职业教育在教育体系中的位置及其与社会发展的关系,其职业教育思想不仅内容丰富而且自成体系,是现代中国的教育面向社会生活的反映。他倡导"理论与实习并授"、"自动自治"等教育方法,在今天的教育改革中也有很大的启示;他提出的以学生就业为导向的构想,加强对学生进行职业指导的主张,将教育与现实社会的需要紧密联系起来,在今天也有重要的现实意义。黄炎培的职业教育思想立足于社会需要和社会上职业的特点,具有针对性、现实性和操作性等特色,为职业教育规律的探索作出了贡献,在中国现代教育学史上有着重要的地位。

---

① 《江苏职业教育计划案》(1923 年),《黄炎培教育文选》,上海教育出版社 1985 年版,第 120—121 页。

② 《怎样教我中学时期的儿女》(1937 年),《黄炎培教育文选》,上海教育出版社 1985 年版,第 255—256 页。

③ 《敬介绍"学习一贯互进法"于国人》(1942 年),《黄炎培教育文选》,上海教育出版社 1985 年版,第 275 页。

④ 《对于中国今后教育设施的意见》(1947 年),《黄炎培教育文选》,上海教育出版社 1985 年版,第 309—310 页。

5. 晏阳初的平民教育思想

晏阳初①是现代中国的平民教育家和乡村建设家,亲自开展乡村教育的试验,其平民教育思想在现代中国的教育史上有着重要的地位。

晏阳初有着振兴中华民族的奋斗目标,积极提倡改造民族生活的教育,并将教育具体地落实在农民教育这方面。在他看来,教育就在于"培养民族的新生命",为民族振兴服务。他指出:"何以叫改造民族生活的教育呢?这种教育,以培养民族的新生命,振拔民族的新人格,促进民族的新团结新组织为目标,以适应实际生活,改良实际生活,创造实际生活为内容。前者'教育即生命',使接受这种教育的人,自己决心要改造他的身心,来发扬民族的精神;后者'教育即生活',使接受这种教育的人,自己决心要改造他的生活,来适应民族的生存,所以叫做改造民族生活的教育。"②晏阳初重视"改造民族生活的教育",并以"教育即生命"和"教育即生活"来诠释教育,将教育与民族的命运、社会的生活连接起来,这就使他的教育观与民族的生存紧密联系起来。晏阳初特别强调农民教育的意义,将农民教育视为中国教育中的关键。他指出:"所谓教育,并非指一般的及普通的教育,普通教育并不难,欲其切合实际方为难事。最切合于实际之教育为农民教育。……今日中国,危亡已迫于眉睫,今日所应施之教育为最低限度最基本必不可少者之救亡图存之教育。"③晏阳初不仅看到了农民教育的极端重要性,将农民教育的实施看作为教育之中"切合实际"的内容,而且将"最低限度最基本"的教育,定位在"救亡图存之教育",这正是他倡导的"改造民族生活的教育"主张的集中体现。

晏阳初的教育思想主要体现在平民教育上,主张通过教育来提高国民的素质,使中国的国民能够"做新民",亦即使国民能够真正成为现代公民。晏阳初所主张的平民教育是面向社会上广大平民的,就在于从根本上提升平民各方面的素质,为国家的振兴打下基础。关于平民教育的目的,晏阳初指出:"吾辈所以努力于平民教育的目的,正为培养国民的元气,改进国民的生活,巩固国家

---

① 晏阳初(1890—1990),别名晏遇春,四川巴中人。1913 年就读于香港圣保罗书院(香港大学前身),后转美耶鲁大学,主修政治经济,1918 年毕业,获学士学位。1919 年入普林斯顿大学研究院,攻历史学,获硕士学位。1944 年至 1945 年间,美国锡拉丘兹等三所大学授予其荣誉博士学位。著有《平民教育的真义》、《农村运动的使命》等。

② 《农村运动的使命》(1934 年),《晏阳初文集》,教育科学出版社 1989 年版,第 70 页。

③ 《中国农民教育与农村建设问题》(1935 年),《晏阳初文集》,教育科学出版社 1989 年版,第 119 页。

的基础。"①又指出："因为平民的公民教育，其最大最要的目的有二：（一）在一切社会的基础上，培养民众的团结力、公共心，期望受过平民教育的人，无论处何种团体，皆能努力为一个忠实而有效率的分子；（二）在人类普遍固有的良心上，发达民众的判断力、正义心，期望受过平民教育的人，无论对何种事体，皆能有自决自信、公是公非的主张。这是必要的根本的精神，为人人所共同应该受的教育。"②这里，晏阳初对于平民教育的目的作了多方面的阐发，将平民教育视为"平民的公民教育"，其关键则是培养民众的"团结力、公共心"、"判断力、正义心"，亦即提升国民作为现代公民所应具备的基本素质。更进一步言之，晏阳初所说的平民教育就在于培养国民能够"做新民"（现代公民），因而所谓平民教育也就是要完成一个"教人做人"的问题。对此，晏阳初指出："平民教育的目的是教人做人。做什么人？做'整个的人'。什么叫做'整个的人'？第一要有知识力，第二要有生产力，第三要有公德心。"③又指出："平民教育运动的使命，在于'做新民'。分析其内容，有下列三项：（一）养成有知识，有生产力，有公共心的整个人。（二）养成社会健全的分子，发展社会的事业。（三）养成建设国家的国民，增高国际的地位。"④可见，晏阳初的平民教育的最终目的，就是培养出"做新民"的人才，实际上就是培养出现代公民。晏阳初之所以提出这样的平民教育的目标，就在于他看到民族危亡的严峻形势，故而他的平民教育又是有着挽救国家危亡的终极追求。他指出："欲达到救亡图存之目的，最急需最迫切者有三：第一，培养知识力，最低限度须培养其知民族意识与国家观念，能够自觉自强。吾人站在教育者的地位，一切一切都在启发他们。第二，培养科学的生产力，更换那些老农、老圃的旧习惯旧技术，使其了然于人力可以胜天，一切自己均可创造，即养成其自给自足之能力。第三，培养组织能力，养成纪律生活，方能自卫自保。集中以上三种能力，始足以言救亡。"⑤晏阳初将平民教育的目的，最终落实在"救亡图存"上，这体现了他的平民教育思想的爱国主义特征。

晏阳初对于平民教育的内容有一个认识的过程，最终将平民教育的内容落

① 《平民教育的宗旨目的和最后的使命》（1927年），《晏阳初文集》，教育科学出版社1989年版，第22页。
② 《平民教育的宗旨目的和最后的使命》（1927年），《晏阳初文集》，教育科学出版社1989年版，第23页。
③ 《平民教育概论》（1928年），《晏阳初文集》，教育科学出版社1989年版，第26页。
④ 《平民教育概论》（1928年），《晏阳初文集》，教育科学出版社1989年版，第36页。
⑤ 《中国农村教育与农村建设问题》（1935年），《晏阳初文集》，教育科学出版社1989年版，第120页。

实在"文艺教育"、"生计教育"、"卫生教育"及"公民教育"这四个方面。早在
1923年，晏阳初就认为中国国民有"瞎"、"聋"、"哑"三种病，并提出通过教育途
径来治疗"瞎"、"聋"、"哑"三种病，故而他此时所主张的平民教育在内容上也
主要是要解决这三个问题。他说："现在中国害了三种病，即瞎、聋、哑。国民大
部分不识字，不能读书报，非瞎而何？不受教育的不知社会情形，所以有耳也等
于无耳，非聋而何？社会弄到这样，发言的是何人，大多数是不作声的，非哑而
何？别人还说我们又老，这样的国家何以能造成国家？现在的万灵丹就是读书
识字。现在的一线希望，即古风犹在，人人都承认读书是好。这是中国的救星，
我们应该保存。若过10年，旧道德推翻，则难救了。吾人若趁此时设法，那聋、
瞎、哑的三种病还可愈。这个责任完全在教育界，望诸君回省，多在平民教育做
工夫。"①至20世纪的30年代，晏阳初的平民教育思想形成体系。此时，晏阳初
认为中国社会的问题主要是"愚"、"穷"、"弱"、"私"这四个问题，故而平民教育
在内容上就是"文艺教育"、"生计教育"、"卫生教育"及"公民教育"这四个方
面。他指出："关于文艺教育的工作，是要谋解决愚的问题的。从文字及艺术教
育着手，使人民认识基本文字，得到求知识的工具，以为接受一切建设事务的准
备。……关于生计教育，是要谋解决穷的问题的。我们从农业生产、农村经济、
农村工业各方面着手着手。……关于卫生教育工作，是要谋解决弱的问题的。
我们注重大众卫生与健康，及科学医药之设施。使农民在他们的经济状况之下，
有得到科学治疗的机会，能保持他们最低限度的健康。……关于公民教育的工
作，是要谋解决私的问题的。我们激起人民的道德观念，施以良好的公民训练，
使他们有公共心、团结力，有最低限度的公民常识、政治道德，以立地方自治的基
础。"②晏阳初不仅注重从整体上规划平民教育的内容，而且强调教学内容的选
择要与农民的实际状况相契合，主张通过编写"千字课"来实施大众的启蒙教
育。他指出："居今日而言民众教育，实有三难：我国国民，十九赤贫，自晨至暮，
辛苦勤劳，血汗所得，不足温饱，自无闲情逸致抛开谋生而受教育，此一难也。我
国汉字之难学，为世界各国文字之冠。若令穷忙平民，学尽难学之字，更属难上
加难，此二难也。我国财政，已濒破产，已办教育，尚难支持，焉有余力从事民众
教育，此三难也。有此三难，故造成我国今日之特殊环境。在此特殊环境之下，

① 《平民教育》(1923年)，《晏阳初文集》，教育科学出版社1989年版，第4页。
② 《中华平民教育促进会定县工作大概》(1933年)，《晏阳初文集》，教育科学出版社1989年
版，第54—56页。

非有特殊方法,不足以谋适应。千字课者,即适应目前我国特殊环境之特殊方法;盖其根据科学原则,选取千余最常用字,编为四册,共96课。日授一课,月尽一册,且每日只需一小时,四月即可毕业,使学生于此四月之内,获得基本教育。既不多费金钱,又不高深难学,更不耽误谋生时间,此千字课产生之由来也。若论其主要功用,则大致有三:(1)使学生认识千余基本汉字;(2)输入千余汉字所能代表之基本常识;(3)引起学生读书兴趣,继续求学。上述三项功用,尤以末项为最要,因区区四册千字课,决非万应灵丹与百科全书,读完千字课,亦不能尽知天下事物故也。"①晏阳初在平民教育的内容上,强调以"千字课"为基础,由浅入深、步步推进,从而逐步完成"文艺教育"、"生计教育"、"卫生教育"及"公民教育"。

晏阳初在平民教育的方法上,主张采取适应农民的"幻灯教授"法。他指出:"中国人不识字的,相聚时每好谈话,若用幻灯,则可使他们集中注意。用幻灯教授,有两原则:(一)引起兴味。(二)给学生甚多的影响。在用课本之前,先用图画。课本分三层。即图课字。图为已知,课为未知,故合原理。此种教法有许多益处。第一,即在图画之能引起兴味。又幻灯白布上的字甚大,人所得的知识,85%是自目入,所以影响大。如使学生口念,则目能受影响。幻灯之后,叫学生习字,又受一种影响。有眼、耳、喉、手、口,五种影响,则无不能学的人。"②应该说,晏阳初的这种"幻灯教授"法对于开展平民教育是有些新意的。

晏阳初所主张的平民教育总体上说是一种学校教育,但他也不忽视家庭教育的重要性。他指出:"学校教育固然重要,但是家庭教育和儿童的发展,更形密切。因为学校教育是有限制的,家庭的教育是无限制的。家长的一举一动,影响于子女者甚大;而教师的一言一行,影响于学生者甚小。有人以为家庭不过吃饭与睡觉的处所,对于儿童教育没有关系。其实家庭是造人的工厂,要想制造有学问有道德的好人,须看家长是否有学问有道德的好人。倘家长受过平民教育,便有好习惯以教训灌输于子女。同样,学校教育得到家庭的协助与合作,定可收最大的效果。"③这里,晏阳初不仅重视学校教育,而且也重视家庭教育的基础性地位,并强调两者的"协助与合作"。

---

① 《平民教育三问题的解答》(1926年),《晏阳初文集》,教育科学出版社1989年版,第6—7页。

② 《平民教育》(1923年),《晏阳初文集》,教育科学出版社1989年版,第4页。

③ 《平民教育概论》(1928年),《晏阳初文集》,教育科学出版社1989年版,第30页。

晏阳初是现代中国"教育救国论"的重要实践者,有着改良主义的显著特色。就理论渊源来看,晏阳初提出的平民教育理论源于五四时期的平民主义思潮,体现了小资产阶级改造中国的良好愿望。晏阳初的平民主义教育思想自成体系,涉及平民主义教育的目的、内容、方法等诸多方面。就此而言,晏阳初是一位力图构建体系的学者,并且在中国现代学术史上产生过重要影响。晏阳初同时还是一位身体力行的教育家,有着改造中国、复兴民族的政治抱负,他的教育思想在 20 世纪 30 年代的中国得到了实践,体现了其振兴农村的良好愿望。就今天来看,晏阳初的平民主义教育思想,确实有着不可避免的思想局限与历史局限。晏阳初所认为的"愚、穷、弱、私",只是极其表面的、比较肤浅的认识,没有能认识到帝国主义、封建主义压迫的这样根本性问题,故而他的教育思想及其实践不可能推动中国教育的进步,其教育实践活动的失败就是明证。但从历史角度和学术视域来看,晏阳初的教育实践及其基本的教育理念也不是全然没有历史作用的。客观地说,晏阳初的平民主义教育思想自成一家之言,就教育学视域来看亦有不少学理性的方面,在中国现代教育学史上自有其地位。

6. 张伯苓的教育思想

张伯苓①是现代中国著名的教育家,同时也是坚持"教育救国论"的实践家,在五十年的南开教育历程中积累了极为丰富的教育经验,在现代中国的教育界有着广泛的影响。

张伯苓高度重视教育在社会进步中的作用,并将教育青年作为教育的重点。在张伯苓看来,人类社会在于有人的活动,而教育就在于为社会培养优良的人才。他说:"世界者,舞台之大者也。其间之君子、小人,与夫庸愚、英杰,即其剧中之角色也。欲为其优者、良者,须有预备。学校者,其预备场也。"②在教育对象方面,张伯苓联系中国社会的特点与需要,不仅主张德育、智育、体育的"三育并进",而且将青年作为教育的主要对象,认为中国只有如此才可以"补救于万一"。他指出:"夫中国当此千钧一发之秋,所恃者果何? 在恃教育青年耳。教育一事非独使学生读书习字而已,尤要在造成完全人格,三育并进而不偏废。故

① 张伯苓(1876—1951),原名寿春,字伯苓,生于天津。中国现代职业教育家,私立南开系列学校创办者。早年毕业于天津北洋水师学堂,后获得上海圣约翰大学、美国哥伦比亚大学名誉博士,曾受教于美国教育家、哲学家杜威、桑代克等人。有《张伯苓教育言论选集》著作传世。

② 《舞台、学校和世界》(1916 年),《张伯苓教育言论选集》,南开大学出版社 1984 年版,第8 页。

凡为教育家者,皆希望世界改良,人类进步;抱不足之心,求美满之效。我国当教育青年之任者,诚能实行若此,则中国或可补救于万一。"①张伯苓从人类社会演进的历史进程来看待教育的地位,并联系中国社会迫切的现实需要,极力主张将青年作为教育的重点,显现了既有人类历史的眼光又有密切联系中国实际需要的特色。

张伯苓是现代中国"教育救国论"的重要代表,他将教育与救国目标直接地联系起来,主张通过教育"造就人才"的手段,来达到"改造旧中国"的目的。可以说,通过教育手段来"改造旧中国"并进而"创造新中国",始终是张伯苓从事教育的根本目标。故而,他主张教育必须服务于社会需要,为社会进步而进行人才的培养。他指出:"学校系先生、学生与夫役三部所合成,其目的则造成德育、智育、体育完全发达,而能自治治人,通力合作之一般人才,以应时势之需要。"②又指出:"吾人平日所任之职务虽不同,但吾人之目的则一。目的维何?就是要造就新人才,去改造旧中国,创造新中国。因为吾人抱同一之目的,无论吾人所任者为各课之职务,或各科之功课,随时随地都宜往同一方向走。"③正是在育人的目标之下,张伯苓认为"办大学之目的,在信学以致大。学以易愚,学以救国,救世界,学能求真理又能改善人格。故欲达到此目的,须自大学时代做起。一学者终身从事于学理之研究,然作学者须先具以下五种善行:(一)立志;(二)敦品;(三)勤勉;(四)虚心;(五)诚意。"④而具体到南开大学来说,"南开大学教育目的,简单地说,是在研究学问和练习做事。做事本就是应用学理。将平日所得来的公律、原则、经验应用出来到实事上去。研究学问,固然要紧,而熏陶人格,尤其是根本。"⑤关于教育与国家及民族的关系,张伯苓提出了教育"新使命"的看法:"我们全国人民现在最低限度的希望是要有一个独立的国家,一个良好的政府。所以我们现在一方面是要使人民有组织的能力,合作的精神,负责任肯牺牲,没有名利之思,不作意气之事,什么事都以国家为前提,如此人材,将来组织

①　《三育并进而不偏废》(1914年),《张伯苓教育言论选集》,南开大学出版社1984年版,第1页。
②　《南开学校的教育宗旨和方法》(1916年),《张伯苓教育言论选集》,南开大学出版社1984年版,第4页。
③　《造就新人才,改造旧中国》(1923年),《张伯苓教育言论选集》,南开大学出版社1984年版,第97页。
④　《办大学之目的》(1923年),《张伯苓教育言论选集》,南开大学出版社1984年版,第96页。
⑤　《熏陶人格是根本》(1925年),《张伯苓教育言论选集》,南开大学出版社1984年版,第146页。

政府才能使政途清明,政治稳固。这正是我们现在训练的目标,也是我们南开的新使命。"①张伯苓倡导的教育"新使命"就是使教育能够推进中国的"现代化"。他在回答"教育之目的为何"问题时指出:"我之教育目的在以教育之力量,使我中国现代化,俾我中国民族能在世界上得到适当的地位,不至受淘汰。欲达此种目的务须对症下药,即:A,注重体育,锻炼健强之国民;B,注重科学,培养丰富之现代知识;C,注意精神的修养⋯⋯向深处培,向厚处培⋯⋯;整理中国固有之文化,摘其适合于现代潮流者,阐扬而光大之,奉为国魂,并推而广之,以求贡献于全世界。"②可见,立足于中国社会变革的需要来发展教育事业,培养民族振兴和社会变革所需要的人才,使教育在中国的现代化中发挥其推进作用,这是张伯苓的信念所在及办学的目标所在。

张伯苓依据其所主张的教育救国目标,而设定面向社会需要、注重学生能力培养的教育方针,并高度重视"训练方针"在整个教育运行中的意义。他在1919年的《访美感想》文章中指出:"今后教育当(一)尚实(勿虚);(二)尚理想(勿妄);(三)按科学法教之作事,即凡作一事,当先研究,后计划,然后执行,最后则批评之,以见短长;(四)当利用物质,利用科学⋯⋯;(五)当学组织⋯⋯;(六)当学社会科学,即打破旧家族制度,而成国家。"③在张伯苓看来,教育方针的确定必须根据社会对于人才的具体需要,而中国社会变革所需要的是既有"破坏"能力又有"建设"能力的人才,故而教育方针就应适合这种需要。他指出:"中国最需要之人才系建设者乎,抑破坏者乎?现在中国现状一部分需破坏,一部分需建设。于是本校训练之方针,乃专注意此两种人才所必具之基本性质,约言之可得三种:其一曰,志大而正;其二曰,具胜困难与试诱之毅力;其三,为永远进取之精神。此外尚有一种特质,曰创造的精神,其重要尤巨。然此种特质只能于少数特才者见之,殊不能知其三者之希望于每人也。"④张伯苓不仅将"志向"、"毅力"、"进取"这三者作为教育方针的基础,而且突出"创造的精神"在教育方针中的地位。这是对教育方针的重要探索。根据南开大学教育管理的经验并结合南开大

---

① 《今后南开的新使命》(1927年),《张伯苓教育言论选集》,南开大学出版社1984年版,第155页。

② 《以教育之力量,使中国现代化》(1931年),《张伯苓教育言论选集》,南开大学出版社1984年版,第181页。

③ 《访美感想》(1919年),《张伯苓教育言论选集》,南开大学出版社1984年版,第62页。

④ 《当前的时局及南开的训练方针》(1924年),《张伯苓教育言论选集》,南开大学出版社1984年版,第125页。

学四十年的发展历程,张伯苓在 1944 年将南开的"学生训练方针"作了总结和提炼。他指出:

> 南开学校为实现教育救国之目的,对于学生训练方针,特注意下列五点:
>
> 一曰,重视体育。强国必先强种,强种必先强身。国民体魄衰弱,精神萎靡,工作效率低落,服务年龄短促,原因固属多端,要以国人不重体育为其主要原因。南开学校自成立以来,即以重视体育,为国人倡,以期个个学生有坚强之体魄,及健全之精神。……
>
> 二曰,提倡科学。我国科学不发达,物质文明远不如人。故苓当办学之初,即竭力提倡科学。其目的在开通民智,破除迷信,藉以引起国人对于科学研究之兴趣,促进物质文明之发达。……
>
> 三曰,团体组织。国人团结力薄弱,精神涣散,原因在不能合作,与无组织能力。因此学校对于学生课外组织,团体活动,无不协力赞助,切实倡导,使学生多有练习做事参加活动之机会。……
>
> 四曰,道德训练。教育为改造个人之工具,但教育范围,绝不可限于书本教育,知识教育,而应特别注重于人格教育,道德教育。……
>
> 五曰,培养救国力量。南开学校系受外侮刺激而产生,故教育目的,旨在雪耻图存;训练方法,重在读书救国。关于国际形势,世界大事,及中国积弱之由,与夫所以救济之方,时对学生剀切训话,藉以灌输民族意识,及增强国家观念。……
>
> 上述五项训练,一以"公能"二字为依归。目的在培养学生爱国爱群众之公德,与夫服务社会之能力。故本校成立之初,即揭橥"公能"二义,作为校训。惟"公"故能化私,化散,爱护团体,有为公牺牲之精神;惟"能"故能去愚,去弱,团结合作,有为公服务之能力。此五项基本训练,以"公能"校训为指导原则。而"公能"校训,必赖此基本训练,方得实现。分之为五项训练,合之则"公能"二义。允公允能,足以治民族之大病,造建国之人才。四十年来,我南开学校之训练,目标一贯,方法一致。根据教育理想,制定训练方案,彻底实施,认真推行,深信必能实现预期之效果,收到良好之成绩也。[1]

---

[1] 《四十年南开学校之回顾》(1944 年),《张伯苓教育言论选集》,南开大学出版社 1984 年版,第 244—247 页。

张伯苓在教育内容上强调德智体"三育并进",要求学生"以道德、身体、知识三事为自立基础"①,并辅之以适当的教育方法,从而使教育内容与教育方法得以统一。他以社会变革的需要来规定教育的内容,主张教育内容与社会需要结合起来,注重学生"自创心"与"纪律心"的培养。他指出:"中国教育之两大需要:一为发达学生之自创心;一为增强学生遵从纪律心。前者因中国数千年来,社会上以家族为本位,权枢系乎家长,家人以服从为先务,故中人捐弃其自创心,是习深入人心,由来已久。至第二需求,因皇帝时代,人民完纳租税后,即为良民,他无所求,纳税已毕,便可任意逍遥,纪律因之而弛,而中人渐习惰逸矣。中国教育今之最大问题,即为解决如何可以此两种似相抗衡之性质,灌入此未来之时代中。"②在教育方法上,张伯苓提出"立志改过签"的办法,主张教育者关注学生的日常行为,并允许学生有"改过"的机会,从而激发学生的自省意识。他指出:"嗣后凡遇学生犯过,先由管理员招往诘问,如能自认其过,且立志痛改,则予以竹签一,书其事于上,名曰'立志改过签',使随身携带,坐卧不离,以资警励。俟迁善后将签取消,复为无过。此法纯以使学生改过为主,当较记过之法为优也。……其法如下:(一)勤辟新路。欲舍旧路,须辟新路。对于与其过恶相反之事而勤为之,则善愈固,恶愈远。此长彼消,理之常也。(二)当众宣言,誓行改悔。已改过使人知,则其过乃有不得不改之势。知者愈多,其效亦愈大。(三)不许有例外。过须痛改,不可稍自容让。如戒鸦片,而偶因天气寒暖不和,或己身稍有不快,而复为一吸者,其瘾必不能断。盖改过自新,如缠线球,愈缠愈固,然偶或不慎坠地,则其球必散数周皆开,前功弃矣!(四)改过须自第一机会始。知己有过,即须立改,不可稍延。学校对于犯过之学生,犹医生之于病者耳,非如警察之于盗贼也。医生对于病者,宜用最新之疗法。今我校'立志改过签',本诸上引诸说,疗病之最新法也,且为诸生试之。"③张伯苓的这种教育方法,就在于使学生不仅有"自动"之力而且有"动人之力"。他以爱国一事为例,指出:"人之爱国,不可徒存消极主义,而独善其身,必也有动人之力。如火把燃,自燃之后且能助燃,以次相燃,则功著矣!苟遇有不易燃者,当有忍耐之心。

① 《学生应以德智体三事为自立基础》(1930年),《张伯苓教育言论选集》,南开大学出版社1984年版,第180页。
② 《爱国心是联合国民的公共绳索》(1918年),《张伯苓教育言论选集》,南开大学出版社1984年版,第57—58页。
③ 《怎样改正过错》(1916年),《张伯苓教育言论选集》,南开大学出版社1984年版,第9—10页。

惟燃时不免有风浪之阻碍,设火力不足,值此未有不扑灭者。如本校自开办以来,屡遇险阻,其所以未颠覆者,以火力足也。故吾甚愿诸生以火把自命,匪独自燃,且能助燃,则方为真正之爱国。"①张伯苓强调"爱心"在教育过程中的重要性,认为教育者在方法上要以"爱心"来施教,学生间也要体现"爱心"。他说:"师长对于学生,莫不勉力扶植之,而对于资质稍次者为尤甚,表面似恨之,其实则竭力成全如恐不及。诸生切勿误会此意,对师长要爱,对于同学尤要爱。"②张伯苓依据社会需要来规定教育内容,强调德智体"三育并进"的意义,并主张教育方法与教育内容的统一,就在于使学生能够得到全面的发展,并使教育在社会变革中发挥人才培养的作用。

张伯苓在教育管理上既坚持以学生为本位的管理理念,又强调对学生予以严格管理的极端重要性。他认为,学校教育在于培养学生的"自动力",故而在管理上要以学生为本,遵循"诚"、"真"、"信"的管理理念。他指出:"本校教授管理亦无以异,是惟在引导学生之自动力而已。诸位先生倡之,老学生行之,新学生效之,无须个个提耳谆嘱也。而精神则在'诚'字、'真'字、'信'字。本校至今办理小有效果者,恃有此耳。"③但是,张伯苓也反对管理上的放任自流,认为对学生必须提出严格的要求,尤其需要对学生加以引导。譬如,张伯苓就学生的学习提出要有"对于课程之预算"的要求:"对于课程之预算。第一,勿旷课。读书之秘诀,曰'时时温习'。……第二,每日之课程应温习完毕。今日所授之课程,今日温习之;本星期所授之课程,本星期温习之,日日无压积,则对于课程觉有余裕,而自能时时复习矣。……第三,宜择自己较弱之课程而补习之。"④又譬如,张伯苓就学生的"进德修业",提出"虚心为本"的理念:"吾人欲进德修业,必以虚心为本。……夫骄傲之所以失败者,岂造物忌才迫之使然哉?抑岂失其本来之天资而不能深造也哉?非也。盖人既骄傲则言语必不能逊,言语不逊则虽有迂塞,孰为启之?虽有疑惑,孰为解之?此其弊一也。且其意既自满其不愿深造也,必矣!此其弊二也。人有此二弊,乌能进取乎?日中则昃,月盈则亏,此

① 《谈爱国》(1916年),《张伯苓教育言论选集》,南开大学出版社1984年版,第30—31页。
② 《南开学校的教育宗旨和方法》(1916年),《张伯苓教育言论选集》,南开大学出版社1984年版,第4页。
③ 《南开学校的教育宗旨和方法》(1916年),《张伯苓教育言论选集》,南开大学出版社1984年版,第3页。
④ 《我校之各项政策》(1916年),《张伯苓教育言论选集》,南开大学出版社1984年版,第16—17页。

深可为吾人之鉴矣!"①要求学生以"虚心为本",也不是说丧失自我,学生本身仍然"应当练习自动,勿信教员,勿尽依学长,其造就之人才,须世界变化之能力,乃为真正之教育"②。张伯苓在教育管理上提出学生本位与严格要求的结合,体现了张伯苓在教育管理上的显著特色。

张伯苓是现代中国著名教育家,有着开放的视域和先进的办学理念,其教育思想汲取了日本和美国的教育思想,并在中国的条件下加以创造性地发展,其所提出的"三育并进"、"虚心为本"、"自动力"培养等主张有着突出的时代意义。尽管张伯苓的教育思想是在"教育救国"论指导下的,自有其历史的局限和认识的局限,但自立新说、自成体系,且具有显著的学术价值和时代特色。张伯苓的教育思想不仅指导着南开的办学实践,而且对现代中国教育的发展和教育学研究曾产生过重要的影响。张伯苓的教育思想在中国现代教育学史上有着重要的地位。

7. 陈鹤琴的教育思想

陈鹤琴③是现代中国著名的儿童教育家,开创了中国儿童教育的新局面,为中国现代教育的发展和儿童教育学体系的构建作出了突出的贡献。

陈鹤琴从社会进步的视域考察教育的地位,将教育视为"教育不会做人的人会做人"的事业,提出了大众教育的极端重要性。在陈鹤琴看来,人是环境的产物,并且有着造就社会关系的作用,故而教育就必须适应社会进步的需要,并在环境和社会关系中促进人的身心与能力的发展。他指出:"小孩子生来是无知无识,没有什么能力的。后来与环境、社会相接触始渐渐地稍有知识,稍有能力了。他与环境和社会相接触的机会愈多,他的知识愈丰富,他的能力愈充分。倘使我们不给他玩弄沙土,他断不会知道沙土的性质;倘使我们不让他与猫狗等动物相接触,他哪里会知道猫狗等动物的生活;倘使我们不带他到街上去观察人民的生活,他哪里会晓得民生的艰难;倘使他没有别的小孩子作伴侣,他哪里能

---

① 《欲进德修业,必以虚心为本》(1916年),《张伯苓教育言论选集》,南开大学出版社1984年版,第28页。

② 《诸生乃中国真正之砥柱》(1917年),《张伯苓教育言论选集》,南开大学出版社1984年版,第49页。

③ 陈鹤琴(1892—1982),浙江上虞县人,中国著名儿童教育家、儿童心理学家、教授。早年毕业于国立清华大学,留学美国五年,先就读于约翰斯·霍普金斯大学获学士学位,后就读于哥伦比亚大学于1919年获得硕士学位。回国后,最初担任南京高等师范学校教授,讲授儿童心理学课程。东南大学成立后,任教授和教务主任。后担任中央大学师范学院院长和南京师范学院(现南京师范大学)校长。著作有《家庭教育》、《幼稚园的课程》、《新实习》等。

够学得做人的道理。"①关于教育与社会进步的关系,他指出:"今后的教育不仅仅是教育无知的人使他有知,主要的还要教育不会做人的人会做人;并且也指出了今后的教育绝对不是限于少数人所能享受的'专利品';因为人类要有进步,就要靠教育的力量,受教育的人愈多,进步的力量也愈大! 而教育的本身,应该走在各种科学前面,要负起时代号角的责任,一定要从现实生活中去寻求一条出路来,这样才是今天大家所需要的新时代的活的教育。"②正是基于社会的视角来看待教育,陈鹤琴主张教育要积极地面向大众,并努力为大众服务。他指出:"以往的教育,是学生找先生,并不是先生找学生;是大众找教育,并不是教育找大众。现在我们要先生去找学生,要教育去找大众,这就要打破学校的围墙,把教育送上门去。把教育送到工厂去,让每个工人来受教育;把教育送到农田去,让农民来受教育;把教育送到各家各户、店铺商场,让所有的大众来享受教育。只要把教育送上门去,我们就可以冲破时间与空间的难关,摆脱时间与空间的限制。"③陈鹤琴在社会生活的实际需要中看待教育的地位,积极地倡导大众教育在社会进步中的意义,充分肯定了教育对于人的发展和社会进步有不可替代的作用。

陈鹤琴主张教育内容的多样化,认为教育内容要适合对象个性发展的需要及能力的培养,并且极力主张将艺术教育列为教育的重要组成部分。陈鹤琴重视艺术教育的多样性,主张努力发挥图画、书法、音乐等在艺术教育中的作用。譬如,陈鹤琴强调图画对于儿童教育的重要性,指出:"图画有什么价值? 小孩子到了一岁多的时候,看见别人画图,也就要画画看;虽然画得不象,但是画了就觉得很快乐。等到大一点他能够画得象一样东西了,那时候他的快乐更加大了。图画确是表意的好工具。图画不但能表意使儿童快乐,并且可以灌输知识,什么颜色、数目和浅近的事物,都可以从图画中学得的。"④在儿童画画的问题上,陈鹤琴主张通过激发儿童的画画"动机",培养儿童的自主性。他指出:"怎样引起画画的动机? 我们已经说过,图画是儿童原来喜欢画的;但是画怎样的图画,当然要看他脑筋中有什么意思。换句话说,画画是要有动机的。现在我们要问什么东西能够引起他画画的动机。最容易的方法就是暗示。普通的儿童一见你画

---

① 《现今幼稚教育之弊病》(1924 年),《陈鹤琴教育文集》下卷,北京出版社 1985 年版,第 1 页。
② 《一点感想》(1948 年),《陈鹤琴教育文集》下卷,北京出版社 1985 年版,第 649 页。
③ 《民众教育要怎样普及》(1947 年),《陈鹤琴教育文集》下卷,北京出版社 1985 年版,第715 页。
④ 《幼稚生的图画》(1927 年),《陈鹤琴教育文集》下卷,北京出版社 1985 年版,第 29 页。

图,也要画画看。在幼稚园里只要几个小孩子画图,别的小孩子看见也要画了。所以引起小孩子画画的动机,只要教师自己画或暗示几个小孩子去绘画就够了。"①又譬如,陈鹤琴对于书法教育也提出自己的看法:"书法是一种工具的学科,目的在养成儿童以文字记录或发表的能力。在中国,书法又是一种美术,但小学生学习书法的目的却不着重此,实际上应以实用技能的获得为主要的目标。……分析言之,小学写字教学的目标可有四项:(一)正确;(二)整齐;(三)迅速;(四)美观。这四项目标似乎亦应有先后轻重之分。我们以为低年级应注重(一)(二)两项,务求学生对于日用的字能写得不错,写得清楚整齐,使他人阅读时能一目了然。高年级除掉(一)(二)两项以外,更应该兼顾(三)(四)两项。"②再譬如,陈鹤琴高度重视音乐在儿童发展中的特殊地位,主张发挥音乐教育在培养儿童的意志、情感等方面的作用。他指出:"音乐是儿童生活中的灵魂。……我们知道,大凡健康的儿童,无论是游戏、散步或是工作,他们本能地都爱唱着歌,表现出音乐的律动。因此,我们在教育上,就利用音乐来改善儿童的意志,陶冶儿童的情感,使儿童表现真实的自己,导向于创造性的发展。"③当时,中国教育界业已注意到艺术教育的重要性,但在艺术教育的内容上,有着是发展个性还是发展能力的不同看法。陈鹤琴主张个性与能力方面两者兼顾,认为不能因为重视个性而忽视能力,但也不能因为重视能力而忽视个性。他指出:"从前的艺术教育太注重技能,现在的艺术教育是注重儿童的个性、儿童的天真、儿童的创作。但是艺术的技能,究竟要不要教儿童,这是一个很重大的问题。儿童若没有相当的技能,断画不出很好的作品。艺术是一定要教的,倘使不教而让儿童自己去瞎摸,那是太不经济了。"④陈鹤琴关于艺术教育的思想,是其儿童教育思想的重要部分,为儿童教育的发展作出了积极的探索。

自然,陈鹤琴重视对儿童进行艺术教育,但并不否认文化课学习对于儿童成长的极端重要性。他要求小学教育中加强国语的教学,发挥国语在其他课程学习中的基础性作用,并希望在国语教科书的编制上能够充分体现儿童的心理与要求。关于国语教育的重要性,他指出:"国语是小学课程中最重要的一个科

① 《幼稚生的图画》(1927年),《陈鹤琴教育文集》下卷,北京出版社1985年版,第30页。

② 《写字教学中的各项问题》(1933年),《陈鹤琴教育文集》下卷,北京出版社1985年版,第286—287页。

③ 《音乐在儿童生活中的重要性》(1949年),《陈鹤琴教育文集》下卷,北京出版社1985年版,第399页。

④ 《创造的艺术》(1930年),《陈鹤琴教育文集》下卷,北京出版社1985年版,第260—261页。

目。第一，国语在整个课程中所占的分量比任何科目都要多。第二，国语是课程中的基本科目。国语学得好，其它的功课学起来也比较容易。第三，国语对于小孩子做人的前途有很大的关系。小孩子文字好，将来做事做人求学都比较来得便当。"[1]关于国语教科书问题，陈鹤琴提出自己的看法，主张依据儿童心理来选择教科书。在他看来，国语教科书的内容，不外乎两方面：一是儿童的常识，包括大自然、大社会；一是儿童的心理，包括儿童的经验，儿童的思想，儿童的生活习惯。基于这样两个方面，从儿童中心的理念出发，"我们选择教科书的内容，应该根据儿童的心理而顾到社会的需要；不应该根据社会的需要，而忽视儿童的心理"。在国语教科书问题上，当时的"国定"课本是规定"把常识和国语合并教学"，就是"以常识作经，国语作纬，也可以说以常识为实质，以国语为形式"。陈鹤琴认为，编制的这种教科书"是很值得研究的"。他指出："现在用常识作国语的内容，在国语方面是没有多大问题的，我们可以把常识的内容扩大，不仅包括大自然大社会，关于儿童的经验、生活、心理也可以包括进去；但是在常识方面就大成问题了。1. 常识教学会受国语的限制。常识教学重在经验，重在做，常识教学时固然要用文字，但我们不应当用文字来束缚教学。小孩子学常识的时候，应当看大量的书籍，不应当看一点文字。2. 常识有常识的系统。常识受时间空间的限制，受儿童心理的限制，它要因时制宜，因地制宜，它要适合儿童的兴趣，适合儿童的了解程度，适合儿童的活动能力，不能象国语一样有普遍性的。3. 常识教学重在实际经验，重在做。比如养蚕，儿童一定要亲自养过蚕，才知道养蚕的意义。有养蚕的经验才会了解养蚕的文字，所以常识教学重在如何教小孩子去做去经验，而不重在如何教小孩子学好文字，故两者的中间当有差别。"[2]陈鹤琴这里强调的是，"常识教学"有常识教学的特点，这显然不同于国语的教学，故而国语教学也就不能"以常识为实质"。那么，编制国语教科书应该注意哪些问题呢？陈鹤琴提出了如下的十个注意事项：

（一）国语教科书的编制应采用一贯制或单元制，页课制应当绝对不用。

（二）课文的字数和页数应当比现在至少增加三倍。

（三）课文的编辑应特别注重。

---

① 《国语教科书要怎样编的》（1944 年），《陈鹤琴教育文集》下卷，北京出版社 1985 年版，第351 页。

② 《国语教科书要怎样编的》（1944 年），《陈鹤琴教育文集》下卷，北京出版社 1985 年版，第357—358 页。

（四）课文应当故事化。

（五）内容要有一贯的系统，不应把儿童的生活割得支离破碎。

（六）内容应当根据儿童心理而顾到社会需要，不应根据社会需要而忽略儿童心理。

（七）国语以常识作内容，文体要多变化；不要受常识的束缚，偏于叙述的体裁。

（八）国语教科书一定要有很多彩色的插图。

（九）国语教科书要有标准的封面。

（十）国语教科书的内容要注意"做"的原则。

以上十点，编国语教科书是应当特别注意的。①

陈鹤琴非常重视儿童教学法的研究，早 20 世纪 20 年代就提出了"整个教学法"的构想。他在 1928 年的《整个教学法》文章中指出："我先来介绍一种新的教学法，这种教学法，暂名为'整个教学法'。什么叫做'整个教学法'？整个教学法就是把儿童所应该学的东西整个地、有系统地去教儿童学。这种教学法是把各科功课打成一片，所学的功课是无规定时间学的；所用的教材是以故事或社会或自然为中心的，或是做出发点的；但是所用的故事或关于社会自然的材料，总以儿童的生活、儿童的心理为根据的"②。需要说明的是，陈鹤琴对于教学法的研究，是在批判既有教学法的基础上形成的。譬如，他早在 1924 年就曾发表《现今幼稚教育之弊病》文章，对于当时中国盛行的"团体教授法"提出了严肃的批评："一般普通幼稚园都用一种团体教授法的。我常看见教师对着二三十个儿童讲故事，不论其中有不能领会的，有注意力不在听故事的，而总是随性讲去。我也常看见二三十个儿童做团体游戏的时候，有的儿童简直不会做而也任他滥竽其间，这未免太浪费光阴吧。还有一种毛病为用团体教授法所犯的，就是使儿童居被动的地位而教师反居主动的地位。比方唱歌，教师不管儿童愿意唱不愿意唱，总要他们一齐唱；又比方游戏，不管儿童喜欢玩不喜欢玩，总叫他们一起玩；比方玩沙，不管儿童此刻要不要玩，而教师总叫他们去玩。虽然儿童做事不能任其所欲，我们也应从旁暗示，指导；不过我们不应事事随我们成人的意思去做。要知道我们的意思未必尽善尽美的，儿童的意思未必都是错的。有许多地

---

① 《国语教科书要怎样编的》（1944 年），《陈鹤琴教育文集》下卷，北京出版社 1985 年版，第 373 页。

② 《整个教学法》（1928 年），《陈鹤琴教育文集》下卷，北京出版社 1985 年版，第 106 页。

方,我们还是要随儿童的欲望和意思为好。……这样说来,团体教授不应用得太多太滥,除了教唱歌及几种游戏外,团体教授法是不适用的。"①在 20 世纪 30 年代,陈鹤琴又通过撰写《新实习》等著作,进一步就教学法问题进行深入的研究,从而在教学法问题上形成自己的体系。陈鹤琴在儿童教育方法上作出了多方面的探索,概括起来有以下几个主要的方面:

第一,主张"教学做"的方法。陈鹤琴高度重视"教学做"的意义与价值,认为"教学做"是近代教育上的新动向,也是"教学方法上一个很大的成功"。他指出:"教学做是一件事,不是三件事。我们要在做上教,做上学。在做上教的是先生,在做上学的是学生。从先生对学生的关系说,做便是教;从学生对先生的关系说,做便是学。先生拿做来教,乃是真教;学生拿做来学,方是实学。不在做上用功夫,教固不成为教,学也不成为学。从广义的教育观看,先生与学生并没有严格的分别。实际上,如果破除成见,六十岁的老翁,可以跟六岁的儿童学好些事情。会的教人,不会的跟人学,是我们不知不觉中天天有的现象。因此教学做是合一的。因为一个活动,对事说是做,对己说是学,对人说是教。……一切生活的教学做都要如此方为一贯。否则教自教,学自学,连做也不是真做了。所以做是学的中心,也就是教的中心。"②陈鹤琴主张的"教学做"方法,与陶行知的主张是完全一致的,突出了"做"在其中的基础性地位。

第二,教学中使用好示范的方法。陈鹤琴要求教师要使用好"示范"的方法。在他看来,"示范是教师做给儿童看,是最具体的指示,如教学写字就写给儿童看;体育在操场上做给儿童看,儿童是最容易学习的"。但是,如果教师的"示范",如果"教得没有相当的技术,临时也会发生问题"的。由此,陈鹤琴就教师的"示范"提出了如下的要求:

(一)示范的方法要随材料而定。示范的方法,原无一定,如材料为一动作,即采用动作示范,如跳高、跳远等;如果做一件东西,那末教师必须范作样本,给儿童模仿。

(二)示范要正确。示范的目的,是给儿童作榜样,万一教师示范不正确,影响于儿童甚大。如唱歌不合拍,读书有错误,儿童学得久了,就不容易改正。

---

① 《现今幼稚教育之弊病》(1924 年),《陈鹤琴教育文集》下卷,北京出版社 1985 年版,第 2—3 页。

② 《新实习》(1936 年),《陈鹤琴教育文集》下卷,北京出版社 1985 年版,第 536 页。

（三）示范后要说明。示范之前不必和儿童讲。示范之后必须详细说明，并允许儿童发问。儿童有不明了的地方，教师还可重做给儿童看。一定要等到儿童完全明了之后，再开始自动学习。

还有，示范时，必须注意下列几件事情：（一）示范时，要能使全体儿童看见；（二）示范时，如为动作，不要过快，以免使儿童看不清楚；（三）示范时，如为声音，一定要清楚，使全体听见；（四）示范时，要有适宜的地位。①

第三，引起儿童注意的教学方法。陈鹤琴高度重视儿童注意力培养的重要性，他将"怎样引起儿童注意"作为一个重要的问题展开研究，并提出了这样几个要求：一是利用"事物新奇"。就是教师利用儿童"这种好奇心理，使他们注意"。二是注重"方法变化"。教师要注重方法的变化，如果只是使用"一成不变的方法"，只能使"儿童学习最感觉无味"，故而教师"如果在教学时略施变化，则儿童自能保持注意"。三是要"慎重开始"。教师在教学开始时，就要引起学生注意，因为"儿童开始学习一件事，都是十分注意，等到时间长了，注意力便渐渐的涣散"。"假如在开始时，就不能引起儿童注意，则全部时间的学习不能有多大的效能"。故而，教师应特别注意"教学的开端"，亦即"慎重开始"，否则就不能引起学生持久的注意。四是要"偏重感情"。教师在教学中要重视情感的运用与情感的表现，并以此来引起学生的注意。这是因为"情感的刺激，最容易引起儿童注意，不论是快感的，非快感的。儿童读到一幕喜剧，会无缘无故的笑出声来；读到久别朋友的一封信，语意悲楚动人，竟会不知不觉的流下泪来。这都是情感的表现。"故而，"教师可善用情感，以引起儿童之注意"。五是要"善用手眼"。在教学中，"教师已发现了不注意的儿童，即可利用自己手眼，使儿童注意。如儿童正在注意窗外一件东西，教师可不住的向他看，或者便中用手指他。他如果一发现教师注意他，自然而然地就注意自己的功课了。"因而，教师在教学中要善于利用手势和眼色，以引起儿童的注意。六是要"利用问答"。在教学中，如果"教师发现了某个儿童，对于大家无论讨论什么问题，他的注意都异常涣散，那末，教师可指就近的儿童多发表意见，他深怕马上就要轮到他了，所以自然会注意起来"。因此，教师要善于使用"问答"形式，以引起学生的注意②。

第四，采用问答的教学方法。陈鹤琴将问答的教学方法视为重要的教学方法，目的在于不断启发儿童的思考，促进儿童思维能力的开发和培养。他指出：

---

① 《新实习》（1936 年），《陈鹤琴教育文集》下卷，北京出版社 1985 年版，第 605—606 页。

② 《新实习》（1936 年），《陈鹤琴教育文集》下卷，北京出版社 1985 年版，第 607—608 页。

问答是一种教学方法。问,就是督促儿童去学习;答,就是儿童努力学习的结果。这种方法如果使用得妥善,则教学进行一定很顺利的。兹将问答法应注意的事项,分述如下:

（一）怎样发问?

1. 所发的问题,是教材中的重要部分;

2. 使儿童有思考的机会;

3. 问题不要太难,所含的内容不可太多;

4. 是非问答要少用;

5. 同时间所发的问题,最好前后要有联系;

6. 要能对全体发问。

（二）怎样回答儿童的问题?

1. 儿童问得太浅了,不可反问他;

2. 儿童问得太深了,可指导他先研究较浅的问题,然后再研究较深的问题;

3. 儿童所发的问题,如果为无理取闹,教师可以不理他;

4. 如果所问的问题,是已经研究过的问题,教师可以指导他去查书本和笔记,或者问别的同学;

5. 如果儿童发问的态度很诚恳,的确是很需要的,同时又没有相当的材料可参考,教师可以直接答复他;

6. 回答儿童的问题,不可太简单,太笼统。①

第五,训练儿童思考的方法。陈鹤琴提出训练儿童思考的方法,他指出:"平常训练儿童思考,可以应用下列几个方法:一、从研究出发。日常生活里问题很多,有的儿童会自己提出来,有的问题仍须教师提示,他们才感觉到值得研究。如夏天为什么要穿白色衣服,冬天为什么要穿黑色衣服,这些问题,必待教师提示,他们才觉得有研究的必要。还有自然界里的问题也很多,如为什么刮风,为什么下雨,春天小草为什么发青,冬天树木为什么大半都落叶,象这一类问题,亦可指导儿童去研究。研究为训练思考最好的方法,试教的人应不要忽视。二、从问题出发。好奇心是人的潜伏行为,在儿童时代,尤为发达,不论什么事,总要详细的询问。教师当利用儿童这种心理,教学时,要多用问答,以训练思考。惟问题必须有意义,使儿童有思考的必要;问答不宜过快,使儿童有思考的时间。

---

① 《新实习》(1936年),《陈鹤琴教育文集》下卷,北京出版社1985年版,第608—609页。

还有教学时笔记作业,也是最好的训练思考的方法,教师应多多利用问题,教儿童笔答,不过问答内容,不宜过于复杂,使儿童无从回答。三、从发表出发。训练思考的进一步办法,是使儿童自由发表。教学时,不仅仅作文教学,要帮助儿童整理思想,多供给词句,以便儿童发表思想;就是各科教学里面,也要利用机会,令儿童发表。还有,在公共集会,要鼓励儿童多说话;周会、游艺会里,要鼓励儿童参加表演,这都是训练思考的好机会。四、从设计出发。设计也是训练思考的一种方法,因为一个活动的进行,事先要有精密的计划,然后才能按部就班的推动。例如要开一个欢送会欢送试教先生,这件事应由儿童自己设计,哪些人负责写信请试教先生? 哪些人做招待? 哪个做主席? 会场怎样布置? 游艺会如何筹备等,都按照计划逐步的进行,一定是很有秩序的。象这样的活动,如果儿童多有练习的机会,那末,他们的思考力,当不断的增进。"①陈鹤琴提出的训练儿童思考的方法,不仅十分具体,而且具有创新性,切合儿童心理需要的实际和能力发展的需要,有助于培养儿童的自主能力、独立性格和思维方式。

陈鹤琴关于儿童教育教学的方法问题,还提出了不少自己的看法。譬如,他认为教学中要充分使用教具,这是由于教具具有"帮助儿童了解"、"发展儿童天才"、"帮助儿童记忆"、可以使儿童学习更加"经济"等优势②。又譬如,他十分重视暗示法在教学中的运用,指出:"暗示是对于一种事物,不直接用言语、动作去传达意志,而是在暗地里表示他的旨趣,使儿童于无形中能够领悟的一种作用。这种作用,在教育上的价值很大,所以教育者都认为暗示是教育儿童的一种重要方法。"③再譬如,他主张因材施教、分类教育,认为"特殊儿童"就应该与"普通儿童"分开进行教育教学,"特殊儿童一定要特别分开,依据生理或心理的研究,对他们施以适合其需要的特殊教育。……必须让天才儿童进天才儿童学校,来培养一些杰出的人才,不要让环境把他们平白埋没了。把低能儿童送到低能儿童学校,聋哑的送到聋哑学校读书,这样因材施教,各得其宜,教育力量在这种地方就可以分外显出他的伟大来了。"④又再譬如,他认为教育中"体罚是绝对不得施用",但也不是说教育中就不需要有一定的"惩罚"。当然,"因为过有轻重,性情亦各不相同,施行惩罚当然要有分别"。在陈鹤琴看来,可以根

---

① 《新实习》(1936 年),《陈鹤琴教育文集》下卷,北京出版社 1985 年版,第 614—615 页。
② 《新实习》(1936 年),《陈鹤琴教育文集》下卷,北京出版社 1985 年版,第 587—588 页。
③ 《新实习》(1936 年),《陈鹤琴教育文集》下卷,北京出版社 1985 年版,第 609 页。
④ 《关于特殊儿童教育》(1947 年),《陈鹤琴教育文集》下卷,北京出版社 1985 年版,第 395 页。

据具体情形,采取"友谊式的劝导"、"命令式的警告"、"揭示姓名"、"分座"等不同形式①,给予儿童以一定的惩戒。自然,陈鹤琴提出的教育教学方法,是从其所主张的"教学原则"出发的。对于"教学原则",他提出了这样的六条:"1.大自然大社会都是我们的活教材。2.活教法是在做中学,做中教,做中求进步。3.要培养生产能力,是要学校农场化、工场化,学生农人化、工人化。4.活教师用活教法,教活教材,才有活学生。5.活教师,活学生,集中力量,改造环境,才有活社会。6.我们能够自己做的,我们都自己来做。"②陈鹤琴提出的"教学原则"是在"教学做合一"理念下的教学原则,这成为他设计的教学方法的根基。

陈鹤琴对于幼儿教育的地位与作用、幼儿教育的内容、幼儿教育的教材、幼儿教育的课程等,都作出自己的探索。他指出,幼儿教育不仅在整个的教育体系中处于极为重要的基础位置,而且关系到国家的发展和民族的进步。关于幼儿教育的地位,陈鹤琴说:"第一,幼稚教育是一切教育的基础,所以世界各先进国家都注重幼稚教育。第二,幼稚期是人生可塑性最大的时期,所以幼稚时期也是奠定人生健全发展的时期,故需有适当的环境与优良的养育,以促使民族的新生。第三,中国要求进步,半封建半殖民地的状况必须要摆脱,进步的、合理的社会条件必须要充分发展,因此迫切要求幼稚教育以集体力量,来减轻工作妇女对养育子女的负担。第四,目前中国社会的一般贫困,需要幼稚教育,使贫童、难童及特殊儿童能得到社会的养护。"③鉴于幼儿教育的特殊地位,陈鹤琴主张幼儿教育不能只是"由学校或慈善团体及私人来设施与提倡","为民族前途着想应当在学制上把幼稚教育的附庸地位撤销,而进一步去正式认取它应有的地位"。因此,不仅需要"国家宣布幼稚教育在学制上的正式地位",而且"政府应立即确定它在学制上的地位,同时,还要统筹全国幼稚教育的经费"④。在陈鹤琴看来,在确立幼儿教育在学制上地位的同时,还要就幼儿教育的内容作出规定,这首先体现在教材的使用上。他指出,幼儿教育的教材应该有三个标准:"第一个标准

① 《谈谈学校里的惩罚》(1934年),《陈鹤琴教育文集》下卷,北京出版社1985年版,第296—297页。
② 《松林中新生的幼师》(1941年),《陈鹤琴教育文集》下卷,北京出版社1985年版,第639页。
③ 《战后中国的幼稚教育》(1947年),《陈鹤琴教育文集》下卷,北京出版社1985年版,第124页。
④ 《战后中国的幼稚教育》(1947年),《陈鹤琴教育文集》下卷,北京出版社1985年版,第124—125页。

是,凡儿童能够学的东西就有可能作为幼稚园的教材";"第二个标准
须以儿童的经验为根据";"第三个标准的,凡能使儿童适应社会的,就可取为教
材"①。关于幼儿教育的课程,陈鹤琴有着这样的看法:"幼稚园的课程可以用自
然、社会为中心的。……小孩子能够学的与应当学的东西,本来是很多的,但是
我们不能就这样漫无限制的毫无系统的去教的。总必定要有一种组织,在相当
范围内,使其成为一个系统并使各科目中间互相连接起来发生关系。因为儿童
的生活是整个的,所以教材也必定要整个的,互相连接的,不能四分五裂的。我
们不能把幼稚园里的课程象大学的课程那样独立,什么音乐是音乐,故事是故事
的,不互相发生影响的。我们应当把幼稚园的课程打成一片,成为有系统的组
织。但是这种有系统的东西,应当以什么为中心呢? 这当然要根据儿童的环境。
儿童的环境不外乎两种:一种是自然的环境;一种是社会的环境。自然的环境就
是各种动植物的现象。社会的环境就是个人、家庭、集社、市廛等类的交往。这
两种环境都是与儿童天天要接触的,所以我们应当利用这两种环境作幼稚园课
程的中心。"②这里,陈鹤琴不仅主张幼儿教育的课程需要"用自然、社会为中
心",而且主张各科目之间能"打成一片",从而课程形成"有系统的组织",其原
因就在于"儿童的生活是整个的"。在幼儿教育的课程上,陈鹤琴尤为重视音乐
课和游戏课这两门课程。他说,音乐教育有助于儿童的成长,"幼稚园为满足儿
童的欲望起见,就应当特别注重音乐,以发展他们的欣赏的能力,养成他们歌唱
的技能"③。又说,游戏也应该是儿童的主要课程,这是因为"儿童的生活可以说
就是游戏","儿童总是喜欢游戏的,而且他游戏的时候,会忘记了自己,用全副
的精神,去作他的游戏",所以"幼稚园应当采用游戏式的教导法去教导儿
童"④。由此,不仅幼稚园要重视游戏,家庭之中也应该采用"游戏式教育法",
做父母的更需要根据"小孩子是很喜欢游戏"的这种心理而加以利用。为了使
儿童教育有合适的课程,陈鹤琴提出了课程的编制原则。对此,陈鹤琴在与张宗
麟合著的《幼稚园的课程》中,有这样的说明:

　　现在把怎样编制幼稚园课程的原则汇集起来,再来说一下:
　　(一)教师在未定课程以前要随时随地留意儿童的行动、好尚与兴趣之
　发生、持久等状况。

---

① 《我们的主张》(1927年),《陈鹤琴教育文集》下卷,北京出版社1985年版,第11页。
② 《我们的主张》(1927年),《陈鹤琴教育文集》下卷,北京出版社1985年版,第12页。
③ 《我们的主张》(1927年),《陈鹤琴教育文集》下卷,北京出版社1985年版,第15页。
④ 《我们的主张》(1927年),《陈鹤琴教育文集》下卷,北京出版社1985年版,第16—17页。

（二）教师要明了儿童心理的普通原则。

（三）教师要调查当地社会情形，与大多数儿童家属的状况。

（四）教师要熟悉当地的自然现象与普通自然物的生长状况。

以上四条，可以说是教师预备工作的第一步。

（五）预订活动单元要合于当时儿童的需要与社会上自然界将有或已有的东西。

（六）每一星期预定的单元，要多于两个以上，以便儿童不做甲可以有做乙的机会。

（七）每一单元的细目要详细分析。

（八）每一单元应用的材料教师要充分预备。即使有许多材料，应该儿童做的，教师也应该下功夫计划，方才不失帮助者的本位。

（九）预备工作至迟必须早三天做。

以上五条是预备工作的第二步。

（十）引起动机可以用环境的刺激，也可以用谈话的刺激。

（十一）引起动机以后，急需决定目标与应做到的结果。

（十二）做的时候要采取分工的原则。

（十三）做的时候要多方变化维持儿童的兴趣。

（十四）可以有相当的训练，不过不要太枯燥。

（十五）每一个大单元不能继续做了，可以在分段里停止。

（十六）做了一段，就要有讨论和批评，鼓起继续做的兴趣。

（十七）在一个单元没有做了的时候，忽然来了一个有力的刺激，儿童兴趣忽然转移了，那末应当依照儿童的兴趣，领导他们做去。千万不要固执预定的单元与材料。

以上八条是实行课程时应注意的。①

陈鹤琴对于幼儿教师的素质和发展师范教育给予极大的期待，并提出了一系列主张。譬如，陈鹤琴认为教师要有重视平等精神，能够与儿童交朋友，从而建立新型的师生关系。他指出："幼稚园的教师不是私塾的先生，私塾的先生是很尊严的，儿童对于先生是很害怕的；因此儿童大半不愿意进馆去受这种拘束，由此师生之间就有许多的隔膜，以致先生教起来不容易教，学生学起来也不容易学。反过来说，若是教师如同学生的朋友一样，与学生非常的接近，同玩同学。

_____

① 《幼稚园的课程》(1928 年)，《陈鹤琴教育文集》下卷，北京出版社 1985 年版，第 49—50 页。

那么,教师就容易明了各个学生的性情能力,教起来就容易引导,学起来也容易听从了。所以我们主张幼稚园的教师应当作儿童的朋友,同游同乐的去玩去教的。"①又譬如,陈鹤琴不仅认为要建立独立的幼儿师范学校,而且主张整个的师范教育都要将培养幼稚园师资作为重要的任务,"一方面要培养大量师资,另一方面要谋师资的质的改进",亦即使师资"从量的扩充,趋向质的改善"。他指出:"培养幼稚师资。要发展幼教,师资问题必须解决。我们在抗战初期所提出的主张,今天还是一样的适用。全国要设立国立幼稚教育专科学校,以造就幼教的专才与工作干部。同时各大学师范学院应设幼稚教育系,以配合各独立的幼稚教育专校,以造就幼教专才,其中还可包括儿童福利工作人员的训练。各省应当设立一所幼稚师范学校,训练省内的幼稚教育师资。各师范学校,也应附设幼稚师范科,以补助独立的幼稚师范学校之不足。为了迅速普遍起见,我们还可以创立短期的训练班与讲习班,专为已任的教师与有志于幼教者进行再教育。"②陈鹤琴高度重视师范教育,认为要培养出新型的师资,就不能满足于一般的师范学校建设,而是需要有独具特色的、专门的"实验师范学校",同时也要对既有的师范教育加以改进,并在教材、课程、教法等方面重视"实验"。他指出:"我们希望新师资的培养,富有劳动生产的技能,富有建设组织的能力,不但人格、行为,可做人家的楷模,而且服务、为人,都可做人家的榜样。不但要做一个优良的儿童教师,而且要做一个优良的社会领导者,这样重大的任务非需要实验师范学校负起来不可。"③又指出:"我们认为要培养优良的国民师资,必定要改进现阶段的师范教育。但不是托诸空言就可改进,或则改头换面就算改进的。我们的主张是:'师范教育一定要实验'。只有经过实验,才能获得切实的改进。不但师范课程要实验,教材教法也要实验,以至师范学制种种,都要通过实验和研究,才能产生一部恰当而完整的师范学校新课程。适合中国国情的师范教材和教法。然后才有完美的师范新学制。虽然我们不立刻主张把全国师范学校,都改为实验师范学校,但至少有设立一二个国立实验师范学校的必要。拨给充裕的经费,罗致国内专家,给予自由实验研究的机会,使其集中研究现师范教育,一面谋充实现有的师范学制、课程、教材及教法;一面谋新的师范学制、课程、教

---

① 《我们的主张》(1927年),《陈鹤琴教育文集》下卷,北京出版社1985年版,第18页。

② 《战后中国的幼稚教育》(1947年),《陈鹤琴教育文集》下卷,北京出版社1985年版,第129页。

③ 《师范教育为什么要实验》(1942年),《陈鹤琴教育文集》下卷,北京出版社1985年版,第646页。

材、教法的完成。"①陈鹤琴关于发展师范教育尤其是发展幼儿师范教育的主张,对于推进幼儿教育师资的培养有着积极的意义。

陈鹤琴的教育学思想是以儿童教育为重点的,在学术思想上承继了杜威的实验主义教育理念,但又结合中国教育落后的特点和学前教育的实践,而加以创造性地发展。陈鹤琴是一位身体力行的教育家,他不仅创办了我国第一个实验幼儿园,而且善于运用教育理论来指导教育实践,同时又从教育教学的实践经验总结中建构理论体系。陈鹤琴在学术上主张汲取外来先进的教育理念,有着积极而又开放的学术视域,但他不主张照搬照抄既有的模式,而是主张依据中国的国情及教育的实践,创造适合中国的教育理论与方法。创新性、开放性、体系性、应用性乃是陈鹤琴教育学思想的显著特色。陈鹤琴是现代中国著名的儿童教育家,他的教育学思想内容丰富、自成体系,且具有很高的学术内涵与应用价值,为推进中国儿童教育学理论的发展及体系的构建做出了重要的探索。陈鹤琴作为著名的儿童教育家,在中国现代教育学史上有着重要的地位。

---

① 《师范教育为什么要实验》(1942年),《陈鹤琴教育文集》下卷,北京出版社1985年版,第643页。

第十章　社会学

　　社会学是从社会整体出发,通过社会关系和社会行为来研究社会的结构、功能、发生、发展规律的综合性学科。学科最初得名于孔德,孔德在西方学术界亦被称为"社会学之父"。其后,社会学经过马克思、斯宾塞、迪尔凯姆、韦伯等学者的不断发展,逐渐形成有独立研究对象、理论、研究方法和学术范式的一门社会科学,其研究对象包括与历史、政治、经济、社会结构、人口变动、民族、城市、乡村、社区、婚姻、家庭与性、信仰与宗教、现代化等诸多领域。就社会学的历程来看,社会学沿着两大路向衍化:孔德一系的社会学看到资本主义的矛盾,力图通过修补的办法来维护资本主义社会的秩序,使资本主义"永恒"存在下去;而马克思一派的社会学认为资本主义社会中的矛盾乃是不可调和的,只有通过社会革命的手段来推翻资本主义社会,建立社会主义和共产主义社会。"五四"以后,西方的社会学思想在中国得到进一步传播,中国创办了社会学的学术组织,开展了社会调查工作;同时,也在高等教育中设置了社会学专业,开设了社会学的相关课程,从而使社会学作为一门重要的学科得到快速的发展。也是在五四时期,马克思主义社会学传播到中国,并与中国的社会改造结合起来,从而加快了马克思主义社会学中国化的进程,最终形成了"新民主主义的社会学体系"。

一、资产阶级社会学在中国的兴起

　　梁启超和严复是中国资产阶级社会学的先驱。至五四时期,中国的社会学加快了对西方社会学著作的翻译,积极引进西方的社会学思想,并开启了本土化的历程。这期间,人口问题的研究受到重视,家庭社会学亦处于兴起阶段,同时亦形成了研究社会的学术团体及相关的刊物。

（一）西方社会学的引进及其本土化走向

现代中国的学者对于西方的社会学著作予以高度的重视,相继翻译了西方一些代表性的社会学著作。比较重要的有:赵作雄译爱尔乌德(C.A.Ellwood,亦译为爱尔华)的《社会学及现代社会问题》(*Sociology and modern social problems*),吴旭初、杜师业译[法]勒庞(Gustave Le Bon)的《群众心理》①,伏庐译罗素的《社会结构学》②,瞿世英译鲍格度的《社会学概论》,许德珩译涂尔干的《社会学方法论》③,黄凌霜译[美]索罗金(Pitirim Alexandrovitch Sorokin)的《当代社会学学说》④,张世文译[英]麦其维(R.M.Maciver)的《社会学原理》⑤,费孝通译马林诺斯基的《文化论》⑥等。在这些译著中,赵作雄翻译爱尔乌德的《社会学及现代社会问题》一书,1920年由商务印书馆出版,1929年商务印书馆出了第10版,此外还有商务印书馆1932年9月的"国难后1版"及1933年5月的"国难后2版",这是国内第一部直接译自美国的社会学著作。该著具有入门性质,全书共15章,内容包括演进学说与社会问题的关系、家庭的起源、家庭的体制、家庭发

---

①　此著共3篇,即群众之心意、群众之意见及信仰、各种群众之分类及其详说,认为平民阶级业已变成政治生活的主导力量,故而群众心理已经成为各政治派别的研究对象。该著商务印书馆1920年9月初版,1931年出第7版。

②　商务印书馆1922年11月初版、1926年1月再版。该著共5讲,内容为:今日世界混乱之诸原因、实业主义之固有的趋势、实业主义与私产制度、实业制度与国家主义的互相影响、评判社会制度好坏的标准。

③　许德珩的《社会学方法论》译本在解放前影响很大,有商务印书馆1925年9月初版、1926年6月再版、1929年10月版(万有文库第1集)、1930年6月3版。此外,商务印书馆1932年出国难后1版、1934年再版、1939年9月版。涂尔干此著内容共7章,内容包括:什么是一个社会现象、关于观察社会现象的条例、关于制定社会种类之条例、关于考察证据的条例等。

④　此译著有商务印书馆1935年9月版及1935年11月版。该著以14章篇幅介绍社会学的学说与学派,内容包括:机械学派、李柏烈学派、地理学派、生存竞争之社会学的解释与战争社会学、社会学派、心理学派等。

⑤　《社会学原理》的中译本,商务印书馆1933年12月初版、1934年4月再版,该著内容除绪论外,主要是"人群的分析"及"人群的发展的基本定律"。译者张世文(1905—1996),北京人。1924年就读于燕京大学社会学系,1928—1929年先后获文学士和理学士学位。1938年起,先后任教于华西大学、金陵女子文理学院、四川大学等。著有《定县农村工业调查》、《衡山师古乡社会概况调查》、《生命统计方法》、《农村社会调查方法》、《农村社会学导论》、《社会调查概要》(合著)等。译著有《社会学原理》、《生命统计学概论》等。

⑥　费孝通此译本商务印书馆有1944年重庆初版、1945年再版及3版,商务印书馆1946年上海初版及1947年再版。马林诺斯基是人类学功能学派的主要代表,其《文化论》是社会学的名著,内容主要论述文化与人类的差异性、作用中的文化、文化的功能现实等。

达史、人口增加、都市问题等①,对于社会学的性质、研究领域,以及有关家庭、人口、都市等社会问题作了较为系统的叙述,成为中国人了解社会学的通俗读物,在中等文化水平的人群中有着较大的影响。瞿世英②译美国学者鲍格度(Emory S.Bogardus)的《社会学概论》一书,共 13 章,内容包括人口、家庭、社会与经济、社会与政治、社会与艺术、社会与知识、社会与宗教、社会进步与人类联合等。该著于 1925 年由商务印书馆出版(1929 年出第 5 版),是当时国内新学制高级中学的教科书,成为国内较为流行的社会学读本。

中国学者在翻译西方社会学著作的同时,积极推进社会学的本土化,以进化论和西方社会学观点撰写了一些重要的社会学著作,影响很大的著作有:陶孟和的《社会问题》(商务印书馆 1929 年版),常乃惪的《社会学要旨》(上海中华书局 1924 年 4 月初版)③,朱亦松的《社会学原理》(上海商务印书馆 1928 年 5 月初版),吴景超的《社会组织》(上海世界书局 1929 年 8 月初版),孙本文的《社会学大纲》(上海世界书局 1931 年 5 月初版)和《社会学原理》(上海商务印书馆 1935 年 1 月初版)。这些著作,大多是关于社会学基本知识的介绍,或者是传述西方的社会学的基本原理,虽然还有输入西方社会学的性质,但运用社会学原理研究中国社会的自主性也显著地增强了。

值得注意的是,孙本文于 1929 年至 1930 年间领衔主编了《社会学丛书》15 种由世界书局陆续出版,一批国内著名的社会学家参与其中。这 15 种著作是:《社会学的领域》(孙本文著),《社会的文化基础》(孙本文著),《社会的心理基础》(潘菽著),《社会的经济基础》(寿勉成著),《社会的生物基础》(吴景超

---

① 国家图书馆编:《民国时期图书总目·社会科学总论》,国家图书馆出版社 2019 年 12 月版,第 146 页。

② 瞿世英,即瞿菊农(1901—1976),原名世英,江苏武进人。中国近现代教育家。早年与郑振铎、瞿秋白、赵世炎等创办《新社会》旬刊、《人道》月刊。1922 年毕业于燕京大学研究科。1926 年获美国哈佛大学哲学博士学位,曾任清华大学、北京大学、上海自治学院、北京师范大学、北京女子师范大学教授,湖南大学文学院院长,中华平民教育促进会研究部主任、代总干事长,重庆乡村建设育才院院长,联合国教科文组织中国代表团顾问兼秘书长。著有《教育哲学》、《教育学原理》、《乡村教育文录》、《现代哲学》、《西洋教育思想史》,与人合著《中国古代教育史》等,并译有《西洋哲学史》等。

③ 常乃惪的《社会学要旨》共 14 章,内容包括社会学与社会、社会学的问题和本学的系统、社会之起源、社会化之程序、社会发展之原因、社会之起源、社会化之程序、社会发展之原因、社会之弊病与理想、社会学的起源及其派别等。该著自 1924 年 4 月初版至 1932 年 3 月,中华书局出了 11 版,在学术界影响很大。——参见国家图书馆编:《民国时期图书总目·社会科学总论》,国家图书馆出版社 2019 年 12 月版,第 149 页。

著),《社会的地理基础》(黄国璋著),《社会组织》(吴景超著),《社会变迁》(孙本文著),《社会进化》(黄凌霜著),《社会制约》(吴泽霖著),《农村社会学》(杨开道著),《都市社会学》(吴景超著),《社会学史纲》(李剑华著),《社会研究法》(杨开道著),《人类起源》(游嘉德著)。这套丛书面向世界社会学发展的新状况,及时地介绍西方社会学的最新成果,比较系统地介绍了社会学这门学科的基本理论,同时也力所能及地总结国内社会学研究的最新成果。这套丛书出版后,受到中国社会学界的重视和欢迎,打破了西方社会学教科书在中国大学一统天下的局面,有力地推动了社会学本土化的进程。这也说明,中国社会学家在著书立说方面,其著述工作虽然大多属于个人行为,但社会学研究的群体性的组织化行为有了明显的提升,这对于中国社会学的自主发展及自主性知识体系的建构有着重要的意义。

　　与此同时,社会学本土化的进程也不断加快了。这里,"所谓社会学的本土化,从本质上说,就是要求中国社会学能正确地描述和解释中国的社会现实,预测社会发展的前景,从而有助于中国社会的实际发展"。那么,在现代中国的学术界,为什么会发生社会学"本土化"这种学术现象呢? 其原因就在于"中国社会学的产生和发展主要是'西学东渐'的结果,因此,从它产生的那天起就面临着一个本土化或中国化的问题"[①]。正是在社会学本土化的过程中,中国学者在运用西方的社会学理论时,越来越注意到需要具体地研究中国的社会问题,在问题选择、材料运用等方面更多地带有中国的特色,从而使社会学为中国的社会变革服务。就现代中国资产阶级社会学衍化历程及其成果来看,学者们引进西方社会学理论,就在于能运用到中国的"社会改造"之中。梁漱溟、晏阳初等人的乡村建设理论,认为中国社会的根本问题在乡村,只有改造乡村才能进而救治中国社会,故而要从乡村建设入手。吴景超也认识到中国农村问题的严重性,但不同意梁漱溟、晏阳初提出的乡村建设办法,而是认为社会以其经济的发展而发展,唯有整个社会进行工业化才能提高人民生活,故而他在所著的《第四种国家的出路》(1937年)中,主张通过发展都市来救济中国农村,走"以工济农"的道路。陈序经从文化上探求中国社会改造的道路,既反对在"中学"与"西学"、"精神文化"与"物质文化"、"静的文化"与"动的文化"之间"折衷"调和的办法,又反对辜鸿铭、梁漱溟等"复古"的办法,进而提出"全盘西化"的主张。潘光旦认

---

　　① 郑杭生:《中国社会学百年轨迹》,北京市社会科学界联合会组织编写:《学界专家论百年》,北京出版社1999年版,第108—109页。

为,救济中国社会要立足于民族本位,讲保存国粹的"但见其一未见其二",而讲"全盘西化"的又"但见其二未见其一",事实上民族复兴的中心问题是"民族位育",只有民族素质的整体提高才是挽救国家危亡的根本途径,遂提出了"民族优生"的主张。可见,以"本土化"范畴来诠释现代中国的社会学发展进程,更能看到中国早期社会学家在学术上致力于"社会改造"的目标。

(二) 人口问题的研究

在社会学本土化过程中,中国人口问题的研究是其中的重要内容之一。许多学者基于对中国社会的研究,业已注意到中国人口问题的严重性,并力图在人口问题的研究中,寻求中国社会变革的道路。代表性著作,有陈长蘅的《中国人口论》、许仕廉的《中国人口问题》、陈达的《人口问题》等。

陈长蘅①所著的《中国人口论》这一著作,1918 年由商务印书馆出版(1928年出到第 8 版),这是现代中国最早研究人口问题且学术影响比较大的著作。该著共 8 章,主要内容:绪论、人口原理、人口编查法略说、世界诸国与外国人口之现情、人口疏密孳生疾徐与国家强弱种族盛衰国民贫富生活文野之关系、婚姻室家之改良、婚姻室家之改良(续)、世界进化之趋势及吾国图强之指针。该著提出社会学研究人口问题的极端重要性,并将中国人口作为特定的研究对象,为社会学本土化做出了积极的努力。作者认为,人口问题关系中国的生计问题,对于中华民族的发展有着至关重要的意义,是社会运行过程中必须高度重视和急于解决的课题,研究社会学就在于为"吾国图强"获得借鉴。如该著在自序中说:"今日我国生计问题之应解决者多矣,而人口问题,乃为根本之一。是书之作,欲与国人商榷人口孳生之道,必婚姻以时,养育有度,然后全国人民有衣有食,有养有教,室家富厚,文化长兴,全群嬗进,费替费衰。"又如,该著肯定人口与社会发展有着密切的关系,认为"中国今日民贫之一最大原因厥为人民孳生太繁,地力有限,生育无限",而"人口孳生之道,犹农夫之播种焉,太疏则收获不

---

① 陈长蘅(1888—1987),字伯修,号建公,四川荣昌人。中国人口学家、经济学家。1906 年入游学预备学堂英文班,1911 年赴美留学。1917 年获哈佛大学硕士学位。回国后,先后任北京大学经济系讲师,盐务稽核所编译,南京中央大学法学院经济系副教授。1928 年任中国经济学社常务理事。20 世纪 30 年代参加中国统计学社,曾任重庆朝阳法学院经济系教授兼系主任,浙江英士大学财政学教授。1949 年后任金华新成初级中学校长,1956 年任上海文史馆馆员,1961 年任上海市人民政府参事,1980 年任上海市人口学会顾问。主要著作有:《中国人口论》(1918 年)、《进化之真相》(1919 年)、《三民主义与人口政策》(1930 年)等。

丰,太密则拥簇而死,必折衷于疏密之间,然后嘉禾可得也",因而"生育过多之结果,恒定以减少人类幸福,增加人类痛苦,阻碍人群之进化"。"至于全国人民之所以日穷,则原于户口繁密。又处现时劣陋的政治经济与交通状况之下,国内实业之振兴,富源之开发与财货之增加,均太迂缓。遂致供求不能丰消,有无不能相易。全国愈乱愈穷,愈穷愈乱。人口遂不得受马尔萨斯所谓天然裁制。"[①]作者强调人口控制的意义,主张采取"自然节育法"节制生育。如该著指出:"中国现时所受马尔萨斯所指示的人口压迫与马克思所指示的人口压迫孰重孰轻?人口过剩的压迫大概可以分为两大类:一为因土地与资本太少,生产不够,分配不敷而发生的人口过剩;二为因土地与资本过于集中,生产虽多,分配不均而发生的人口过剩。在马克思一派的学者只承认第二种的人口过剩,而否认第一种马尔萨斯所指示的人口过剩。但是兄弟以为在人浮于地而资本主义并不发达的国家如今日之中国,实以第一种的人口过剩较为严重,这种国家的人口问题是比资本主义甚形发达的国家尤难解决。"因此,"要想根本解决中国的民生问题,及其耕者皆有其田,便要设法维持土地与人口适当比例",故而"迟婚减育,实救贫最要之一术也"[②]。该著的重要特色是运用大量的统计数据,以统计表的形式说明人口的变迁、生育率与死亡率的变化,这提升了该著的直观性和可读性。该著征引广泛,引用了季廷史、华特、斯宾塞、霍布豪斯等人的学术主张,具有较为广阔的社会学知识谱系,是当时社会学界具有较高水平的人口问题研究的专著。但是,作者站在资产阶级立场上赞同马尔萨斯的人口理论,故而书中的观点在当时很少引起学术界的认同。

　　许仕廉[③]所著《中国人口问题》一书,1930年由商务印书馆出版,是研究中国人口问题的开创性著作。该著是作者在燕京大学讲授《中国社会问题》讲稿

---

　　① 陈长蘅:《中国人口论》,商务印书馆1918年版,第20页。

　　② 陈长蘅:《中国人口论》,商务印书馆1918年版,第25页。

　　③ 许仕廉(1896—?),湖南湘潭人。中国著名社会学家。早年留学美国,获艾奥瓦大学哲学博士学位。1924年回国后,任国立武昌师范大学教授,同年任燕京大学社会学系教授,1926年任系主任。1927年创办《社会学界》年刊。1928年主持创办清河实验区。1930年参与成立中国社会学社,曾任副理事、理事;《美国社会学及社会研究杂志》特别编辑。1931年赴美芝加哥大学社会学系,任研究导师。1932年任外交部参事、条约委员会委员。1933年任伦敦及意大利人口问题研究委员会驻华通讯员,又应实业部聘请参与农村建设委员会的设计工作。1934年被任命为银价委员会主席、契约研究委员。抗战前夕赴美定居。主要著作有《文化与政治》、《一个市镇调查的尝试》(英文版,1930年)、《社会教育与社会理论》、《中国人口问题》(1930年)、《人口论纲要》(1934年)等。

基础上编撰而成的。全书加上"补论"一章共 11 章,内容包括中国人口论调与人口公例、研究中国人口材料与人口增加律问题、中国人口密度问题、生产率与死亡率、中国人口之性比例及年龄分配、中国人口之婚姻状况及职业分配、中国人口之迁徙、中国境内的外国侨民、中国人口的品质问题、解决中国人口问题的方法等。许仕廉高度重视中国人口问题研究的意义,并将中国人口问题放在世界范围内进行考察。他在该著的序中说,"人口是社会与国家的原料,是文化与财富的生产者,所以要研究各种社会问题、经济问题、政治问题、教育文化问题,必从人口入手"。而"中国人口,占世界人口总数四分之一,中国人口的变迁,与世界大势有很大的关系,故中国人口问题,不独是中国的问题,而是世界的问题"。该著重视人口素质的研究,认为在人口的数量与素质之中,人口素质最为重要,关系到民族的发达。在许仕廉看来,当时由于诸种原因,中国人口的生育呈现减少的趋势,其原因在于:"第一为新女性运动的提倡,缩小家庭,提高婚姻年龄,女子主张经济独立。第二为社会文化发达,经济欲望加高,使许多人不愿有子女;第三生产节制的人为方法,已渐普及;第四优生运动之提倡,使社会渐注重于人口的品质。"[1]因此,许仕廉主张在提高人口素质上着力,而不能仅仅依靠人口数量上的增加。他说:"总之,人口问题之全体,非仅为人口多寡之问题,凡人口之品质,经济之效率,与分配之平均,皆在其中。换言之,非人数之问题,盖亦财富与优生之问题也。"[2]许仕廉在《中国人口问题》这部著作中,还以相当大的篇幅研究了中国人口的迁徙问题,对于中国人的国内迁徙及海外移民的状况作了较为详细的描述和说明,不仅呈现了人口动态流动的图景,而且也考察人口流动对社会变迁的影响。这是该著的一个很重要的特色。如该著就移民对于本国社会的影响,有这样的分析:"中国国外华侨不及本国人口总数百分之二,而影响却不小。第一,海外的中国侨民每年以力役之所得汇归本国的款项在一亿万元以上。吾国国际贸易,输入超过输出。现金不断外溢,以至成为漏卮者,赖有此款为之填补。第二,国民目睹外国的政治及经济进步,痛恨事业不能振兴,救国热心,从此膨胀。所以南方革命党的活动,必依靠华侨的经济帮助,因此中国政治,每每南方人喜进取,北方人喜守旧,南北战争延长十余年。第三,侨民因能在海外自谋衣食,遂渐渐脱离家庭的势力而独立。设使在外国娶一外国夫人时(此事颇多),便因之大破迷信及旧思想,而输入新思想及新式生活。第四,中

---

① 许仕廉:《中国人口问题》,商务印书馆 1930 年版,第 7 页。
② 许仕廉:《中国人口问题》,商务印书馆 1930 年版,第 9 页。

国人口的性比例,已如上述,男子超过女子数,比各国高;移殖及当兵,可以减少男子过剩的压力。因中国侨民多不带家室也。此外有一坏处:迁出人民,大率为身心强健,善事工作,且勇往奋发之壮丁。一旦迁出,使本国人口老弱之比例增加。在短期内必致减少本国生产,并有时引(起)人种退化。不过中国移出之民为数甚少,在人口全部,社会上及生理上,不致大受影响。"①从材料的引证来看,该著立足于中国人口问题的研究,征引中国的材料极为丰富,且能注意与国外的材料相比对,因而在资料占有与运用方面也是有显著特色的。此外,许仕廉还著有《人口论纲要》,于 1934 年由中华书局出版,也是研究人口问题的一部重要著作。

陈达所②所著《人口问题》著作,也很有特色。陈达是现代中国著名的社会学家,所著《人口问题》于 1934 年由商务印书馆作为"大学丛书教本"出版,同年再版,1935 年又再版③。这是作者自 1924 年起在清华大学讲授社会学课程的讲义,经多次修改而成的专著。该著分为"人口理论"、"人口数量"、"人口质量"、"人口与国际关系"四编,计 22 章。该著将人口数量与人口质量结合起来进行分析,认为生存竞争与人口的数量有关,而成绩竞争则与人口的质量有关,故而提出生存竞争与成绩竞争的理论。陈达认为,人口不能超过国家的富源占有量,因而人口问题最为关键的不是人口数量的问题,而是人口的质量问题。由此,解决人口问题,应该注重限制人口数量,提高人口的质量。他建议中国政府采取"人口的限制(生育节制),以期减少贫穷而发展文化"的人口政策,指出:"我国立国的基础,要建设在有职业、有教育、有爱国心的民众之上,那就必须要改良人口的品质。我们应该减少人口的数量,提高人民的知识。"④该著对于人口统计

---

① 许仕廉:《中国人口问题》,商务印书馆 1930 年版,第 104—105 页。

② 陈达(1892—1976),又名邦达,字通夫,浙江余杭人。1911 年考入清华留美预备班,1916 年赴美留学,1923 年获哥伦比亚大学博士学位,同年回国任教于清华学校。清华学校于 1928 年改为清华大学后,陈达任该校社会学系主任、教授,并受聘为中央研究院院士、太平洋学会会员兼东南亚部负责人。抗战后任西南联大社会学系主任、教授,并任清华大学国情普查研究所所长。1949 年后,先后任中央财经学院、中央劳动部劳动干部学校教授兼校长、劳动保护司副司长、全国政协委员等职。主要著作有《中国移民的劳动状况》、《现代中国人口》、《中国最近八年间罢工调查》、《中国劳工问题》、《南洋华侨与闽粤社会》、《浪迹十年》、《解放区的工人生活状况》、《抗日战争时期和解放战争时期工人运动史》、《华侨——关于劳动条件的专门考察》(英文版)、《中国劳工问题》、《人口问题》、《南洋华侨与闽粤社会》、《华南侨乡》(英文版)、《现代中国人口问题》(英文版)等。

③ 参见国家图书馆编:《民国时期图书总目·社会科学总论》,国家图书馆出版社 2019 年 12 月版,第 290 页。

④ 陈达:《人口问题》,商务印书馆 1934 年版,第 431 页。

的资料详加引用,提升了该著的学术水准。陈达在 1946 年还著有《现代中国人口》一书,对于中国近百年的人口演变规律作了重要的探索,在国际学术界有着较大的影响。

中国社会学的发展,是与社会学专业的兴办分不开的。现代中国,许多高校相继增设社会学专业,开设相关的社会学课程,这成为现代中国高等教育中的重要现象。1919 年至 1949 年间,厦门大学、燕京大学、复旦大学、中央大学等,都成立了社会学系。厦门大学于 1921 年成立历史社会学系,由徐声金担任系主任。徐声金曾留学美国哥伦比亚大学,并获得该校社会学系博士学位。燕京大学于 1922 年设立社会学系,由美国学者伯吉斯任系主任,1926 年由留美归国学生许仕廉担任系主任。清华学校于 1925 年设立社会学系,由留美归国学生陈达担任系主任。中央大学的前身南京高等师范于 1927 年设立社会学系,由萧纯锦任系主任,后由龚贤明、孙本文继任,三任系主任皆为归国留学生。起初,高校的社会学课程由外国人承担,以后由于留学国外的社会学专业毕业生相继回国,高校的社会学课程遂由中国人自己讲授。以燕京大学社会学系为例,1927 年至 1928 年该系共有 15 名中外社会学教授,其中 11 名是中国学者,承担了该系的主要社会学课程。当时,主讲农村社会学课程的是杨开道,主讲社会学原理等课程的是吴文藻,讲授社会立法及社会工业课程的是林东海,讲授社会行政课程的是张鸿钧,严景耀开设社会犯罪学及监狱行政等课程,雷洁琼开设社会福利事业等课程,陈翰笙主讲农民运动课程,许地山主讲人类学课程[①]。南京国民政府成立后,为了推进"社会建设",设立了社会部,这就需要"社会事业"与"社会行政"方面的专门人才,于是各高校的社会学系得到很大的发展。

(三) 家庭社会学的兴起

现代中国的家庭研究发端于新文化运动,基于对旧式婚姻和传统家庭的批判,着力于对理想的新社会中婚姻和家庭的设计,这方面的研究就很有特色,并逐步建立起"家庭社会学"这个新的分支学科。新文化运动兴起的伦理革命,对旧家庭制度、旧婚姻制度及其相应的家庭观和婚姻观进行前所未有的批判,极大地动摇了封建的家庭伦理,有力地解放了人们的思想,从而推进了全社会思想观念的转变。这为中国社会学的发展提供发展的契机。"五四"以后,随着社会学

① 卢汉龙、彭希哲主编:《二十世纪中国社会科学·社会学卷》,上海人民出版社 2005 年版,第 12 页。

研究的兴起,家庭研究逐渐被纳入社会学的研究范围,从而也就出现了大量的论述家庭问题的学术著作,如易家钺、罗敦伟合著的《中国家庭问题》(1921 年),潘光旦的《中国之家庭问题》(1928 年)等著作。这几种著作,虽然皆以家庭为研究对象,但写作风格有着显著的不同,并各有其论述的重点。

潘光旦[①]的《中国之家庭问题》一书,对于家庭功能的解说很有特色。该著由序、中国之家庭问题征求案、答案之分析、答案之价值、附录等五部分组成,主要涉及家庭问题的三个方面:一是家庭的前因,即人们对祖宗父母的待遇观念;二是家庭本身,涉及人们对于男女婚姻和夫妻关系的认知;三是家庭的延续,即人们对子女的生育教养的认识。潘光旦在《中国之家庭问题》一书中认为,"家庭之功用三,曰为个人求发展,为社会谋秩序,为种族图长久保大。如目的偏属第一种功用,则家庭之维系力趋薄弱,而社会秩序趋紊乱,此今日欧美各国社会之情形也。如目的偏于第二种功用,则个人发育之机日戕,社会之秩序虽定,而其进步则转迟缓,此历来我国社会之情形也。第三种功用,即种族之长久保大,虽始终有其地位,但觉察者少,引为重者,历史社会中尤不多见。……家庭之效用既在维持种族之长久治安与演进,则其利害所关,不仅及于一时代之社群生活,亦且及于后世子孙之社群生活,一种社会组织之责任,恐无有大于此者。"[②]该著还基于人类需要"情感"的观点,来解说家庭何以成为社会重心的主张,发表了这样的看法:"家庭之所以为社会重心者,因其为自有文化以后,人类情感之维系物与归宿地也。初民生活无定局,其情感之推施亦甚散漫。及后,文化渐进,其情感始集中于妻孥,集中于父母,而家庭得以成立,而社会乃有秩序可言。近世家庭组织之日趋涣散与社会问题之日趋复杂,似不无重要之连带关系,其间变迁之迹似适与初民社会者相反。初民社会之情感,由散漫而集中,今则由集中复归于散漫。情感飘忽失据之结果,轻则为感伤主义,为'感情用事',重则为犯

① 潘光旦(1899—1967),字中昂,江苏宝山人。现代中国著名的社会学家、优生学家、民族学家、教育家。1913—1922 年就读于清华学校,后赴美留学,主攻生物学,1924 年获学士学位。1925—1926 年在哥伦比亚大学学习动物学、古生物学、遗传学,获硕士学位。1926 年回国后,历任上海政治大学教授兼教务长、上海光华大学教授兼文学院院长,以及东吴大学、复旦大学、大夏大学、暨南大学、沪江大学的教授。1934—1952 年任清华大学教授,兼清华大学教务长、秘书长、社会学系主任、图书馆长。抗战期间,任西南联大社会学系主任兼教授。1941 年参与组织中国民主政团同盟(中国民主同盟前身)。1949 年后,历任政务院文教委员会委员、中央民族学院教授、历史系副主任、民院研究部第三室主任,全国政协委员、民盟中央委员等职。著作有《优生学》《人文生物学论丛》《中国之家庭问题》等,另有译著《性心理学》等。
② 潘光旦:《中国之家庭问题》,商务印书馆 1928 年版,第 110—113 页。

罪之倾向。"①又指出："人是一个富有情感的动物,在在要求情感有所寄托。在彝伦攸叙的社会里,家庭是人们情感所由维系的一个最大的中枢。家庭一经摧残,此种中心机关就没有了。从此人们的情感就不得不别求寄托。"②这里,潘光旦注重人的情感寄托的特点,并进而把人类对于情感的需要,作为家庭得以组织起来的一个动因,因而也就看到了家庭在满足人类的情感需要方面所具有的独特性。潘光旦认为,为了发挥家庭在个人与社会之间的连接作用,则家庭的规模不易太大、但也不能太小,以"折中之家庭制"为宜。关于"折中之家庭制"的具体优势,潘光旦指出："折中之家庭制有两大利:自社会效用方面言之,则为训练同情心与责任心最自然最妥善之组织。自生物效用方面言之,则种族精神上与血统上之绵延胥于是赖。自其横断空间者观之,个人为一极端,社会为一极端,而居间调剂者为家庭。自其纵贯时间者观之,上为种族血统之源,下为种族血统之流,而承上启下者为家庭。家庭大小适中,则其调剂与衔接之功用愈著。"③潘光旦研究家庭问题有着"儿童中心论"的理念,故而也就特别重视家庭教育对于儿童发展的极端重要性,认为有些家庭在不能承担儿童教育的情况下,社会则应担负起儿童所应接受的家庭教育的相应责任,必要时亦可以使儿童"脱离家庭环境",从而保证儿童的健康成长。他指出："家庭教育之功用有二端焉:其一为义较广,即儿童自出生以至入学,生理与心理健全之保障是。其二为义较狭,即同时期内,儿童情感生活之指导,与道德观念之养成是。虽然,设我辈之议论即此而止,则不免失之笼统,而无裨于实际。家庭之环境也有优劣,父母之教育因之也有强弱,而优劣强弱之程度皆不无生物遗传之限制,势不能举劣者弱者而优之强之,使合于儿童教育之条件。既不可能,则社会对于此种不幸之弟子,唯有使之及早脱离家庭环境,察其遗传之能力,而与以相当之安插。于其家庭与父母,其因遗传极端恶劣不能改造者,则唯有解散之,隔离之,使不能为社会之累。"④潘光旦的《中国之家庭问题》是优生学研究的经典著作,该著从优生学和种族优化的立场出发,提出"家庭向为我国社会组织之中心,社会之治安系焉"的主张,强调家庭对于个体生活、种族延续及社会秩序所具有的重要作用,在中国开启了优生学研究的方向,故而在中国社会学史上有着独特的学术地位。

现代中国的学术研究固然是近现代中国社会变革的反映,同时也是在社会

①　潘光旦:《中国之家庭问题》,商务印书馆 1928 年版,第 279 页。
②　潘光旦:《中国之家庭问题》,商务印书馆 1928 年版,第 313 页。
③　潘光旦:《中国之家庭问题》,商务印书馆 1928 年版,第 122 页。
④　潘光旦:《中国之家庭问题》,商务印书馆 1928 年版,第 285 页。

思想影响和引领下的学术研究,承载着社会思潮的思想意蕴及其价值指向,并由此在广大学者的努力下而孕育形成许多新的学科。可以说,正是因为新文化运动伦理革命所产生的积极影响,以及 20 世纪 20 年代社会学家在家庭方面的创造性研究,使得家庭问题的研究在 20 世纪的 20 年代及其以后更加受到重视,从而也就有力地推进了家庭社会学这门学科的产生和发展。

需要指出的是,由于五四时期的中国处于"社会改造"之中,社会改造亦成为此时最为突出的思潮,故而学界研究"社会改造"所关联的问题更容易引起社会的共鸣。商务印书馆在 1923 年还推出《中国改造问题》的著作,收录了杨端六的《中国改造的方法》、孙几伊的《改造中国的途径》、陈启修的《我理想中之中国国宪及省宪》,引领学者进一步研究社会改造问题[1]。值得注意的是,"五四"以后社会上的一些有重要影响的期刊,不仅积极关注和支持传统家庭的现代性变革,而且对于进一步推进家庭问题的研究作出了很大的贡献。如《东方杂志》就发表了郑贤宗的《财产问题发端》(《东方杂志》第 17 卷第 22 号,1920 年)、潘光旦的《中国之优生问题》(《东方杂志》第 21 卷第 22 号,1924 年)、潘光旦的《家谱与宗法》(《东方杂志》第 27 卷第 20 号,1930 年)、楼桐孙的《中国家庭的过去与未来》(《东方杂志》第 28 卷第 2 号,1931 年)、程方的《中国家制问题平议》(《东方杂志》第 28 卷第 17 号,1931 年)、家寒的《中国家庭的过去与未来质疑》(《东方杂志》第 28 卷第 17 号,1931 年)、程紫芝的《离婚问题与经济问题》(《东方杂志》第 30 卷第 3 号,1933 年)、陈碧云的《家庭的破灭与妇女解放》(《东方杂志》第 30 卷第 7 号,1933 年)、陈碧云的《性的选择之进化观》(《东方杂志》第 30 卷第 19 号,1933 年)、洪锡恒的《婚姻的法律与习俗》(《东方杂志》第 30 卷第 19 号,1933 年)、孟如的《从职业回到家庭吗?》(《东方杂志》第 30 卷第 23 号,1933 年)、璧城的《现代婚姻法》(《东方杂志》第 31 卷第 1 号,1934 年)、陈碧云的《家庭制度的各派主张之检讨》(《东方杂志》第 33 卷第 1 号,1936 年)、姚贤惠的《父母的态度与儿童行为问题的关系》(《东方杂志》第 33 卷第 5 号,1936 年)、金石音的《论各国现行法上之离婚原因》(《东方杂志》第 33 卷第 5 号,1936 年)、磐石的《中国妇女婚姻上所受的压迫》(《东方杂志》第 33 卷第 11 号,1936 年)、陈碧云的《现代婚姻问题之研讨》(《东方杂志》第 34 卷第 11 号,1937 年)、张少微的《现代家庭组织的试验》(《东方杂志》第 34 卷第 13 号,1937

---

① 东方杂志社编:《中国改造问题》,商务印书馆 1923 年 12 月初版。至 1925 年 6 月,该著在商务印书馆出了第 3 版。——引者注。

年)等研究家庭的文章。又如,《妇女杂志》也发表了郜光典与宝贞合写的《新家庭》(《妇女杂志》第 7 卷第 1 号,1921 年)、李光业的《家庭之民本化》(《妇女杂志》第 7 卷第 2 号,1921 年)、周建人的《家庭生活的进化》(《妇女杂志》第 7 卷第 5 号,1921 年)、陈德征的《家族制度的破产观》(《妇女杂志》第 7 卷第 5 号,1921 年)、沈雁冰的《离婚与道德问题》(《妇女杂志》第 8 卷第 4 号,1922 年)、饶上达的《离婚问题的究竟观》(《妇女杂志》第 8 卷第 4 号,1922 年)、知白的《离婚问题与将来的人生》(《妇女杂志》第 8 卷第 4 号,1922 年)、陈友琴的《经济上的离婚观》(《妇女杂志》第 8 卷第 4 号,1922 年)、云鹤的《性的新道德之基础》(《妇女杂志》第 8 卷第 5 号,1922 年)、夏梅的《自由离婚论》(《妇女杂志》第 8 卷第 4 号,1922 年)等文章。《东方杂志》、《妇女杂志》等是五四时期很有影响的刊物,这些杂志发表关于家庭、婚姻、妇女等问题研究的文章,使得社会学在当时中国的学术界有着较大的影响。

至 20 世纪 30 年代和 40 年代,家庭社会学的研究在中国逐步走向成熟,代表性的著作有沈钧儒的《家庭新论》(1933 年)、吴云高的《现代家庭》(1935 年)、陈顾远的《中国婚姻史》(1936 年)及费孝通的《生育制度》(1947 年)等。对于这几部重要的家庭社会学著作,本章将在后面进行简要的介绍。

(四) 社会学研究的学术团体和相关刊物

为了适应社会学发展的需要,社会学的团体和刊物相继出现,团结了一批社会学的专门人才,推动了社会学研究工作的开展。现代中国的社会学研究团体,代表性的有:

(1)中国社会学会。1922 年,余天休[①]发起成立中国社会学会,这是中国第一个社会学研究团体。但因为当时参加者较少,不久也就陷入停顿状态。中国社会学会创办后,余天休又于同年主编了《社会学杂志》,交由商务印书馆出版。这是中国最早的社会学研究刊物。该刊自 1922 年 3 月至 1925 年 8 月共出版 2

---

① 余天休(1896—1969),广东台山人,早年留学美国,1920 年获博士学位。我国早期的著名社会学家。自 20 世纪 20 年代初任北京大学教授,此后又曾在北京师范大学、辅仁大学、法政大学、农业大学、中国大学、朝阳大学、齐鲁大学等校任教授。20 世纪 50 年代初定居美国。著有《社会学大纲》、《经济学原理》、《社会文化研究法》、《民族复兴与世界联邦》、《人类之过去现在与未来》、《中国现代社会之根本问题》、《教育之社会目的》、《殖边问题之研究》、《回教史之研究》、《中国社会问题》、《中国文化系统表》、《中华民国刑法》等著作 10 多种。其 20 世纪 30 年代的部分著述,收入谢立中主编的《民族复兴与世界联邦:余天休社会科学论集》(北京大学出版社 2008 年版)一书中。

卷 8 册,后又出版第三卷的第 1 期至第 3 期,于 1933 年停刊。《社会学杂志》载文 200 余篇,不仅在凝聚社会学的学者开展学术研究方面起到了很重要的作用,而且也促进了社会学的理论研究和中国社会问题研究,为推进西方社会学理论中国化作出了重要贡献。譬如,《社会学杂志》上曾发表杨鸿烈的《中国婚礼的研究》文章,主张以现代民主、自由的理念来根本上改变中国的婚礼。这篇文章中说:"我以为将来的婚姻,最根本最合理的事,莫如把这些'娶礼'、'嫁礼'都根本推翻是了。因为人世上所有父母专制婚姻及诸种堕落如卖淫、冶游、抢亲诸罪恶,都是由男子要有'娶礼'的财物,女子也要有'嫁礼'的财物,然后才可以及时'迎亲''于归'。所以这两件事,便是我们恋爱神圣的枷锁,幸福的仇敌唉!这两种费用不消灭,那么人世上将无普遍幸福之可言,所以我们对于将来婚礼的主张,便是:废止'娶礼''嫁礼',然后才可以自由结婚,才是彻底的解决。"① 又譬如,《社会学杂志》上发表了黄公觉的《关于婚姻之教育问题》,从社会演变的角度研究婚姻变革的必然性。该文指出:"婚姻就是根据于恋爱之两性结合。从这个定义可以推知从前抢夺的、契约的、贸易的婚姻,都不是真正的婚姻。……婚姻一事不特是满足个人的要求罢了,而且要应付社会的和种族的要求,因为社会和种族全靠婚姻这桩事体才能继续下去。"该文还提出了两性结合的原则问题,指出:"至于两性的结合所遵守的原则,共有四个。第一,即性道德的原则。第二,即性卫生的原则。第三,即美学的原则。第四,即社会福利的原则。所谓性道德的原则,就是一夫一妻制的原则。在一夫一妻制以外的一切性欲关系,都是不道德的事体。这种性欲道德的意义,乃现代一切文明国家所承认的。施行性教育的时候,定要把一夫一妻的婚姻观念灌入青年的脑里。所谓性卫生原则,就是结婚须保持或增进健康之谓。所谓美的原则,即双方心理的反映作用,须与自然的美和人生的美调和之谓。所谓社会福利的原则,就是说婚姻对于社会的幸福须有相当的贡献。……真正的婚姻,是合于性道德、性卫生、美学、社会福利各法则的两性爱的结合。"② 余天休主编的《社会学杂志》的创刊,为社会学研究者提供了发表成果的机会,促进了中国学者的社会学研究成果的交流,推进了社会学的学术研究工作,扩大了社会学这门学科在中国学术界的影响③。

---

① 杨鸿烈:《中国婚礼的研究》,《社会学杂志》第 1 卷第 5 号,1924 年。
② 黄公觉:《关于婚姻之教育问题》,《社会学杂志》第 2 卷第 2、3 期合刊,1924 年。
③ 《社会学杂志》停刊后,余天休又于 1933 年主办英文《中国社会学报》(*The Chinese Sociological Bulletin*)月刊,摘录各报刊关于社会学研究的文章刊载,维持两年有余,为中国早期的社会学发展作出了重要贡献。

（2）东南社会学会。随着中国社会学研究的开展，以及高校社会学专业的开办，从事社会学研究的人数日多。1928年由孙本文、吴景超发起，联络东南各大学的社会学教师和学生，成立了东南社会学会。学会联络东南各省的社会学者共同研究社会学理论、社会问题，以促进用科学的方法研究社会为宗旨。该会于1929年创办《社会学刊》（季刊），由孙本文任主编，吴景超任编辑，吴泽霖任书记兼会计。东南社会学会成立后，推动了全国社会学者的社会学研究，并引起北方学者的高度关注。1929年秋，以陶孟和、许仕廉为代表的一批北方社会学家建议，在东南社会学会的基础上扩大范围，吸纳北方及全国各地的社会学学者，成立全国性的社会学研究团体。这一建议，获得东南社会学会的积极响应。随后，东南社会学会于1930年2月进行改组，在上海召开成立大会，正式成立了具有全国性质的中国社会学社，并决定《社会学刊》从第二卷第1期改由中国社会学社主办。这样，东南社会学会结束其使命。

（3）中国社会学社。中国社会学社在1930年2月举行成立大会暨第一届年会。来自中央、金陵、燕京、清华、北大、厦门、沪江、光华、复旦、大夏、协和等大学的代表百余人出席。蔡元培应邀到会，并作《社会学与民族学之关系》的演讲。大会选举孙本文、许仕廉、陶孟和、吴景超、吴泽霖、杨开道、钱振亚等7人组成学社第一届理事会，并推孙本文担任正理事。学会得到发展，到1943年拥有会员160人。中国社会学社联络全国社会学人才，组织学术交流与研讨，集中研究社会学界所关注的重要问题。该社于1930年至1937年间召开了六次年会，1937年至1948年间又召开了三次年会，每次年会皆有明确的主题。如1931年2月在南京举行的第二届年会，集中讨论了人口问题；1943年2月在重庆、成都、昆明同时举行第七届年会，集中讨论"战后社会建设"问题。《社会学刊》（季刊）尽管因受战事影响曾一度停刊，但刊发了不少高质量的社会学论文，在团结社会学研究的队伍、聚焦社会学研究的问题、发表社会学研究最新成果、培养新一代社会学研究者等方面发挥了很大的作用。

现代中国的学术组织，有时也很难脱离与政府的关系。这里，需要提及《社会建设》（月刊）这个刊物。1944年国民政府社会部与中国社会学社合作，共同创办了《社会建设》（月刊），主要发表有关"社会建设"、"社会行政"方面的文章，以便推动战时和战后的社会建设工作。

中国资产阶级的社会学在形成和发展的过程中，也一直比较重视对中国社会的调查研究，各大学的社会学系、各社会学团体、不少社会学的学者也纷纷走向社会，相继开展了一系列的社会调查活动。代表性的社会调查有：燕京大学的清河镇社会调查,中央大学的蒋庙村社会调查,金陵大学的各地农村调查,中山大学的樟林社会调查,云南大学的禄村农田调查和昆明劳工调查,中央研究院社会科学研究所的北平西郊64村社会调查,定县平民教育实验区的定县社会概况调查,苗族生活调查,西康社会调查等等。这些社会调查限于当时的历史条件,同时也由于其指导理论上一些缺陷,虽然还不能从根本上解决中国的社会问题,但调查中获得了大量的关于中国社会情形的资料,提出了一些关于解决中国社会问题的建设性观点,培养了一批热心于社会调查的专业人员,弘扬了面向社会实际的调查研究风气,因而对中国社会学的发展产生了深远的影响。

以上所介绍的,是当时中国学术界中处于正统地位的社会学,也可称为"学院派社会学"(尽管此派亦并不满足于书斋式的研究)。此种学院派社会学,大致又可以分为以梁漱溟、晏阳初为主要代表的乡村建设学派,以孙本文为集大成者的综合学派,以吴文藻、费孝通等为主要代表的社区学派[1]。社会学研究中学派的形成与发展,乃是社会学得到发展的重要表征。这表明中国的社会学在学术探索中,业已超越模仿西方社会学的阶段,逐步形成具有本民族特色的社会学体系。

二、中国马克思主义社会学体系的构建

在现代中国的社会学界,居于主流的"正统"地位的,显然是以进化论为指导的资产阶级社会学。但还有处于非主流地位的社会学,这就是中国马克思主义社会学。中国马克思主义社会学虽然在当时没有所谓"正统"地位,在国统区的高校讲坛上也没有"合法性",但却代表着中国社会学发展的方向。中国马克思主义社会学在1919—1949年的演进历程大体上有三个重要的阶段。

(一)中国马克思主义社会学的创建阶段(1919—1927年)

1919—1927年,中国马克思主义社会学作为一个学科已经产生,初步地形成了唯物史观的社会学体系。五四时期是崇尚"社会改造"的时代,思想界也由早期新文化运动的"个人解放"而进入"社会改造"的阶段。五四时期的先进分

---

① 郑杭生:《中国社会学百年轨迹》,北京市社会科学界联合会组织编写:《学界专家论百年》,北京出版社1999年版,第98页。

子要进行"社会改造",就得有"主义"的指导和引领,于是也就促进"主义"的崛起①;同时,也正是因为有不同的"主义",于是也就有了缓进的与激进的不同社会改造方式,从而在中国学术界也就形成自由主义社会学与马克思主义社会学的分野。在中国马克思主义社会学的创建阶段,以李大钊、陈独秀、瞿秋白、李达等为代表的中国早期的马克思主义者,最早将马克思主义社会学原理介绍到中国,用以指导人们的社会研究及社会学研究,为建设中国马克思主义社会学作出了开创性的贡献。

李大钊在中国不仅是宣传马克思主义理论的先驱,承继了马克思主义社会学变革社会的研究路线,将唯物史观与社会研究紧密结合起来,而且也是创建中国马克思主义社会学的先驱,其对于中国马克思主义社会学的贡献主要在三个方面:一是在理论上传播了马克思主义的社会学思想,确立了唯物史观对于社会学研究的指导地位;二是对西方社会学发展的历程进行学术上的研究和总结,分析和评价了西方社会学家对于社会学这门学科的学术贡献;三是对于中国的社会现象和社会问题进行创造性的研究,奠定了社会学研究密切联系中国实际的良好学风②。

陈独秀也是中国马克思主义社会学开创阶段的重要代表,他对于中国马克思主义社会学的开创有着重要的贡献,主要是:一方面积极宣传马克思主义的社会学理论,阐明了马克思主义的唯物史观、阶级斗争学说、无产阶级专政理论对于社会革命的指导意义。另一方面对社会学的学理问题进行研究,阐明了科学方法与社会学研究、个人与社会之间的关系、社会运行规律等问题;同时,还立足于中国社会的实际,不仅研究中国社会性质、社会组织及社会阶级结构,而且研究中国社会现象与社会问题、变革中国社会的途径与目标等问题,为早期中国共产党人开展新民主主义革命提供了学理依据③。

瞿秋白曾在上海大学讲授社会学课程,确认唯物辩证法在社会学研究中的指导地位,并形成了《现代社会学》这一开拓性的学术专著④。李达于1926年出版的《现代社会学》,虽然就总体而言是一部马克思主义哲学的专著,但其中具

---

① 吴汉全:《五四时期"社会改造"话语与"主义"的崛起》,《党史研究与教学》2019年第5期。

② 参见吴汉全:《李大钊与中国马克思主义社会学的开创》,《松辽学刊》1993年第4期。

③ 参见吴汉全:《陈独秀与中国马克思主义社会学的开创》,《安徽史学》2009年第2期。

④ 李达的《现代社会学》,昆仑书店1926年出版,至1933年4月出至第14版,在学术界影响很大。——参见国家图书馆编:《民国时期图书总目·社会科学总论》,国家图书馆出版社2019年版,第154页。

有丰富的社会学思想,尤其是该著关于社会的本质、社会的结构、社会问题及社会的进化与变革的论述,集中体现了无产阶级的政治立场和革命社会学的色彩。

毛泽东于1926年和1927年撰写的《中国社会各阶级的分析》及《湖南农民运动考察报告》等文章,是毛泽东将马克思主义理论运用于中国社会研究的经典著作,其中关于中国社会的阶级分层、阶级结构、社会结构的论述,关于中国农村社会和中国农民问题的研究,显示了毛泽东对于中国社会的切实理解与把握及运用马克思主义理论分析中国社会的能力[①]。可以说,以毛泽东为代表的共产党人,在大革命的实践中了解中国的社会状况,开始了中国社会性质的研究和中国社会的阶级结构分析,为中国共产党领导的新民主主义革命提供社会学的依据,这对于中国马克思主义社会学的发展有着极为重要的引领作用。

中国马克思主义社会学一经产生,就在中国共产党的正确领导之下。上海大学的马克思主义社会学教育,就是中国共产党对于社会学领导的突出例证。在中国共产党人的领导和积极参与下,上海大学社会学系的课程有这样几个特点:一是课程在设置上重基础,突出社会学在学科中的基础性地位,将社会学课程置于整个学科体系之中;二是课程在设置上重视社会运用,以现实中急于解决的社会问题作为基本课程,培养学生研究社会的能力;三是课程设置注重选修课的比例,将哲学、经济学、政治学、法学等作为选修课,以奠定学生合理的知识结构和从事社会学研究的综合能力。在当时的历史条件下,这样的课程设置既注意到学问的专门化,又强调学科之间的联系性,因而是较为科学地反映了社会学人才培养的要求,对推进马克思主义社会学在中国的发展有着重要的意义。

中国早期的马克思主义社会学具有鲜明的特点,这就是:特别注重对马克思主义社会学理论的宣传,阐述马克思主义关于社会结构和变迁的理论,以确立马克思主义对社会学的指导地位;特别注重社会学基本理论问题的研究,对社会学的研究对象、学科性质、西方社会学演变等问题进行探索,体现了建设社会学学科体系的高度自觉性;将社会学研究的重点定位在中国社会的变革上,并开始了对中国社会现象、社会问题、社会结构等方面的系统研究,开启了马克思主义社会学中国化的历程。

(二) 中国马克思主义社会学的发展阶段(1927—1937年)

1927—1937年是中国马克思主义社会学的发展时期,其主要特点是加强了

---

① 吴汉全:《中国马克思主义学术史概论(1919—1949)》上册,吉林人民出版社2010年版,第404页。

对中国社会的学术研究,以唯物史观为指导研究中国社会达到前所未有的高度,借以探明中国社会的改造道路。诚如有的专著所指出的:"从(20世纪)20年代以李大钊、瞿秋白等为代表的唯物史观社会学,主要阐明社会学的基本理论和研究社会问题,到30年代陈翰笙、李达、许德珩、李剑华、冯和法等,运用唯物史观从生产关系入手,对中国社会及社会问题进行认识,并论述改造中国的道路。"①

　　20世纪30年代的中国社会性质问题论战、中国社会史问题论战以及中国农村社会性质问题论战,使中国马克思主义学者加深了对中国社会性质的认识,提出了中国社会是半殖民地半封建社会的科学论断,有力地促进了中国马克思主义社会学的发展。譬如,潘东周在中国社会性质问题的论战中,将"中国劳动问题"列为"社会问题"中的重要方面,揭示了帝国主义侵略对中国社会的恶劣性影响,指出:"中国劳动问题,在社会问题上说已经很重要,在经济发展的问题上说同样的非常严重。因为中国劳动条件的恶劣,一方面使着社会上不能安宁,另一方面使生产力也不能发展。……帝国主义之所以在中国开设工厂的原因,首先就是要利用中国之贱价的劳动力。所以帝国主义对待殖民地工人的剥夺,比对待其本国工人格外残酷。同时,中国资本家在帝国主义的经济压迫下,处处不能与帝国主义竞争,更不能不加紧的剥夺工人,不然则不能取得利润。中国又当作农村危机的时候,农村剩余人口都不断的迁入到城市中来,造成城市中之广大的失业的劳动后备军。假使工人若有比较严重的经济斗争,则立刻便有失业的危险。因此,忍痛受苦,形成了现在中国之最黑暗的劳动条件。"②又譬如,蔡和森在论战中揭示农村恐慌的实际状况和研究农民问题的极端重要性,提示出研究中国农村状况与开展中国革命的关系问题,科学地指明中国革命的"资产阶级民权革命性质"。蔡和森指出:"中国革命的中心问题是农民问题。农民占中国人口的最大多数。农民处于帝国主义和半封建半农奴制(佃田制)的剥削之下,处于不可支持的农业恐慌和普遍的贫困化之下。封建残余,在全中国还占有很重要的地位。农民普遍的革命要求,如抗租抗税,土地农有,反对豪绅地主,反对军阀,反对帝国主义,要求农民政权,农民武装,统一赋税,统一中国,凡此等等都是彻底的民权主义的要求。中国资产阶级民权革命,换过说也就是资产阶级性的农民革命。联共反对派以为中国资本主义受共管海关的压迫,在城市中

----

　　① 袁方主编:《社会学百年》,北京出版社1999年版,第68页。
　　② 潘东周:《中国经济发展中的根本问题》,高军编:《中国社会性质问题论战》(资料选辑),人民出版社1984年版,第71页。

不能发展因而转向乡村发展,中国农村已资本主义化,封建残余已不占重要地位,所以现在中国土地革命已超过资产阶级民权革命性质。这完全是一种无根据的分析之错误结论。"①尤其重要的是,中国社会性质问题论战确立了"半殖民地半封建社会"这个极为重要、极为基础的范畴,指出"中国一面是半殖民地的民族,同时又是半封建的社会"②,而就经济状况而言,中国一方面"实在是封建的半封建的经济",另一方面又"实在是帝国主义侵略下的一个半殖民地的封建的经济"③。这为此后中国马克思主义社会学剖析中国社会并提升其研究水平奠定了学术基础,同时也为整个的中国马克思主义学术体系的成熟提供了科学的范畴。

在此期间,中国马克思主义社会学有两个重要的发展趋向:一是在注重社会学为新民主主义革命服务的同时,以中国社会研究为导向积极地向实证方面发展,并特别注重对中国社会的调查,这方面以毛泽东的农村社会调查、陈翰笙的社会调查工作最为典型;二是以马克思主义社会学理论为指导,在充分吸收20世纪30年代中国社会性质问题论战、中国农村社会性质问题论战成果的基础上,开展中国马克思主义社会学体系的构建工作,并在体系的构建中开创了农村社会学、犯罪社会学、社会学史等分支学科,这方面的代表性成果有许德珩的《社会学讲话》(1936年)、柯柏年的《社会问题大纲》(1930年)、李平心的《现代社会学理论大纲(唯物史观的社会学的基础理论)》(1930年)、冯和法的《农村社会学大纲》(1929年)、李剑华的《社会学史纲》(1930年)、高希圣与郭真合著的《现代社会学大纲》(1931年)、严景耀的《中国犯罪问题与社会变迁的关系》(1934年)等。这些著作以中国社会为研究对象,注重马克思主义社会学理论与中国社会实际的结合,重点研究中国的社会结构和中国社会变革问题,对中国马克思主义社会学理论的建设有突出的贡献。

20世纪30年代成立的农村经济研究会,对于研究中国农村社会及推进中国马克思主义社会学发展起过很大的作用。中国农村经济研究会于1933年在上海成立,陈翰笙任理事会主席,吴觉农任常务理事。同年创办《中国农村》月刊,后又创办中国经济情报社和文化资料供应社。中国农村经济研究会以马克思主义为指导研究和分析中国社会状况,尤为重视农村经济状况的调查和研究,从学术上论证中国是半殖民地半封建社会,为中国共产党新民主主义革命理论

---

① 和森:《中国革命的性质及其前途》(1928年),高军编:《中国社会性质问题论战》(资料选辑),人民出版社1984年版,第47页。
② 《李达文集》第1卷,人民出版社1980年版,第558页。
③ 《王学文经济学文选》,经济科学出版社1986年版,第187、191页。

提供学理支撑。中国农村经济研究会在全面抗战后迁往武汉、长沙、桂林等地，抗战胜利后又迁回上海。中国农村经济研究会有力地推进了马克思主义与中国农村研究的结合，不仅积极组织了 20 世纪 30 年代的中国农村社会性质问题的论战，为农村社会学体系的构建及农村经济学的发展起到了积极的推动作用，而且培养出以薛暮桥、孙冶方、钱俊瑞等为代表的一批立足于研究中国社会经济状况的马克思主义经济学家。

（三）中国马克思主义社会学的初步成熟阶段（1937—1949 年）

1937—1949 年是全民族抗战时期和解放战争时期，这期间的中国马克思主义社会学在轰轰烈烈的民族斗争和阶级斗争环境中得到进一步发展，并在中国共产党人变革中国社会的实践中走向初步成熟。

中共中央高度重视社会调查工作，积极倡导并领导中国共产党人和马克思主义者从事社会调查，了解和掌握中国的国情。中共中央于 1941 年发出了《关于调查研究的决定》，在注重社会阶级状况调查的同时，将调查工作扩大到社会经济、政治、文化、社会生活的各方面。由此，以毛泽东、张闻天为代表的中共政治家，加强了对中国社会状况的调查，并且在社会调查理论方面取得重大的突破，形成独具特色的社会调查理论，为中国马克思主义社会学发展增添了新的内容。

这一阶段，中国马克思主义社会学理论体系得到进一步丰富和发展，一批马克思主义社会学家在马克思主义与中国社会研究相结合的视域之中继续宣传马克思主义社会学理论，如马哲民的《新社会学》①（1938 年）、姜君辰的《社会学入

---

① 马哲民（1899—1980），字浚，号铁肩，湖北黄冈人。早年毕业于武昌外国语专门学校和福州高等工业学校，后去德国柏林大学学习社会学。五四运动后回国，在上海参加马克思主义学会、中国社会主义青年团，并在武汉与陈潭秋创办中外通讯社。1926 年秋归国，先在广州任国民党中央党部秘书处文书主任，后调武汉任国民革命军第十五军政治部文书股长兼《汉口民国日报》编辑、武汉中央军事政治学校政治教官、国民政府劳工部秘书等职。1929 年，应聘任暨南大学中文系教授。1931 年任北平师范大学社会系和中国大学经济系主任。1934 年避居桂林，任广西大学法学院教授，组建反帝大同盟。七七事变后回武汉，与黄松龄、曾晓溆、张执一等组织湖北乡村促进会，发行《战时乡村》期刊。1938 年秋，任朝阳学院政治系主任，随院去成都。1942 年加入中国民主同盟，当选为中央常委。1946 年初，赴重庆任民盟中央机关报《民主报》总编辑。1950 年，任武汉大学法学院院长兼教授，1953 年，全国院系调整，任中南财经学院院长。在此期间，曾兼任全国政协委员、第一届全国人民代表大会代表，民盟中央第一、二届常委。著有《国际帝国主义论》、《经济史》、《社会进化史》、《帝国主义基础知识》、《社会经济概论》、《精神科学概论》、《新社会学》、《论抗建经济问题》等书。马哲民所著《新社会学》，上海杂志公司 1938 年 12 月初版、1939 年 3 月再版。该著共 4 章，论述社会经济的构成、社会经济的发展、阶级和国家、社会意识形态等问题。

门》(1941 年)、沈志远的《新社会学底基本问题》(1949 年)等,在社会学大众化、通俗化方面取得重要的成绩,扩大了马克思主义社会学在中国学术界和社会上的影响。特别要强调的是,毛泽东的《新民主主义论》以马克思主义理论为指导具体地研究中国的社会状况,在提出新民主主义革命理论的同时,提出了在中国建设新民主主义社会的目标,构建了独具中国特色的新民主主义社会学体系,并在社会结构论、社会冲突论、社会发展论等方面,有力地推进马克思主义社会学理论中国化的进程,成为马克思主义社会学理论中国化的历史性篇章①。

中国马克思主义社会学产生于新民主主义革命时期,不仅有着紧密联系中国新民主主义革命、服务于现代中国社会变革的显著特色,而且有其独特的马克思主义研究理念,在中国现代学术史上有着重要的地位。中国马克思主义社会学是马克思主义社会学理论与中国社会状况研究相结合中构建起来的,深刻地体现了中国社会的特点及中国马克思主义者解决中国社会问题的基本思路,其显著的特点:一是致力于社会学基础理论的研究,宣传和阐发马克思主义社会学理论的基本要义;二是以中国社会结构及社会变迁为研究对象,重点对中国社会现象进行具体研究,并将揭示中国社会结构和社会运行规律作为主要方向,努力寻求中国社会变革的独特道路及其非资本主义前途;三是高度重视社会调查工作,借以为认识中国社会状况提供第一手的资料,并努力将社会学研究与中国共产党领导的革命斗争结合起来。中国马克思主义社会学是中国马克思主义学术体系中的重要组成部分,取得的成绩主要是:中国马克思主义社会学形成了具有中国特色的新民主主义社会学体系,并在学术研究中锻炼了一支既坚持马克思主义的指导地位又有社会学专门知识的研究队伍,不仅建立了中国马克思主义社会学的研究基础,而且为中国共产党领导的民主革命提供了理论论证与学术支撑,从而推进了马克思主义文化在中国的发展。

中国马克思主义社会学在现代中国的形成和发展及体系的完善,既得益于马克思主义经典著作在现代中国的翻译和出版,又得益于中国共产党领导的新民主主义革命的实践基础,同时也得益于西方学术界研究和阐发马克思主义社会学思想的著作在中国的翻译与出版。试举几例:

(1)《社会主义社会学》,(美)留伊斯(A.Lewis)著。该著在中国有两个译本:一是汪馥泉的译本,该译本有神州国光社 1930 年 5 月版,言行出版社 1938年 11 月版;二是刘家筠的译本,该译本有华通书局 1930 年 2 月版。留伊斯《社

---

① 吴汉全:《〈新民主主义论〉对马克思主义社会学的贡献》,《湘潭大学学报》2018 年第 5 期。

会主义社会学》的这两个中译本,中国学者均据日本学者高畠素的日译本(改译本)。高畠素的改译本《社会主义社会学》,共 13 章,内容包括:孔德底人类发达说、孔德底科学分类法、斯宾塞底类推社会学、社会学与社会科学等①。

(2)《社会主义社会学》,[苏]波达诺夫著,萨孟武译。上海新生命书局 1929 年 4 月初版、1929 年 8 月再版、1930 年 3 月 3 版。该著共 6 章:序论、原始文化时代、权威的文化时代、个人主义时代、集团主义的时代、结论。

(3)《社会主义社会学》,唐仁编译。上海平凡书店 1929 年 12 月版。该著共 7 章:社会学之对象及其与其他科学的关系、社会科学之原因论与目的论、有定论与无定论、辩证法的唯物论、社会、社会与自然间的均衡及其再生。

(4)《唯物史观与社会学》,[苏]布哈林著,许楚生译。许氏译本在中国有两个版本,一是北新书局版,1932 年 5 月出至第 7 版;二是社会问题研究社 1929 年 10 月初版,1932 年 7 月出至第 7 版。该著介绍马克思主义历史唯物主义,共 18 章,内容包括:社会学之性质、社会之本质、社会之起源、社会之发达、家族、氏族、社会意识、社会之变革、社会之进化、社会问题、社会思想等。

中国马克思主义社会学与中国资产阶级社会学是两个不同的学术体系,但在现代中国都得到很大的发展,并取得了各自的成绩,这是一个显见的事实。这两个学术体系,在社会学研究的一系列重大问题上有着显著的区别:

第一,关于社会与社会构成问题。关于什么是"社会"以及社会是怎样构成的问题,现代中国社会学的两大派别的回答是不同的。马克思主义者瞿秋白认为:"社会是一种现实的总合,是一种系统——人与人之间的互相关系之系统。"李达也指出:"社会是人与自然的合体。社会是人类的系统。"这是运用马克思主义给社会及社会构成所作出的科学回答。社会学家孙本文对社会构成因素有着不同于马克思主义者的看法,他说:"社会不仅是多人的集合,亦不仅是交互动作,更不仅是社会遗产。社会之所以成为社会,在社会上各分子间表现交互与共同行为。此种交互行为,便是社会成立的根本要素。"两派对社会认知的显著不同,必然反映出各自的社会学方案。

第二,关于社会问题。两个学派皆比较重视社会问题的研究,但对于何者为当时中国社会的主要问题,各派的认识是极不一致的。中国马克思主义者重视中国的人口问题,陈独秀曾认为人口素质与社会发展的关系,说:"无知识、无能

---

① 参见国家图书馆编:《民国时期图书总目·社会科学总论》,国家图书馆出版社 2019 年版,第 153 页。

力、无职业,游堕偷生的人口越多,社会就越发不得了。"马克思主义者李圣悦
(李平心)也说:"人口是社会组成的三大要素之一。"这是强调研究人口问题的
重要性,但并不认为人口是当时中国社会中最为主要的问题。然而,资产阶级社
会学家将人口问题视为中国社会中最为主要的社会问题,如社会学家吴景超就
指出:"中国人口的庞大,阻碍了中国的近代化。"可以看出,中国马克思主义社
会学虽然重视近代中国社会的人口问题,但不认为近代中国社会问题可以简单
地归结为人口问题,这是中国马克思主义社会学与中国资产阶级社会学在社会
问题看法中的主要区别。事实上,中国马克思主义社会学认为,农民是中国社会
的首要问题,因而极力主张首先来解决这一社会问题。毛泽东指出,农民问题是
中国革命的根本问题。蔡和森指出:中国革命的中心问题是农民问题,这是因为
中国农民处于帝国主义和半封建、半农奴制的剥削压迫之下。潘东周指出:"世
界上没有一国农民,还象中国农民这样受剥削。"中国马克思主义者的观点是,
在现存土地关系之下,中国农民是没有出路的,因而,解决中国社会问题首先应
该重点地解决农民的土地问题,而农民问题必须在中国共产党领导下,通过民主
革命的途径来解决。

第三,关于社会运动问题。中国资产阶级社会学主张在现行秩序内做些社
会改良的工作,主要是依靠现行政府和社会上各界人士来做些社会救济的事,着
重改变下层社会民众的生活,因而并不主张通过激烈的社会革命形式来开展社
会运动。中国马克思主义社会学主张在马克思主义革命理论指导下开展工人运
动、农民运动,通过革命运动的形式达到社会的根本改造。譬如,邓中夏强调工
人运动的重大意义,认为只有工人阶级的斗争才能取得政权,并进而使中国民众
获得彻底的解放与自由。又譬如,毛泽东写出《湖南农民运动考察报告》,认为
"农民运动的兴起是一个极大的问题",并预见中国几万万农民在极短的时间里
从中国南部、中部和北部兴起,其势如暴风骤雨,异常猛烈,无论什么力量都将压
抑不住。

第四,关于社会变迁与社会改造问题。学理上说,社会自然是变迁的,同时
也是需要改造的,关键是如何变迁及如何改造的问题。在社会学研究中,关于社
会变迁与社会变革的方式问题,历来就有激进与缓进之分、革命与改良之别。在
近代中国,西方列强加深对中国的侵略和控制,而中国社会处于日益衰败化的情
况下,中国马克思主义社会学主张以马克思主义为指导,运用阶级斗争的手段和
人民革命的形式来推动社会变迁和社会改造,反对在现行社会秩序之内进行点
点滴滴的改良。早期马克思主义者李大钊、陈独秀、瞿秋白等以唯物史观为指

导将社会学与社会革命结合起来,用以指导中国共产党人领导的新民主主义革命的伟大实践活动,这与资产阶级社会学所主张的社会改良道路是尖锐对立的。

自然,中国马克思主义社会学与中国资产阶级社会学在作为两个不同的学术体系存在时,它们由于都是在近现代中国社会的土壤中产生和发展起来的,都是近代以来中西文化交流、"西学东渐"的产物,都要积极面对日益严重的民族危机与社会危机,都要为社会的变革、社会秩序重建提供学理支撑,故而它们之间也并不是在任何方面都是绝对对立、绝对排斥而没有一点共同性的方面。譬如,立足中国社会现实、为现实中国社会变革服务,就是中国资产阶级社会学与中国马克思主义社会学之间的一个很重要的共同点,尽管两派在何为中国最为现实的问题及建立何种社会秩序上存在着认识上的重大差异。对此,郑杭生指出:"尽管主张以革命的手段推翻旧社会的马克思主义社会学,与主张改良的孔德系社会学不同,甚至在当时发生尖锐的对立,但它们都自觉不自觉地、这样那样地主张和实行社会学应为中国社会的实际需要服务,都把现实的中国社会作为自己的立足点、出发点和归宿点。无论是后来中国早期社会学的乡村建设学派、综合学派、社区学派的代表人物,还是马克思主义学派的代表人物李大钊、瞿秋白、李达、许德珩等的理论和实践活动,都是如此。"①其之所以如此,就是因为社会学在中国的社会中产生和发展,其目的就在于能够应对严重的民族危机和社会危机,通过社会学的理论指导而深入地研究中国社会、进一步认识中国国情,并进而为中国社会变革提供学理上的依据,尽管这种"社会变革"有革命和改良的区别。此外,尽管中国资产阶级社会学与中国马克思主义社会学之间存在着学术竞争并且有时甚至是尖锐的斗争,但两者在本土化的趋势、注重中国传统社会思想资源的挖掘以及与中国传统学术存在着这样和那样的联系等方面,也有许多比较相近的方面。从根本上说,在现代中国的社会学界,不管是中国资产阶级社会学还是马克思主义社会学,尽管在指导思想、研究理念、研究方法、研究路径、研究目标等方面存在着这样和那样的差别,但这两者皆是"中国社会学"体系中不可缺少的部分,并且又是同处于近现代中国社会的历史条件之下,故而两者在对立之中又具有某种统一性,并在相互的竞争之中又体现出互动共进的模式及相互影响、相互作用的复杂关系。

---

① 郑杭生:《中国社会学百年轨迹》,北京市社会科学界联合会组织编写:《学界专家论百年》,北京出版社 1999 年版,第 101 页。

三、社会调查运动与社会学研究的推进

现代中国的社会学除了引进西方社会学著作外,社会调查运动的兴起也有力地推进中国社会学的发展,其最为突出的是使社会学的本土化进程不断加快,并使社会学在聚焦于解决中国社会问题的过程中更多地赋予了中国的色彩。因此,在叙述现代中国社会学发展进程时,必须注重现代中国的社会调查运动所起到的推进作用。

(一) 五四时期的社会调查

五四时期在社会改造思潮的语境之中开启了社会调查的风气,对中国社会现象及社会问题的调查,可谓蔚然成风。"五四"新知识界所进行的社会调查,在内容上极为丰富,涉及五四时期中国社会生活的方方面面,反映他们对当时中国社会的认识有着整体性的视野。大致而言,他们所进行的社会调查主要在以下几个方面。

1. 区域社会状况的调查

五四时期的不少期刊注重区域性的调查,其所刊载的调查报告大多以一地区或者是一个省份、一个城市作为调查的对象,内容涉及社会生活的各方面,反映调查者力图对各地的社会状况有概要性的了解。

当时的社会状况的调查者大都是某一区域的生活者,因而其调查大多反映地域的特点,重点在于揭示和体现某一社会区域的具体社会情形及其基本概貌。如萧澄的《山西的正西一部分的社会状况》①、王崇植的《常熟的绅士》②、黄家煌的《兴国的社会情形》③、平心的《直隶的部分的社会》④、民生的《广丰的社会调查》⑤、(未署名)《广州劳动社会生活之状况》⑥、光涛的《徐州底劳动界》⑦、马焕

① 萧澄:《山西的正西一部分的社会状况》,《新青年》第 7 卷第 5 期,1920 年 4 月 1 日。
② 王崇植:《常熟的绅士》,《南洋》第 10 期,1919 年 11 月 28 日。
③ 黄家煌:《兴国的社会情形》,《新江西》第 2 号,1922 年 3 月 1 日。
④ 平心:《直隶的部分的社会》,《晨报》(第七版)副刊,1921 年 4 月 11 日—12 日。
⑤ 民生:《广丰的社会调查》,《少年世界》第 1 卷第 9 期,1920 年 9 月。
⑥ (未署名):《广州劳动社会生活之状况》,《工界》第 5 期,1920 年 6 月 11 日;(未署名):《广州劳动社会生活之状况(续)》,《工界》第 6 期,1920 年 6 月 21 日。
⑦ 光涛:《徐州底劳动界》,《觉悟》(上海《民国日报》副刊)1920 年 8 月 11 日。

新的《海丰人最近生活调查的概况》①、黄炎培的《调查安徽当涂县地方状况报告》②等就很有地方特色,力图客观地展示当地社会状况的真实面貌。

《觉悟》(上海《民国日报》副刊)是发表社会状况调查的主要刊物,在思想界和学术界的影响也大。现将《觉悟》上关于社会状况的主要调查报告列表如下:

作者	报告名称	发表刊期
沈瘦梅	《奉贤社会状况底一斑》	《觉悟》1921 年 7 月 24 日
枕 薪	《南京无锡底一个比较》	《觉悟》1921 年 7 月 31 日
莘 儒	《我所知的富阳社会状况一班》	《觉悟》1921 年 12 月 16 日
子 明	《无锡富安乡劳农底苦痛》	《觉悟》1921 年 12 月 20 日
郑庆平	《徐州地主收租法》	《觉悟》1921 年 11 月 18 日

值得注意的是,社会状况的调查虽然更多的是集中在中国的东部地区,但中国西部地区的社会调查工作也有起色。譬如,《秦钟》杂志设置了"调查"栏目,所发表的《陕西的形形色色》③及《同州社会面面观》④,就是当时少有的调查中国西部地区社会生活状况的调查报告。陕西人杨钟健,时为北京大学学生,也十分专注于陕西社会状况的调查和研究,他发表的《陕西社会现状一斑》⑤等文章,为当时知识界了解陕西社会状况提供了重要的社会史资料。

2. 劳动生活状况的调查

五四时期的思想界和学术界受"劳工神圣"思想的影响,先进知识分子特别关注下层社会的劳动者的生活状况。陈独秀主编的《新青年》在十月革命和五四运动影响下发生根本的变化,对劳动状况的调查极为重视,并利用纪念"五一"国际劳动节的机会向社会公布了一批关于社会劳动状况调查的报告。譬如,《新青年》第7卷第6号的"劳动节纪念号"发表了《上海厚生纱厂湖南女工

① 马焕新:《海丰人最近生活调查的概况》,《新海丰》第 2 号,1921 年 9 月。
② 黄炎培:《调查安徽当涂县地方状况报告》,《教育与职业》第 19 期,1920 年 4 月 30 日。
③ 晓秦:《陕西的形形色色》,《秦钟》第 1 期,1920 年 1 月 20 日;晓秦:《陕西的形形色色(续)》,《秦钟》第 2 期,1920 年 2 月 20 日。
④ 朝生:《同州社会面面观》,《秦钟》第 1 期,1920 年 1 月 20 日;朝生:《同州社会面面观(续)》,《秦钟》第 2 期,1920 年 2 月 20 日;朝生:《同州社会面面观(续)》,《秦钟》第 3 期,1920 年 3 月 20 日。
⑤ 杨钟健:《陕西社会现状一斑》,《少年世界》第 1 卷第 2 期、第 3 期,1920 年 2 月、3 月。

问题》(陈独秀)、《南京劳动状况》(莫如)、《唐山劳动状况(一)》(无我)、《唐山劳动状况》(许元启)、《山西劳动状况》(高君宇)、《江苏江都劳动调查表》(铁民)、《长沙劳动状况》(野)、《芜湖劳动状况》(高语罕)、《无锡各工厂劳动调查表》(李昆)、《北京劳动状况》(李幽影)、《上海劳动状况》(李次山)、《皖、豫、鄂、浙冶铁工人状况》(李少穆)、《天津造币总厂底工人状况》(杨赓陶)等①,在当时的知识界有着广泛的影响,引起不少知识分子对下层劳动生活状况的高度关注。《每周评论》对下层社会劳动状况也十分关注,发表了一系列的关于这方面的很有影响的调查报告。譬如,《每周评论》公布的国内劳动状况的重要报告,就有《北京之男女佣工》(植,《每周评论》第 3 号)、《修武煤厂之工头制》(善根,《每周评论》第 4 号)、《北京剃头房与理发店之今昔》(未署名,《每周评论》第 5 号)、《北京剃头房与理发店之今昔(续)》(未署名,《每周评论》第 6 号)、《人力车夫问题》(善根,《每周评论》第 8 号)、《唐山煤厂的工人生活》(明明,《每周评论》第 12 号)、《上海人力车夫罢工》(植,《每周评论》第 13 号)、《山东东平县的佃户》(渔村来稿,《每周评论》第 18 号)等。《国民》也倡导社会调查,如国民社调查股报告《农商部权度制造所调查报告》(《国民》第 1 卷第 1 号,1919 年 1 月 1 日)、《财政部印刷局调查报告》(《国民》第 1 卷第 2 号,1919 年 2 月 1 日)及朱一鹤的《天津工商业参观记》(《国民》第 1 卷第 3 号,1919 年 3 月 1 日)等,都具有开调查之风的作用。

　　"五四"新知识界在"社会改造"语境中普遍有着"平民化"的理念②,特别关注下层社会的生活状况,社会底层的生活状况调查是重要的内容。不仅是领导思想潮流的《新青年》、《每周评论》等杂志注重社会劳动状况调查报告的公布,其他杂志在这一时期也将对下层社会劳动状况的调查作为重要任务。如《新社会》发表的《调查贫民收养所的报告》③,《学灯》(上海《时事新报》副刊)发表的《京师济良所之内容》④的调查报告等。又譬如,《五七》对工人的生活与劳动状况也极为关注,发表了研究无锡工人生活状况的调查报告如《无锡烛业之生活状况》⑤、《无锡冶业工人劳动状况》⑥等,就很引人注目。《平民周报》也

① 参见《新青年》第 7 卷第 6 号的"劳动节纪念号",1920 年 5 月 1 日。
② 吴汉全:《五四时期"社会改造"话语中的平民化理念》,《安徽史学》2020 年第 3 期。
③ 瞿世英:《调查贫民收养所的报告》,《新社会》第 8 号,1920 年 1 月 11 日。
④ 枕薪:《京师济良所之内容》,《学灯》(上海《时事新报》副刊)1925 年 5 月 14 日。
⑤ 徐新:《无锡烛业之生活状况》,《五七》第 3 期(工商号),1921 年 1 月 20 日。
⑥ 憾生:《无锡冶业工人劳动状况》,《五七》第 5 期(工商号),1921 年 4 月 15 日。

发表关于工人生活的调查报告,如洪杨生的《上海西式锁业工人的生活状况》(《平民周报》第 1 期)、秋莼的《上海电车工人近况》(《平民周报》第 2 期)、清源的《上海青年印刷工人生活》(《平民周报》第 4 期)、时的《安源青年工人状况》(《平民周报》第 7 期)等。此外,《星期日》发表的《成都"兵工厂"里的工人》①等也很有价值。需要说明的是,当时的反映劳动状况的调查报告也不只是仅为反映劳动的痛苦生活,有些刊物所发表的调查报告也力图反映工人组织"劳动运动"的情形。如《工人周刊》专设了"劳动调查"栏目,发表的《上海劳动团体调查录》、《安源劳动运动现状》调查报告②,带有倡导和支持劳动运动的目的。

五四时期出版的《伙友》杂志专门设置了"调查"栏目,代表下层工人利益来立言,时常记述工人本人的"自述",在登载工人劳动状况的调查报告方面很有特色,其重要的调查报告见下表:

署名	报告名称	发表刊期
劳 民	《一个拣丝头的工人自述》	《伙友》第 1 册,1920 年 10 月 10 日
伙友 一份子	《大有榨油公司的内幕》	《伙友》第 2 册,1920 年 10 月 17 日
会 友	《一个排字工人的苦话》	《伙友》第 3 册,1920 年 10 月 24 日
拔	《大商店怎样待遇小伙友》	《伙友》第 4 册,1920 年 10 月 31 日
罗金安	《请看印刷工人的生活状况》	《伙友》第 5 册,1920 年 11 月 7 日
惨 侬	《我做学徒的苦况》	《伙友》第 6 册,1920 年 11 月 14 日
泉 春	《我做学徒时候的景况》	《伙友》第 7 册,1920 年 11 月 21 日
徐静之	《粮食伙友的状况》	《伙友》第 8 册,1920 年 12 月 26 日

这里要着重指出的是,《工商之友》(上海《时事新报》副刊)发表劳动状况的调查最多,而且调查的范围也比较广泛,这在五四时期的期刊中是非常显目的。现将《工商之友》(上海《时事新报》副刊)发表劳动状况的调查报告,择其要者列表如下:

---

① 朴:《成都"兵工厂"里的工人》,《星期日》第 20 期,1919 年 11 月 23 日。
② 英:《上海劳动团体调查录》,《工人周刊》第 31 号,1922 年 2 月 26 日;(未署名):《安源劳动运动现状》,《工人周刊》第 57 期,1922 年 12 月 17 日。

作者	报告名称	发表刊期
逊　篮	《南昌的苦工底生活状况》	《工商之友》1920 年 5 月 1 日、3 日
C.C.生	《拱宸桥江北人民状况调查》	《工商之友》1920 年 6 月 3 日、4 日
杨友玛	《上海恒丰纱厂的简单调查和我的感想》	《工商之友》1920 年 6 月 14 日
王省吾	《安庆首饰业的工人状况》	《工商之友》1920 年 6 月 17—22 日
吴伯勋	《三新洋布局的状况》	《工商之友》1920 年 7 月 8 日
孟　雄	《北大的工人情形》	《工商之友》1920 年 7 月 14 日
海　静	《绍兴劳动界状况调查》	《工商之友》1920 年 7 月 15 日、16 日
尊　闻	《上海银楼业工作调查记》	《工商之友》1920 年 7 月 18 日
朱　朴	《无锡工厂的资本家和工厂的劳动家》	《工商之友》1920 年 7 月 20 日
贺益礼	《厚生纱厂所募湖南女工的现状》	《工商之友》1920 年 7 月 21 日、22 日
顾　名	《常州纺织女工状况》	《工商之友》1920 年 7 月 27 日
尊　闻	《上海鞋业工作调查记》	《工商之友》1920 年 7 月 28 日
震　汉	《桐乡劳动界概况》	《工商之友》1920 年 7 月 30 日、31 日
尔　丹	《海宁筑塘工人劳动状况的一斑》	《工商之友》1920 年 8 月 12 日
汪本根	《婺源茶号工人生活状况》	《工商之友》1920 年 8 月 18 日、19 日
逸　舟	《上海缫丝业的劳动状况》	《工商之友》1920 年 8 月 23 日、24 日
郁品琪	《海门劳动状况调查》	《工商之友》1920 年 8 月 27—29 日
尔　丹	《海宁县一部分乡村劳动者的劳动状况》	《工商之友》1920 年 9 月 4 日、5 日
牢醒华	《余姚轧花厂工人的状况》	《工商之友》1920 年 9 月 6 日
G.L.	《在苏州和一个织绸厂里女工的问答》	《工商之友》1920 年 9 月 7 日
朱鹤琴	《无锡昌裕缫丝厂调查》	《工商之友》1920 年 9 月 11 日、12 日
子　昂	《纱厂工人生活之一斑》	《工商之友》1920 年 9 月 14 日
辟　伪	《我的余姚轧花工人的调查》	《工商之友》1920 年 9 月 26 日
本　操	《上海厚生纱厂勤工会志略》	《工商之友》1920 年 9 月 29 日
无　逸	《扬州裁缝业的调查》	《工商之友》1920 年 10 月 23 日
慕　云	《上海泥金作调查记》	《工商之友》1920 年 10 月 24 日、25 日
友　玛	《上海纺织工业的调查》	《工商之友》1920 年 10 月 3 日、4 日
张洛臣	《丹阳瓦木工人底概况》	《工商之友》1920 年 11 月 16 日

续表

作者	报告名称	发表刊期
袁 支	《上海鞋业的状况》	《工商之友》1920 年 11 月 24 日、25 日
周郁年	《上海——杨树浦工人社会的实况》	《工商之友》1920 年 12 月 22 日、23 日
友 玛	《上海织袜工人的状况》	《工商之友》1921 年 1 月 6 日
友 玛	《上海南洋兄弟烟草公司的工人状况》	《工商之友》1921 年 1 月 8 日
友 玛	《上海造纸业工人的状况》	《工商之友》1921 年 3 月 1 日
Y.M	《纱厂司事的生活》	《工商之友》1921 年 3 月 17—19 日

值得注意的是,五四时期新知识界关于劳工生活的调查虽然是以工人作为主体,但也不只是局限于城市中的工人,他们对农民生活的状况也给予相当大的关注,有一些调查报告是专门反映农民生活状况的。当时的《平民周报》在调查农民生活状况方面卓有成效,如发表的调查报告《在松江所见的农民状况》(慕翰,《平民周报》第 3 期)、《淮泗农民的生活状况》(常林士,《平民周报》第 6 期)、《浙江浦江的农民生活状况》(新锦,《平民周报》第 6 期)、《山东广饶县农民生活》(俊才,《平民周报》第 11 期)、《四川合江县农民状况》(天培,《平民周报》第 9 期)、《直隶故城县农民生活状况》(王其彭,《平民周报》第 9 期)等,对于研究农民生产与生活情况就很有价值。其他杂志也有一些调查农民状况的报告相继发表,如傅斯年的《山东一部分的农民状况大略记》[1]、张景优的《翁源农民的苦况》[2]、晓秦的《武功的农民生活》[3]、(未署名)的《农业生计调查表(武进戚墅堰镇)》[4]等,也是很有特色的关于农民生活状况的调查报告。对农民生活及其状况的关注是"五四"新知识界的一大进步,这与知识分子群体研究视野的扩大和研究理念的转变密切相关。譬如,李大钊于 1919 年 2 月曾在《晨报》发表《青年与农村》文章,指出:"我们中国是一个农国,大多数的劳工阶级就是那些农民。他们若是不解放,就是我们国民全体不解放;他们的苦痛,就是我们国民全体的苦痛;他们的愚暗,就是我们国民全体的愚暗;他们生活的利病,就是我们政治全体的利病。"因而,李大钊要求"青年应该到农村去,拿出当年俄罗斯青

---

① 孟真:《山东一部分的农民状况大略记》,《新青年》第 7 卷第 2 期,1920 年 1 月 1 日。

② 张景优:《翁源农民的苦况》,《觉悟》(上海《民国日报》副刊)1925 年 12 月 24 日。

③ 晓秦:《武功的农民生活》,《秦钟》第 3 期,1920 年 3 月 20 日。

④ (未署名):《农业生计调查表(武进戚墅堰镇)》,《南洋》第 6 期,1919 年 8 月 19 日。

年在俄罗斯农村运动的精神,来作些开发农村的事"①。"五四"后社会调查中对农民问题的高度重视,反映新知识界对下层民间社会已开始引起关注,这对后五四时期中国社会思想的演变影响极大。

3. 实业的调查

实业调查是五四时期开展的社会调查的主要内容之一。新知识界受实业救国思想的影响,相当注重实业状况的调查,并积极地将其调查成果公布于众,以引起全社会对发展实业的重视。《工商之友》(上海《时事新报》副刊)因其杂志的宗旨所在,成为当时实业调查报告发表的最主要刊物之一。社会上关于实业的调查报告,也绝大多数是在《工商之友》(上海《时事新报》副刊)上发表的。现将《工商之友》(上海《时事新报》副刊)发表的关于实业的调查报告,择其要者按时间顺序列表如下:

作者	报告名称	发表刊期
许应期	《汉阳铁厂调查》	《工商之友》1920 年 6 月 5—7 日
姚尊闻	《海门宝兴织布厂调查记》	《工商之友》1920 年 6 月 10 日
方 良	《嘉定兴业草织工传习所调查记》	《工商之友》1920 年 6 月 16 日
邵骥才	《水烟业内容的调查》	《工商之友》1920 年 7 月 25 日
杨文澜	《南京绒业的概况》	《工商之友》1920 年 8 月 1 日
啬 夫	《嘉定兴业草织工厂的实况》	《工商之友》1920 年 8 月 14 日、15 日
栋	《常州大纶布厂调查》	《工商之友》1920 年 8 月 16 日
杨文澜	《南京鸭毛业概况》	《工商之友》1920 年 8 月 7 日
慕 靖	《海门永泰旱烟作调查记》	《工商之友》1920 年 9 月 1 日
朱鹤琴	《广顺丰机面公司调查记》	《工商之友》1920 年 9 月 19 日、20 日
伯 子	《余姚华明工艺厂的调查》	《工商之友》1920 年 9 月 22 日
曹靖华	《南京的职业调查》	《工商之友》1920 年 9 月 27 日
一 方	《江浦植棉分场调查》	《工商之友》1920 年 9 月 1 日
一 新	《宜兴"江苏省立陶业工厂"调查》	《工商之友》1920 年 10 月 8 日、9 日
杨 倜	《江西第一大工厂调查录》	《工商之友》1920 年 10 月 14 日
一 新	《宜兴陶器工业底调查》	《工商之友》1920 年 10 月 17 日
田稻丰	《南京豆腐业之近况》	《工商之友》1920 年 10 月 21、22 日

① 《青年与农村》(1919 年 2 月),《李大钊全集》第 2 卷,人民出版社 2006 年版,第 304—305 页。

续表

作者	报告名称	发表刊期
（未署名）	《的有榨油公司的调查》	《工商之友》1920 年 10 月
贺益礼	《参观穆氏棉场》	《工商之友》1920 年 10 月 29 日
朱畏轩	《南通关庄大布的调查》	《工商之友》1920 年 10 月 30 日、31 日
费公侠	《三友实业社的调查》	《工商之友》1920 年 11 月 5 日
破 天	《群明女子针织厂》	《工商之友》1920 年 11 月 19 日
益 谦	《河南豫丰纱厂的调查》	《工商之友》1920 年 11 月 23 日
靖 华	《太平洋印刷公司的真象》	《工商之友》1920 年 11 月 28 日
杨文澜	《南京鸡鸭业概况》	《工商之友》1920 年 11 月 2 日
维 泰	《海门大布业内容调查》	《工商之友》1920 年 11 月 10—12 日
郑尊法	《我国自蛋粉工业》	《工商之友》1920 年 11 月 18—27 日、29 日
丹 九	《调查中华职业学校附属工厂记》	《工商之友》1920 年 12 月 1 日
逄 劢	《景德陶业概况》	《工商之友》1920 年 12 月 7—16 日、18 日、23 日、25—27 日、29 日、30 日
海 静	《绍兴便民布厂的调查》	《工商之友》1920 年 12 月 7 日
郑尊法	《我国之蛋粉工业（续）》	《工商之友》1920 年 12 月 1—5 日
赖毓熏	《江苏常阴盘篮两沙州植棉概况》	《工商之友》1920 年 12 月 30 日、31 日
汪惺时	《上海之榨油工业》	《工商之友》1921 年 1 月 4 日、5 日
笃	《恒丰纺织新局》	《工商之友》1921 年 1 月 4—6 日
脑 工	《鲁丰纱厂访问记》	《工商之友》1921 年 1 月 14 日、15 日
脑 工	《华丰矿调查记》	《工商之友》1921 年 1 月 22—24 日
张济翔	《金华之火腿》	《工商之友》1921 年 1 月 17 日
胡佛澄	《平阳矾业的状况》	《工商之友》1921 年 1 月 26—28 日
折 光	《玻璃工业沿革略史及我国玻璃工业之现势》	《工商之友》1921 年 1 月 30 日
明 权	《我国最近企业之新趋势》	《工商之友》1921 年 1 月 30 日、31 日
理 夷	《东三省之我国金融机关》	《工商之友》1921 年 1 月 13 日
理 夷	《东三省通货之种类》	《工商之友》1921 年 1 月 20—28 日、30 日
折 光	《明晶玻璃公司调查》	《工商之友》1921 年 2 月 12 日、13 日
李菁舫	《鄞县宁波工厂调查录》	《工商之友》1921 年 2 月 14 日
保 铨	《崇明益新织布厂简单的调查》	《工商之友》1921 年 2 月 23 日
游 生	《唐山启新洋灰公司调查录》	《工商之友》1921 年 2 月 24 日

续表

作者	报告名称	发表刊期
厚　生	《参观振扬电厂记》	《工商之友》1921 年 2 月 25 日
脑　工	《博山料业的调查》	《工商之友》1921 年 2 月 16 日
田文炳	《四川烟业的概况》	《工商之友》1921 年 2 月 20 日、21 日
田文炳	《四川制革业的近况》	《工商之友》1921 年 2 月 12 日、13 日
理　夷	《东三省通货之种类》	《工商之友》1921 年 2 月 12 日、13 日
轶　康	《江苏省立第十工场状况》	《工商之友》1921 年 3 月 3 日
示　水	《参观中华皮革厂纪略》	《工商之友》1921 年 3 月 4 日
游　生	《天津裕元纱厂调查录》	《工商之友》1921 年 3 月 7 日
游　生	《求新制造厂的调查记》	《工商之友》1921 年 3 月 10 日
章馨如	《芜湖大昌火柴公司参观记》	《工商之友》1921 年 3 月 11 日
甘	《老公茂纺织公司工厂》	《工商之友》1921 年 3 月 18—22 日
田稻丰	《荧昌火柴公司第二厂参观记》	《工商之友》1921 年 3 月 23—24 日
曹亚侠	《中国宣纸工业调查(续)》	《工商之友》1921 年 3 月 16 日

除《工商之友》外,其他杂志也多有关于实业的调查报告的发表。譬如,《工界》发表的《广东工艺局之沿革》①、《广东劳动业务之调查》②、《广东藤业之起原及其发达之情形》③等调查报告,比较具体地反映了广东实业的历史与现状。

4. 妇女状况的调查

新文化运动倡导"伦理革命",主张妇女解放,引起整个新知识界对社会中妇女生活状况的高度重视。"五四"之后,新知识界兴起了调查妇女生活状况的高潮,有关妇女状况的调查报告也不断推出。

《妇女评论》(上海《民国日报》副刊)是研究妇女问题的专门刊物,对"女子生活调查"很是重视,发表了大量的关于"女子生活"的调查报告,现择其要者列表如下:

---

① 黄强:《广东工艺局之沿革》,《工界》第 2 期,1920 年 5 月 11 日;黄强:《广东工艺局之沿革(续)》,《工界》第 3 期,1920 年 5 月 21 日;黄强:《广东工艺局之沿革(再续)》,《工界》第 4 期,1920 年 6 月 1 日。

② 邓铁锋:《广东劳动业务之调查》,《工界》第 10 期,1920 年 8 月 1 日;邓铁锋:《广东劳动业务之调查(续)》,《工界》第 10 期,1920 年 8 月 1 日。

③ 陈澄真:《广东藤业之起原及其发达之情形》,《工界》第 11 期,1920 年 8 月 14 日。

调查者	报告名称	发表刊物及时间
马延乾	《安庆妇女生活状况》	《妇女评论》第 22 期,1921 年 12 月 28 日。
枕 云	《云南女子底生活》	《妇女评论》第 36 期,1922 年 4 月 12 日
冯三昧	《诸暨的妇女生活》	《妇女评论》第 38 期,1922 年 4 月 26 日
方业韶	《徽州妇女生活状况》	《妇女评论》第 45 期,1922 年 6 月 14 日
张 娴	《江浙一部分丝厂底情形》	《妇女评论》第 59 期,1922 年 9 月 20 日
嘘 云	《无锡丝纱厂女工的现状》	《妇女评论》第 1 卷第 1 期,1920 年 5 月 1 日
友 琴	《北京妇女生活状况调查》	《妇女评论》第 1 卷第 3 期,1920 年 6 月 1 日
张梦痕	《广州女织工的调查》	《妇女评论》第 1 卷第 4 期,1920 年 6 月 16 日
佛 利	《北京妇女生活状况(二)》	《妇女评论》第 2 卷第 1 期,1920 年 9 月 1 日
丁 沅	《吴江县外来妇女生活状况》	《妇女评论》第 2 卷第 2 期,1920 年 10 月 1 日

除了《妇女评论》(上海《民国日报》副刊)着重发表关于女子生活的调查报告外,当时许多刊物虽然因其刊物宗旨而不以"女子问题"为研究重点,但也有一些较有分量的关于妇女生活状况的调查报告发表。如《少年世界》发表的《汉口——女子生活社底调查记略》①、《劳动界》发表的《女工与育婴堂》②、《解放画报》发表的《邻妇调查录》③等,都是有名的关于妇女生活状况的调查报告。值得注意的是,有些刊物不仅关注妇女的劳动状况,而且尤为关注妇女的身体健康状况,如《妇女周报》(上海《民国日报》副刊)就发表过关于妇女月经的调查报告④。

在关于妇女生活状况的调查中,势必涉及中国的婚姻状况。五四时期关于中国婚姻状况的调查工作已经开始,这方面的调查报告虽然不是很多,但对于全面研究婚姻问题极为有价值,现将其重要者列表如下:

---

① 天性:《汉口——女子生活社底调查记略》,《少年世界》第 1 卷第 10 期,1920 年 10 月。

② 李少穆:《女工与育婴堂》,《劳动界》第 4 册,1920 年 9 月 5 日。

③ P.M.生:《邻妇调查录(一)》,《解放画报》第 6 期,1920 年 11 月 30 日;P.M.生:《邻妇调查录(二)》,《解放画报》第 7 期,1921 年 1 月 26 日;P.M.生:《邻妇调查录(三)》,《解放画报》第 8 期,1921 年 2 月 28 日。

④ 参见颜筠:《月经调查报告》,《妇女周报》第 64 期,1924 年 12 月 14 日;《月经调查报告(续)》,《妇女周报》第 69 期,1925 年 1 月 11 日;《月经调查报告(续)》,《妇女周报》第 71 期,1925 年 2 月 1 日。

调查者	报告名称	发表刊物及时间
周建人	《绍兴底结婚风俗》	《新青年》第 7 卷第 5 期,1920 年 4 月 1 日
姚特芬	《新安底结婚风俗谈》	《妇女评论》第 55 期,1922 年 8 月 23 日
姚特芬	《新安底结婚风俗谈(续)》	《妇女评论》第 56 期,1922 年 8 月 30 日
修订法律馆编	《婚姻的习惯》	《妇女评论》第 92 期,1923 年 5 月 16 日
寇蔚南	《徐州人底婚姻》	《妇女评论》第 102 期,1923 年 8 月 1 日
寇蔚南	《徐州人底婚姻(续)》	《妇女评论》第 103 期,1923 年 8 月 8 日

5. 教育状况的调查

五四时期以"教育"命名的杂志大多将教育调查作为重要栏目,发表关于教育状况的调查报告。总的来看,大多数刊物注重发达地区教育状况的调查,但也有些刊物尤为重视边远地区不为人所知的教育状况,如《学灯》就积极倡导"教育状况"的调查,"至关于国内者,则尤欢迎投寄边省之教育状况。又叙述状况时,宜注重该地之特殊情形"①。当时,《教育潮》、《教育与职业》、《学灯》、《星期日》等四大杂志,在教育状况的调查中具有显著的成绩。

《教育潮》发表的教育状况的调查报告,主要有(见下表):

调查者	报告名称	发表刊物及时间
郭秉文、陶履恭	《郭秉文陶履恭调查日本教育报告》	《教育潮》第 1 期,1919 年 4 月
(未署名)	《民国元二三四五年浙江全省学校数学生数比较表》	《教育潮》第 1 期,1919 年 4 月
(未署名)	《民国元二三四五年浙江全省学校教职员数岁出入数资产数比较表》	《教育潮》第 2 期,1919 年 6 月
姚寅恭	《余杭乡土职业调查记》	《教育潮》第 9 期,1920 年 12 月
陈孟深	《参观南京南通教育报告书》	《教育潮》第 10 期,1921 年 1 月
(未署名)	《各省学生总数表》、《全国各等学校学生数表》、《各省小学校学生数表》、《各省中等学校学生数表》、《各省专门大学校学生数表》、《全国公私立学校学生数表》、《全国公私立初等教育无女生县数分省表》、《全国基督教会学校学生历年增进表》	《新教育》第 5 卷第 4 期(1922 年 11 月)的"调查统计"栏目

---

① 《学灯栏启事》,《学灯》(上海《时事新报》副刊),1921 年 1 月 1 日。

《教育与职业》专设有"调查"栏目，发表了不少关于教育调查的报告，尤以对江苏和上海两地的教育调查最为特色。参见下表：

调查者	报告名称	发表刊物及时间
（未署名）	《上海清心实业学校调查纪要》	《教育与职业》第2期，1917年12月15日
（未署名）	《上海和安小学校调查纪要》	《教育与职业》第2期，1917年12月15日
（未署名）	《上海土山弯工艺局调查纪要》	《教育与职业》第2期，1917年12月15日
黄炎培	《江阴南通苏州农业教育调查报告》	《教育与职业》第3期，1918年1月15日
（未署名）	《江苏实业学校之调查》	《教育与职业》第5期，1918年4月5日

《学灯》（上海《时事新报》副刊）发表的教育状况的调查报告，主要有（见下表）：

调查者	报告名称	发表刊物及时间
进之	《南京高等师范学校一学期内的改造》	《学灯》1920年2月4—5日
式之	《江西省立第三师范过去一学期的改造》	《学灯》1920年3月1日
五石	《上海浦东中学校》	《学灯》1920年3月30日、31日
五石	《上海浦东中学校（续）》	《学灯》1920年4月1日、3日
戴坤	《丹阳乡村小学的调查》	《学灯》1920年10月16日

《星期日》发表的教育状况的调查报告，主要有（见下表）：

调查者	报告名称	发表刊物及时间
今　是	《工业专门学校的里面观》	《星期日》第22号，1919年12月7日
不　平	《省立第一师范学校及附属小学》	《星期日》第23期，1919年12月14日
学　生	《成都联合中学校的内容》	《星期日》第26号，1920年1月4日
由　衷	《四川法政专门学校内容的我见》	《星期日》第18号，1919年11月9日
本校学生	《成都的叙州联合县立旅省中学校》	《星期日》第19号，1919年11月16日
本校学生	《省立第一师范学校的内容》	《星期日》第34号，1920年3月

除了以上四个杂志重点发表过教育的调查报告外，《新教育》也发表过教育

状况的调查报告,如《济南学务调查》、《调查青岛教育书》等,对山东的教育有较细致的调查①,在当时有较大的影响。

6. 其他方面的调查

——日货与国货的调查。由于第一次世界大战期间欧美国家忙于自己的事务而无暇东顾,日本商品在中国市场上占的份额急剧增长,因而在"一战"结束前后,中国社会经济的一个突出方面是日货充斥中国市场。这引起知识界的极大忧虑,并因此而展开相关的社会调查。《南开日刊》发表的调查报告《日货调查报告表日用品》及《日货调查报告书装饰类》,对日本商品占领中国市场有详细的报告②。《南洋》(上海南洋公学学生分会发行)也集中刊发一批关于日货的调查报告,如发表的《面粉公司与日商之往来》、《私进东洋糖之查出》、《私进日货布缎》、《五日间进口之日货》③等调查报告,在当时的青年学生中很有影响。需要说明的是,关于日货的调查显然是受到五四运动反日斗争浪潮的激励,同时又有力地推动青年学生反帝思想的发展。与日货在中国市场所占份额调查相联系,"五四"新知识界对中国的国货情形也有调查。《救国旬报》、《国民》、《南洋》等杂志,都有重要的国货调查报告的发表④。《南开日刊》专门设置"调查"栏目,不仅公布国货在中国市场的情况,而且还报告中国国货在日本市场上的情形⑤。新知识界关于国货的调查,显然也是与五四运动促进国民救国意识的增长相联系的,同时也反映新知识界积极的政治参与热情。

---

① 参见廖世承:《济南学务调查》,《新教育》第 6 卷第 3 期,1923 年 3 月;李贻燕:《调查青岛教育报告书》,《新教育》第 6 卷第 5 期,1923 年 5 月。

② 参见:《日货调查报告表日用品》,《南开日刊》第 7 号,1919 年 6 月 3 日;《日货调查报告表日用品(续)》,《南开日刊》第 8 号,1919 年 6 月 4 日;《日货调查报告表日用品(续)》,《南开日刊》第 9 号,1919 年 6 月 5 日;《日货调查报告书装饰类》,《南开日刊》第 10 号,1919 年 6 月 11 日;《日货调查报告书装饰类(续)》,《南开日刊》第 11 号,1919 年 6 月 12 日。

③ 参见宁树藩:《面粉公司与日商之往来》,《南洋》第 1 期,1919 年 7 月 15 日;植:《私进东洋糖之查出》,《南洋》第 2 期,1919 年 7 月 22 日;云:《私进日货布缎》,《南洋》第 2 期,1919 年 7 月 22 日;(未署名):《五日间进口之日货》,《南洋》第 2 期,1919 年 7 月 22 日。

④ 参见(未署名):《劣货录》,《救国旬报》第 2 期,1919 年 7 月;(无署名):《中国对外贸易之物产》,《国民》第 1 卷第 2 号,1919 年 2 月 1 日;裘:《国货之新出品》,《南洋》第 2 期,1919 年 7 月 22 日;植:《国货之改良》,《南洋》第 2 期,1919 年 7 月 22 日。

⑤ 参见弼:《国货的调查》,《南开日刊》第 1 号,1919 年 5 月 26 日;源:《本团调查天津商号在日本国内做庄者五十一处列下以备各界参考》,《南开日刊》第 26 号,1919 年 7 月 3 日;源:《本团调查天津商号在日本国内做庄者五十一处列下以备各界参考(续)》,《南开日刊》第 27 号,1919 年 7 月 4 日。

——物产调查与地质调查。五四时期的新知识界倡导面向社会、面向自然，开始重视对本国资源的调查。江浙一带物产丰富，当时就有人对杭嘉湖区域的一部分物产进行较为细致的调查，发表了《杭嘉湖一部分物产调查记》的长篇调查报告①。中国西部地区在近代以来经济发展滞后，但植物资源也相当丰富，有人专门对陕西华县的植物进行调查，如韩叔勋的《华县植物调查记》对华县植物的种类、分布、价值进行了较为详细的说明②。《共进》杂志不仅对植物调查引起重视，而且注重"地质调查"，发表的赵国宾的《陕西同官县黄堡镇左右煤田的调查报告》③在当时的众多调查报告中独树一帜。

——黑社会调查。五四时期的中国社会处于转型时期，黑社会势力有所发展。一些人关注过这一社会现象，时人的著述中亦多有记载，但要进行详细的调查困难很大。不过，"五四"新知识界还是有人冒极大的风险对黑社会进行调查，如《觉悟》（上海《民国日报》副刊）发表的《修治县道的黑幕》及《学灯》（上海《时事新报》副刊）发表的《东三省之胡匪》的调查报告④，至今仍是研究五四时期黑社会情形不可多得的第一手调查材料。

以上，只是将"五四"新知识界所创办的报刊中关于社会调查的情形作一大致的概述，以显现"五四"新知识界在社会调查方面努力的基本表征（当然也就不可能无所遗漏地涉及到所有的调查报告），力图说明五四时期社会调查运动的兴起这一重要的历史事实。从以上事实的描述来看，"五四"新知识界对社会基本情形、劳动生活状况、妇女问题、教育问题以及社会生活的其他方面皆有着特别的关注，并且是以当时中国社会作为认识的目标和研究的对象。由此也不难看出，社会调查是"五四"新知识界认识社会、谋求变革社会进而走向社会的重要手段，同时也是"五四"新知识界介入现实社会的主要方式。

---

① 参见劳民:《杭嘉湖一部分物产调查记》,《伙友》第 9 册,1921 年 1 月 2 日;劳民:《杭嘉湖一部分物产调查记(续)》,《伙友》第 10 册,1921 年 1 月 9 日;劳民:《杭嘉湖一部分物产调查记(续)》,《伙友》第 11 册,1921 年 1 月 16 日。

② 韩叔勋:《华县植物调查记》,《共进》第 27 期,1922 年 12 月 10 日;韩叔勋:《华县植物调查记(续)》,《共进》第 38 期,1923 年 5 月 25 日。

③ 赵国宾:《陕西同官县黄堡镇左右煤田的调查报告》,《共进》第 29 期,1923 年 1 月 10 日;赵国宾:《陕西同官县黄堡镇左右煤田的调查报告(续)》,《共进》第 30 期,1923 年 1 月 25 日;赵国宾:《陕西同官县黄堡镇左右煤田的调查报告(续)》,《共进》第 31 期,1923 年 2 月 10 日。

④ 参见正成:《修治县道的黑幕》,《觉悟》(上海《民国日报》副刊)1920 年 8 月 23 日;清圣:《东三省之胡匪》,《学灯》(上海《时事新报》副刊)1924 年 12 月 2—4 日。

（二）20 世纪 20 年代至 30 年代的社会调查运动

在五四时期社会调查风气的影响下,至 20 世纪 20 年代和 30 年代,中国的社会学研究者深入中国社会的各个领域,进行了更为深入也更为广泛的社会调查,一批社会学著作也在社会调查中应运而生。这对于现代中国社会学的发展有着重要的影响。在 20 世纪 20 年代的社会调查中,主要是城市近郊的调查,出现了一些重要的调查报告,如《沈家行实况》(1924 年)、陶孟和的《北平生活费之分析》(1929 年)、李景汉的《北平郊外之乡村家庭》(1929 年)等。

《沈家行实况》由商务印书馆 1924 年出版,这是沪江大学社会学系学生在美籍教授白令克指导下,对上海近郊自然村沈家行 360 口人进行调查的报告。该报告一部分由白令克教授撰写,另一部分由学生撰写,比较详细地记录了上海大都市近郊的农村社区的状况,为社会学研究提供了第一手资料。

《北平生活费之分析》是陶孟和于 1926 年至 1927 年间采用家庭日用记账的调查方法,对北平 48 家手工业的家庭生活费的跟踪调查及 12 名小学教员家庭生活费的调查。这个调查报告是日用记账调查方法在中国的第一次运用,其目的在于使调查工作获得精细、确实的资料,避免访问法所带来的不精确性。该调查报告对于北平中下层家庭的生活状况、家庭结构、消费构成作了详细的记述,客观地反映了工人家庭和职员家庭生活的真实状况,有助于研究者对中国下层社会的认识。

《北平郊外之乡村家庭》(1929 年)是李景汉[①]担任社会调查部主任后,指导燕京大学社会学系学生实地调查而写成的报告。该报告分为两部分:第一部分是对距北平较近的挂甲屯 100 户家庭的社会经济调查,反映了这 100 户家庭中

---

① 李景汉(1895—1986),北京通县人。中国著名社会学家、社会调查专家。1917 年赴美留学,主修社会学及社会调查研究方法。先后在哥伦比亚大学、加利福尼亚大学学习,获加利福尼亚大学硕士学位。1924 年回国,任北平社会调查所干事。1926 年任中华教育文化基金会社会调查部主任兼燕京大学社会学系讲师。1928 年任中华平民教育促进会定县试验区调查部主任。1935—1944 年,历任清华大学社会学系教授、清华大学国情普查研究所调查组主任、西南联合大学社会学系教授。1944—1947 年被派往美国国情普查局考察,并参加人口研究活动,1947—1949 年,在联合国粮农组织统计专家室工作,兼任东南亚数国农业普查顾问。1949—1952 年,任辅仁大学社会学系主任,并在北京大学兼课。1953 年任中央财经学院、中国人民大学和北京经济学院教授。1956 年任中国人民大学调查研究室主任。1979 年被聘为中国社会学研究会顾问;1984 年应聘为中国人民大学社会学研究所顾问。主要著作有《北京人力车夫现状的调查》(1925 年)、《北京无产阶级的调查》(1926 年)、《北平郊外之乡村家庭》(1929 年)、《实地调查方法》(1933 年)、《定县社会概况调查》(1933 年)、《北京郊区乡村家庭生活调查札记》(1981 年)等。

因为与城市相联系,多数人从事工匠、车夫、仆役、机关职员等职业及少数人从事种地的情况;第二部分是对靠近西山的 3 个自然村的 64 户农家的社会经济调查,反映了这些农户与城市生活关联不大而主要从事种地、打石的农村生活。

20 世纪 20 年代中国社会学家所进行的社会调查尽管还是集中在城市近郊,但对于中国的社会学形成良好的社会调查传统,对于 30 年代社会调查的转型都有着重要的意义。20 世纪 30 年代的社会调查则有一个很大的变化,即主要地从事中国乡村社会的调查,并且将调查重点落实到乡村社会的经济状况。这一时期,社会调查在更大的范围内展开,许多社会研究机构、社会团体及大学研究机构也都深入乡村社会之中,研究重点在农村经济方面,故而农村社会问题在当时成为热门话题。如北平社会调查所与中央研究院社会科学研究所合作开展的保定清苑农村经济调查,中央研究院社会科学研究所与岭南大学联合进行的广东农村经济调查,中华平民教育促进会主持的河北定县农村社会调查,以及金陵大学、清华大学、燕京大学、南开大学、华洋义赈会等学术机构和社会团体开展的清河镇调查、江苏吴江开弦弓村经济调查、江宁淳化农村社会调查、泗阳社会调查、旧凤凰村调查、南宁社会调查等等,并先后发表了一批有较高学术价值和社会影响的调查报告,其中最著名的当属李景汉的《定县社会概况调查》(1933 年)和费孝通的《江村经济》(英文版,1939 年)[1]。

李景汉撰写的《定县社会概况调查》(1933 年)是一部以县为单位所做的实地社会调查的专著,成为 20 世纪 30 年代具有代表性的社会调查报告。李景汉在 20 世纪 30 年代初与晏阳初一起主持中华平民教育促进会定县实验区,并就定县的经济状况给予调查,土地的调查也是重要方面。他 1931 年在对定县土地调查中认识到,土地问题是农村经济问题的核心,故而"我们不能不承认土地问题是农村问题的重心;而土地制度即生产关系,又是土地问题的中心;其次才是生产技术及其他种种的问题,若不在土地私有制度上想解决的办法,则一切其他的努力终归无效;或有效,也是很微的一时的治标的。"[2]可以说,李景汉在调查中提高了自己的思想认识,对中国农村社会的症结有了更深入的了解。李景汉根据调查的结果,最后撰写出《定县社会概况调查》。该著内容丰富,全面而又深入,涉及面较广,总览和个案皆备,点面结合,相互补充,既有全县的基本概况、

---

① 卢汉龙、彭希哲主编:《二十世纪中国社会科学·社会学卷》,上海人民出版社 2005 年版,第 28 页。

② 李景汉:《定县土地调查》,《社会科学》第 1 卷第 2、3 期,清华大学出版社 1935 年版。转引自袁方主编:《社会学百年》,北京出版社 1999 年版,第 109—110 页。

全县各村的概貌,又有 62 个村庄及翟城村的个案典型;既有记载该县农业、工商业、手工业、农村借贷、家庭生活费等经济的具体情况,又有关于该县的文化、教育、卫生、风俗、宗教等社会生活的翔实记载,成为当时社会问题研究的必备参考书。

费孝通的《江村经济》(英文版)(1939 年)也是在社会调查中写成的一部社会学名著,被誉为"社区研究"的代表性成果。该著是费孝通在其家乡江苏吴江县开弦弓村所作的调查而得的第一手材料基础上,用英文写成的博士学位论文《中国农民的生活》,1939 年在英国出版。该著阐发开弦弓村在社会经济结构上呈现农业加手工业的特点,通过描述江村中农业、家庭副业和乡村工业的关系,揭示了经济萧条的情况下中国传统手工业日益衰落的现实,得出中国农村的基本问题仍然是"人民的饥饿问题"的研究结论。作者主张对乡村社会进行改良,认为解决中国农村问题应走工业化道路,"恢复农村企业是最根本的措施"①。就研究方法而论,该著通过典型个案揭示中国农村社会的一个具体面向,把功能主义人类学研究方法成功地移植到社会学研究之中,这是社会学理论与中国社会研究相结合的积极探索。马林诺斯基在为《江村经济》所作的序中指出:"我敢预言费孝通博士的《中国农民的生活》一书将被认为是人类学实地调查和理论工作发展中的一个里程碑。此书有一些杰出的优点,每一点都标志着一个新的发展。本书让我们注意的并不是一个小小的微不足道的部落,而是世界上一个最伟大的国家。作者并不是一个外来人,在异国的土地上猎奇而写作的;本书的内容包含着一个公民对自己的人民进行观察的结果。这是一个土生土长的人在本乡人民中间进行工作的成果。"该著尝试运用功能主义人类学研究方法解读中国的乡村社会特别是农民的生活,定性分析方法有机地运用其中,并在社会调查的基础上立论,在社会学界显示出独特的研究路数,并产生了很大的学术影响。

上述社会调查的专著,虽然不能全然地把握农村中的社会关系和阶级关系,但对于认识当时中国农村问题的严重性还是有很大学术价值的。

1937 年中国全面抗战后,大批高校和研究机构相继内迁并成立了新的研究机构,国统区的社会调查工作得到继续推进,并持续到 20 世纪 40 年代中后期,从而开辟了社区研究与边疆少数民族研究的新局面。代表性的研究机构有三:一是清华大学国情普查研究所,二是云南大学社会学研究室,三是华西大学边疆

---

① 费孝通:《江村经济》,江苏人民出版社 1986 年版,第 202 页。

研究所。

清华大学国情普查研究所于 1939 年成立,陈达担任所长,李景汉担任调查主任。1939 年在呈贡县进行了人口普查工作,1942 年进行了昆明市、昆明县、昆阳县、普宁县的户籍调查,并就呈贡县及昆阳县进行农业普查,形成了《云南呈贡县人口普查初步报告》(1940 年)、《云南省户籍示范工作报告》(1944 年)、《云南省呈贡县、昆阳县户籍及人事登记初步报告》(1946 年)等一批有价值的调查报告。陈达在调查基础上写成的《现代中国人口》于 1946 年在美国发表,受到国际学术界的高度重视。

云南大学社会学研究室成立于 1939 年,吴文藻、费孝通相继担任负责人,田汝康、张之毅、史国衡、谷苞、李有义、胡庆钧等人先后参加,先是在禄田、玉村等地调查土地制度、土地集中与手工业、资本积累、家庭组织的关系,后调查昆明工厂状况,研究农民到工人身份转换问题,再后来就是对少数民族地区进行调查,并形成了一批有价值的调查报告和研究成果,代表性的有费孝通的《禄村农田》(1943 年)、张之毅的《易村手工业》(1943 年)、史国衡的《昆厂劳工》(1946 年)、田汝康的《芒市边民的摆》(1946 年)及《玉村土地与业》、《洱村小农经济》、《个旧矿工》、《化城镇的基层行政》、《内地女工》等。

华西大学边疆研究所成立于 1941 年,得到了著名社会学家许德珩、孙本文、吴景超、言心哲、卫惠林、朱亦松、柯象峰等的支持。李安宅[①]和林耀华[②]先后主持该所的研究工作,研究室的地点在成都,成员有任乃强、谢国安、于式玉(李安宅的夫人)、刘立千等学者,以西南地区(大体上包括四川、云南、贵州、西康、青海、西藏等地方)的少数民族为研究对象,着重于研究少数民族地区宗教制度和土司制度,研究成果以林耀华所著《凉山夷家》最为著名。

---

① 李安宅(1900—1985),字仁斋,笔名任责,河北省迁安县人。1926 年燕京大学社会学系毕业,后赴美国深造。1938 年赴甘肃拉卜楞寺对藏传佛教进行实地调查,后任教于成都华西大学,社会学系主任、教授、边疆研究所所长。1947 年到 1949 年在美英从事研究工作。1950 年进藏任教。1963 年任教于四川师范学院。一生专治民族学、宗教学、社会学、藏学的研究。专著有《藏族宗教史之实地研究》、《拉卜楞:李安宅的调查报告》、《宗教与边疆建设》、《边疆社会工作》、《社会学论文集》、《李安宅藏学论文选》等。

② 林耀华(1910—2000),福建古田人。著名的民族学家、人类学家、历史学家、社会学家和民族教育家。1935 年在北平燕京大学获硕士学位。1940 年在美国哈佛大学获哲学博士学位。1941 年起先后在云南大学、燕京大学、北京大学和中央民族学院,致力于原始社会史和民族学的教学工作。新中国成立后,深入藏区、东蒙草原及鄂伦春族和达斡尔族居住地进行民族工作和学术考察。主要著作有《金翼:中国家族制度的社会学研究》、《凉山夷家》、《民族学研究》(论文集)、《凉山彝家的巨变》、《义序的宗族研究》等。

以上国统区所开展的社会学调查工作,英国的功能主义人类学研究方法得到充分的运用,为中国社会学"社区研究"方向的开辟作出了重要贡献。在国统区的社会学调查中,吴文藻乃是重要的代表之一。

吴文藻是社区调查的积极倡导者,同时也是中国的社区研究的主要推进者,被誉为社区研究学派的领军人物。他这一时期所做的研究是典型的社区研究,主要采用英国社会人类学的功能主义学派的理论,在方法上采取人类学的"田野作业"法,在研究取向上注重于功能主义所倡导的功能研究与制度研究,以便更好地契合研究对象的实际情形。功能主义理论有两个重要的特点:一是特别重视文化在社会生活中的地位,强调文化对于社会的维系作用,但又认为文化只是一种工具,且是不断变化的;二是强调研究工作的整体原则,认为应该把研究对象作为一个整体,考量其中各部分的相互关系。功能主义运用到社区研究中,则现代社区的核心为文化,文化的单位为制度,制度的运用为功能。"功能的观点,简单地说,就是先认清社区是一个整体,就在这个整体的立足点上来考虑它的全部生活,并且认清社会生活的各方面是密切相关的,是一个统一体系的各部分,要想在社会生活的任何一方面,求得正确的了解,必须就从这一方面与其他方面的关系上来探索穷究。"①吴文藻在这一时期发表《现代社区研究的意义和功用》、《西方社区研究的近今趋势》、《中国社区研究计划的商榷》、《功能学派社会人类学的由来与现状》等文章,对于社区研究的理论有较好的总结与阐发,积极倡导和推进社区研究。在他看来,社区研究在社会学上具有普适性,不同学者都可以开展社区研究,"民族学家考察边疆的部落或社区,或殖民社区;农村社会学家则考察内地的农村社区,或移民社区;都市社会学家则考察沿海或沿江的都市社区。或作模型调查,即静态的社区,以了解社会结构;或专作变异调查,即动态的社区研究,以了解社会历程;甚或对于静态与动态两种状况,双方兼顾,同时并进,以了解社会组织与变迁的整体"②。关于人类学的功能主义研究理念,吴文藻指出:"现代社区的核心为文化,文化的单位为制度,制度的适用为功能。我们就是要本着功能的眼光,以及从制度入手的方法,来考察现代社区及现代文化。因此,也可以说,社会学就是社区的比较研究,文化的比较研究,或制度的比较研究。"③社区研究一方面为中国社会学的制度研究与文化研究奠定了基

① 吴文藻:《吴文藻自传》,《晋阳学刊》1982年第6期。
② 吴文藻:《中国社区研究的西洋影响与国内近况》,《社会研究》第102期。
③ 吴文藻:《社会学丛刊》"总序",《文化论》,商务印书馆1944年版。转引自卢汉龙、彭希哲主编:《二十世纪中国社会科学·社会学卷》,上海人民出版社2005年版,第33页。

础,同时也推动了中国社会学向综合的方向发展,为经济社会学、法律社会学、宗教社会学、道德社会学、艺术社会学等分支学科的形成作出了重要贡献。

(三) 马克思主义者的社会调查思想

以毛泽东为代表的中国共产党人和中国马克思主义者,基于唯物史观与中国社会研究相结合的理念,坚持以马克思主义的阶级及阶级斗争理论为指导,积极从事关于中国社会的调查工作,对于正确地了解中国社会的现状和问题、把握中国的社会性质有极为重要的意义,在事实上有力地推进了马克思主义中国化的进程①。在学者方面,严景耀关于犯罪问题的调查及陈翰笙关于中国农村经济的调查,在当时中国社会学界产生了积极的影响。

1. 严景耀的社会调查思想

严景耀②是中国著名的马克思主义社会学家,他 1927 年在燕京大学学习时,就开始了关于中国犯罪问题的社会调查。1927 年,他亲自到北平第一监狱当一名志愿"犯人",深入监狱中进行实地考察。他在狱中,通过与犯人共同生活、个别谈话等形式,了解到犯人的个人经历、家庭背景以及走上犯罪道路的情况;而在监狱中的生活,又使严景耀看到了监狱的黑暗内幕、狱卒的腐败。正是基于在监狱中调查到的资料,严景耀相继发表了《北京犯罪之社会分析》(1927年)、《北平监狱教诲与教育》(1928 年)、《中国监狱问题》(1929 年)等论文,开启了中国犯罪问题的研究。1928 年至 1929 年,严景耀又率领学生对 20 个城市的犯罪情况进行调查,收集到犯罪个案 300 余件,并从 12 个省的监狱记录中整理出统计材料。严景耀根据这些资料,以后又到美国芝加哥大学学习,撰写了《中国的犯罪问题与社会变迁的关系》的博士学位论文。严景耀的社会调查思

---

① 吴汉全、马莎莎:《调查研究与马克思主义中国化》,《党史研究与教学》2008 年第 3 期。
② 严景耀(1905—1976),浙江余姚人,20 世纪 30 年代著名的马克思主义社会学家。1924 年考入北平燕京大学社会学系,主修犯罪学。1929 年从燕京大学研究院毕业,留校任教。1930 年应聘任中央研究院社会科学研究所研究助理;同年参加在捷克斯洛伐克举行的第十次国际监狱会议,会后访问苏联、法国和英国,以后去美国纽约社会服务学院进修,1931 年入美国芝加哥大学,1934 年获博士学位。1935 年重返燕京大学社会学系任教,1936 年到上海任工部局西牢助理典狱长,研究儿童犯罪问题,并在东吴大学讲授犯罪学。1947 年任燕京大学教授,兼校务委员及辅导委员会副主任。1949 年出席中国人民政治协商会议第一届全体会议。以后任燕京大学政治系主任、代理法学院院长,并兼北京大学教授。1952 年任北京政法学院国家法教研室主任,兼校务委员。1973 年调任北京大学国际政治系教授。曾当选为第一、二、三届全国人民代表大会代表。著有《北京犯罪之社会分析》、《北平监狱教诲与教育》、《北平犯罪调查》、《中国犯罪问题与社会变迁的关系》、《原始社会中的犯罪与刑罚》、《新中国怎样改造了犯人》等。

想独具特色,他正是基于罪犯问题的社会调查,其研究成果在中国开了犯罪学研究之先河。

严景耀所从事的社会调查有着鲜明的特色:一是注重个案的调查,认为个案的数量尽可能多,借以反映"案主"当时"所处的社会环境"。二是强调将统计方法运用到调查之中,认为关于犯罪问题的调查就要使用"更多的统计资料",这样才能"说明犯罪的趋势和地区的分布"。三是主张对调查的材料加以比较和分析,如关于犯罪问题的调查就可以"对不同城市的犯罪"进行"比较的研究",即使是同一个城市也可以作比较,如对"同一城市"的犯罪情况的调查可以将"今年研究的结果与若干年后的研究相比较"。四是要求调查的全面性,"不仅对犯罪者应予全面的调查研究,对于被害者、社区、亲友、邻居、局外人和第三方面的人都应进行调查"。严景耀将社会调查与统计方法、比较研究结合起来,为犯罪学这门学科创建并在学科体系中占有应有的地位作出了贡献。①

2. 陈翰笙的社会调查活动及社会调查思想

陈翰笙②是现代中国著名的马克思主义学术大家,他在 20 世纪 30 年代积极从事中国农村社会的调查,主张运用调查结果来分析中国的社会问题,集中地阐明中国农村中的生产关系的状况。在他看来,研究某一社会的性质,关键是搞清楚该社会中占主要地位的生产关系,在中国则主要是要弄清农村中的生产关系。陈翰笙指出:"一切生产关系的总和,造成社会的基础结构,这是真正社会学的研究的出发点;而在中国,大部分的生产关系是属于农村的。因此,中央研究院社会科学研究所社会学组就拿中国的农村研究作为它的第一步工作。"③又

---

① 吴汉全:《中国马克思主义学术史》第 3 卷,人民出版社 1999 年版,第 493—494 页。

② 陈翰笙(1897—2004),江苏无锡人。早年留学美国、德国,1921 年获芝加哥大学硕士学位,1924 年获柏林大学博士学位。1924 年回国,被聘为北京大学教授。1925 年加入中国共产党,大革命失败后被迫出走苏联。1928 年回国后,曾在中央研究院社会科学研究所担任领导工作。1933年发起成立中国农村经济研究会,次年该会成立后任理事长。1934 年后,先后在日本、苏联、美国从事研究和著书工作,并在纽约任《太平洋季刊》副主编。1939 年回到香港,主编《远东通讯》,并帮助宋庆龄等创办工业合作国际委员会,任执行秘书。1942 年后,曾在印度做研究工作,在美国任大学教授和霍普斯金大学国际问题研究所研究员,1950 年回国后历任外交部顾问,外交学会副会长,中印友好协会副会长,国际关系研究所副所长,中国工业合作协会名誉顾问,大百科全书编委会副主编,北京大学兼职教授,《中国建设》编委会副主任,中国科学院哲学社会科学部委员、世界历史研究所名誉所长,亚洲团结委员会副秘书长,中亚文化协会理事长,中国国际文化书院院长。是第一、二、三届全国人大代表,第五届全国政协委员。主要著作有《美国垄断资本》、《印度莫卧尔王朝》、《解放前西双版纳土地制度》、《中国农民》、《四个时代的我》等。

③ 《陈翰笙文集》,复旦大学出版社 1985 年版,第 43 页。

指出,中国农村诸问题"是集中在土地之占有与利用,以及其他的农业生产的手段上,从这些问题产生了各种不同的农村生产关系,因而产生了各种不同的社会组织和社会意识。"①陈翰笙认为,中国的社会问题在农村,而农村的问题又在农村中的生产关系,因而就必须研究和考察农业生产中的各种社会关系,这就需要触及土地所有权和使用权的问题。他指出:"正如机器的使用权和所有权在支配工业生产的各种关系占首要地位那样,土地的所有权和使用权也在支配农业生产的关系中占最重要的地位。"②陈翰笙主张研究生产关系,并主张重点地研究中国农村中的生产关系,正是抓住问题的关键。

从 1928 年至 1934 年的 7 年中,陈翰笙等人利用公开合法的身份对中国农村进行了几次大规模的调查。陈翰笙认为,社会调查是弄清社会状况的主要手段,在中国进行农村调查,就应该选择更能说明中国社会性质的地方。他指出:"江南、河北和岭南是中国工商业比较发达而农村经济变化得最快的地方。假使我们能够彻底地了解这三个不同的经济区域的生产关系如何在那里演进,认识这些地方的社会结构底本质,对于全国社会经济发展的程度,就不难窥见其梗概;而于挽救中国今日农村的危机,也就不难得到一个有效的设计。研究中国农村经济先从这三个地方着手,才是扼要的办法。"③于是,陈翰笙领导了对江南、河北、岭南的大规模调查,借以通过典型性农村调查获得反映中国农村社会状况的第一手材料。

第一次是 1929 年中央研究院社会科学研究所进行的无锡调查。这次调查是陈翰笙率领王寅生、张锡昌、钱俊瑞等进行的,历时 3 个月,调查了 22 个村庄的 1204 个户农家、55 个村子的概况及 8 个农村城镇的工商业情况。这次调查工作,是以土地制度的调查为重点。通过这次在无锡的调查,"着重了解农村生产关系的各个方面,以及生产力水平,农民的物质生活和文化教育等,从而有助于认识半殖民地半封建的农村社会性质和农村中革命的中心任务"④。

第二次是 1930 年的中山文化教育馆与北平社会调查所合作进行的保定调查。这次调查历时两年,主要是调查保定等地为英美烟草公司生产烟草的农村情况,共调查了 127 个村庄,并对其中的 6 个村庄和 429 个农户进行了深入的调

① 陈翰笙:《中国的农村研究》,《劳动月刊》第 1 卷第 1 号,1931 年。
② 陈翰笙:《解放前的农民与地主——华南农村危机研究》,中国社会科学出版社 1984 年版,第 3 页。
③ 《陈翰笙文集》,复旦大学出版社 1985 年版,第 73 页。
④ 秦柳方:《云海滴翠:秦柳方选集之二》,中国财政经济出版社 1995 年版,第 10 页。

查,目的在于考察外资对中国经济发展究竟起了何种作用。

第三次是 1933 年中山文化教育馆和岭南大学合作进行的广东农村社会调查。这次调查了广东 16 个县的农村情况,对番禺 10 个代表村的 1209 户农家进行了详细的实地调查,此外还对 50 个县的 335 个村进行了通讯调查。广东的调查在于研究农村中的生产关系和社会关系,并力图从农村生产关系中寻找农业生产力不发展、农民缺乏耕地的原因。

陈翰笙主持的中国农村社会调查,形成的主要成果有《亩的差异》(1929年)、《黑龙江流域的农民与地主》(1929 年)、《当代中国的土地问题》(1933年)、《广东农村生产关系与生产力》(1934 年)、《帝国主义工业资本与中国农民》(英文版,1939 年)等系列性成果。在《亩的差异》中,陈翰笙依据调查资料说明,中国农村中亩的实际大小相差很大,这种度量衡的不统一有助于地主对农民的剥削。他指出:"根据无锡 22 村 1024 户调查,知道无锡的所谓亩,大小不同,至少有 173 种,最小的合 2.683 公亩,最大的合 8.975 公亩,就是在同一村里,亩的差异至少 5 种;例如邵巷一村多至 20 种,小的 2.683 公亩,大的 5.616公亩。工业资本主义没有发展的中国不能有统一的度量衡,并且受了数千年分家、租佃、典押、买卖等习俗的影响,到现在差不多每一农户的所谓亩也都有两三种的大小。亩有这样复杂的差异,使浮征税捐的种种弊端更加厉害,同时使地主更可浮收田租。"[1]在《广东农村生产关系与生产力》一书中,陈翰笙在揭示农村问题严重性的基础上,提出了研究和解决中国农村社会中矛盾的迫切性。他指出:"劳动力在广东这样的低廉,这样的不值钱,可是,全省可耕而未耕的地,还要占到陆地面积的 15%。兵灾匪灾以后,已耕的田也很多被荒弃而还不曾种植的。……香港、广州、汕头等处的银行银号中,堆积着大量的货币资本而不能应用到农业生产上去。这便是农村生产关系与生产力的矛盾。耕地所有与耕地使用的背驰,乃是这个矛盾的根本原因。田租、税捐、利息的负担与生产力的背驰,充分地表现着这个矛盾正在演进。而农村劳动力的没有出路,更体现着这个矛盾的深刻。……我们明白了广东农村经济矛盾的现象和矛盾的深刻程度,并且晓得这个矛盾的根本原因,我们就进而研究怎样可以去解决这个矛盾。解除了它,然后可以使可耕的土地尽量地开发,可用的人力合理地利用,可投放的资本大批地流转于农村。这样,农村的生产关系便能改善,而农村生产力也会必然提

---

① 陈翰笙:《亩的差异》,《集刊》第 1 号,中央研究院社会科学研究所,1929 年。

高。这样,中国今日的农村便不难从危机中挽救起来。"①可以说,陈翰笙所领导的这些调查研究,在于揭示中国农村社会状况和阶级关系的实际,其成果对于认识中国农村生产关系的实际情形有着重要的学术意义。

陈翰笙通过各地的农村调查来研究农村的生产关系,是围绕土地所有权和使用权这一核心问题展开的,其目的是通过对农村最重要的生产资料——土地的分析,来表露中国农村社会中的阶级结构及其所反映的社会关系。他指出:"在农村社会里,……基本的表现形式是产生了一个将诸如族田之类公共世袭财产变成私人财产的新的剥削阶级,另一方面,又产生了一个毫无地位甚至最后都无权过问那些行使权力者所作所为的佃农阶级。"②在陈翰笙看来,正是因为农村土地所有权和使用权的变动,农村依然存在着极为严峻的阶级对立的矛盾,并且出现农民日益走向破产的趋势,其情形正是:"破产的农民通过抵押过程迅速失掉他们的土地;由于不被工业接受或吸收的无地农民不断增加,工资总的说来正在下降,各种形式的租金则在上升。这样一来,破产现象便不断重演,并且加速了这一过程,直到农民无产阶级化。"③陈翰笙的这个结论有着充分的调查依据,目的在于说明农村阶级状况及阶级斗争日趋激烈的事实,发现中国农村问题的症结之所在,从而引起人们高度关注农村中处于社会下层的佃农阶级,以推进中国农村社会的根本改造。

陈翰笙对于中国农村中经济变动的事实予以高度的重视,力求在经济状况的分析中来解释阶级状况。在他看来,中国农村在 20 世纪 30 年代确实存在"农产商品化扩大"现象,农民与市场的关系比过去有显著的变化,这与当时世界经济对中国的影响也是相联系的。他指出:"上次欧洲大战快终了时,我们的棉纱纺织业发展很快,所以我们的棉田扩张很多。先是工业家的推动,后为(北伐后)官厅的积极提倡。所以华北华中棉田增加很快。因此米麦的种植面积,有相当的减少。这就是三十年以来的农产商品化扩大的第一个现象。这现象对于农村经济的影响甚大。最明显的是一般农民依赖货币的收支。因为中国已经加入世界市场,所以这种商品化的影响比宋朝时我们中国农产商品化的程度高得多。对于农民来说,农产商品化的意义,即农民脱离自耕自食或自给自足的地

---

① 陈翰笙:《广东农村生产关系与生产力》,中山文化教育馆 1934 年印行,第 68 页。
② 陈翰笙:《解放前的农民与地主——华南农村危机研究》,中国社会科学出版社 1984 年版,第 43 页。
③ 陈翰笙:《解放前的农民与地主——华南农村危机研究》,中国社会科学出版社 1984 年版,第 3—4 页。

位,而更依靠市场与货币。农民经济独立的地位,很快地损失和抛弃了。"①陈翰笙认为,中国农村中农产商品化扩大这一事实,说明农民的经济地位发生了显著的变化,这就是农民与市场的联系有所增强,此种现象与中国传统社会中自给自足的自然经济有所不同,但并不能说明中国的农村经济已经"资本主义化",因为中国农村的生产关系并没有发生变动,农民仍然处于地主的剥削之下。正是基于充分的调查研究,陈翰笙认识到"中国社会是一个非常特别的社会",一方面是"纯粹的封建已过去",另一方面是"纯粹的资本主义尚未形成",这种特殊的社会是一种转型时期的社会,而"在这种社会里,田地所有者和商业资本及高利贷资本三种合并起来,以农民为剥削的共通的目标";其后,陈翰笙更明确地认识到"中国就是一个半殖民地半封建社会,废除封建的土地制度,进行土地革命,是解决农村问题的惟一正确的道路"②。

陈翰笙在研究理念上,坚持马克思主义生产力和生产关系理论,强调马克思主义理论在研究工作中的指导地位。他开展中国农村经济状况的调查,并着重对农村中生产关系、阶级状况进行研究,力图从具体的事实层面揭示中国社会存在的封建剥削关系,为中国社会变革提供基本的证据。他对中国社会的生产关系引起高度重视,对那些仅仅调查农村生产力而不注重生产关系的做法提出了严肃的批评,指出:"它们都自封于社会现象的一种表列,不曾企图去了解社会结构的本身。大多数的调查侧重于生产力而忽视了生产关系。它们无非表现调查人的观察之肤浅和方法之误用罢了。"③陈翰笙着重于农村生产关系的研究,在于揭示中国农村社会的阶级矛盾和阶级剥削的现实,为农村社会变革指明方向。在《广东农村生产关系与生产力》这部调查报告中,陈翰笙从农村的生产关系中寻找农业生产力不发展、农民缺乏耕地的原因,认为只有解决生产力与生产关系的矛盾,才能挽救中国农村业已严重的衰败的形势。

陈翰笙在研究方法上,坚持马克思主义的阶级分析方法,强调在土地问题研究中要将数量分析与性质分析相结合,认为土地问题是农村中关键性问题并关涉生产关系的各个层面,因而不能单纯地从土地数量上看问题,而要看到土地问题所反映的生产关系这个实质性问题。他指出:"关于土地分配的观察,不能含糊地囫囵地限于农户;必须进而根据农户的类别来分析。有些人只依照农户所

① 陈翰笙:《三十年来的中国农村》,《中国农村》第 7 卷第 3 期,1936 年 1 月。
② 秦柳方:《云海滴翠:秦柳方选集之二》,中国财政经济出版社 1995 年版,第 14 页。
③ 《陈翰笙文集》,复旦大学出版社 1985 年版,第 44 页。

有田地的多少而分别农户,这是完全忽视了其它生产关系,因此不能切实地表示农户的实际的经济地位。单单依照农户的田权而分为自耕农,半自耕农,和佃农,也不是妥当的办法。这是只顾到租佃的关系而没有注意别的条件。实际上一家种很少的自田而必须出外当雇工的自耕农,比起一家租种很多农田而大批地雇工来耕种的佃农,还要贫穷得多。即是按着各户所种农田的多少而区别农户,用经营的范围来确定经营的地位,也未必可靠。农户种田的多少,只表示农业经营的面积,还不能完全表示经营范围的大小。何况经营的范围又不足以决定农户的类别。附带种些菜地,果园,或桑田的人家,实际上也许是很大的地主;按着经营范围,岂不要算是贫农吗?同时,一家种十亩自田的农户和一家种十亩租田的农户比较,他们的经营地位显然地很有差异。"①陈翰笙运用新的农户分类法(即地主、富农、中农、贫农、佃农)来代替资产阶级学者的分类法(即自耕农、半自耕农、佃农、雇农;或小农户、较大农家、大农家、较大的大农家),并结合中国农村生产关系的实际,从而揭露中国农村中地主与农民对立的这一事实,说明地主对农民的残酷剥削不仅继续存在而且有不断发展的趋势。陈翰笙的研究表明,进行土地革命是改造中国农村的唯一出路,而土地革命的基本力量不但包括佃农,而且还包括数量很大的自耕农。陈翰笙对调查方法进行设计,将调查分为两种,一种是分户挨家调查,另一种是分村调查。调查工作又分为三个步骤,一是事先设计,预先造出调查表;二是开展实地调查;三是事后分析。陈翰笙随着农村调查工作的深入,又及时总结和改进调查方法,如无锡调查与保定调查尽管皆是农村调查,但在调查方法上就有很大的改进。

陈翰笙在研究成果方面,用实际调查中所获得的基本事实证明,只有用马克思主义的科学方法来研究中国农村的经济,才能真正找到解决中国问题的方法。当时中国学术界所能掌握的关于农村的资料十分缺乏,很少具有第一手的可供分析的实证性材料。又由于中国农村各地发展的不平衡,各地的阶级关系的表现形式也有一定的差异。故而,不仅需要搜集大量的反映各个区域的第一手材料,而且需要以马克思主义的阶级分析方法来处理这些材料,如此才可能在基本材料的基础上进而揭示中国农村的真实状况。陈翰笙以马克思主义的分析方法从事农村的社会调查工作,积累了极为丰富的第一手材料,并根据这样的材料来阐明中国社会的经济结构和阶级结构,不仅揭示出中国是半殖民地半封建社会

①　陈翰笙:《广东农村生产关系与生产力》(1934 年 1 月),《中国农村经济资料》,黎明书局1935 年版,第 429 页。

的本质,明确了革命的对象是帝国主义、买办官僚资产阶级和封建地主阶级,而且指出中国农村的根本问题是土地所有制问题,故而进行土地革命乃是变革农村生产关系、改造中国农村的唯一出路。陈翰笙等人的研究结果,不仅对当时盛行的改良主义理论是有力的回击,而且从学理上证明了中国共产党领导的土地斗争的正确性,有力地配合了中国共产党领导的土地革命的进行。陈翰笙通过社会调查的材料而着重从生产关系来研究中国社会,借以揭示社会中的阶级矛盾和社会的本质,有力地推进了中国马克思主义社会学在理论分析和调查研究方面的进步。

陈翰笙研究中国农村问题不仅表现出运用调查手段的显著特色,而且能够以现实的眼光不断地关注中国农村经济及农民生活状况的变化,对于农民的分化与社会经济之间的关系予以研究。全面抗战以后,陈翰笙结合抗战以后通货膨胀、物价飞涨的情况,集中研究了物价与中农的关系,认为物价上涨必然给农民以重大的打击,这不可避免地使农村经济走向恶化,并将引起农民阶级特别是中农阶层的迅速分化,其结果将是"一般中农继续贫穷化而降为贫农"。他指出:"目前我国农村已因通货膨胀而被物价飞腾的局面所笼罩。……中国的富农大半兼做地主,而中国最大多数的贫农即是佃户。大部分的地主和富农常常出售粮食。但大部分的贫农缴付了物租以后,非但没有谷米可以出售,并且还要买进杂粮来充饥。谷米价格的上涨只便宜了一般地主富农。杂粮价格是到处随着谷米而增加的。因此谷米价格的上涨,反使贫农吃亏而愈形贫穷。物价对于中农已引起了极大的分化作用。一部分中农得到谷米价格上涨的利益,而变为富农或富农兼地主,另一部分亦即更大一部分的中农,受着谷米上涨的打击而降为贫农或雇农。在目前物价的影响下,中农显有趋于没落的情形。"①在陈翰笙看来,物价上涨所引起中农贫困化有两个重要的方式:一是因为物价上涨使原来投资在手工业的资本转移到商业投机之中,这使中农所依靠为副业的手工业受到了打击以至于停顿,"这可说是促成中农破产的一个方式";二是"中农被腰斩于剪刀形的物价动态下",这乃是"因为可以出卖的粮食,其价格涨得慢,而同时必要买进的油盐肥料和农具等成本涨得快"。正是由于物价上涨这个重要的因素,因而中农将普遍地贫穷化。陈翰笙在抗战时期关于物价与中农问题的研究,与全面抗战后中国农村状况是密切联系的,这是他在 20 世纪 30 年代开展社会调查研究基础上关于农村经济及农村阶级问题研究的提升,同时也反映了他作

---

① 陈翰笙:《物价与中农》,《中国农村》第 7 卷第 5、6 期合刊,1942 年 9 月。

为马克思主义社会学家与经济学家注重社会现状考察及重视下层社会生活研究的本色。

陈翰笙是马克思主义社会学中国化的重要代表者,运用调查的第一手资料重点地研究中国农村社会的基本状况,注重中国农村中阶级关系的揭示,这不仅为中国马克思主义社会学的发展奠定了社会调查的基础,而且有力地推进了"农村社会学"这门学科的产生。陈翰笙在农村调查研究的工作中,还培养了一批运用马克思主义研究中国农村社会和中国经济的青年社会学者,这对于中国马克思主义社会学、经济学等学科的发展有着长远性的意义。

3. 毛泽东的社会调查思想

以毛泽东为代表的中国共产党人在农村开辟根据地的过程中,不仅积极开展各种形式的社会调查,而且从理论上和学术上阐明了社会调查的具体方法以及社会调查在中国社会研究中的地位。毛泽东在 1927 年 11 月,做了永新、宁冈两个县的系统调查。1930 年 5 月,红四军到达闽粤赣三省交界的寻乌时,毛泽东又组织了寻乌调查,找了 11 人召开调查会"十多天",毛泽东自己"做主席和记录"①,最终形成了《寻乌调查》(1930 年 5 月)。1930 年 10 月,毛泽东在新余县的罗坊找了 8 人"开了一个星期的调查会",对兴国的永丰区进行了调查,形成了《兴国调查》(1931 年 1 月)。这个调查很细致,"做了八个家庭的调查",并"调查了各阶级在土地斗争中的表现"②。1933 年 11 月,毛泽东又主持了长冈乡调查和才溪乡调查。

关于社会调查的方法,毛泽东在《反对本本主义》一文中有专门的一部分是谈"调查的技术"问题,认为"开调查会作讨论式的调查"是社会调查的主要方法。他指出:"只有这样才能近于正确,才能抽出结论。那种不开调查会,不作讨论式的调查,只凭一个人讲他的经验的方法,是容易犯错误的。那种只随便问一下子,不提出中心问题在会议席上经过辩论的方法,是不能抽出近于正确的结论的。"毛泽东所说的"开调查会作讨论式的调查",其中所说的"调查会"是指调查的形式,"讨论"则是调查会的具体方法,因而是"讨论式的调查"。这种"讨论式的调查",一方面要广泛听取意见,以搜集到比较充分的材料,而不能"只随便问一下子",也不能"只凭一个人讲他的经验";另一方面则要"提出中心问题在会议上经过辩论",主要形式是"辩论",这也是广泛听取意见的过程,同时也是

---

① 《毛泽东文集》第一卷,人民出版社 1993 年版,第 119 页。
② 《毛泽东文集》第一卷,人民出版社 1993 年版,第 255 页。

集思广益的过程,其目的在于从调查中"抽出近于正确的结论"。毛泽东还就通过开调查会进行"讨论式的调查"所应注意的"调查的技术",提出了具体的意见:

一是参加调查会的人必须是"能深切明了社会经济情况的人"。在毛泽东看来,召开社会调查会必须注意会议参加者的选择,既然是通过调查会来了解社会,则选择的会议参加者就应该是"能深切明了社会经济情况的人",不然就达不到开会的目的。这主要是就会议参加者的社会经验而论的。毛泽东认为,在此前提下要注意会议参加者的广泛性和代表性。他指出:"以年龄说,老年人最好,因为他们有丰富的经验,不但懂得现状,而且明白因果。有斗争经验的青年人也要,因为他们有进步的思想,有锐利的观察。以职业说,工人也要,农民也要,商人也要,知识分子也要,有时兵士也要,流氓也要。自然,调查某个问题时,和那个问题无关的人不必在座,如调查商业时,工农学各业不必在座。"

二是调查会议的规模要依"调查人的指挥能力"来定。在毛泽东看来,调查会的规模亦即参加人数的多少,关系到调查对象的多少以及与此相联系的是调查资料的取得和对相关问题的讨论,因而对调查工作能取得怎样的效果有直接的影响。但人数的多少,也不是绝对的。毛泽东以辩证的观点来看待这一问题,认为人多对近似正确的调查结论的取得固然有积极作用,但对调查会的组织有时就有一定的困难。他说:"人多有人多的好处,就是在做统计时(如征询贫农占农民总数的百分之几),在做结论时(如征询土地分配平均分好还是差别分好),能得到比较正确的回答。自然人多也有人多的坏处,指挥能力欠缺的人会无法使会场得到安静。"鉴于这样的分析,毛泽东认为调查会参加者的人数要"看调查人的指挥能力"而定,"那种善于指挥的,可以多到十几个人或者二十几个人。……究竟人多人少,要依调查人的情况决定。但是至少需要三人,不然会囿于见闻,不符合真实情况"。

三是开调查会之前必须事先确定"调查纲目"。毛泽东对"调查纲目"十分重视,认为调查纲目对于开好调查会、取得调查效果有重要的价值,主张"纲目要事先准备"。他说,有了好的调查纲目,"调查人按纲目说,会众口说。不明了的,有疑义的,提起辩论"。毛泽东对调查纲目本身也有要求,他指出:"所谓'调查纲目',要有大纲,还要有细目,如'商业'是个大纲,'布匹','粮食','杂货','药材'都是细目,布匹下再分'洋布','土布','绸缎'各项细目。"这里,毛泽东强调"调查纲目"的重要性,说明的是调查人要对调查目的、调查内容及调查步骤等有切实的把握,以增强调查工作的计划性。

四是负责调查的人必须具有个案调查的经验,主持调查必须"亲自出马"并应"自己做记录"。毛泽东认为,从事社会调查的人"要深入"下去,通过从事个案调查来积累经验;只有对一个地方或一个问题的调查深入下去,才能使自己的调查能力得到提高。他指出:"初次从事调查工作的人,要作一两回深入的调查工作,就是要了解一处地方(例如一个农村、一个城市),或者一个问题(例如粮食问题、货币问题)的底里。深切地了解一处地方或者一个问题了,往后调查别处地方、别个问题,便容易找到门路了。"毛泽东认为,对于一个具体的调查而言,调查者要身体力行,具有踏实细致的工作作风。首先是"要亲自出马"。因此,"凡担负指导工作的人,从乡政府主席到全国中央政府主席,从大队长到总司令,从支部书记到总书记,一定都要亲身从事社会经济的实际调查,不能单靠书面报告,因为二者是两回事"。其次是"要自己做记录"。对于调查者来说,要明白"假手于人是不行的",因而"调查不但要自己当主席,适当地指挥调查会的到会人,而且要自己做记录,把调查的结果记下来"①。毛泽东对于从事社会调查工作的人有着极为严格的要求,在此可略见一斑。

关于社会调查的意义与价值,毛泽东有这样几个基本观点:

一是"没有调查,就没有发言权"。毛泽东将是否进行社会调查作为共产党人指导中国革命的前提条件,他对那种不作调查而"瞎说一顿"的现象提出严肃的批评,认为这不符合共产党人的基本要求。他指出:"许多的同志都成天地闭着眼睛在那里瞎说,这是共产党员的耻辱,岂有共产党员而可以闭着眼睛瞎说一顿的吗?"因此,毛泽东提出"注重调查! 反对瞎说!"的口号,认为"你对那个问题的现实情况和历史情况既然没有调查,不知底里,对于那个问题的发言便一定是瞎说一顿",因而主张:"你对于某个问题没有调查,就停止你对于某个问题的发言权。"②此后,毛泽东对"没有调查,没有发言权"的论断又有新的发展,他在1931年4月1日的《总政治部关于调查人口和土地状况的通知》中,提出"我们的口号是:一,不做调查没有发言权。二,不做正确的调查同样没有发言权。"③毛泽东提出"没有调查,没有发言权"的论断,强调的是共产党人所进行的"发言"必须以"调查"特别是"正确的调查"为基础和前提,倡导的是马克思主义的实事求是的良好学风,其目的就是要求共产党人积极地从事社会实际研究、具体

---

① 《毛泽东选集》第一卷,人民出版社 1991 年版,第 116—118 页。
② 《毛泽东选集》第一卷,人民出版社 1991 年版,第 109 页。
③ 《毛泽东文集》第一卷,人民出版社 1993 年版,第 267—268 页。

地探索中国国情、掌握中国革命规律的社会调查,因而反对的是那种主观主义的不研究实际、不作调查研究的"瞎说一顿"的作风。这就将"调查"工作的重要性,提到中国共产党人指导中国革命的高度。

二是"调查就是解决问题"。在一般人的思维中,"调查"是掌握情况、了解实际、积累材料的过程,还不是进到"研究"的阶段,因而也就不把调查直接地与解决问题联系起来。但在毛泽东看来,不能把"调查"与问题的解决脱离开来,而是要将调查的功用直接地落实到解决问题上。在他看来,问题之所以不能解决,就是因为对问题的现状和历史的不了解,也就是没有进行真正的调查。因而,需要将调查与解决问题切实地联系起来,使"调查"落实在解决问题上。他说:"你对于那个问题不能解决吗?那末,你就去调查那个问题的现状和它的历史吧!你完完全全调查明白了,你对那个问题就有解决的办法了。一切结论产生于调查情况的末尾,而不是在它的先头。"由此,毛泽东用形象的语言来说明"调查"与"解决问题"之间的逻辑关联,指出:"调查就像'十月怀胎',解决问题就像'一朝分娩'。调查就是解决问题。"①这里,毛泽东是从联系的角度、整体的思路将"调查"与"解决问题"对接,并使"解决问题"纳入"调查"的体系之中,并确认"调查"在"解决问题"中的决定性位置。

三是调查有助于明白社会的政治经济状况。如前所说,毛泽东讲的"调查"不是一般意义上的了解情况的那种调查,而是从中国社会变革的高度来提升"调查"的意义内涵,从中国共产党人从事政治实践的目标来剖析"调查研究"的价值,因而注重的是对社会的政治经济状况研究与把握。毛泽东认为,调查就要有明确的调查对象和调查目的,因为共产党人的调查既不是"狗肉账",也不是"像乡下人上街听了许多新奇故事",同时也不是"像站在高山顶上观察人民城郭",因为"这种调查用处不大"。毛泽东指出:"我们社会经济调查的对象的是社会的各阶级,而不是各种片段的社会现象。……我们的主要目的,是要明了社会各阶级的政治经济情况。我们调查所要得到的结论,是各阶级现在的以及历史的盛衰荣辱的情况。"②毛泽东强调,社会经济调查的目的在于把握社会阶级状况和社会经济状况,亦即关于国情的调查研究。他举例说,我们调查农民成分时,不但要知道自耕农、半自耕农、佃农,这些以租佃关系区别的各种农民的数目有多少,我们尤其要知道富农、中农、贫农,这些以阶级区别阶层的各种农民的数

---

① 《毛泽东选集》第一卷,人民出版社 1991 年版,第 110—111 页。

② 《毛泽东选集》第一卷,人民出版社 1991 年版,第 113 页。

目有多少；我们调查商人成分，尤其要调查小商人、中等商人、大商人各有多少。毛泽东的结论是："我们不仅要调查各业的情况，尤其要调查各业内部的阶级情况。我们不仅要调查各业之间的相互关系，尤其要调查各阶级之间的相互关系。我们调查工作的主要方法是解剖各种社会阶级，我们的终极目的是要明了各种阶级的相互关系，得到正确的阶级估量。"①那么，调查之中应注意哪些社会阶级呢？毛泽东根据当时中国阶级的构成，列举了这样的一些阶级或阶层：工业无产阶级、手工业工人、雇农、贫农、城市贫民、游民、手工业者、小商人、中农、富农、地主阶级、商业资产阶级、工业资产阶级等，并认为"这些阶级（有的是阶层）的状况，都是我们调查时要注意的"②。毛泽东重视社会政治、经济的调查，认为做好调查能够剖析社会的阶级状况和经济状况，知道"各阶级现在的以及历史的盛衰荣辱的情况"，揭示了社会调查在研究社会、变革社会中的极端重要意义。

毛泽东在马克思主义指导下对社会调查意义的论述，不仅包含了普通社会学上所明示的调查有助于研究社会阶级状况和经济状况的含义，而且特别揭示了社会调查在思想方法上和指导社会变革上的意义，其外延远远大于一般社会学上关于调查功用的规定。一般社会学主要是从社会研究的角度来提示社会调查的意义，将社会调查主要是作为社会学的研究手段和提供资料的途径，这是从学术研究的层面来对社会调查进行定位的。毛泽东对社会调查意义的论述，除了注意到社会调查在学术研究层面上的意义外，重点地阐述了社会调查对共产党人思想方法上的意义以及对中国共产党人领导社会变革、推动社会变迁（尤其是政治变迁）的意义。由此也可以看出，毛泽东的社会调查思想具有强烈的政治色彩和能动的改造社会的显著特色，是马克思主义中国化进程中的创新性思想，为推进马克思主义社会学理论的中国化作出了重大贡献。

毛泽东在延安时期继续注重社会的阶级构成的调查，以弄清社会的阶级状况与经济状况。1940年9月，毛泽东拟定了《关于调查地主资产阶级和国民党军官的通知》，要求全党的干部调查研究大资产阶级、民族资产阶级，尤其要注意"将大资产阶级和民族资产阶级加以区别，以人为单位，每类每省调查数十人至一百人"；要调查大地主与开明绅士，并且"将大地主与开明绅士加以区别，亦以人为单位每类调查数十人至一百人"；对于大资产阶级、民族资产阶级以及地主、开明绅士的调查，必须"每人为立一小传，要有籍贯、年龄、出身、履历、派别、

---

① 《毛泽东选集》第一卷，人民出版社1991年版，第113页。
② 《毛泽东选集》第一卷，人民出版社1991年版，第114页。

资产活动、嗜好、政治动向、对我态度等项"。同时,要开展关于国民党军官的调查,"关于军官调查,总司令、军长、师长、团长四项,每人立一小传,传内亦有履历、派别、资产活动、政治动向、对我态度等项"。限于当时的条件,"以上调查统称名人录,先从经济、军事两方面着手,将来可发展到政治、文化方面"①。毛泽东拟定的这份党内指示,就在于通过对地主、资产阶级及国民党军官的调查,以进一步弄清中国社会中阶级的特点、阶层的分布及其政治倾向。不难看出,毛泽东从中国共产党领导中国革命的高度来重视社会调查工作,故而一直是将社会的经济状况和阶级状况的调查作为重点的,并且是以阶级状况的调查作为社会调查的主要内容。

　　毛泽东的社会调查思想成为中国共产党政策的重要依据,在全党范围内发挥了积极的指导作用。1941年8月毛泽东为中共中央起草了《关于调查研究的决定》,强调调查研究是决定政策的基础,号召全党都必须开展调查研究这项工作。《决定》指出:"我党现在已是一个担负着伟大革命任务的大政党,必须力戒空疏,力戒肤浅,扫除主观主义作风,采取具体办法,加重对于历史,对于环境,对于国内外、省内外、县内外具体情况的调查与研究,方能有效地组织革命力量,推翻日本帝国主义及其走狗的统治。"②《决定》号召全党要形成积极从事调查研究的良好风气,并决定中央设置调查研究机关,收集国内外政治、军事、经济、文化及社会阶级关系的各方面材料并加以研究,以便为中央工作的直接助手;并要求,各地均设有调查研究的机关。关于"收集材料的方法",毛泽东在《决定》中作了七个方面的举例性说明:"第一,收集敌、友、我三方关于政治、军事、经济、文化及社会阶级关系的各种报纸、刊物、书籍,加以采录、编辑与研究。第二,邀集有经验的人开调查会,每次三五人至七八人,调查一乡、一区、一县、一城、一镇、一军、一师、一工厂、一商店、一学校、一问题(例如土地问题、劳动问题、游民问题、会门问题)的典型。从研究典型着手是最切实的办法,由一典型再及另一典型。第三,在农村中,应着重对于地主、富农、商人、中农、贫农、雇农、手工工人、游民等各阶层生活情况及其相互关系的详细调查;在城市中,应着重对于买办大资产阶级、民族资产阶级、小资产阶级、贫民群众、游民群众及无产阶级的生活情况及其相互关系的详细调查。第四,利用各种干部会、代表会收集材料。第五,写名人列传。凡地主、资本家财产五万元以上者,敌军、伪军、友军团长以上

①　《毛泽东文集》第二卷,人民出版社1993年版,第298—299页。

②　《毛泽东文集》第二卷,人民出版社1993年版,第361页。

的军官,敌区、友区县长以上的官长,敌党、伪党、友党县以上的负责人,名流、学者、文化人、新闻记者在一县内外闻名者,会门首领、教派首领、流氓头、土匪头、名优、明娼,以及在华外人活动分子,替他们每人写一数百字到数千字的传记。此种传记,要责成地委及县委同志分负责任,传记内容须切合本人实际。同时注意收集各种人员的照片。第六,个别口头询问。或派人去问,或调人来问,问干部、问工人、问农民、问文化人、问商人、问官吏、问流氓、问俘虏、问同情者,均属之。第七,收集县志、府志、省志、家谱,加以研究。"①毛泽东这里所说的方法,是根据当时调查的需要而列举出来的,对各地调查工作起了指导作用。这份《关于调查研究的决定》对于在全党范围内兴起调查研究的热潮起了积极的动员作用,有效地改变了中国共产党的工作方法,因而是马克思主义中国化的重要文献。

延安时期的毛泽东基于中国共产党领导中国革命的历史经验而对社会调查进行了理论上的总结与提升,1941 年 9 月的《关于农村调查》则是这一总结的代表作。该文指出,认识事物、掌握情况是以调查研究为基础的,"马克思、恩格斯努力终生,作了许多调查研究工作,才完成了科学的共产主义","列宁、斯大林也同样作了许多调查"。然而,调查研究是为了弄清情况,但情况是不断变化的,而且"情况是逐渐了解的",因而调查研究这项工作是"需继续不断的努力"②。这就提出了调查研究的长期性问题。

关于农村社会调查的方法,毛泽东从理论的高度进行了新的概括:

第一,"对立统一,阶级斗争"的方法。毛泽东指出,"对立统一,阶级斗争,是我们办事的两个出发点"。这里,一是要进行观察,建立初步的概念。这是因为,"当我们观察一件事物时,第一步的观察只能看到这件事物的大体轮廓,形成一般概念";二是要进行分析,当然这种分析是"分析而又综合",亦即是在分析中"也有小的综合"。关于"观察"、"分析"及"综合"相结合的调查研究方法,毛泽东通过一个初来延安的人对延安的认识过程,说明"观察"、"分析"、"综合"这三个步骤在认识过程中的地位及对于认识过程的意义。他说:"好比一个初来延安的人,开始他对延安的认识只是一般的、笼统的。可是当他参观了抗大、女大以及延安的各机关学校之后,他采取了第二个步骤,用分析方法把延安的各部分有秩序地加以细细的研究和分析。然后第三步再用综合法把对各部分

---

① 《毛泽东文集》第二卷,人民出版社 1993 年版,第 361—362 页。
② 《毛泽东文集》第二卷,人民出版社 1993 年版,第 378、380 页。

的分析加以综合,得出整体的延安。这时认识的延安就与初来时认识的延安不同,他开始看见的是整个的延安,现在看见的也是整个的延安,但与开始的了解不同了,现在他对延安就有了科学的认识和具体的了解。"①毛泽东还举马克思写《资本论》的例子来说明"观察——分析——综合"方法的作用,指出:"马克思的《资本论》就是用这种方法来写成的,先分析资本主义社会的各部分,然后加以综合,得出资本主义运动的规律来。"②毛泽东认为,分析法和综合法就是"对立统一和阶级斗争"观点的具体运用,体现了马克思主义认识论和方法论的基本观点,因而必须在调查研究中予以贯彻。他指出:"假如同志们把这观点用去分析农村,你就可以知道农村有些什么阶级,它们主要的特点是什么,以及它们彼此的关系怎样。……这样分析了农村中的各个阶级、阶层及其生活概况,然后才能对农村有正确的全面的了解。"③这里,毛泽东将"观察——分析——综合"这一认识事物的基本过程,运用到调查研究工作之中,并上升到马克思主义的"对立统一"与"阶级斗争"理论的高度,使调查研究成为认识事物的普遍方法,从而也就具有方法论的意义。

第二,"详细地占有材料,抓住要点"的方法。调查研究必须详加占有材料,这是以后进行分析的重要依据。那末,如何搜集材料呢? 毛泽东说,搜集材料的工作"都必须自己亲身去做,在做的过程中找出经验来,用这些经验再随时去改进以后的调查和整理材料的工作"④。一般来说,材料的搜集过程是一个初始的简单过程。但在毛泽东看来,搜集材料的过程是一个亲自实践的过程,并且也是发挥认识的能动性及总结经验的过程,而这样的过程还是一个不断反复与提高的过程。这是站在认识和实践相统一的高度来立论的,确认实践在认识过程中的基础性作用,体现了马克思主义哲学的根本要求。毛泽东还着重指出,材料"要搜集得愈多愈好","但一定要抓住要点或特点(矛盾的主导方面)",不能把主要的东西丢掉。没有调查就没有发言权,但"假若丢掉主要矛盾,而去研究细微末节,犹如见树木而不见森林,仍是无发言权的"⑤。这是毛泽东关于抓主要矛盾及把握矛盾主要方面的思想在调查研究过程中的具体运用,使先前提出的"没有调查就没有发言权"的社会调查思想得到重大的发展,其内涵更在马克思

---

① 《毛泽东文集》第二卷,人民出版社 1993 年版,第 380 页。
② 《毛泽东文集》第二卷,人民出版社 1993 年版,第 380 页。
③ 《毛泽东文集》第二卷,人民出版社 1993 年版,第 381 页。
④ 《毛泽东文集》第二卷,人民出版社 1993 年版,第 383 页。
⑤ 《毛泽东文集》第二卷,人民出版社 1993 年版,第 382 页。

主义实践观的基础上体现出辩证法的特征。

毛泽东基于马克思主义与中国社会实际相结合的理念而形成的社会调查研究理论，建立在中国共产党人领导新民主主义革命的实践基础上，具有极为丰富的思想内容和深刻的价值意蕴，概括起来有这样几方面的突出之处：(1)社会调查研究的实践性原则。毛泽东把认识中国社会的调查研究活动与改造中国社会的革命活动紧密结合起来，从实践需要及实践条件出发确定调查研究课题，并把研究成果转化为党的路线、方针、政策，进而来具体地指导实践活动。(2)社会调查研究的群众性原则。毛泽东以人民创造历史的马克思主义观点指导调查研究实践活动。他认为，领导者只有先当群众的学生，才可能当群众的先生。广大人民群众是革命实践活动的最直接、最具体、最积极的参加者，对客观事物和实践效果的了解及认识最丰富、最全面、最真实，在社会调查中要坚持从群众来到群众中去的工作路线。(3)社会调查研究的客观性原则。毛泽东强调在调查研究过程中，要按照客观事物的本来面目如实地反映它，就必须客观地、全面地、发展地、深入地认识事物。坚持马克思主义的实事求是观点认识事物，坚持用全面联系的观点研究社会现象和社会问题；同时，坚持用历史的、发展的观点来研究社会，调查重在深入研究并把事物弄懂弄透，既有助于认识事物的本质，又可以积累调查研究的经验。

毛泽东在马克思主义指导下所提出的社会调查研究的理论和方法，对于中国马克思主义社会学的发展有着极为重要的方法论意义。毛泽东依据中国革命的需要，主张典型调查、普遍调查、走马观花、下马看花相结合的社会调查方式，强调调查会、个别访问、实地调查、填写表格、文献分析、间接调查相结合的搜集材料的方法的意义，并善于使用矛盾分析、阶级分析、统计分析相结合的研究材料的方法。这不仅使调查研究的方法在马克思主义指导下形成了体系，而且对于中国社会的调查与研究有重要的指导意义。毛泽东的社会调查研究的理论和方法，既是毛泽东思想的重要组成部分，同时又是中国马克思主义社会学理论和方法的重要组成部分，为推进中国马克思主义社会学体系的完善及形成"新民主主义社会学体系"作出了突出的贡献。

4. 张闻天的社会调查思想

张闻天是民主革命时期中国共产党的重要领导人之一，他在延安时期对于社会调查工作也有突出的贡献。这在中国马克思主义社会学史也是有着重要地位的。1942年1月到1943年3月，张闻天领导延安农村工作调查团队先后在神府县直属乡贺家川、兴县高家村区、米脂县杨家沟及米脂县城等地调查社会的基本情况和土地问题,后又在绥德县川西、双湖峪等地入户调查了经济状况及公粮等情况,在绥德市调查了商业情况。在调查期间,张闻天等人写下了《贺家川八个自然村的调查》、《兴县二区十四村的土地情况研究》、《米脂县杨家沟调查》、《碧村调查》等调查报告。这组调查报告,不仅着力刻画了新民主主义时期农村土地问题的变迁及农村阶级关系的大变动,而且比较系统地展示了农村经济、文化、政治的发展状况。大致说来,张闻天的社会调查思想有这样的几个特点:

一是以马克思主义的社会观为指导,重视社会调查,强调调查研究的极端重要性。张闻天把调查研究的结果上升到思想方法与认识论的高度,阐述了调查研究对于认识中国社会状况的极端重要性。毛泽东说,"没有调查研究就没有发言权"。张闻天基于从事调查工作的体会,对此作了深刻的论证和发挥,将调查研究与一切从实际出发的思想路线联系起来,充分地说明调查研究在了解实际、研究中国社会中的极端重要性。他在《出发归来记》中写道:"要从实际出发,要认识实际,其基本一环,就是对于这个实际的调查研究。没有这一基本工作,一切关于从实际出发、要认识实际一类的话,仍然只是毫无意义的空谈。"①这样,调查研究就不仅仅是一个技术问题,而且是研究社会中的认识方法论问题。张闻天认为,注重调查研究是由中国社会的特殊性所决定的。他指出,由于"中国社会的复杂性,其发展的不平衡性,在全世界是少有的",要把握这个"客观的实际","那我们就必须好好尊重它的存在,承认它的地位"②,这就需要不断地调查和研究。

二是将唯物主义思想贯穿在调查之中,注重生产力与生产关系的调查研究。张闻天在晋陕调查中,其明显特点是对生产力和生产关系进行系统的调查。尤其是对生产力的状况,张闻天的调查非常仔细,从土地、人口到劳动力、肥料、种子、资金等生产要素,从耕作到分配的整个过程,都进行系统的分析和考察,并形成了大量的资料。他指出:"由生产力与生产关系所结合成的社会生产,是一切政治的、法律的、文化的、艺术的、宗教的物质基础。所以,'从实际出发',首先应该是从生产力与生产关系所结合成的社会生产状况出发。所以调查研究的首要对象,也应该是生产力与生产关系。但这方面的调查研究,正是在我们平常工作中最被忽视的。"③当时,抗日根据地所面临的一个问题是如何发展经济以支

① 《张闻天选集》,人民出版社1985年版,第322页。
② 《张闻天晋陕调查文集》,中共党史出版社1994年版,第33页。
③ 《张闻天选集》,人民出版社1985年版,第328页。

持长期抗战。因此,在调查中,张闻天仔细考察抗日根据地的生产力状况,重点研究如何促进生产力发展的问题。他当时提出采用"新式资本主义"的主张,认为在共产党领导的新民主主义政权下,可以允许一定程度"新式资本主义"发展。这是探索新民主主义经济发展途径的一种设想,其中的"主要从发展生产、增加社会财富来求民生之改善"的思想,完全符合马克思主义关于发展生产力的根本标准。

三是提出抓住典型的调查,揭示事物的普遍性,研究事物内部的运动规律。张闻天强调典型调查的极端重要性,认为开展社会调查没有必要也不可能"把所有的事物都一件件调查研究清楚",由此就必须"在同一类事物中选择典型来调查研究"。他举例说:"比如我们调查边区的农村,我们不必调查边区的每一个农村,我们只要调查一些典型的农村就可以了,如经过土地革命地区的农村与未经过土地革命地区的农村,川地的农村与山地的农村,中心地区的农村与边境地区的农村,同姓的'父子村'与异性的杂居村。如果能够真正把几类典型的村子调查清楚了,那对于边区的农村也就能得到具体的了解,这正象我们对于人体生理只要解剖几个人的身体就可了解,不必把所有的人都加以解剖一样。"①张闻天认为,走马看花式的一般调查可以列举事物的许多现象,但不能深入事物的内部而发现事物运动的规律,因而也就不能正确地提出问题与解决问题。"典型的调查研究则不然。它对于一件事物虽是花费的时间比走马看花式的要超过许多倍,然而它看得深入,看得透彻。它能够发现该事物内部的运动规律。而从这种典型研究中所得出的规律性,对于同类事物却带有极大的普遍性,可以成为了解同类事物的指导原则。"②同时,张闻天还强调调查中"典型的选择问题",并运用辩证法的观点说明典型与一般的关系。他认为,调查研究所选择的"最好的典型,应该是最能做同类事物的代表的具体事物",而要找到这种"典型"的前提,是需要"对于一类事物的一般的了解","如果对于这类事物没有一般的了解也是不可能的";然而即使这样,对"一类事物的一般了解"也离不开典型的研究,因为"这种了解也要有先前深入的典型的研究做它的基础"③。张闻天强调典型调查的意义,是根据马克思主义关于事物的真理必须从具体事物的研究出发而得出的。换言之,普遍的东西绝不会在单独的事物之外,也不会脱离单独的

---

① 《张闻天选集》,人民出版社1985年版,第331—332页。

② 《张闻天选集》,人民出版社1985年版,第332页。

③ 《张闻天选集》,人民出版社1985年版,第334页。

事物而存在,亦即矛盾的普遍性寓于矛盾特殊性之中。张闻天关于"典型调查"的论述,是就矛盾的普遍性原理与矛盾的特殊性原理的具体运用,因而是完全正确的。

四是提出并阐述了调查研究的分析与综合方法,主张分析方法与综合方法应该辩证地统一起来。张闻天指出,调查研究的主要方法是分析与综合,分析是基础,是第一步,而综合是建立在分析的基础上。关于调查研究的分析方法,张闻天通过举例来说明:"从感性方面得来的关于调查对象的统一的、笼统的印象,必须首先加以分析,加以解剖。如调查一个农村的阶级关系,我们必须首先把它分解成为它的各个组成部分,分解成为各个家庭。我们的调查就先从各个家庭开始。但一个家庭还只是一个统一的整体,如果我们要进一步研究,我们必须继续加以分析,如一个家庭的人口、劳动力、土地、牲畜、农具,等等,然后加以个别的调查。关于'家庭人口'一项我们仍然可以加以分析,如儿童、壮年、老年,儿童、壮年、老年又可分为男的、女的。关于劳动力一项,我们可以分析为男劳动力、女劳动力、全劳动力、半劳动力。关于土地一项,我们如依土质来分析,可以分为山地、川地、水地,其中又可分为上中下三类;如依占有性质来分析,可以分为自种地、租入地或租出地、伙入地或伙出地等等。经过这样的分析方法,我们可以把这个农村的各个组成部分分别加以认识。这是我们的思想从全体的认识到部分的认识的过程,这就是分析的过程。"①张闻天认为,分析只是为了研究的便利,才暂时把部分从事物的整体中分解出来,因而分析方法使用之后还必须以综合方法来补充,使得这些部分能够"还原到它们原来在整体中的位置"。关于调查研究的综合方法,张闻天作了列举性的说明:"综合是从部分到全体,从抽象回到具体的思想的运动过程。我们仍以上述一个农村的调查为例。在将一个农村分解成为许多家庭,并将各个家庭加以调查之后,我们就应把这些家庭综合起来,这样就可使我们知道这个村子的户口总数,使我们知道这是一个大村子,还是一个小村子。在将一个家庭分解为人口、劳动力、土地牲畜、农具等等各个组成部分,并将这许多部分加以调查之后,我们就应把一个家庭的这许多组成部分综合起来研究,使我们了解这是一个什么阶级成份的家庭,是地主的还是农民的家庭等等。再把不同的家庭成份综合起来,我们就可以了解这个村子所有户口的阶级成份了,如地主好多,富农好多,中、贫农好多等等。这样,我们不但

---

① 《张闻天选集》,人民出版社 1985 年版,第 334—335 页。

可以了解全村的总户数,而且可以了解其阶级关系了。"①张闻天关于调查研究的分析方法与综合方法关系的论述是建立在辩证法的理解之中的,他强调:"分析与综合的方法,在调查研究中是不能分割的,它们是对立的,但又是统一的,它们是一个对立的统一。综合而没有分析做基础,综合是空洞的,表面的;分析而无综合统一起来,分析是死板的,虚假的。在这方面,我们应该特别强调,综合必须建立在分析之上。"②张闻天关于调查研究方法的论述,上升到马克思主义哲学方法论的高度,这不仅对于正在发展中的中国马克思主义社会学有着学术研究的意义,而且对于调查研究本身在实践中发挥作用及对于中国社会状况的认识也有实际上的指导意义与价值。

张闻天的社会调查工作有着显著的特色,胡绳对此曾指出:"张闻天积极响应党倡导树立的理论与实际相结合的学风,身体力行,取得显著的成绩。他的调查工作周密细致,虚心地向群众学习,向现实生活学习,善于发现问题,注重对实践经验进行理论概括。"③从中国现代学术史的角度来看,张闻天的调查研究思想是其社会学思想的重要内容,从理论与实践相结合的层面为中国马克思主义社会学的发展作出了贡献。

随着社会各界对社会调查的高度重视和社会调查工作的进展,有关社会调查理论的学术专著亦大量涌现。现将现代中国比较有影响的关于社会调查理论的学术著作,列表如下④:

书名	著者	出版社
调查方法	史可京	正中书局 1944 年 8 月版,正中书局 1946 年 2 月沪 1 版
农村社会调查	张锡昌	黎明书局 1934 年 9 月版、1935 年 3 月再版
农村社会调查方法	张世文	商务印书馆 1944 年版、商务印书馆 1947 年 8 月版
农村实地调查经验谈	张世文	友联社 1934 年 10 月版

---

① 《张闻天选集》,人民出版社 1985 年版,第 335—336 页。
② 《张闻天选集》,人民出版社 1985 年版,第 337 页。
③ 《张闻天研究学术讨论会开幕词》(1990 年 8 月),《胡绳全书》第 3 卷,人民出版社 1998 年版,第 684 页。
④ 参见国家图书馆编:《民国时期图书总目·社会科学总论》,国家图书馆出版社 2019 年版,第 278—284 页。

续表

书名	著者	出版社
社会调查	李景汉	中国国民党中央执行委员会训练委员会印刷,1944 年
社会调查	李柳溪	江西省地方政治讲习院印刷,1940 年 3 月
社会调查	言心哲	中国国民党直属江宁自治实验县党务指导委员会印刷,1935 年
社会调查（社会调查之主要方法）	陈达	重庆中央训练团党政高级训练班印刷,1944 年
社会调查大纲	言心哲	中华书局 1933 年 5 月初版、1936 年 12 月再版
社会调查的认识与方法	张爽坤	说文社 1946 年 12 月版
社会调查法	于恩德	文化学社 1931 年 2 月版
社会调查方法	樊弘	中华教育文化基金董事会社会调查部 1927 年 8 月版、1928 年 9 月再版
社会调查概论	邓桢树	邓桢树印制,1947 年
社会调查概要	雷澄林	雷澄林印制,1933 年
社会调查纲要	孙本文	国防部新闻工作人员训练班,1946 年
社会调查与统计学	陈毅夫	商务印书馆 1947 年 8 月版
社会调查在今日中国之需要	李景汉	清华大学 1932 年 11 月版
社会调查之原理及方法	蔡毓骢	北新书局 1927 年 7 月初版、1928 年 1 月再版
实地社会调查方法	李景汉	星云堂书店 1933 年 2 月版
实用社会调查	黄福燕	大东书局 1948 年 10 月版
实用社会调查	温仲良	温仲良印制,1936 年
乡村社会调查大纲	冯锐	中华平民教育促进会,1939 年 6 月

　　社会调查是社会学重要而又不可缺少的基本方法,社会调查理论的建构对于社会学的发展及建构具有特色的社会学理论体系,有着极为重要的方法论意义。在现代中国的学术界,无论是马克思主义社会学还是资产阶级的社会学,都是与社会调查方法的运用分不开的,尽管两者的社会调查在研究理念、调查的内容及调查的目标上有很大的差异。就现代中国的社会学发展历程来看,正是社

会调查运动的兴起、社会调查方法的普遍使用及社会调查理论的建构,使得现代中国的社会学在提升实证性和中国特色中发展到一个新的水平,并成就了现代中国社会学注重社会调查的显著特色。

四、代表性的社会学著作

现代中国的社会学研究,涌现出一批社会学家,出现了一批代表性的社会学著作。这些社会学著作,按其类别来看,可以分为理论社会学著作和应用社会学著作两类。

(一) 理论社会学著作

现代中国的马克思主义社会学与资产阶级社会学有着绝大的不同,但都有理论社会学的部分,同时也有应用社会学的部分。理论社会学在现代中国学术界得到很大的发展,尽管各派在指导思想和理论建构上存在着根本的差异,但都向着本土化的方向发展,并进入建构学术理论体系的阶段。以下,试就现代中国具有代表性的理论社会学著作,作简要的介绍。

1. 瞿秋白的《现代社会学》(1924 年)

瞿秋白的《现代社会学》一书是他在上海大学授课时的讲义,1924 年曾作为《社会科学讲义》的一部分由上海书店印行。作为讲稿的《现代社会学》这部著作,共分为五章,第一章是"社会学之对象及其与其他科学的关系",在重点阐发社会学研究对象的基础上,对于社会学与理化科学、生物学、心理学等学科的关系予以梳理;第二章是"社会科学之原因论与目的论",集中阐发社会现象的规律性问题,并从方法论角度就如何认识社会现象提出自己的看法;第三章是"有定论与无定论",就认识论中的意志自由、社会中个性的意志、历史的偶然性与必然性问题、社会科学语言问题等作出回答;第四章是"社会现象之互辩律",主要阐述唯物辩证法对于社会现象的认识;第五章是"社会",就社会的定义、社会的现实性与联系性、社会与个人关系、社会的形成等问题作出自己的判断。该书是瞿秋白代表性的社会学专著,集中阐述了以马克思主义为指导建设具有中国特色、反映中国社会状况的社会学体系的基本主张。该著的主要内容有:

第一,阐明社会学的研究对象。在如何确定社会学研究对象的问题上,瞿秋白基于科学研究的见地和学科独立性的理念,提出了很好的研究思路。他认为,从"科学"的视角来看,"社会学若是科学,他必定研究宇宙各种现象中某一部份";而从"领土"(范围)的角度来看,那就"要证明这一部分现象的确应该有一特别的科学来研究他";进而,也就"要确定社会学对于其他科学的关系——各种社会科学当然亦在其内"。寻着这样的研究思路,就会有这样的结论:"社会学所研究的对象,必定是其他科学所不能研究的,否则社会学无以异于其他科学,就是没有自己的科学领土。其次,社会学所研究的对象,亦许其他科学亦在研究;然而别种科学决包含不了社会学的对象。"①基于这样的思考,瞿秋白认为基于唯物史观研究社会的路数,应该主张社会学以整个社会为研究对象,并且不是侧重研究某一种社会现象,而是研究整个人类社会及社会演进中一切社会现象的科学。他说,其他学科虽然也有的以社会为研究对象,但不能涵盖社会学的研究内容。关于社会学的研究对象及其范围,瞿秋白指出:"社会学所研究的究竟是什么呢?社会学应当答复的问题是:什么是社会?社会的发展或衰灭之根本原因在那里?各种社会现象相互的关系如何?此等现象的发展之原因在那里等等。最应当注意的就是社会学所研究的乃是整个的社会及一切社会现象;其次,就是社会学所研究的乃是人类的社会。所以社会学的定义当是:'社会学乃是研究人类社会及其一切现象,并研究社会形式的变迁,各种社会现象相互间的关系,及其变迁之公律的科学。'"②瞿秋白认为,依据这个定义,社会学必须以整个社会及一切社会现象为研究对象,并在研究社会变迁、社会现象相互关系的基础上,探求社会演变的规律。概而言之,社会学是一门以社会为研究对象并力求寻求社会现象演变规律的科学。

第二,阐发了社会学的学科地位。瞿秋白在将社会学与其他学科进行比较的基础上,进一步阐发社会学的学科性质及学科地位。在瞿秋白看来,历史学与社会学都是"以社会生活之全体为目标,而且研究各种现象之关系",但这两个学科在研究任务及学科地位上还是有区别的。他指出:"历史的职任是研究并叙述某一时代、某一地域的社会生活怎样的经过的。……社会学的职任,却在于综合的问题:什么是社会?社会的发展和崩坏的原因何在?各种社会现象(经济、法律、科学等)之间的关系如何?社会学是社会科学中最综合(抽象)的科学。"③瞿秋白还分析了社会学与理化科学、生物学、心理学等学科的关系,确认

① 《瞿秋白文集》第 2 卷,人民出版社 1988 年版,第 397 页。
② 《瞿秋白文集》第 2 卷,人民出版社 1988 年版,第 397—398 页。
③ 《瞿秋白文集》第 2 卷,人民出版社 1988 年版,第 408 页。

社会学作为一门具有独特性的科学在研究社会中有着极端的重要性,他的结论是:"没有一种科学足以代社会学研究总体的社会现象,亦没有一种科学足以直接运用自己的原理来解释社会现象,——因此,可以断定必须有一种科学来特别研究那解释社会现象的原理,并且综合一切分论法的社会科学所研究的对象间之关系,——就是社会学。"① 瞿秋白关于社会学学科性质的论述,一方面强调了社会学是研究整个人类社会的一切现象而具有综合性的特点,另一方面又集中说明了社会学因为"综合一切分论法的社会科学所研究的对象间之关系",故而其学科地位应在那些只是研究单一的社会现象(如政治现象、经济现象、法律现象、宗教现象等)的科学之上。换言之,社会学作为一门综合性学科是其他学科所不能替代的,故而社会学有其独立存在的理由。

第三,提出社会学以社会规律研究为重点内容。瞿秋白主张社会学要以社会演变的规律为研究重点,这就为社会学进至科学境地提供了学理基础。在他看来,是否研究规律是一门学科是否具有科学的品格并进而成为科学的条件。事实上,个人的活动也是有规律可循的,"不论是经常的现象,是异常的现象,一个人的意志、感觉、行动都有一定的原因,是有定的,是有所联系的,——一因不具,果即不现"②。社会现象的演变虽然"不受人的意志和情感之束缚",但"却是经过人的意志"而起作用的③,因而社会演变也有人的意识的参与,并且也是具有一定的规律性。就是说,"各个意志总汇的'社会的结果'既经成就之后,这一社会的意识便能决定各个人的行为"④。而社会现象的规律性是以人与人之间的"劳动的联系"为基本内容的,就是说,人类社会既然是劳动的结合,那么,社会变易的根本原因必定是社会的生产力之发展。瞿秋白又认为,"自然及社会之中同样有一定的规律性",而发现规律乃是"科学的第一天职",社会学既然在学科性质上是科学,那就必须将规律的研究作为主要任务。这里,瞿秋白突出地强调生产力发展在社会演变中的基础性地位,并将人与人之间"劳动的联系"直接地归诸社会生产力;同时又从学科研究角度阐发"规律"研究在学科成为"科学"中的重要性,从而也就使社会学研究置于马克思主义唯物史观的指导之下。

第四,确认辩证唯物论为社会学的研究方法。瞿秋白基于唯物史观考察社

① 《瞿秋白文集》第 2 卷,人民出版社 1988 年版,第 409 页。
② 《瞿秋白文集》第 2 卷,人民出版社 1988 年版,第 427 页。
③ 《瞿秋白文集》第 2 卷,人民出版社 1988 年版,第 428—429 页。
④ 《瞿秋白文集》第 2 卷,人民出版社 1988 年版,第 429 页。

会,同时又主张以辩证唯物论为指导来研究社会学,并确认唯物辩证法在社会学中的指导地位。在他看来,研究社会现象问题,离不开对于物质与精神关系的理解,于是就有哲学的指导地位问题。他指出:"物质生于精神,还是精神生于物质? 这一问题虽是哲学范围里的,然而社会学里有许多问题与他很有关系。"①由此,在社会学领域就有唯物派与唯心派之分。"唯心派的社会科学及社会学首先注意这社会的'理想',他们以为社会是心理的而不是物质的。依他们的意见,社会是无数意志、思想、感觉、愿望互相组成的,换句话说,就是只有社会心理、社会意识,社会'精神'。"②而唯物派的社会科学及社会学所认识的"社会",从根本上说乃是自然界的产物,在这样的社会中,物质生产是人类社会生存和发展的基础,"生产力之状态是社会最后的根底——是社会结构内的物质成分"③。也就是说,唯物论认为社会现象"只能在人类社会的物质生活里去找解释",由此"唯物论能解释社会的精神生活的现象,唯心论却不能"④。基于这样的分析,瞿秋白断言:"研究社会现象的时候,尤其应当细细的考察这唯物主义的,互辩律的(Dialectique)哲学,——它是一切社会科学的方法论。"⑤

　　瞿秋白是中国早期马克思主义者的杰出代表,他的社会学思想是运用马克思主义为指导来构建的学术思想体系,强调辩证唯物主义和历史唯物主义在社会学研究中的指导地位,并对社会学的研究对象、学科地位、研究重点、研究方法等作了较为系统的阐发,因而在中国早期马克思主义者的社会学体系中具有鲜明的特色。早期马克思主义者李大钊、陈独秀等对社会学有较为深入的研究,并使研究置于马克思主义的统领之下,成为中国"唯物史观社会学"的开创者,但尚未将辩证法思想有机地融入社会学的体系之中。在中国社会学界,以专著的形式系统地研究社会学这一学科,系统地阐发马克思主义社会学的基本知识和基本理论,不仅强调唯物史观而且又强调唯物辩证法对于社会学的指导地位,同时又在人文社会科学的学科体系中对社会学的学科性质、研究对象、研究重点与范围等作出学理性阐释,并形成比较完善的马克思主义社会学的学术体系与学科体系,这应该说是从瞿秋白开始的。瞿秋白为马克思主义社会学思想中国化作出了重要贡献,是现代中国"唯物史观社会学"的代表性人物,并使"唯物史观

---

① 《瞿秋白文集》第2卷,人民出版社1988年版,第441页。
② 《瞿秋白文集》第2卷,人民出版社1988年版,第446页。
③ 《瞿秋白文集》第2卷,人民出版社1988年版,第594页。
④ 《瞿秋白文集》第2卷,人民出版社1988年版,第448页。
⑤ 《瞿秋白文集》第2卷,人民出版社1988年版,第334页。

社会学"之中更多地赋予了辩证法的色彩。

2. 李达的《现代社会学》(1926年)及《社会之基础知识》(1929年)

李达所著《现代社会学》总体来看是一部哲学性质的马克思主义著作,但该著亦包含有极为丰富的社会学思想。该著1926年由现代丛书社出版,1929年又由上海昆仑书店再版发行,以后又多次再版。此书的主要纲目是:社会学的性质,社会的本质,社会之结构,社会之起源,社会之发达,家族,氏族,国家,社会意识,社会之变革,社会之进化,社会阶级,社会问题,社会运动,帝国主义,世界革命,社会之将来等。从社会学的视域来看,李达的《现代社会学》对社会学的贡献主要是:

第一,厘定"社会学"的定义。李达从马克思主义关于社会改造的学说出发,给社会学下了这样的定义:"社会学者,研究社会历程及其理法,并推知其进行之方向,明示改造方针之科学也。"①这个社会学的定义与一般的只是注重社会结构研究的社会学定义有很大的不同,注重的是研究社会的"历程及其理法",亦即研究社会运行的过程与规律,高度重视规律研究在社会学中的地位,从而将社会学纳入科学的轨道。在李达看来,社会学还要更进一步,需要对现实社会运行予以极端的关注,"推知其进行之方向,明示改造方针",亦即社会学要直接服务于现实社会的变革。李达关于社会学的这一看法,鲜明地表示出社会学改造社会的目的性。

第二,揭示社会学的性质。关于社会学的学科性质,李达认为,社会学兼具有规范学与说明学的两重性质。他指出:"科学有所谓说明学与规范学之分,……社会学实以说明学而兼规范学者也。社会学之说明学的任务,即在于应用一根本原理,说明过去及现在社会之组织与变化,发见其因果关系。社会学之规范学的任务,即在于推知社会进行之方向,指示吾人信仰之所在,以定改造社会达到理想社会之方针,虽谓社会学为指示理想社会之科学亦无不可。"②这里是说,社会学作为"规范学"是一门科学,研究社会结构与演变的过程;而作为"说明学",社会学又具有叙述事理及阐明过程的性质,注重规律的阐发和研究乃是题中之义。

第三,提出社会学的使命。李达将社会学作为改造社会的学问,从社会学与社会演进相结合的视角,来看待社会学的使命。他说:"社会学之使命,惟在于

---

① 李达:《现代社会学》,昆仑书店1929年版,第22页。
② 李达:《现代社会学》,昆仑书店1929年版,第13页。

发见社会组织之核心,探求社会进化之方向,明示社会改造之方针而已。"①又说:"故吾人苟欲谋人类之幸福,斯不能不谋铲除此种社会之缺陷,欲谋铲除此种社会之缺陷,斯不能不研究社会之根底,发见支配社会之理法,究知社会之目的,明示改造之方针,此社会学之使命。"②这里,李达将社会学的任务定位在"发见支配社会之理法,究知社会之目的,明示改造之方针",既揭示了社会学研究社会演变与发展规律的任务,又明示了社会学在社会改造中的指导地位。李达提出社会学这样的使命,在于批判当时流行的社会学只主张社会改良而拒绝社会根本改造的观点,他指出:"普通社会学者恒侈言改良而讳言改造。彼等之意,以为社会学在以科学方法研究社会组织及变化,而推求其真理,促进社会之改良。苟谈及社会之改造,便含有破坏性质,逸出科学范围,即不能称之为社会学。此大谬也。社会学研究社会所得之真理,可以促进社会之改良,亦可以促进社会之改造。"③李达将社会改造放在社会学研究中的突出位置,是力图将社会学建设成指导社会改造的理论。

第四,阐发社会学的预测功能。李达对社会学所具有的预测功能有很明确的表述,认为社会学既然是科学的学问,则就具有科学的预测功能。他说:"凡科学皆有前知性。前知性云者,即就吾人研究科学所得之知识,发见支配科学现象之理法,推知其推移进化之趋势,暗示其变革之规范与方法之谓也。"④李达据此认为,社会学作为科学也具有预测社会发展趋势的功能,尽管"社会之现象虽极其复杂,社会之变化虽极其纷繁,然吾人苟能究知此复杂之现象所以分化及此纷繁之变化所以演成之根本原动力,则社会进化之极致与夫未来社会之状态,故不难循此根本原动力推求而得也"⑤。正是鉴于社会学具有社会的预测功能,李达进而认为社会学研究应该将社会预测作为重点研究的方面,使社会学在指导社会变革中发挥更大的效用。他说:"推测社会进化之目的,预言其进行之途径,并究知人类遵循此途径与达到此目的之方法,乃社会学最大之任务。"⑥李达从社会学的科学性出发来肯定社会学的社会预测功能,并将发挥社会学的预测功能作为社会学努力的方向,力图使社会学与社会的变革事业密切联系在一起,

---

① 李达:《现代社会学》,昆仑书店 1929 年版,第 12 页。
② 李达:《现代社会学》,昆仑书店 1929 年版,第 14 页。
③ 李达:《现代社会学》,昆仑书店 1929 年版,第 12—13 页。
④ 李达:《现代社会学》,昆仑书店 1929 年版,第 327 页。
⑤ 李达:《现代社会学》,昆仑书店 1929 年版,第 327 页。
⑥ 李达:《现代社会学》,昆仑书店 1929 年版,第 327 页。

从而充分发挥社会学在改造社会中的理论指导作用。

李达的《现代社会学》在中国马克思主义社会学史上有着重要的学术地位。该著一方面坚持马克思主义对社会学的指导地位,另一方面又在马克思主义指导下改造并汲取资产阶级社会学的有益成果,因而是运用马克思主义唯物史观批判、改造了资产阶级社会学的学术成果。该著基于马克思主义哲学的视域,系统阐述了唯物史观原理对社会研究的要求,对于社会学的定义、社会学的学科性质、社会学的使命、社会学的功能等作了唯物史观的说明,成为中国马克思主义学术史上的经典著作。

李达还于1929年出版《社会之基础知识》(新生命书局1929年4月版)。该著除"小引"之外,由"社会进化之原理"、"现代社会之解剖"、"社会问题"、"民族问题"及"世界之将来"五个部分构成。该著在社会学研究方面,其突出的贡献是:一方面阐发马克思主义关于社会的理论,另一方面则是结合中国社会状况而进行具体分析,积极推进马克思主义社会学中国化的进程。

《社会之基础知识》主张从社会物质变动的观点出发,基于自然与社会的关系来剖析社会。李达指出:"社会的系统变化的原因,当求之于社会和自然环境的相互关系中。社会发达的过程,完全系于社会和自然的相互关系。社会的变化,完全系于社会和自然两者关系的变化。至于社会和自然间相互关系之变化的原因,就在于社会的劳动的领域。人类社会要能生存,必须向自然界吸取物质的势力。吸取的物质势力越多,社会就越能适应自然;吸取的物质势力越是增大,社会便能发达。"①该著依据马克思主义的社会生产理论,从人与自然、人与社会的关系来分析社会状况,认为社会乃是一个由人的系统、物的系统及观念的系统所构成的大的复杂系统,从事着物质的生产和精神的生产,从而使社会得以存在和发展。该著指出:

> 社会是人与自然的合体。社会是人类的系统,但就广义说,物也是社会之中的一部分。任何物质离开人类社会只是一块自然物。物的系统中,当然以生产手段为主体,但不属于生产手段的物质,对于生产也有关系。……社会不仅是人类的物理的系统。人又是有思想有感情的,社会不仅生产物质的财货,还生产精神价值(如科学艺术等)。预言之,社会不仅生产"物",还生产"观念"。这些观念一生产出来,便互相适应而成为观念的系统。所以社会之中有3个要素,即物,人与观念。社会的系统中,含有物的系统,人

① 李鹤鸣:《社会之基础知识》,新生命书局1929年版,第5页。

的系统,和观念的系统。这 3 个系统,互相关联,互相影响,构成社会的系统。这 3 个系统,又是互相调和互相均势地存在着。换言之,这 3 个系统若不是互相适应地存在着,社会便不能存在。①

《社会之基础知识》以马克思主义观点评析社会运动,不仅凸显了阶级斗争在社会运动中的独特地位,而且特别强调社会经济基础变革的极端重要性,从而指明社会变革的基本路径及社会前进的方向。该著指出:"社会运动,以谋社会问题的解决和无产阶级的解放为目的。要达成这种目的,必先谋得物质的解放;要谋得物质的解放,必先脱离资本的支配;要脱离资本的支配,必须改造个人主义的经济组织。但是要改造个人主义的经济组织,必须有一群的主动者担任这个事业,从事一定的运动,而成为这个运动的中心势力,又必须是在这社会组织下处于不利益地位的阶级。不过现社会组织下处于不利益地位的阶级从事社会改造时,同时那处于优胜地位的阶级,也必反对社会改造。于是乎社会问题的解决,就不能不藉阶级对抗的形式表现出来。那由无产阶级起来自谋解决社会问题和改造社会组织的运动,即是社会运动。"②李达在《社会之基础知识》一书中对社会问题的解决予以高度重视,并联系中国社会问题的实际阐发自己的观点。如他在该著中提出解决农民土地问题的极端重要性:"农民问题的发生,是农村经济破产的结果。全国 3 万万 6 百万人之中,已有 2 万万人以上因受资本主义和封建势力两重压迫和剥削的结果,失地的失地,失业的失业,生活的困难,已是达于极点。……农民问题的中心,是土地问题,土地问题不解决,农村经济没有复兴的可能,新式产业也没有发展的可能,占人口过半数的农民生活问题,便不能解决。"③在李达看来,研究中国的社会问题,需要立足于研究中国半殖民地半封建的社会性质,这样才能找到研究的路径。他指出:

中国社会是个半殖民地的社会,半殖民地的资本主义的发展,和先进国的资本主义的发展,具有不同的特征;同样,半殖民地的社会问题的内容,和先进国的社会问题,也具有不同的特征。假使忽略了这个特征,就不能了解中国的社会问题,还会贻误中国改造的前途,这是应当注意的。④

马克思主义社会学理论与中国社会研究的结合,乃是李达这部《社会之基础知识》著作的显著特色。该著集中阐明了马克思主义关于社会的基本看法,

① 李鹤鸣:《社会之基础知识》,新生命书局 1929 年版,第 11—12 页。
② 李鹤鸣:《社会之基础知识》,新生命书局 1929 年版,第 82 页。
③ 李鹤鸣:《社会之基础知识》,新生命书局 1929 年版,第 89—90 页。
④ 李鹤鸣:《社会之基础知识》,新生命书局 1929 年版,第 85 页。

如该著在"社会进化之原理"部分,专门探讨了"社会是什么"、"社会之发达"、"社会之构造"、"社会之变化"等问题;同时,有机地联系中国的社会问题,指出中国社会变革的"革命"方向,如该著在"社会问题"部分专列出"中国的社会问题"的内容,在"世界之将来"部分专列出"中国的出路"内容,并在全书的最后阐明了作者这样的政治主张:"根据社会进化的原理和解剖现代社会的结果,考察目前中国的出路,只有民众起来打倒帝国主义,铲除封建遗物,树立民众政权,建设国家资本,解决土地问题,以求实现真正平等的新社会。"李达的《社会之基础知识》是一部以革命话语构建的马克思主义社会学著作,为推进马克思主义社会学理论中国化作出了重要贡献。

3. 朱亦松的《社会学原理》(1928 年)

朱亦松[①]是中国早期综合社会学的代表性学者,遵循西方孔德、斯宾塞、迪尔凯姆等社会学大师所开创的社会学传统,所著《社会学原理》一书,1928 年由商务印书馆出版[②]。该著共四编 18 章,第一编为"社会学研究之对象范围与方法";第二编为"影响社会生活的四种势力",包括"地理的势力"、"技术的势力"、"心理的势力"、"社会自身的势力"等;第三编为"社会演化",包括"社会演化的性质"、"社会的变异"、"社会的甄择"、"社会的传袭"、"社会的适应";第四编为"社会制裁",包括"社会制裁之根据"、"社会制裁之手段"、"社会制裁之组织"。从该著的体系来看,该著将社会作为一个整体来看待,在分析社会形成的诸多因素的基础上,努力探索社会演化的具体形式及其规律,并力图寻找推进社会改良、促进社会有序运行的措施。

朱亦松的《社会学原理》,着力于观点上创新。譬如,该著将人们之间的"结合"及其所形成的社会关系,视为社会成其为社会的关键环节。该著指出:"所谓社会二字,自社会学言之,凡人们结合,组成一种团体,其团员彼此有若干持久的关系者,皆得为一社会。"正是根据"结合"这个环节在社会形成中的地位,朱亦松将社会学定义为"研究基于人们结合,所产生一切社会的现象之科学也"。

---

① 朱亦松(1894—1974),江苏南京人。社会学家。1918 年毕业于南京金陵大学,获文学士学位。1919 年留学美国,入西北大学研究院社会学系,1921 年获硕士学位。回国后先后在暨南学校、河海工程学校、江苏政法学校、大同大学、东南大学、中央大学、北京师范大学、北京大学、东北大学、河南大学、中山大学、女子师范学院、社会教育学院任教。新中国成立后,先后在大同大学、圣约翰大学、上海财经大学任教。主要著作有《社会学原理》、《社会政策》、《现代社会主要问题》、《新时代的民治主义》等,译著有《经济学与其他社会科学》、《政治学与其他社会科学》等。

② 该著商务印书馆 1928 年 5 月初版,1928 年 11 月再版,1929 年 12 月 3 版。——参见国家图书馆编:《民国时期图书总目·社会科学总论》,国家图书馆出版社 2019 年版,第 151 页。

那么,社会形成过程中有着哪些因素的影响呢? 在朱亦松看来,社会之所以得以形成,除了它的"历史条件"之外,"尚有其他三个条件:第一个条件,可以说是地理的条件;第二个条件,乃是心性的条件;第三个条件,我们可以说是技术的条件"。这里,朱亦松不仅注意到社会形成的历史条件,而且也具体了分析了社会形成的诸多因素,以"综合"的见地看待社会的形成。又譬如,该著认为都市在现代社会中居于极为重要的引领地位,这是传统的乡村所不能比拟的。他指出:"都市为制造之中心点。若就生产事业而论,劳动与资本最占势力。土地之价值虽昂,然比较的尚属不占重要地位也。"[1]再譬如,该著特别重视社会群体的研究,认为社会群体的道德有其独特性,并且对整个的社会道德影响尤大,因而现代社会乃是一个由社会团体构建起来的社会,这自然也就要重视社会团体的道德问题。他指出:"各个团体,皆有其道德标准。而各个团体之地位,又有统率附属,或对峙之别。凡一团体之上,其统率的团体,层次愈多者,则其团体中之人,所负的责任亦愈繁重。若一团体之上,别无其他统率的团体,或仅仅有一二统率的团体,则此团体的道德标准,必多自利之色彩。而其自利之程度,殆与团体的独立性质,成正比例。"[2]又再譬如,该著注重"社群"的研究,运用功能学派的理论说明"社群"在社会体系中的基础性地位及其所表现出的独特功能。该著认为,"除去国家都市等等包举一切的大组织之外,所有社会通称之为'社群'(Social Groups)以区别于大社会焉。而大社会则简称之为'社会'",在这里,"社会与社群之分别,即在前者以自身为目的,至于社群之存在,则须尽其特殊的功能,以服役社会,否则,即无存在价值可言"。由此,朱亦松更进一步指出:"个人在社会之中,必依附社群以活动。社会愈发达,则其社群之种类,林林总总,乃至不可指数。每个社群,皆具有相当势力,以影响个人之品性活动。严格论之,所谓社会活动,即是诸般社群活动之总和之谓。"[3]这不仅申明了"社群"在社会组织体系中的基础性地位,而且提示出社会学研究"社群"的极端重要性。

朱亦松的《社会学原理》一书集中表现了中国早期综合社会学的研究理念,尽管该著在研究路径上也力求创新,如将社会中的"结合"、都市、群体、社群问题等作为社会学研究新的增长点,但在学术研究的范式上大体上是承继西方社会学既有的研究路数。自然,该著也积极地汲取社会学界最新兴起的都市研究

---

① 朱亦松:《社会学原理》,商务印书馆 1928 年版,第 51 页。
② 朱亦松:《社会学原理》,商务印书馆 1928 年版,第 248 页。
③ 朱亦松:《社会学原理》,商务印书馆 1928 年版,第 60 页。

的成果,并力图使之与社会学中功能学派的研究理念统合起来。该著虽没有后来的社会学著作那样有影响,但因为出版较早且具有普及的性质,因而在推进中国社会学的发展方面还是起了相当大的作用。

4. 李剑华的《社会学史纲》(1930 年)

李剑华[1]是早期中国马克思主义社会学家、法学家,所著《社会学史纲》是作者 1928 年在复旦大学讲授社会学史的讲义,1930 年 3 月由上海的世界书局出版。该书分为五章,对于社会学的由来、社会学史的意义及其问题、社会学史上的两大思潮、社会学在世界上的发展(主要是在法国、德国、意大利、俄国、英国、美国、日本、中国等国的发展)作了较为全面的概述,是当时以马克思主义为指导研究社会学史的一部代表性专著。

李剑华强调研究社会学史的极端重要性,认为社会学史的研究可以总结社会学的成果,同时也有助于社会学研究在对前人成果予以"反省"的基础上而得以提高。他在该书的"自序"中说:"我们研究一种科学,不能只抓着一两个新的学说,便自以为满足,而必须知道一种科学的变迁和发达的过程。"关于撰写社会学著作,李剑华特别强调要有"反省"的批评精神。他指出:"对于社会学的过去,也有反省的必要。我们要有过去的反省,然后可以知道社会学的源源本本,然后可以在'山穷水尽疑无路'的社会学中,发现'柳暗花明'之'又一村'。"[2]在李剑华看来,确认社会学这门学科是否能成立的主要依据,应该以其是否构成学术的"体系"为标准;片段的关于社会的思想,并不能成为学科意义上的社会学。他指出:"我们以为片段的知识的集积,要转化成为一种科学,必不可少的就是'体系'。故同一关于社会的思维和考察,而'体系'的有无,就划成社会学与非社会学的'鸿沟'。从片段的社会学中,加以组织,从废墟的社会学中,嘘入科学的新生命的,为孔德。因此,我们的社会学史的史笔,打算从孔德开展起去。"[3]李剑华倡导研究社会学史,将构建学术体系作为学科成立的依据,并主张社会学史从孔德写起,这对于社会学史这门学科在中国的建设有着极为重要的意义。

---

[1] 李剑华(1900—1993),四川大邑人。社会学家、法学家。1921—1925 年在日本进修社会学。历任上海法科大学、国立劳动大学等校教授,《流火月刊》、《现象月刊》主编,《大众夜报》总编辑。1934 年参加中国共产党。曾参与东南社会学会筹建工作,当选该会编辑委员。新中国成立后任上海市劳动局副局长、华东军政委员会劳动部副部长,上海财经学院教授兼工业经济系主任等职。1979 年后,任上海社会科学院社会学研究所负责人、中国社会科学院法学研究所顾问、中国社会学会顾问。著有《社会学史纲》、《监狱学》等。

[2] 李剑华:《社会学史纲》,世界书局 1930 年版,第 7 页。

[3] 李剑华:《社会学史纲》,世界书局 1930 年版,第 13 页。

　　李剑华由社会学史的见地来看待社会学的演变历程,认为孔德以后的社会学主要有"两大思潮",即综合的社会学和特殊社会科学的社会学,并称之为"横亘社会学史上的两大思潮"。所谓"综合的社会学",又分为两派。一派是"以社会学对于各种社会科学占在方法论或序论的地位",认为既有的各种社会科学如政治学、法律学、经济学、伦理学、宗教学等,"都是将社会的历史的实在之一面,从一定的特殊见地抽象而成立的";而随着学术研究的不断分化,其"相互间的学的联络,愈容易失去",其结果就有陷于无政府的危险。因而,有必要"特别把握社会的历史的实在之全体",于是"指示各种社会科学在科学界应有的目的和地位的,为社会学的职分"。要而言之,这派并不否认各种社会科学存在的必要性,而是认为"社会学对于各种社会科学,占在方法论的地位,故社会学为一种哲学,即社会文化科学序论"①。综合社会学的另一派则"以社会学是综合研究社会的历史的实在的历史哲学的综合社会学",此派认为各种社会科学在学问上没有独立的生存权,"有独立生存权的,惟有社会学",其理由是:"既有的及现存的各种社会科学,仅以浑一的社会实在的一局部为其研究的范围,必不免陷于偏断的错误。从把握社会浑一体全体的精神看来,各种社会科学所提供的材料,只是些充满了偏断的错误的材料。因此,这些材料,有由那希望把握社会全体的综合社会学来根本改造重新建设的必要。"②所谓"特殊社会科学的社会学",主张"由其主导观念就社会的历史的实在之一方面"而成立一门学问,认为社会学也应该如此。其基本依据是:"经济学由'财'、'欲望'、'分配'的主导观念,政治学由'权力'的主导观念,法律学由'权利'的主导观念,伦理学由'道德'的主导观念,就社会的历史的实在之一方面而成立,而各为一种社会科学。则社会学也是由'模仿'、'压迫'、'同类意识'、'社会结合形式'、'内容的结合'、'社会关系'、'社会行为'等的主导观念,就社会的历史的实在之一方面而成立的一种社会科学。"③关于综合社会学与特殊社会学在社会学史上的演变趋势,李剑华指出:"综合社会学,占社会学史的前页。初期的社会学者,差不多都热心于综合社会学的建设,至于不顾一切。现在属于这派的社会学者,已渐有偃旗息鼓的倾向。但因其规模广大,兴味较多,在社会学界还有相当的信用和势力。特殊社会科学的社会学,为晚近社会学者所努力的焦点,德国的社会学,其

---

① 李剑华:《社会学史纲》,世界书局1930年版,第14页。
② 李剑华:《社会学史纲》,世界书局1930年版,第14页。
③ 李剑华:《社会学史纲》,世界书局1930年版,第15页。

色彩最为浓厚。"①关于综合社会学与特殊社会学的区别,李剑华从学术分类体系的视角予以评价:"综合社会学者,定要把社会学捧上社会科学的王座,却不知不觉间把社会学没落到哲学的鬼门关里去了。特殊社会科学的社会学者,要把社会学从社会科学的王座上请下来,和各种社会科学分庭抗礼,要把社会学从哲学的鬼门关里打(搭)救出来,使社会科学的天地中,获得和各种社会科学同等的生存权。无论一般社会学,无论特殊或个别社会学,无论纯正社会学,无论形式社会学,大凡对于社会学抱有这样的志愿和见解的,都可以说是属于一派。"②

李剑华高度关注中国社会学的发展前景,希望中国的社会学研究取得更大的进步,故而在其著作中把中国社会学的发展情形纳入其中。在《社会学史纲》中,李剑华回顾了中国社会学的发展历程,认为中国古代虽然有大量的关于社会的资料及关于社会的思想,但却是"片段的,无组织的,非科学的",真正的社会学是从西洋输入的。"西洋社会学的输入中国,约始于一九〇三年,即上海文明编译书局出版严复译斯宾塞的《群学肄言》的那一年"③。李剑华对于严复对中国社会学发展的贡献予以高度的评价,认为严复不仅翻译斯宾塞的《群学肄言》这一社会学著作,而且在1903年还翻译了甄克斯的《社会通诠》,而此书"从现在看来,也不失为社会学上的名著"。李剑华对严复给予很高的评价,说:"严复学贯中西,翻译外国文如己创作,虽说他立言之际,务求刻肖古人,往往以中国的旧道理,牵合到西洋文字,然而在二三十年前的当时,他特别能够注意于西洋名著的介绍,——而尤其是社会学,真是中国近代学术界的恩人了。"④在李剑华看来,在严复之后,社会学在中国的发展过程中,留日学生"与有功劳",如欧阳钧、覃寿公等翻译日本的社会学著作⑤,这对中国社会学的发展"不能说是没有影

---

① 李剑华:《社会学史纲》,世界书局1930年版,第16页。

② 李剑华:《社会学史纲》,世界书局1930年版,第15—16页。

③ 李剑华:《社会学史纲》,世界书局1930年版,第123—124页。

④ 李剑华:《社会学史纲》,世界书局1930年版,第125页。

⑤ 欧阳钧,湖南湘乡人,其所编译的《社会学》由商务印书馆于1911年出版,该译著至1923年北京大学出版"北京大学丛书"时,已经出版了第9版;仅就商务印书馆的版本,从1911年3月初版,至1927年5月出版了第11版(参见国家图书馆编:《民国时期图书总目·社会科学总论》,国家图书馆出版社2019年12月版,第139—140页)。可见,该著在学术界有重要的影响。覃寿公(1875—1938),字达方,本名寿恭,后改名寿公,湖北蒲圻人,早年留学日本,入日本大学专门部法律科。辛亥革命时任湖北军政府秘书。曾执教于财政学堂、国立法政学校、湖南法政学校。翻译日本人远藤隆吉的《近世社会学》著作,于1923年由泰东图书局出版,1924年出了第4版。此外,还著有《哲学新因论》、《经济政策要论》、《救危三册》等著作,在学术界亦有很大的影响。——参见沈海波:《覃寿公与因明学研究》,《青海师范大学学报》2015年第5期。

响"。李剑华认为,社会学在中国的发展具有阶段性的特征,"中国社会学的发展,要以民国八年(一九一九年)的五四运动为一个重要时期"①。为什么以"五四"作为中国社会学发展的前后阶段呢?从其叙述中,也是不难理解的。这就是,"五四"以后中国社会学不仅继续翻译、传播西洋的社会学著作,而且出现了一系列中国人自己撰写的社会学著作,并且1922年由余天休等创办了中国社会学会,由商务印书馆出版《社会学杂志》;其后的1927年,又有燕京大学社会学会创办的《社会学界》;再其后的1928年,又有"东南社会学会"成立②。李剑华还介绍了中国应用社会学的状况,尤其说明了中国的社会调查工作已取得相当的成绩。自然,李剑华研究中国社会学的发展状况,并不是仅从学术的角度来看社会学,而是力图将社会学的发展与中国社会的变革联系起来。他在此书的最后提出了这样的问题:"学问的发达,假如和社会有关系,那么,中国的社会,也许对于学问不利。我想说,中国的社会,如此这般的下去,中国的社会学,永远不会赶上欧美和日本的,然而这又有什么办法呢?"③不难看出,李剑华研究社会学有着强烈的社会关怀意识,是希望通过社会学在中国的创建和发展来寻找社会改造的办法。

李剑华所著《社会学史纲》对社会学的演变历程作了高度的概括,以马克思主义为指导对有影响的社会学大家予以重点介绍,记述了孔德、斯宾塞等17位社会学家的社会学思想,展示了社会学作为一门学科的发展史。该著具有强烈的与世界学术接轨的意识,不仅将中国社会学纳入世界社会学发展的体系中,而且对于社会学在中国的传入和发展予以较为全面的概述。李剑华的《社会学史纲》是中国早期的马克思主义社会学史的代表性著作,在中国马克思主义社会学史上有着重要的地位。

5. 李平心的《现代社会学理论大纲》(1930年)

李平心以李圣悦的笔名,在1930年6月出版了《现代社会学理论大纲——唯物史观的社会学的基础理论》一书,至1933年1月出了4版④。该著共六章,第一章是"绪论",在全书中带有总论的性质,主要阐述了"社会学的性质和定

① 李剑华:《社会学史纲》,世界书局1930年版,第123页。
② 参见李剑华:《社会学史纲》,世界书局1930年版,第124—129页。
③ 李剑华:《社会学史纲》,世界书局1930年版,第132—133页。
④ 该著1930年6月光华书局初版,1932年5月再版,1932年10月3版,1933年1月4版。——参见国家图书馆编:《民国时期图书总目·社会科学总论》,国家图书馆出版社2019年版,第155页。

义"、"社会学之史的发展"、"社会学的范围与研究方法"等三个问题;第二章是
"社会的性质",主要研究"社会的定义"、"人类社会与动物群体"、"人类社会与
自然界的关系"、"个人与社会"这样四个问题;第三章是"社会的构造",研究了
"社会构造的要素"、"社会构造的基础"、"社会构造的上层建筑"、"社会构造诸
原素的相互关系"这样的四个问题;第四章是"社会诸活动现象之分析",研究了
"社会诸现象之间的联系与协调"、"社会组成的统一性"、"社会的矛盾现象之分
析"这样三个问题;第五章是"社会的发展过程",研究了"社会的生产过程和再
生产过程"、"社会的变革"、"社会的沉滞与没落"这样三个问题;第六章是"阶
级、国家与家族",研究了"阶级的性质与变迁"、"国家的性质与演化"、"家族的
性质与演化"这样三个问题。

李平心的《现代社会学理论大纲》以马克思主义为指导构建社会学体系,不
仅确立社会学必须以"社会"为研究对象,而且有着严密的著述体系。该著以
"社会"作为考量的对象,运用理论与历史相结合的分析方法,全面地描述社会
的结构与演变,对于社会性质、社会构造、社会活动、社会发展以及社会中的阶
级、国家和家族问题作了深入的阐发,形成了严密有效、特色鲜明的学术体系。

李平心在《现代社会学理论大纲》中,高度评价了唯物史观在社会学研究中
的指导地位,强调要依据唯物史观原理来建设中国马克思主义社会学体系。李
平心指出:"从唯物史观出世以来,社会学就起了空前的大革命。因为从前一般
人不是把社会学当作玄学的附庸,不能确立社会现象的一般法则,便是从虚无缥
缈的精神现象中去寻求他们的理论的根据。社会学在他们手里,就变成了一种
'非科学的科学'。当时建立社会学的科学的体系的,就只有唯物史观。……在
社会学的领域中,唯物史观是发见社会生活的普遍法则的唯一工具,有了它一切
社会现象都可以以一贯的法则解说出来。"①这里,李平心不仅强调唯物史观对
社会学的指导地位,而且充分肯定以唯物史观为指导的社会学具有科学的学科
性质,因而极力主张社会学必须以研究并阐发"规律"为任务。

李平心所著《现代社会学理论大纲》,主张以生产力与生产关系的矛盾运动
来解释社会的运行规律,认为社会进化是社会演变的基本形式,而社会革命则是
社会形态转变的特殊形式。他指出:"社会的演进是有一定的程序的。一种旧
社会组织如果没有破坏,另一种新社会组织就不会产生,同时某一种社会制度不
经过一定的阶段,决不能进到另一种社会制度。所以社会的进化好比是条铁链,

---

① 李圣悦:《现代社会学理论大纲》(1930年),光华书局1933年版,第21—22页。

铁链的环圈是互相衔接,不可分离的。社会变动的意义,并不是说新的制度将旧的社会基础完全破坏,乃是说,凡不能适应新的发展的社会制度都让它们在革命的过程中淘汰去,而使固有的不可缺少的物质文化成为新社会制度发展的基础。"①这里,李平心除了以社会进化与社会革命相统一的观点来解释社会变迁外,还阐述了社会演变的连续性的原理,即认为新的社会组织的产生皆是以旧有的社会组织的破坏为前提,新的社会制度必须经过一定的阶段才能取代旧有的社会制度;而新的社会的产生虽以新的社会组织和新的社会制度等为前提,但也不是说"新的制度将旧的社会基础完全破坏",相反却是将"凡不能适应新的发展的社会制度都让它们在革命的过程中淘汰去,而使固有的不可缺少的物质文化成为新社会制度发展的基础"。换言之,新社会的建立仍然要以被代替的社会的物质基础为前提和基础,亦即新社会改变或破坏的只是旧社会的生产关系,仍然要继承旧有社会的物质生产力。

李平心在《现代社会学理论大纲》中还认为,社会进步是社会运行的总趋势,但不排除在一定历史条件下的"停滞不进"。他依据生产力与生产关系矛盾运动的原理分析了这种"停滞不进"的原因,认为是现存的生产关系束缚生产力的发展所导致。他指出:"社会的停滞不进,总的原因是由于贫弱的生产力受着现存的固执的生产关系的桎梏,使它不能进步,因而社会的生产不能扩大其范围,所生产的仅够勉强维持社会的生活。社会没有剩余的生产物积蓄起来,文化当然不能进步。所以在这时候,社会的一切现象都陷于滞涩的状态。那种进取的精神和活泼的气象为顽固的社会关系所遏抑住了。大家的心理只是苟安,保守,厌恶新的事物。即使偶然有人有什么科学的技术的发见和改良,也为社会所不容,社会不但不促进生产方法的改良,而且在习惯上思想上阻遏它的进步,试想这个社会的生产如何会发展呢?"②李平心认为"社会的停滞不进"的局面,最终还是会因生产力的发展而冲破现存生产关系的束缚而打破,这就是社会革命的到来,从而推动社会形态的更替。

李平心在《现代社会学理论大纲》中,对资本主义这一社会形态有重要的研究,力图为人们提供对资本主义社会的新认识。李平心认为,依据马克思主义理论来剖析资本主义社会,则必须认识资本主义生产关系的表现。在他看来,资本

---

① 《现代社会学理论大纲·序论》(1930年),李平心:《平心文集》第1卷,华东师范大学出版社1985年版,第61页。

② 李圣悦:《现代社会学理论大纲》(1930年),光华书局1933年版,第195页。

主义主要生产关系的表现大致在这样几个方面:"(1)一方面是生产工具的独占权,另一方面是劳动力的所有权;(2)一切的经济关系都是基于交换形态上;(3)劳动者的剩余劳动构成资本家所得的剩余价值,这种剩余价值的蓄积,构成资本家的财富;(4)大资本压倒小资本,酿成资本集中的现象;(5)生产是以获得利润为目的的,结果酿成产业危机,一方面是生产品过剩,一方面是购买力的降低,一方面是某些生产部门的停顿,一方面是大批劳动者失业;(6)资本家与资本家竞争市场和生产原料,结果是爆发战争……等现象。"①与资本主义生产关系的具体表现相联系的,是资本主义社会所呈现的各种社会现象。李平心认为,资本主义社会的社会现象虽然复杂万端,但主要的社会现象不外乎这样四个方面:一是"阶级的对抗关系";二是"无组织的生产和分配";三是"产业的竞争";四是"家族组织的破坏与劳动的社会化"。这对于中国马克思主义社会学进一步加强对资本主义的社会形态研究,具有重要的学术价值。

《现代社会学理论大纲》还就社会学与其他学科的关系进行分析,论证了社会学存在和发展的理由,强调社会学研究在学科体系中的极端重要性。他指出,"经济学,政治学、法律学等科学是各自研究一类特殊的社会现象的,而社会学却是要研究社会生活现象的总体,求出一般的社会现象的普遍法则的";换言之,"社会学也是要沟通经济学、政治学、法律学、社会心理学等科学的原理,求出一种可以解释一般的社会现象的通则来"②。李平心还正确地分析了社会学与历史学的关系,认为两者都是社会科学中的基础学科,但社会学和历史学对社会演变及其规律的研究,各有其特殊的层面和功用:"就供给社会全部生活的演进的材料而言,历史学的研究是必需的;就确立社会现象的普遍法则而言,社会学又是必要的。"③李平心以后由社会学转到历史学的研究,但在历史学的研究中亦特别注重对社会形态的研究。

《现代社会学理论大纲》一书有机地运用中国的材料,借以说明中国社会的问题。该著在"绪论"中阐发演绎法时,认为"要预测中国的资本主义是不是会发达,则必须顾虑到下列若干前提":第一,"中国的工业、商业、金融是否可以脱离国际资本势力的束缚。中国的资本是否可以同国际资本竞争";第二,"中国的关税是否可以完全独立";第三,"一切束缚中国经济的不平等条约是否可以

---

① 李圣悦:《现代社会学理论大纲》(1930年),光华书局1933年版,第141—142页。

② 李圣悦:《现代社会学理论大纲》(1930年),光华书局1933年版,第2—3页。

③ 李圣悦:《现代社会学理论大纲》(1930年),光华书局1933年版,第7页。

完全取消";第四,"支配中国政治文化的封建势力是否可以肃清";第五,"世界资本主义的经济是否可以长久稳定下去";第六,"中国的原料出产地是否可以由中国完全支配"。李平心的看法是:"如果上列诸问题的答案是肯定的,中国的资本主义自然无问题的会发达起来,否则我们的推论就会适得其反了。"①该著在研究社会发展过程时,以中国的事例说明"内在生活根本形式"对于思想文化演变的作用,认为研究中国社会变迁就需要"从中国的内在生活的根本形式——生产样式和生产关系的变动,与冲入中国的世界潮流——资本主义的经济,和各种的新思想,新文化中去找出我们的答案来。"②就李平心引证中国材料的理念来看,就在于发现阻碍中国社会前进的各种要素,使中国能够"脱离国际资本势力的束缚",肃清"支配中国政治文化的封建势力",这就现实地提出了反帝反封建的合法性,因而对中国共产党领导的新民主主义革命有着学术论证的作用。

李平心具有深厚的马克思主义理论修养,对于马克思主义唯物史观有着深刻的领会,不仅积极倡导以唯物史观作为社会学研究的指导思想,并运用唯物史观对社会现象和社会问题作出学理诠释,而且还在马克思主义指导下对于社会学研究对象、研究任务、研究方法、学科地位等问题作出创造性的阐发,同时还联系中国社会的实际阐明新民主主义革命的现实合理性,这是推进马克思主义社会学中国化的重大努力。李平心所著《现代社会学理论大纲》,是 20 世纪 30 年代初中国马克思主义社会学发展的标志性著作,构建了以马克思主义为指导、紧密联系中国社会实际的学术理论体系,为推进马克思主义社会学中国化作出了重大贡献。

6. 余天休的《社会学大纲》(1931 年)

余天休曾长期担任北京大学的社会学教授,是中国社会学创建时期重要的先驱,其所著《社会学大纲》,1931 年 2 月由北平文化学社印行。该著十八章,大体上分为三个部分:第一部分是第一章至第二章,相当于导言性质,主要叙述"欧洲近代文明之演化"及"科学导言";第二部分是第三章至第六章,主要是从社会学的学科理论,就社会学相关问题进行叙述,主要内容是"社会之意义"、"社会学之定义"、"社会学与诸科学之关系"、"社会学之派别"等;第三部分是分述社会之现象,主要内容是"社会之起源"、"社会之演化"、"左右社会之势

①　李圣悦:《现代社会学理论大纲》(1930 年),光华书局 1933 年版,第 40 页。
②　李圣悦:《现代社会学理论大纲》(1930 年),光华书局 1933 年版,第 193 页。

力"、"人口论"、"社会活动"、"社会之阶级"、"社会之威力"、"社会之求治"、"社会进步"、"宗教"、"家庭"、"犯罪"等。

余天休在《社会学大纲》中,将"社会"作为社会学的研究对象,其所说的社会是指"人类处境互生共存之现象"①。这种社会又分为两个方面:一是"特种社会",这是指社会中形成的"各种结合"如团体、组织等;二是"普通社会",这是指"未有一定之组织或关系"的"人类间互相活动之种种现象"②。在作者看来,人类是从动物界分化出来的,"据生物学家之研究,人类与猴类均同为一祖宗所出,后因处境之不同,食料之差异,及生物之变迁,遂渐成类别。即人类内部,只有数十万年之历史,而今又分为黄红白黑等种矣。此可知人类由下等动物变化而来之可能性也。"③人类到底如何组织成社会的,这在社会学界有不同的看法,大致分为"乐群性"与"非乐群性"的两种说法:"一谓人类本有乐群性,而不愿孤立居处,故有人类即有社会之组织;一谓人类乃自私之动物,不乐群而不愿团结,后因对外竞争日多,遂觉合作之利益,而有社会之组合。"作者倾向于第二种说法,肯定人类为了应付生活需要及与环境的竞争而组织社会,指出:"原人生活简单,人口稀少,物产丰盛,生计较易,而竞争亦少,故不觉合作之必要,团结遂无由发展;后因人口增加,生计维艰,竞争亦日烈,社会遂因而成立矣。"④也正是因为社会产生了,遂有家庭、宗教、国家的产生,并因此又形成了各种社会制度。作者认为,社会是变化和发展的,于是也就有着"社会之演化"的问题,亦即社会的"有次序之变迁"的问题,但这种"社会之演化"在整个的自然"演化"进程中处于独特的位置。在余天休看来,宇宙既然是演化的,于是也就有"地球或地质之演化"。而在地球或地质演化之中,有着"生物之演化",其表现是"气候之变迁亦有多次,每次生物亦被其倾覆,而另立新纪元"。换言之,"生物之演化系根据地球之演化为原则,盖一切生物均与地势及气候有密切之关系,一旦地势或气候有变迁,则生物亦随之而变,且生物之繁殖亦系由地势与气候为之限制。生物演化中之公例,如生存竞争,(天择,人择,适者生存),生物之可变性,及适

① 《社会学大纲》,《民族复兴与世界联邦:余天休社会科学论集》,北京大学出版社 2008 年版,第 16 页。
② 《社会学大纲》,《民族复兴与世界联邦:余天休社会科学论集》,北京大学出版社 2008 年版,第 16 页。
③ 《社会学大纲》,《民族复兴与世界联邦:余天休社会科学论集》,北京大学出版社 2008 年版,第 25 页。
④ 《社会学大纲》,《民族复兴与世界联邦:余天休社会科学论集》,北京大学出版社 2008 年版,第 26 页。

应性等,莫不由地势与气候促成之。"①而人类作为生物之一部分,其演化自然也不能离开生物的演化轨道,而且有关生物学的原则大体上也皆适用于人类社会,此为遗产学、优生学所证明,故而"人类之演化则亦可称为生物演化之一部分"②。余天休进而认为,"社会之演化"又是建立在整个"人类之演化"的基础上,而人类活动的自然环境及人类自身的人口增殖这两者,乃是"社会之演化"的基本动因。他指出:"原始社会甚为单纯,其最大之组织不外小群,后因人口增加,物产有限,遂有竞争,而较大之社会亦因以成立。人口增加愈多,竞争愈烈,而结实之社会亦愈需要,故人类间之能合群者即得以生存,其中之个性过强者,虽有特殊之天才亦终归失败,而致灭亡。故社会之演化亦可称为团结之演化,系由简而繁,由纯一而复杂,由无组织而有组织,由小组织而至大组织,由不合作而至合作,由家庭而社会,而国家,而世界。但其演化之原动力,除自然环境等关系之外,实为人口之增加可断言也。"③余天休以自然之演化论及人类社会之演化,将社会演化建立在自然演化的基础上。

余天休在《社会学大纲》中,将"社会活动"、"社会阶级"、"社会威力"、家庭等视为社会的基本内容。关于"社会活动",余天休依据美国学者吉丁斯(Giddings)的看法,认为社会活动有简单活动与复杂活动之别,简单活动是欣赏、致用、特性之表现及社会化这四种,而复杂活动则是经济活动、法律活动、政治活动及文化活动④。关于"社会阶级",余天休又依据吉丁斯的看法,认为社会有"社会阶级"的存在,分为四个阶级:其一是"生活能力阶级",由生活能力又分为上、中、下三种;其二是"品性阶级",按品性分为才子、常人、欠缺人三种;其三是"合群阶级",又分为合群、不合群、假合群、反对合群四种⑤。关于"社会威力",余天休认为社会有多种"威力"的存在,如"长老之威力"、"军阀之威力"、"官僚之

①　《社会学大纲》,《民族复兴与世界联邦:余天休社会科学论集》,北京大学出版社 2008 年版,第 28 页。

②　《社会学大纲》,《民族复兴与世界联邦:余天休社会科学论集》,北京大学出版社 2008 年版,第 29 页。

③　《社会学大纲》,《民族复兴与世界联邦:余天休社会科学论集》,北京大学出版社 2008 年版,第 29 页。

④　《社会学大纲》,《民族复兴与世界联邦:余天休社会科学论集》,北京大学出版社 2008 年版,第 37 页。

⑤　《社会学大纲》,《民族复兴与世界联邦:余天休社会科学论集》,北京大学出版社 2008 年版,第 41 页。

威力"、"财富之威力"、"积学者之威力"等等,以致"普通之人民往往承领某种威力,而情愿受其管辖"①。关于家庭,余天休认为所谓社会必有家庭的存在,因为"家庭是人类最初的社会制度,是社会的小乾坤;先有家庭然后有其他社会制度;一切社会关系,都是从家庭衍生出来。"故而,"家庭又可谓为社会进步之根源"②。与现代中国的一般社会学家不同,余天休并不主张节制人口,相反,他认为家庭出现"人口繁殖过少"的现象乃是最为严重的社会问题之一,如果"长此以往,上等社会的人口逐渐减少,一切社会事业将由下层社会主持,文化前途或将有不堪之景象"③。

余天休在《社会学大纲》中就环境对社会的影响予以分析,认为"人类社会之内部及其形式,均受环境之支配,即社会间各种制度之起源及变迁,亦常以环境之力量为之主动。"④此处的所谓"环境"大致有物理势力、生物势力、群际势力、群内势力及个人势力等方面。在这几种势力之中,余天休比较重视"群内势力"和"群际势力"对于"左右社会进退"所形成的影响。所谓"群内势力"主要是指四个方面,"(1)人民之习惯,历代相传之遗风,俗例;当代之时尚,行为举动样式等;(2)人民之迷信;(3)民众之道德观念;(4)社会上流行之宗教。"⑤所谓"群际势力",主要是文化的力量及文明的力量,"文明是程序,是动力",而"文化是成绩,是静体";而"随着近今环球交通,文明差异之点易于表现,各成势力,互相接触,因而冲突,由冲突而达优胜劣败之状态"。故而,在文明冲突之中必须占有优胜的地位,否则就会"早晚必归失败而灭亡"。余天休认为,文明冲突中要处于"优胜之地位",必须具备以下之条件:

1.高尚之民族,即一般国民具(1)有应付环境之能力,(2)有长寿之可能性,(3)有抵抗疾病之能力,(4)有经济发展之能力,(5)有人口繁盛之可能性,(6)有高尚知识之能力。

---

① 《社会学大纲》,《民族复兴与世界联邦:余天休社会科学论集》,北京大学出版社 2008 年版,第 44—45 页。
② 《社会学大纲》,《民族复兴与世界联邦:余天休社会科学论集》,北京大学出版社 2008 年版,第 58 页。
③ 《社会学大纲》,《民族复兴与世界联邦:余天休社会科学论集》,北京大学出版社 2008 年版,第 59 页。
④ 《社会学大纲》,《民族复兴与世界联邦:余天休社会科学论集》,北京大学出版社 2008 年版,第 30 页。
⑤ 《社会学大纲》,《民族复兴与世界联邦:余天休社会科学论集》,北京大学出版社 2008 年版,第 31 页。

2.高尚之经济组织,即(1)生产机关之完备,(2)金融机关之妥善,(3)消费机关之便利,(4)推广机关之周详,(5)交通工具之完善。

3.高尚之武备,即(1)海陆空军之完善,(2)作战机械之充裕而灵敏,(3)作战机械厂之宏大,(4)军官教育之完备,(5)兵士训练之周到,(6)武备组织之良善。

4.高尚之文明。(1)科学与艺术之发达,(2)法律之完备,(3)政治之良善,(4)家庭制度之妥善,(5)国民思想之发达。①

余天休对于社会学给予了特别的定义,认为"社会学乃论人类团结之起源,演化,构造,作用,及其间所发生之一切问题之科学"②。又说:"社会学乃研究人类文明进退,兴亡,盛衰,治乱之根本原理。"③余天休这个"社会学之定义",其特别之处有二:一是并不将社会现象作为社会学研究的主要方面,也不将社会的构造与运行机制作为研究对象,并且社会学研究的目的也不是通常所说的救济社会或矫正社会的弊病,而是将"人类团结"作为研究的重点;二是强调社会学乃是研究关于"人类团结"之问题的科学,亦即重点研究"人类团结"所关涉的起源、演化、结构、作用及所发生的问题,显然研究目标也在于进一步增进"人类团结"及揭示"人类团结"演化的趋势或规律。余天休又说社会学研究的目标是"设计寻求社会之组织,及其演化之定律,或原理",主要包括两个方面的内容:一是"社会组织各问题,即个人彼此关系,及个人与制度彼此关系之问题";二是"社会演化各问题,包含社会起源,变迁,进步,或退步等问题"④。由此,余天休对学术界提出的"社会学乃研究社会弊病及其救济方法之科学"、"社会学是论社会现象之科学"、"社会学是论人类制度之科学"、"社会学乃论社会组织之科学"等说法,认为这些定义"全然错误"。

余天休在《社会学大纲》中阐述了社会学与其他科学之间的关系。关于社会学与其他社会科学之间的关系,学术界当时有"综合说",即认为"社会学是各种社会科学之总名称",也就是认为"社会学是综合法律,政治,经济,历史,宗教

---

① 《社会学大纲》,《民族复兴与世界联邦:余天休社会科学论集》,北京大学出版社2008年版,第31页。

② 《社会学大纲》,《民族复兴与世界联邦:余天休社会科学论集》,北京大学出版社2008年版,第19页。

③ 《社会学大纲》,《民族复兴与世界联邦:余天休社会科学论集》,北京大学出版社2008年版,第19页。

④ 《社会学大纲》,《民族复兴与世界联邦:余天休社会科学论集》,北京大学出版社2008年版,第19页。

等科学之总名称"。社会学界也有"包括说",即认为"社会学乃包括各科学之原理"。余天休既不同意社会学的"综合说",也不同意"包括说",而是认为"社会学与其他社会科学不同",因而"应该独立研究"。他的理由是,"因人类社会非常复杂,内中包含各种复杂现象,而社会学仅研究其普遍之现象,至于其中之特殊现象,如经济活动,国家组织,道德,宗教等,则尚有经济学,政治学,伦理学,史学等等",但社会学既然是科学,其研究目的也在于"探求真理",并且与其他科学有着"相当之关系"①。在他看来,学科之间是相互联系的,社会学与生物学、心理学、经济学、政治学、伦理学、史学、教育学等皆有密切的关系。他指出,"生物学论生命,人类社会是生物界之一,所以社会学须以生物学为根据";"心理学专论心灵,社会是由各个人的心灵相感而成,所以社会学亦须以心理学为基础";经济学是"以社会学为基础"的,这是因为经济学是研究人类的经济活动的,而这种活动乃是"从社会生活中而发生的";"社会学与政治学同为研究人类社会组织之科学",但"社会学所研究者乃人类社会全体之组织,而其研究之单位为个人,说明人类互相作用及其互相影响之动作,而政治学所研究者则为人类社会中之一种特殊组织,其研究之单位是国家,故其研究之范围较之社会学为狭小也";"社会学之职务在于供给伦理学各种轨范,而伦理学之职责,则在于批评此种轨范",但"因人类一切行为均以社会为标准,故伦理学即以社会学为根据矣";"史学之责任在于叙述社会生活过去之情状,而社会学之职责则在于解释人类社会生活之通则,故社会学可称为史学之研究法",但史学可以为社会学贡献其资料,从而"使社会学得有确实之根据而演绎其真确之结论也";"教育是社会之一种程序,替社会造就良好之个人,故教育亦可称为应用社会学之一部分及改良社会之一种方法也",但由于"教育之实施亦常基于社会之状况",故而"社会学实为教育之基础"②。余天休强调社会学的独立性,但不否认社会学与其他科学之间的关系,相反,他主张社会学的研究要在与其他科学的关系中加以推进,并使社会学在学科的体系中取得其独立地位。

余天休是中国社会学初创时期的重要先驱者,所著《社会学大纲》乃是其从事社会学教学与研究十多年后的成果,书中的不少内容曾在北京大学等高校讲授过多次。这部《社会学大纲》虽然在内容上主要是关于社会学的原理方面,并

---

① 《社会学大纲》,《民族复兴与世界联邦:余天休社会科学论集》,北京大学出版社 2008 年版,第 21 页。

② 《社会学大纲》,《民族复兴与世界联邦:余天休社会科学论集》,北京大学出版社 2008 年版,第 21—22 页。

且不少观点承继了美国社会学家的看法,但该著提纲挈领,条理分明,不仅语言畅达,可读性强,而且学术视域宽阔,理论分析亦很有特色。作者既通晓西方社会学发展的状况,又对于政治学、经济学、历史学、伦理学等学科相当熟悉,故而能够在人文社会科学体系之中阐发社会学的独特性地位。该著在普及社会学方面发挥了积极的作用,是当时社会学界较有影响的学术著作。

　　7. 孙本文的《社会学原理》(1935 年)

　　孙本文①是现代中国著名的社会学家,所著《社会学原理》于 1935 年由商务印书馆出版。该著共 5 编:总论、社会要素与社会生活的关系、社会过程、社会组织与社会控制、社会变迁与社会进步。孙本文在该著中认为,社会学研究的中心是人类文化,而文化具体体现为人类的社会行为,故而可以将社会学看成是研究社会行为的科学。由此,《社会学原理》在架构上探讨有关社会行为的五类问题:社会行为的因素、社会过程、社会组织、社会控制、社会变迁问题;而在撰述理念上,注重文化与态度的探讨,其理论基础是建立在文化社会学的观点之上②。该著曾作为大学丛书教本,在当时的中国社会学界及教育界有很大的学术影响③,在中国社会学史上有着重要的地位。

　　孙本文在《社会学原理》中,非常重视社会组织问题的研究,将社会组织置于社会运行系统之中,并对于社会组织在近代社会生活中的地位和作用作了比较充分的说明,突出社会组织对于社会的行为规则与制度运行的意义。他指出:"社会组织,不仅仅是社会上行为规则与制度的总体;而在此行为规则与制度的中间,还有一种交互联带及互相一致的关系。大概一个社会的各种规则与制度,都具有一种特殊色彩,此类规则与制度,互相调和适应,而趋于一致。所以一社

---

①　孙本文(1892—1979),原名斌甫,字时哲,江苏吴江(今苏州市吴江区)人。著名社会学家、社会心理学家。1915 年考入北京大学哲学门,毕业后在南京高等师范学校附属中学任国文和哲学教员。1921 年赴美留学,1925 年在纽约大学获社会学博士学位。1928 年以后长期担任中央大学教授。曾任中央大学社会学系首任系主任、教育部高等教育司司长、中央大学教务长、教育学院院长、师范学院院长、中国社会学会理事长、中央大学校务维持委员会三位常委之一。1949 年后一直担任南京大学教授。主要著作有《社会学上之文化论》(1927 年)、《社会问题》(1927 年)、《社会学ABC》(1928 年)、《人口论 ABC》(1928 年)、《社会学的领域》(1929 年)、《社会变迁》(1929 年)、《社会学原理》(1935 年)、《现代中国社会问题》(4 卷,1942—1943 年)、《社会思想》(1945 年)、《社会心理学》(1946 年)、《近代社会学发展史》(1947 年)、《当代中国社会学》(1948 年)等。

②　袁方主编:《社会学百年》,北京出版社 1999 年版,第 71 页。

③　孙本文的《社会学原理》,自 1935 年 1 月由商务印书馆上海初版后,至 1940 年已经出了第 7 版。其后,还有渝 1 版及渝 2 版,沪 1 版、2 版、3 版及 4 版。——参见国家图书馆编:《民国时期图书总目·社会科学总论》,国家图书馆出版社 2019 年版,第 154 页。

会与别社会的区别,其要点就在社会组织。就是说,在种种行为规则与制度的相互关系间,表现一种特殊的色彩。例如:中国社会与法国社会的区别,其要点,并不在于人种的不同,而在社会组织的差异。"①又指出:"社会是由一群人而结成的。而社会之所以能维系他的一致团结,就因有种种共同一致的行为规则与制度。有了此类共同的行为规则与制度,人们就可维持一种共同生活。在此种共同生活中,维持社会的统一。故社会统一,附丽于社会组织。社会组织不过是社会上人与人间所发生共同的行为关系的全体而已。故社会组织所指的,是人与人间的共同关系而非指人的本身。……社会与社会组织是一物的二方面,有一种社会就有一种社会组织;社会不同,社会组织亦不同。故社会与社会组织,通常往往视同一物。说社会,同时即包括社会组织而言。"②既然社会组织在近代以来的社会中处于标识性的地位,那么,这种社会组织在社会运行中到底有着怎样的特点呢?对此,孙本文有这样的分析:"在近代社会中,有正式组织的间接团体,如大政党、大工厂、大公司等,日形发达,故其势力亦日大。(甲)在此种社会中,个人处于无足轻重的地位。因此种大社会中,人与人的关系,即系间接,故各人对于各人,大都互不相知,使个人仅成为全社会之一部分,而不能表现其个性。(乙)在此种社会中,领袖极关重要。能居领导之地位者,不仅足以号召群众,并且能操纵社会组织之大权。……(丙)此种社会,组织既大,往往不易适应环境,此种组织,范围既大,系统又密,其组织条件之改变,须经极烦琐的手续,方克实现,故最不易适应环境的变迁。(丁)此种社会,组织既大,往往强制统一。在此种组织中个人须受团体之制裁。团体常用法律与舆论,以统一全社会中个人的行为与思想。故近代社会的趋向,在增加团体的力量,减少个人的势力,以使个人受社会的控制。"③不难看出,在孙本文的认识中,是不是现代社会,这与社会中是否存在社会组织以及这种社会组织是否发生作用乃是直接相关的,故而也就需要重点地研究"社会组织"。那么,现代社会为什么要组织团体呢?孙本文认为,这是由组织的功能所决定的。由此,孙本文的《社会学原理》将社会组织视为社会构成的重要要件,分析了社会组织存在的理由及其给社会所带来的重要影响,并进而阐述社会组织对于社会运行所发生的基础性作用,这是该著研究社会的一个突出的方面。

---

① 孙本文:《社会学原理》,商务印书馆 1935 年版,第 427—428 页。
② 孙本文:《社会学原理》,商务印书馆 1935 年版,第 428—429 页。
③ 孙本文:《社会学原理》,商务印书馆 1935 年版,第 436 页。

孙本文在《社会学原理》中,对于中国的农村社会有着较为深入的研究,并提出了救治中国农村社会的具体主张。中国是农业大国,农村在中国社会结构中占有不可忽视的地位。关于中国农村社会的基本情形,孙本文基于农村与城市的比较,从风俗、习惯、人际关系等方面给予了具体说明:"在农村社会中因职业单纯,且其职业又无多大变化,故人民多安土重迁,不似都市人民的易于流动。农村人民,常视风俗传说,为具有无上的势力。一切行为,似都以风俗传说为标准,合于风俗传说者为善为是,不合者为恶为非。故风俗传说的势力甚大。农村社会中人口既少,且又安土重迁,故宅居村中者常为数代相传的亲友。因此之故,同村人民,关系较为亲密。农村人民,关系既甚密切,故共同作事,易于合作。因而同情心亦甚发达。农村社会的人民,常以自己的家庭,为一切活动的场所。家庭似乎可以满足一切人生的需要。故农村家庭生活,非常重要。"①孙本文研究农村社会的基本状况,力图发现中国农村社会所面临的问题,其目的在于能够更好地改造农村社会,故而他以社会学的见地提出了救治农村的具体看法。他指出:"我国农村社会,就现状而论,尚在佃租时期,离现农村组织尚远。农村文化的幼稚,农民经济的困迫,生活的简单,以及农村教育的不发达,在在足予我人以农村衰落的印象。欲挽救此衰落的趋势,根本要图,不外二途:一面促进农业革命;利用科学方法与农业机械,以改良农业,增进生产能力。一方发展农业教育,以增进人民知识,改善农村风习。二者同时推进,成效立见。"②孙本文对改造农村社会抱有强烈的希望与信心,并且也看到中国农村问题的严重性、严峻性和复杂性,认为在中国的农村社会中,由于经济落后,加之农村"人才缺乏",故而农村改造的目标"一时殊不易实现"。孙本文关注中国农村问题的研究,所提出的主张尽管还是可以讨论的,但亦可见其推进社会学"本土化"的研究理念。

孙本文所著《社会学原理》对都市的政治地位、组织作用、经济功能等方面也予以阐述,着重阐明了都市对于现代社会前进的引领性作用。孙本文认为,都市既是政治单位又是经济单位,体现了由"镇市经济时代"到"都市经济时代"变迁的特征,故而都市不仅是现代政治生活引领者,同时又是社会经济发展的基地。孙本文主张积极地推进都市经济的发展,特别是要重视现代金融业的发展。他说:"都市是经济的中心,欲使经济流通,便须靠金融机关。外国都市中最普通的金融机关,就是银行。中国都市除银行外,尚有钱庄、票号等。此种金融机

---

① 孙本文:《社会学原理》,商务印书馆1935年版,第460页。

② 孙本文:《社会学原理》,商务印书馆1935年版,第467页。

关的最大任务,第一在于吸收市面上剩余的金银,流通到需要金银的事业中去。第二在流通各地金融的有无。大概一般银行往往在大都市中设总行,在附近各地或其他都市设分行。都市愈大,银行愈多。各银行分行愈多,流通金融的力量愈大。"①孙本文还具体地分析了都市发展所引起的人口、职业、交通、分工等方面的变化,说明都市在现代社会中的基础性地位。孙本文研究都市问题,其突出之处是将都市纳入"社会组织"的范畴之中,认为都市乃是一种特殊的社会组织,故而能够成为现代社会进步的基本构件。他指出:"都市是一种特殊的社会组织,具有繁复的风俗、语言、信仰,与各种不同的团体、阶级、种族等等。都市愈大,此种繁复的程度亦愈高。但一个社会究竟繁复到如何程度,始成都市,亦殊难言。凡社会中全体人员都发生直接关系,而仅有单纯的语言文物风俗制度者,决不能称为都市,此可断言。外此便有渐成都市的趋势。一至社会中全体人员仅发生间接关系,而语言文物风俗制度,不能通行无阻时,便成都市。"②孙本文在"社会组织"视域中看待都市,这在社会学研究中是一个重要的创新,大大拓宽了"社会组织"的内涵。

孙本文在《社会学原理》中对人口问题加以研究,不仅提出了人口过剩的标准问题,而且积极主张通过控制生育的办法,来控制人口的过度增长。关于人口过剩的标准,孙本文提出了自己的看法:"一社会人口是否过剩,不但要看人口增加率的高低,还须看土地利用的程度是否已达到饱和之点。在土地未达饱和程度之时,出产分量既可增加,人口自然亦可加多。但一到饱和以后,若人口继续增加,势必不能维持原有的生活程度,而发生人口过剩的现象。……在一定领土以内,若人口增加极速,而同时土地的出产,不能维持相应的增加,必致降低生活程度,以调剂食料与人口的均衡。"③孙本文认为社会演进中的人口过剩现象值得高度重视,主张从人口出生方面予以"制限",通过控制生育的办法来减缓人口增长的速度,从而使人口与土地利用之间保持均衡的水平。

孙本文的《社会学原理》一书着力于引进西方最先进的社会学理论,重点介绍"欧美社会学上最新思潮",因而是当时中国的一部集欧美社会学原理之大成的学术著作。作者所说的"欧美社会学上最新思潮",就是文化学派的社会学理论。他指出:"欲根本改造社会者,必须从社会的根本要素文化方面下手。从物

---

① 孙本文:《社会学原理》,商务印书馆 1935 年版,第 475 页。
② 孙本文:《社会学原理》,商务印书馆 1935 年版,第 469 页。
③ 孙本文:《社会学原理》,商务印书馆 1935 年版,第 198—199 页。

质文化方面,改造社会的物质生活。从非物质文化方面,改造社会的精神生活。"①孙本文在汲取西方社会学理论的基础上,通过对有关社会行为问题的具体研究,概括出社会学的五条基本原则:1. 人是社会环境的产物;2. 社会环境是人的产物;3. 个人与社会是不可分离、息息相关的;4. 社会现象是相对的而非绝对的;5. 社会的发展是累积的而非突现的②。在研究视域上,该著视野开阔,"采各家之长",遵循着继承中创新的研究路数,一方面汲取当时欧美社会学的先进之处,"取欧美社会学上最新思潮,并信其较为正确者",且对于"有争论之点,亦常附以对方意见,或参考书籍,使学生因有所引导,而自为判断";在另一方面,又积极推进社会学的本土化,故而在"引证事实之处,凡可得本国材料者,即用本国材料"③,因而在研究视域上颇有中西结合的特色。孙本文的《社会学原理》一书自 1935 年出版后,1940 年曾被列为部编教学用书,在解放前再版 11 次之多,成为现代中国影响最大的一部社会学著作。

8. 许德珩的《社会学讲话》(上册,1936 年)

许德珩④是中国著名的马克思主义社会学家,所著《社会学讲话》是其在各大学讲授社会学教程的讲义,共 9 编。上册共 5 编,分述自然科学、社会科学、及社会学、各家社会学学说、社会科学研究的方法、社会之形成及其发展等,1936年 11 月由北平好望书店出版。该著是以辩证唯物主义和历史唯物主义为指导写出的社会学绪论性著作,目的是为"初等的人对于社会科学的理论能得一个大体的认识",故而该著当时在推进马克思主义社会学大众化中有着积极的作用。

《社会学讲话》中以社会作为社会学的研究对象,并对"社会"这个概念作了马克思主义的解释。该著认为,社会"不仅仅是些单纯的个体",而是"由复杂的数量所合成的总体",亦即是一个"总集体",但这个总集体并不是如西方社会学家所说的"机械的堆积",而是有着复杂的关系表现其中。具体说,社会是人类

---

① 孙本文:《社会学原理》,商务印书馆 1935 年版,第 338 页。
② 参见袁方主编:《社会学百年》,北京出版社 1999 年版,第 72—75 页。
③ 孙本文:《社会学原理·例言》,商务印书馆 1935 年版,第 2 页。
④ 许德珩(1890—1990),原名许础,字楚生,江西德化(今江西省九江县)人。著名爱国人士、政治活动家、教育家、学者,九三学社创始人和杰出领导者。早年参加毛泽东发起组织的新民学会,五四运动时是著名学生领袖,起草《五四宣言》。1920 年赴法国勤工俭学,毕业于里昂大学,后入巴黎大学。1927 年回国,曾任武汉第四中山大学教授、国民革命军总政治部秘书长、代主任。新中国成立后,曾任水产部部长、全国政协副主席、全国人大常委会副委员长。著有《社会学讲话》、《许德珩回忆录》等。

的历史和现实的活动所造成,"社会这个总集体,又是一个有机的总集体,不是机械的堆集体;因为社会生活中的人,他们彼此之间是相互关系、相互作用的"①。然而,人们之间的相互关系和相互作用又是以人的劳动为基础和前提的,并且表现在劳动之中,因而劳动是有机的总集体构成的基本要素,并且成为人与人相互关联、相互作用的一个真实的枢纽。故而,应该"把社会这个有机的总集体之性质,归之于人们为生存而不得不具有的'劳动'上面,劳动是有机的总集体所以形成之基本条件,是人与人相互关系,相互行动与反应之一个真实的枢纽。……这样看来,劳动就是社会结合之主要的条件了。"②许德珩依据恩格斯在《自然辩证法》中关于从"由猿猴到人"的论述以及布哈林的《唯物史观社会学》中的观点,不仅强调了劳动在社会发展中的重要作用,肯定了劳动对于社会的维系和运行的极端重要性,而且将社会中人们之间以劳动为基础的相互关系和相互作用作为社会的基本内容,体现了马克思主义关于社会的基本观点。

《社会学讲话》高度强调唯物史观对于社会学研究的指导地位,认为社会学是"研究人类社会之构造,社会构造之存在,发展,变革,及其相互联系;分析构成人类社会生活的诸要素,及诸要素的性质,诸要素间之相互作用和关系,探求社会变革的因果关系和法则,以推知社会进行的方向,预测将来的一种学问"。"若从这样的一种内容来说,说明社会最确切的理论,就应当是历史的唯物论,如是,历史的唯物论,就是正确的社会学,而社会学也就是社会科学了。"③这里,许德珩提出唯物史观是正确的社会学的论断,肯定以唯物史观为指导的社会学的科学地位,认为社会学是研究社会的结构、社会的变革及社会演变规律的学问,因而只有在唯物史观指导下才能使社会学进到科学的地位,这使得该著成为中国早期"唯物史观社会学"体系中的代表性著作。

《社会学讲话》基于科学的理念及理论与应用一致的立场来考察社会学,认为社会学既是理论的科学,亦是应用的科学;既是抽象的科学,亦是具体的科学。在许德珩看来,如果将社会科学与自然科学相比较,可以说社会科学是偏于理论的科学、偏于抽象的科学。"然而在这里所谓偏于理论的科学,却绝对不是与应用科学对立的,要去另行创制一种'应用的社会学'来与之对峙;偏于抽象的科学,也并不是可与具体的事物分离,要去另行创造一种'具体的社会学'来与之

---

① 许德珩:《社会学讲话》上册,好望书店 1936 年版,第 312 页。
② 许德珩:《社会学讲话》上册,好望书店 1936 年版,第 313—315 页。
③ 许德珩:《社会学讲话》上册,好望书店 1936 年版,第 61 页。

对峙。社会科学是偏于理论的科学,只因为它的理论是切合于客观真实的事物,所以这种理论的科学又即是应用的科学。"①正是从科学本身的分析以及理论与实际相结合的思路,许德珩得出这样的结论:"社会学是理论的科学,而理论却不与应用分离;是抽象的科学,而抽象却不是与具体对立。"②许德珩关于社会学是理论科学但又注重应用、是抽象科学但又与具体事实相联系的论断,从学理高度和科学的视域而将社会学的学科性质与学科功能统合起来,体现了马克思主义理论与社会实践相结合的基本要求,这对于社会学的理论建设及其指导社会变革的实践有着积极的意义。

《社会学讲话》高度重视马克思主义唯物史观对人文社会科学的指导作用,认为研究社会科学最为关键的就是用唯物论作指导还是用唯心论作指导的问题,研究社会学也是这样。在许德珩看来,正确地说明人类社会的发展,必然是马克思主义的历史唯物论,而这种历史唯物论是"用唯物论来解释人类历史的发展"的,因而历史唯物论(亦即唯物史观)"不仅仅解决了自然对人的关系,而并且解决了人与社会的关系"。需要注意的是,唯物史观是将唯物论和辩证法运用到社会历史领域,换言之,"马克思一方面把唯物论应用到社会上来,同时还应用了辩证法来解释客观事物之发展",其基本思想是:"(一)社会之变动与发展;(二)经济的基础一发生变革,那一切巨大的上层建筑也都变革起来这种变革的联系;(三)生产力与生产关系之矛盾;(四)曾经是发展生产力的形式,现在转变成为阻碍生产力发展的形式这种由量到质的转变;(五)社会变革的突变;(六)某种生产力与生产关系虽然是矛盾的对立着,然而却是统一的存在于一社会的某阶段之中——对立统一。"③这就是说,马克思主义的历史唯物论是包括了哲学上整个的辩证法思想的,亦即"应用了辩证法来说明实际事物以及人类社会之发展"。就社会学而言,恩格斯的《反杜林论》及《家庭、私有制和国家起源》这两部著作,皆是"把历史的唯物论作为社会学的或社会制度的研究之嚆矢"④。由此,开展社会学研究就必须坚持以历史唯物论作为指导思想。

许德珩在《社会学讲话》中,还对西方社会学的各流派进行了批判性的分析。许德珩认为,孔德作为社会学的开创者,是用圣西门的"三级律"和"实证方法"来作为他的社会学研究基础的,其社会学体系有三个主要的观点:第一个观

① 许德珩:《社会学讲话》上册,好望书店 1936 年版,第 71—72 页。
② 许德珩:《社会学讲话》上册,好望书店 1936 年版,第 72 页。
③ 许德珩:《社会学讲话》上册,好望书店 1936 年版,第 225—226 页。
④ 许德珩:《社会学讲话》上册,好望书店 1936 年版,第 183 页。

点是"形而上学的进化论观点";第二个观点是"历史的必然论的观点";第三个观点是"机械的二元论调和论的观点"。许德珩在介绍孔德社会学思想的主要观点之后也给予科学的评价,一方面说"社会学是孔德创造的",充分肯定孔德在社会学史上的开创者地位;另一方面也注意到孔德社会学的缺点所在及其消极影响,认为孔德是用机械的类推法、调和的二元论、形而上学的进化论来创造出社会学的,如此孔德与"社会学一起就走进了机械论和二元论之门"①。许德珩对斯宾塞的社会学思想也进行分析,并依据唯物史观原理作出了三点具体评价。第一,斯宾塞的社会学不能正确说明"社会事物之构成和发展的全部"。这是因为,社会现象如语言、宗教、风俗、道德、习惯、法律、政治制度以及劳动经济生活等,其发展的过程一方面固然有"由同趋异"、"由简入繁"的特点,但另一方面又是有"由相异趋于相同,由复杂的趋于单纯与统一"的情形。而斯宾塞的社会进化论,是建立在均衡论之上的,但这个均衡论与进化论又是"不能相容的东西",这是"因为均衡就是静止的,不动的,这种不动的静止的基点,当然是反进化的,反发展的观点"。第二,斯宾塞关于"破坏均衡"的理论及对暴力的说明是错误的。即使承认在社会历史领域中有所谓"均衡"的存在,并且也有"所谓破坏均衡的暴力,也应当认为是进化的动力,不应当看作是反进化的东西"。从政治上说,斯宾塞那种"把破坏均衡的暴力认为是反进化的东西,这正是拥护资本主义社会之反革命的理论之基点"。第三,斯宾塞用社会外在的变动来解释社会内部发展,这不符合社会变动的真实状况。社会变动在于社会内部的矛盾运动,而斯宾塞"用均衡论来解释进化,把两力的互击来解释发展,是把外部的变动来解释社会内部的发展",如此"社会内部的发展"也就是"为其外面的条件所决定的",这为后来社会学上的"民族斗争论"提供了依据②。此外,许德珩在《社会学讲话》中,对于综合社会学派、心理社会学派、生物社会学派、文化学派以及社会学中的地理环境说、新实证主义等学说也相继进行了分析和批判,一方面承认这些学说在社会问题探索中的努力及其对社会学发展的作用,另一方面又着重指出其唯心主义和形而上学的特征,这不仅为人们了解社会学的发展历程提供了基本素材,而且也为人们接受马克思主义的社会学理论提供了学术背景。

　　许德珩的《社会学讲话》一书具有强烈的现实关怀,特别强调研究社会学对

①　许德珩:《社会学讲话》上册,好望书店1936年版,第99页。
②　参见许德珩:《社会学讲话》上册,好望书店1936年版,第108—109页。

探索中国社会变革问题的极端重要性,有力地推进了马克思主义社会学中国化的进程。他指出,近代中国由于"外力之不断的侵凌",以致有"社会内部之急迫的变动,这些急不可缓之必须改革才足以图存的事实,已经是使有志的人们不得不从事于中国社会之进一步的认识与中国社会问题之客观的探讨,而获得其真实,以作正确的理论成为有力的行动之准绳。然而要能够满足这些要求,社会学尤其是当务之急的一种科学!这是社会学之于中国社会和中国学者特别重要的地方。"[①]许德珩的《社会学讲话》一书以马克思主义唯物史观作为社会学的指导理论,在梳理社会学历史并在人文社会科学的学科体系中研究社会学的相关问题,建立了唯物史观统领下的社会学理论体系,这对于在中国建设马克思主义社会学研究体系有着重大的学术意义。

9. 姜君辰的《社会学入门》(1941 年)

姜君辰[②]是现代中国著名的马克思主义学者,他于 1941 年出版了《社会学入门》[③]一书,分八讲介绍社会学的基本内容,包括人类不能离社会而单独生存、社会的日新月异是什么意思、社会发展的动力、两个世界的对照、中国是一个怎样的社会等。该著不仅以唯物辩证法和唯物史观为指导来构建社会学理论体系,而且运用马克思主义具体地分析中国半殖民地半封建的社会形态,在介绍和传播马克思主义社会学基本知识及推进马克思主义社会学理论中国化方面起了重要的作用,成为中国马克思主义社会学史上的名著。

姜君辰的《社会学入门》一书基于马克思主义唯物史观对于社会演进的理论,从社会变迁的角度对社会发展的连续性有重要的论述,认为前一个社会与后

① 许德珩:《社会学讲话》上册,好望书店 1936 年版,第 69 页。

② 姜君辰(1904—1985),曾用名姜君宸、张文、解生,江苏省江阴县华墅镇人。1922 年下半年至 1926 年上半年在同济大学德文班、医预科读书,1926 年夏至 1927 年 4 月在广州中山大学工学院读书,1927 年夏至 1930 年上半年就读于上海法科大学政经专修班。20 世纪 30 年代初与陈翰笙、钱俊瑞、薛暮桥等人发起成立中国农村经济研究会。1933 年下半年至 1935 年上半年任上海《中华日报》国际版编辑。1935 年下半年至 1937 年冬任上海新知书店编辑、代经理,主编《新世纪》双月刊,任《世界知识》特约撰稿人。1941 年离开香港经上海抵达苏北新四军驻地,任中共华中局调查研究室研究员。1943 年赴延安,任延安大学财政系副主任。1945 年 4 月至 6 月作为华中代表团成员参加中共七大。解放战争时期,任北平解放三日刊社副总编辑,佳木斯东北大学教务处处长,哈尔滨东北财经干部学校副校长,沈阳东北财经委员会、计划委员会商业合作处处长。新中国成立后,任中华全国合作社联合总社副主任,国务院科学规划委员会副秘书长,中国科学院哲学社会科学部副主任兼世界经济研究所所长、财贸物资经济研究所副所长、党委委员。著有《社会学入门》、《商品流通问题的调查研究》等。

③ 该著有文化供应社在桂林出的 1941 年 3 月初版、1942 年 3 月 3 版及 1942 年 4 月 4 版。1946 年,香港的文化供应社亦出版此著。

一个社会都存在着不可分割的联系。姜君辰指出:"无论那一个时代或那一个社会阶段,要想把它与前后一时代或前后一个社会阶段截然分开,都是不可能的。因为无论一个时代或社会阶段,在其发生和发展的过程中,都是从前面一个孕育出来,而且也可能孕育出后面一个来的。人类社会前后各时代和各阶段之间,都可能有一种过渡时期的存在,它既不是纯粹的前一个社会,也还不是纯粹的后一个社会。人类社会各阶段的发展,可能在全世界不同的地区,由于自然条件和社会条件的差异,而形成社会不平衡的发展。"[1]姜君辰在这里不仅强调社会发展阶段之间的内在联系,而且认为两种社会之间可能有过渡阶段的存在,并且认为这个"过渡时期"在具有过渡性的同时又具有一定的相对独立性,它"它既不是纯粹的前一个社会,也还不是纯粹的后一个社会"。这里,姜君辰不仅认识到社会发展进程中所体现出的共同性历史趋势,而且注意到各个社会发展"由于自然条件和社会条件的差异"而表现出的具体性、差异性,实际上是承认人类社会发展在遵循共同规律的前提下具有多样化的特征。这是对马克思主义社会发展理论的创造性解读。

《社会学入门》一书从社会矛盾运动的原理出发阐述社会发展的规律性,并就人类社会与自然界的关系展开学理分析,提出社会学把握社会发展的规律对于进一步认识社会的变动具有指导意义。论述社会发展的规律性是中国马克思主义社会学家的学理追求,而姜君辰在书中对社会发展的规律性予以科学说明时亦有其鲜明的特色。这就是他将"矛盾"的概念和原理引入社会历史进程的分析之中,强调社会演进就是矛盾的存在和发展,从而以新的研究角度论证了社会发展符合规律性的本然特征。他在书中这样指出:"社会的日新月异,社会的进步与发展,就是一种有规律的变动或运动。这种有规律的变动或运动,是客观存在的事实,是矛盾的发展,而且也是从矛盾中产生的。因为社会里一切事物的发生发展和死亡,都是由于矛盾的存在和发展,由于矛盾之统一和解决,也就是说,社会里一切事物的发展,在于有矛盾,尤在于矛盾之统一和解决。"[2]也正是用"矛盾"运动的原理来解释社会历史运动,姜君辰对社会与自然界的依存关系作了创新性的解释,表达了社会与自然界之间既对立又统一的学术见解,并提示人们在社会改造中应积极地发挥主观能动性,通过变革社会的实践活动以推动社会演进的历程。姜君辰指出:"自然界可以脱离人类社会而存在,人类社会不

---

[1] 姜君辰:《社会学入门》,文化供应社 1941 年版,第 115—116 页。
[2] 姜君辰:《社会学入门》,文化供应社 1941 年版,第 13 页。

可能脱离自然界而存在。因此我们可以说,自然界或人类社会的变动发展也是一种客观存在的事实,这种变动和发展,是从自然界和人类社会本身所存在的矛盾中,并在这种矛盾的解决中所造成的。不过,人类社会的发展,人类可以发生他对社会的能动作用,即人类不只要受环境的支配,却也可以反过来给环境以能动的影响作用。"①姜君辰强调掌握社会发展规律的极端重要性,而且认为人们对社会历史规律的认识要从社会运动的矛盾性中来把握,这样才能掌握社会运动的规律并进而发挥社会发展规律的作用。他指出:"无论在自然界或社会里的一切,客观上它总是或多或少,或大或小地运动着和发展着,而且往往表现出新陈代谢的作用来。只有在这种运动着和发展着的新陈代谢中,我们才能了解人类社会乃至人类本身的来踪去迹。"②姜君辰以新的研究视角——社会的矛盾运动——来研究社会演变,他对社会发展规律的阐述、对自然界与社会关系的解说,以及对如何认识社会历史规律的分析,始终贯穿着唯物辩证法关于矛盾运动的原理,从而使他对社会演变的研究得出新颖的结论。这对中国马克思主义社会学理论的构建,有重要的学术启迪意义。

《社会学入门》在对社会发展的因素进行探讨时,基于唯物史观原理提出变革生产关系的极端重要性,并为中国的社会变革指明了改变生产关系的途径。按照一般人的理解,历史唯物主义强调生产力是社会发展的根本动因,则促进社会的变革主要也就在于发展社会生产力。姜君辰对历史唯物主义原理是坚持的,而且是在坚持中与现实的中国社会变革要求联系在一起。但在他看来,社会变革的推动因素在于人们的具体努力,而当生产关系束缚生产力发展时,则改变生产关系就成为变革社会的关键。姜君辰对这个观点有这样的阐述:"社会发展的主要因素,是大多数人在社会生活所能享受的物质条件,而这种物质条件发展的主要因素,归根结底要看大多数生产者是用怎样的工具从事生产的。因此,假如我们要对社会的发展,起些能动的推动作用,我们便须配合着这些主要因素所需要的条件,而做适当的努力。这就是说,我们不仅要从改善生产工具着手,而且要在直接生产者无力改进生产工具的时候,首先解除其所受生产关系的束缚。中国社会是有一种半封建半殖民地的社会。这种半封建半殖民地的社会性质,乃是阻碍中国社会发展的主要因素。所以,中国欲求推进社会的发展,必须彻底完成反帝反封建的国民革命,循着世界进化之途径,顺应今日进步发展的

---

① 姜君辰:《社会学入门》,文化供应社 1941 年版,第 228 页。
② 姜君辰:《社会学入门》,文化供应社 1941 年版,第 228 页。

时代潮流。"①姜君辰提出社会的变革"不仅要从改善生产工具着手",而且要在生产力的发展受到阻碍时积极地进行变革生产关系的努力,并逻辑地引申出中国社会变革在当时最切要的是开展民主革命,这就将马克思主义的社会发展理论与当时中国社会变革的具体实践紧密结合起来,论证了中国开展新民主主义革命的现实合理性。

《社会学入门》对中国半封建半殖民地这一社会形态有重要的研究,尤其是在关于半封建半殖民地社会的特征,以及半殖民地与殖民地、半封建与封建区别的研究上有鲜明的学术特色。"半殖民地半封建社会"这一概念是20世纪30年代初中国社会性质问题论战中提出来的,用以分析和说明中国自近代以来的社会形态。毛泽东在《中国革命和中国共产党》著作中,对中国半殖民地半封建社会的特征有重要的研究,并概述出六个具体特征。姜君辰在坚持中国是半殖民地半封建社会论断的前提下,对"半殖民地半封建社会"的特征作了新的分析和概括,对毛泽东的论述有创新性的理解和阐发。在研究"半殖民地半封建社会"的特征时,姜君辰对"半封建"与"封建"、"殖民地"与"半殖民地"的区别有过明确论断,他指出:"半封建与纯粹封建社会的主要区别是:前者已具有资本主义生产的因素,即中国自己已经有了资本主义的因素,虽然这种因素还是非常脆弱,而封建经济的因素还很浓厚。后者则根本还没有资本主义生产的因素存在。半殖民地与殖民地国家的区别是:前者在政治经济文化等方面是间接或无形之中要受许多帝国主义国家的操纵控制。后者在这些方面是直接或名副其实的控制在某一个帝国主义的手里,这个帝国主义国家就是殖民地的宗主国。"②姜君辰对半殖民地半封建社会特征的分析,既简明扼要,通俗易懂,又有很显著的学术特色:一是从社会的结构(政治、经济、文化)来考察中国当时社会所具有的"半封建的特征"和"半殖民地的特征",因而更显现出社会学的结构分析思路;二是从联系的角度分析"半封建的特征"和"半殖民地的特征"之间的交互作用及其对中国当时社会形态的整体性影响,肯定"半封建的特征"和"半殖民地的特征"这两者是"密切地互为影响和互相关系着的";三是从中国社会演变的实际中说明"半封建的特征"和"半殖民地的特征"在具体表现上所具有的"不平衡性",并认为这不能改变中国社会的"半殖民地半封建"的社会性质。如他曾这样说明:"中国这种半封建半殖民地的社会性质,它在中国各地区的发展程度,

---

① 姜君辰:《社会学入门》,文化供应社1941年版,第29页。

② 姜君辰:《社会学入门》,文化供应社1941年版,第200页。

也有相对的不平衡性存在着。这就是说,愈是帝国主义势力易于侵入的地方,其殖民地化的程度愈高,愈是帝国主义势力不易直接侵入的内地,其封建色彩愈是浓厚。不过这种不平衡性,主要只是量的差别。在本质上,半封建半殖民地的社会性质,是全中国一般的特征。"①姜君辰关于中国社会形态的研究是很有特色的。

姜君辰的《社会学入门》一书在马克思主义指导下构建著述体系,不仅注重社会学对社会演变进程及社会学规律的研究,而且主张将历史唯物主义原理在社会学运用中具体化,并提出将马克思主义社会学纳入科学的学科体系之中,这就使该著在马克思主义与社会学研究的结合显示出鲜明的特色。特别重要的是,该著在阐述历史唯物主义一般原理的同时,十分注重社会学对于社会形态探讨的极端重要性,尤其是重视对中国半殖民地半封建社会形态的研究,为马克思主义社会学中国化作出积极的探索。姜君辰的《社会学入门》在马克思主义社会学中国化、大众化进程中发挥了积极的作用,为创建具有中国特色的"新民主主义社会学体系"作出了学术上的努力,在中国马克思主义社会学史上有重要的地位。

(二) 应用社会学著作

社会学这门学科进入中国后,一开始主要是理论上的研究,但随后也就将研究方向指向中国社会,高度关注当时中国的社会问题。现代中国的社会学家们尽管在学术研究指导思想及学科知识构成上有很大的差异,但应该说大多努力研究中国的社会问题,并力图解决当时中国社会所面临的最为迫切的现实难题,因而应用社会学得到很大的发展。现代中国的应用社会学的研究,主要涉及的是农村社会学、都市社会学、社会心理学、教育社会学、犯罪社会学、文化社会学、家庭社会学、生育社会学等分支学科,而尤以农村社会学的研究在当时最为突出。以下,试就代表性的应用社会学著作,作简要的介绍:

1. 冯和法的《农村社会学大纲》(1931 年)

冯和法②的《农村社会学大纲》一书最早于 1931 年 10 月由上海黎明书局出

---

① 姜君辰:《社会学入门》,文化供应社 1941 年版,第 200 页。

② 冯和法(1910—1993),浙江宁波人。1931 年毕业于国立上海劳动大学。曾担任上海商品检验局《国际贸易导报》主编,黎明书局副总编。1933 年参加了中国农村经济研究会的活动。全面抗战后,担任国民政府贸易委员会专员。相继在复旦大学、中山大学、震旦大学、上海财经学院担任专职和兼职教授。中华人民共和国成立以后,先后担任上海工商调查所所长、华东财经委员会私营企业处副处长,历任全国工商联辅导处长、宣教处长、宣传部长、副秘书长。是全国工商联第三届执委,第四、五届常委,第六届执委会顾问,第四、五、六、七届全国政协委员。著作有《农村社会学大纲》、《社会学与社会问题》、《中国农村经济资料》等。

版,黎明书局相继于 1932 年 9 月再版、1934 年 3 月出第 3 版。以后,作者对该书进行了修改。1934 年,上海黎明书局根据修改稿,将该书第四次印刷,出"改订 4 版",篇幅亦由之前的 12 章扩充为 15 章①。改订前的《农村社会学大纲》共 12 章,分为三大部分:第一部分共 3 章(即该书的第一章至第三章),对农村社会学进行概述,阐述农村社会的性质及基本概况,说明农村与都市的差异所在;第二部分共 4 章(即该书的第四章至第七章),以中国农村社会现象为研究对象,运用唯物史观和社会学理论对中国农村的人口构成以及年龄、性别、家庭、生活等方面详加论述,着重研究了中国农村的人口过剩问题;继而对中国农村的土地关系、农业经济状况、农业生产中的雇佣劳动、农村金融、农产品贸易等方面,予以详细的研究和说明,勾勒出了中国农村社会的基本情形;第三部分共 5 章(即该书的第八章至第十二章),着重论述中国农村的剥削关系,分析了中国农村令人恐慌的社会现实及农村出现的各种破产现象,特别是对农村土地政策、农村教育等问题进行了探讨,揭示了帝国主义、封建主义对中国农村社会的严重影响,从而梳理了中国农村变迁的轨迹。《农村社会学大纲》虽然借鉴了美国乡村社会的研究经验,但该书的重点是研究中国的农村社会,而且取用的材料偏重于中国,说明的是中国农村的社会情形及其需要解决的问题,因而是社会学中国化的一个重大努力。《农村社会学大纲》一书在解放前影响很大,当时有不少大学选用该书作为课本。

《农村社会学大纲》开创了一个新的学科——农村社会学。关于农村社会学在社会学体系中的位置,冯和法指出:"农村社会学更是一种新兴的科学,在普通社会学发展进程中所产生的一个分枝。"②关于农村社会学的性质,冯和法指出:"普通社会学是研究人类在各种生产关系下的所产生的一切社会现象;农村社会学是普通社会学的分工深究。所以,我们下农村社会学的定义,可以这样说:研究人类在农业生产关系下的一般现象的便是农村社会学。"③关于农村社会学的研究任务,冯和法指出:"农村社会学的主要任务与目的,实在检讨在某种农业生产关系下的一切农村社会现象。"④这就是说,农村社会学是普通社会学的分支学科,是运用普通社会学的基本方法来专门研究农村社会现象,目的在

---

① 参见国家图书馆编:《民国时期图书总目·社会科学总论》,国家图书馆出版社 2019 年版,第 176 页。

② 冯和法:《农村社会学大纲》,黎明书局 1934 年版(第 3 版),第 7—8 页。

③ 冯和法:《农村社会学大纲》,黎明书局 1934 年版(第 3 版),第 15 页。

④ 冯和法:《农村社会学大纲》,黎明书局 1934 年版(第 3 版),第 15 页。

于深化对农村社会现象的认识。因而,农村社会学是以农村社会现象为研究对象的一门科学。冯和法在《农村社会学大纲》中认为,农村社会学既然是社会学的一个分支学科,就不应该与普通社会学相对立;相反,农村社会学应该是在遵循社会学研究方法的基础上,运用社会学的基本概念和理论,从总的社会现象演变中来揭示农村社会现象的构成、变动及趋势,借以全面地描述农村社会现象的真实状况。

冯和法在《农村社会学大纲》中,重点地研究中国农村社会所面临的严重问题。他指出:"农民在各方面都足为中国的主体。自国际资本主义侵入中国农村,加以地主、军阀、贪官污吏等剥削压迫,农民的生活日就穷蹙,渐趋于灭亡之路。今日中国农村经济的崩溃,是很明显的事实。换言之,中国全人口的基础是在于农民,农民命运的颠沛,可以决定中国民族的盛衰。农民怎样可以解脱重重桎梏,间接巩固中国民族的基础,这是我们所当注意的一个重大问题。"①中国农村社会不仅表现出多种现象,而且各种现象间又有着复杂的关联,但中国农村社会现象的根本问题何在呢?冯和法在《农村社会学大纲》中对此作了明确的回答。在他看来,中国农村社会现象的严重性已经到了极点,其根本的原因是帝国主义的侵略和封建主义的统治。因而,分析中国农村社会的基本状况,就应该在剖析中国农村阶级关系基础上,进而重点地分析帝国主义侵略和封建主义统治对中国农村社会所造成的恶劣影响。

——关于中国农村的阶级关系。冯和法在《农村社会学大纲》中,从社会学的阶层理论出发,以农村土地所有制为中心,具体分析中国农村的阶层状况。他认为,中国农村中的社会各阶层皆因与土地这一重要的生产资料的关系而区别开来。他以土地关系将中国农村的人口分为地主、自耕农、佃农三大阶层。地主是指占有土地,但自己并不耕种,而是专以地租为生活来源的特殊阶层。自耕农是自己拥有土地、自己耕种的农民。自耕农与地主的区别除了占地面积不同外,就是他们自己也要劳动,靠自己的劳动生活。冯和法将中国的佃农分为富农、中农、贫农三种,认为他们之间的差别很大。富农对于经营农业有充足的资本,而且是农村中的高利贷者,他们占有土地,成为农村中的小地主或半地主。中农则徘徊在富农与小农之间,其地位不及富农,但生活又比小农要好。贫农包括小农和佃农,他们是中国农村社会中的最下层。冯和法依据农村中土地占有状况而将农村中的阶层分为地主、自耕农及佃农,目的在于梳理出农村中阶级关系,这

---

① 冯和法:《农村社会学大纲》,黎明书局 1934 年版(第 3 版),第 23 页。

为研究中国农村社会的演变作出了积极的努力。

——关于帝国主义侵略的影响。冯和法在《农村社会学大纲》中指出,帝国主义对中国的侵略,破坏了中国农村原来的经济结构。具体表现为,西方资本主义的商品经济破坏了中国的农村家庭手工业,使中国农村的生产走向商品化,这又致使中国的大部分农民无产化,中国农村原来的剥削关系也因此发生变化。冯和法在《农村社会学大纲》中以详细的资料说明,帝国主义的入侵对中国经济的严重影响,帝国主义对中国的剥削虽然"主要剥削方式是商品经济的侵入,但并不仅于此,还有其他种种非经济的剥削方式",并且"这种非经济形式的侵略,大部分是为推进商品经济的剥削的"①。换言之,帝国主义为了维护其在华利益,在经济的侵略之外也采取政治的、军事的、文化的侵略等方式。此时,中国农村中的剥削关系虽多,但各种剥削关系都受帝国主义势力的支配和影响。冯和法指出:"在中国农村剥削关系中,帝国主义者占到中轴的地位;其他以各种形态而表现的剥削关系,大部以帝国主义的侵略为转移。"②又指出:"中国农村的剥削关系,是一种一贯的体系;帝国主义者支配这种关系的全部,是中国农村经济中惟一的特质。"③冯和法进一步指出,帝国主义在中国的势力,还与中国的封建势力结合起来,并利用中国的封建势力为其侵略服务。由此,中国的军阀、官僚、买办阶级以及土豪劣绅,更在帝国主义的庇护下加强其封建统治,并且帝国主义和中国的封建势力结成联盟,形成中国农村中剥削关系的统一体。总的来说,资本主义侵入后,动摇了中国农村社会的根本;然而帝国主义的侵略并没有完全改变中国的社会性质,同时也没有使中国农村向资本主义方向发展。

——关于封建主义统治的影响。冯和法在《农村社会学大纲》中,对于中国农村中封建主义统治问题给予重点研究,在探究中国农村社会性质方面作出了创造性的努力。在冯和法看来,中国的农村仍然处于封建势力的统治之下,这是因为交通的阻碍和地方性浓厚的生产方式影响之所致。中国农村的剥削方式是封建势力的残余,官僚、军阀、地主是农村的统治阶级,他们共同统治着中国农村,并形成了中国农村中剥削关系的统一体系。基于这样的认识,冯和法在《农村社会学大纲》中对农村统治阶级的各种势力作了具体分析和说明:

关于官僚。冯和法指出,在中国社会之中,官僚出身于地主的士大夫,具有

① 冯和法:《农村社会学大纲》,黎明书局1934年版(第3版),第294页。
② 冯和法:《农村社会学大纲》,黎明书局1934年版(第3版),第297页。
③ 冯和法:《农村社会学大纲》,黎明书局1934年版(第3版),第327页。

地主阶级的本质属性,他们在外是官僚,在乡是地主,与地主、军阀相结合,成为封建统治者。一方面,他们仰承军阀的旨意推行封建式的剥削关系;另一方面又维护地主对佃农的剥削关系,剥削农民,实行封建式的榨取。因而,军阀与官僚的结合是封建剥削关系的主要形式。

关于军阀。冯和法指出,军阀是地方性生产方式的产物,具有浓厚的封建性的特征,是中国农村实行封建式统治的政治基础。在帝国主义侵略中国以后,军阀与帝国主义和封建地主的结合更为紧密,成为帝国主义在中国统治的代理人,同时又是中国农村封建势力的维护者,并且其性质多少有些"买办化"。关于中国军阀与帝国主义的关系,冯和法指出:"军阀之所以能够彼起此落,继续维持其对于农村的剥削关系,实有赖于帝国主义者的拥护。帝国主义者维持中国军阀的割据,利用官僚政治的苛杂的剥削,使民族资本主义不能发展,以便推行其经济侵略,间接支配中国一切经济关系。"①关于中国军阀"买办化"的情形,冯和法指出:"自从帝国主义侵入中国后,封建的军阀多少都已带有'买办化'的性质,这是今日中国农村剥削关系中的特征。接受帝国主义者赔款的要求、签订不平等条约、借外债、请外国军事顾问、购军火等,都是封建军阀对于帝国主义者表示买办化的倾向。"②这就是说,中国军阀"买办化"倾向的发生,是在帝国主义侵略中国的过程中,并且与帝国主义的侵略是密不可分的。

关于地主。冯和法指出,地主是中国乡村的主要统治者,农村中的土豪劣绅是地主阶级的构成因素。他说:"地主、豪绅与高利贷资本者的结合,形成中国农村的统治者。……为了租佃关系的利益,许多有地五十亩的自耕农,往往也放弃土地不耕,而租予佃农,寄生于地租上面。田租的繁重,遂成为中国地主阶级剥削农民的主要方式。"③冯和法进一步分析:一方面,地主阶级与军阀、官僚的利益更为密切,奉承封建军阀和官僚的意志,经手剥削农民,在农村中推行帝国主义的商品经济,使农民的生产卷入商品经济的旋涡,推动广大农民走向贫困化;另一方面,地主本身在农村继续维护封建剥削关系,其对农民剥削的主要方式是田租,并辅之以高利贷资本,从而迅速地促进中国农业生产的崩溃。

冯和法在《农村社会学大纲》中对中国农村社会现象的研究,其目的是为改造中国农村提供具体的道路,因而他特别重视对中国农村社会出路的探讨。冯

---

① 冯和法:《农村社会学大纲》,黎明书局 1934 年版(第 3 版),第 326 页。
② 冯和法:《农村社会学大纲》,黎明书局 1934 年版(第 3 版),第 298 页。
③ 冯和法:《农村社会学大纲》,黎明书局 1934 年版(第 3 版),第 317—318 页。

和法认为,解决中国农村问题必须废除土地私有制。他指出:"只要土地私有制存在,则其上必有一批特权阶级,必对农民剥削。农民到了不堪生活的时候,也必起来反抗。所谓今日农村改进对策的土地政策的中心,是在于废除土地私有制,便是这个意思。"①在冯和法看来,要真正废除土地私有制,就必要通过开展土地革命的途径来实现。该书的研究结论是,解决中国农村问题必须开展反对帝国主义、封建主义的民主革命,重点地解决农民的土地问题,这为中国共产党领导的土地革命提供了学理的论证,在当时具有重大的现实意义。

冯和法撰写的《农村社会学大纲》是在 20 世纪 30 年代农村社会性质问题论战基础上形成的学术著作,充分吸收了这次论战的理论成果,征引了大量的中国农村的材料,借以说明中国农村社会问题的严重性,集中地体现了社会学研究的中国化理念。该书以马克思主义唯物史观为指导来剖析中国农村的生产关系,不仅依据土地占有关系对中国农村中地主、自耕农、佃农作出分析,而且对中国农村中官僚、军阀、地主等封建势力予以考察,并进而提出了"废除土地私有制"来解决中国农村问题的根本方法,开创了以马克思主义研究中国农村并建构农村社会学的先河。冯和法的《农村社会学大纲》是中国马克思主义社会学发展进程中的一部具有里程碑的著作,在中国现代学术史上有着极为重要的学术地位。

2. 杨开道的《农村社会学》(1929 年)

杨开道②所著《农村社会学》,最早由世界书局 1929 年 8 月初版,以后世界书局又多次再版该著,至 1935 年 2 月出第 8 版③。《农村社会学》是杨开道在上海大夏大学、复旦大学、北平燕京大学担任农村社会学课程的讲稿。该著以农村

① 冯和法:《农村社会学大纲》,黎明书局 1934 年版(第 3 版),第 425 页。
② 杨开道(1899—1981),号导之,湖南新化人。1924 年毕业于南京高等师范农科,同年留学美国,先后在衣阿华农工学院和密歇根农业大学攻读农业经济及农村社会学,相继获硕士和博士学位。1927 年回国后,历任大夏大学、复旦大学、中央大学农学院、燕京大学社会学系教授,兼任燕京大学社会学系主任、法学院院长。1928 年,组织燕京大学社会学系清河镇调查,1930 年在清河镇建立实验区,同年发起成立中国社会学社,历任理事及副理事长。1933 年任乡村建设学会理事。1936年发起成立华北农村建设协进会,同时参加中国农村经济研究会和合作经济研究社。1949 年后,任武汉大学农学院院长、华中农学院院长、湖北省图书馆馆长、研究员等职。著有《农村社会学》(1929年)、《社会研究法》(1930 年)、《新村建设》(1930 年)、《社会学研究法》(1930 年)、《农村社会》(1930 年)、《社会学大纲》(1931 年)、《农场管理学》(1933 年)、《农场管理》(1933 年)、《农业教育》(1934 年)、《农村问题》(1937 年)、《中国乡约制度》(1937 年)等。
③ 参见国家图书馆编:《民国时期图书总目·社会科学总论》,国家图书馆出版社 2019 年版,第 175 页。

杨开道关于农村社会特征的说明,主要是在与城市社会的比较中得出的,同时又有着历史的文化的分析路数,强调职业、天时地利、人口、交往关系、家庭、社会组织等因素的独特性,因而也就比较切合农村社会的状况。

再譬如,该著基于社会学的社会组织理论,认为社会组织的进步乃是社会进步的重要表征,研究农村社会就是为了促进农村社会组织的发展,故而该著提出了推进农村社会组织发展的思路,认为应该高度重视"共同生活"在农村社会中的重要性,提高村民的社会组织意识和社会组织能力。该著指出:"农村社会,是一个地方的人民共同生活的社会。我们去组织农村社会,当然是去谋全体人民结合的坚固,和共同生活的改善。共同生活是整个的生活,不是片面的生活,也不是局部的生活。片面的生活,象经济生活、社交生活,只是共同生活的一面,不是共同生活的各面。局部的生活,像一个邻落的生活,或是村心的生活,还只是一部分村民的生活,不是全体村民的生活。……农村社会组织,为的是全体村民的共同生活,所以农村社会组织工作,是全体村民共同的工作;农村社会组织责任,是全体村民共同的责任。这不是一部分村民的工作和责任,也不是几个领袖的工作和责任。共同工作的时候,村民都应当抽去一部分时间,去参加工作。这些工作,一方面是村民对于农村社会全体,人人应尽的义务。一方面是训练他们社会效率,发泄他们社会天性的机会。"①杨开道重视社会组织的建设,将社会学的"社会组织"理论运用到农村社会的分析之中,并将发展农村"社会组织"视为推动农村社会进步的关键,其目的在于铸就农村社会中的"共同生活"样态,亦即促成农村社会中"全体人民结合的坚固,和共同生活的改善"。

又再譬如,该著运用变动的观点考察农村社会,认为农村社会现象处于时时变动之中,因而需要积极地推进农村社会进化的历程,使农村社会"都向着一个相同的方向走去"。诚如该著所说:"农村社会现象,是常常变动的,不是固定不移的。变动的原因,不外乎人口的变动,和环境的变动。各个农村社会的变动,虽然因为他们的人口和环境不同的缘故,性质和程度有点差异。但是多数的农村社会,都向着一个相同的方向走去,这种同一方向进行的改变,就是农村社会进化的历程。同时也许有少数的农村社会,向旁的方向走去,但是他们数目很少,我们可以暂时不去管他。"②这里,杨开道将人口问题及环境问题视为中国农村社会的重要问题,这自然是没有抓住中国农村问题的根本。因为在半殖民地

---

① 杨开道:《农村社会学》,世界书局1929年版,第106—107页。
② 杨开道:《农村社会学》,世界书局1929年版,第26页。

半封建的中国,中国农村社会乃是处于封建性的生产关系束缚之中,封建性的土地所有制才是中国农村问题的根本问题,而所谓人口问题或环境问题等也只是次要的问题。尽管如此,杨开道强调农村社会乃是不断进化的过程,需要重点地研究和解决相关的问题,这对于中国农村社会的改造也还是有一定意义的,尽管这种意义也是有很大限度的。

杨开道在《农村社会学》中以"农村生活的全体"作为农村社会学的研究对象,故而也就对于生活及社会生活作出界定。在他看来,"生活"这个名词在英文中有 Life 及 Living 这两个词对应着,前者"意义较广",是"包括一切的生活"的,中文可以用"生活"这个名词表示;而后者的"意义较狭",专指"一切经济生活",侧重于经济生活如衣食住等方面,可以用中文中"生计"这个名词表示①。杨开道认为,生活是广义上的,不仅包括物质上的,同时也包括精神上的,故而也就不能以金钱来表示"生活标准"。他指出:"从前研究生活标准,多半只注重衣、食、住、杂用这几项,对于其他精神生活,都忽略了。这是我们应该纠正的一点。我们不惟要注意到生活的全部,并且对于每一部使用的东西,他们的数量、品质和分配、比例,都要十分注意,使他们合于情理,成为一个合理的标准(Rational Standard)。"②那么,到底应该有着怎样的标准呢?据杨开道看来,既有农村社会学在"生活标准"上,大体上有三种:第一种是阔人用的标准,第二种是穷人用的标准,第三种是中等社会阶层用的标准,而"在农村社会里面,第一第二两个标准用的很少,第三个标准用的很多",故而杨开道也主张使用第三个标准即中等社会阶层的标准,但也认为这第三个标准因为各自"教育、职业、收入、家庭负担的不同"也有些问题,故而希望研究农村社会的学者"能将现在的标准,加以合理的分配,详细的分解,使农民能够多享受农村生活的乐趣"③。杨开道认为,在确定了"生活标准"之后,农村社会学就要具体地研究农村生活的程度,也就是要研究农村"实地的生活情形"。这里,所谓农村的"生活程度",就是依据"时间和金钱"为单位,依据"实地调查的结果"来考察农村生活的满足程度,将"生活标准"与"生活程度"统一起来,"要是程度和标准差不多,我们可以说是满足的生活;要是他们两个差得太远了,我们便知道生活不十分满足。"④问题是,就中国农村社会而言,关于中国的农村社会生活的研究,即没有可供参照的"生活标

① 杨开道:《农村社会学》,世界书局 1929 年版,第 74 页。
② 杨开道:《农村社会学》,世界书局 1929 年版,第 77—78 页。
③ 杨开道:《农村社会学》,世界书局 1929 年版,第 78 页。
④ 杨开道:《农村社会学》,世界书局 1929 年版,第 79 页。

准"，又缺乏社会调查的资料，故而西方的这种"生活程度"的理论，也就"丝毫不
适用中国情形"。杨开道认为，尽管如此，还是可以就中国农村的"生活程度"来
"下几句判语"的："在物质生活方面讲起来，我们中国的农民，顶多是可以温饱，
不至于冻饿。他们的物质生活程度，是一种生存程度(Level of Sudsistence)。再
低一点，身体上便会发生疾病，或者竟至于死亡。精神生活方面，仅有一点家庭
生活和社交生活。教育生活是很少的，因为他们幼时马院受相当教育，所以以后
丝毫没有自进(Self-advance)的可能。他们的宗教生活，是一种迷信生活，不是
一种真正的宗教生活。至于其他的游戏生活和艺术生活，可以说是一点没有。
笼统的看起来，可以说我们中国农村生活程度，无论在数量上，品质上火分配上
讲起来，都是很低，都不十分合理，有改良的必要。"①造成农村生活程度低下的
原因，杨开道认为是"教育不良"、"经济困难"、"工作太忙"、"交通不便"、"毫无
组织"这样几个方面，故而他提出的"农村生活改善方法"，大体上也是从改良的
角度出发的。这就是，"增高农民知识"、"改良农事"、"注意农村经济"、"便利
交通"、"扩大农村范围"、"提倡农民组织"、"养成农村领袖"、"提倡生活服务"、
"生活社会化"、"游戏生活的提倡"、"生活艺术化"等②。应该指出的是，杨开道
由于其思想的局限，尽管看到了中国农村生活中的具体问题及解决的必要，但尚
未认识到中国农村问题的严重性及业已达到尖锐化而不可调和的程度，既没有
看到帝国主义和封建主义对中国农村的残酷统治和超经济的剥削，也没有看到
中国农村土地问题的严重性及解决土地问题的极端重要性，故而只能从社会改
良的角度提出一些对策。

　　杨开道在《农村社会学》中对于农村社会组织给予高度的重视，要求大力发
展农村社会组织。在他看来，组织的力量是强大的、必需的，社会中"根本的势
力，是组织的势力"。他指出："组织可以使他们全部共存，并且在生存竞争时
代，他们容易战胜没有组织的竞争者。在社会里面，组织的力量，尤其伟大。因
为社会的范围，非常广大，社会的内容，非常复杂。假使没有组织，里面的关系，
就会混乱起来。他们不惟不能同旁的社会竞存，他们内部自己，就会发生许多误
会，许多冲突。冲突的结果，是内部分裂。分裂的结果，是全部的失败。所以在
社会里面，有组织的总是胜利，没有组织的总是失败。社会里面的势力，可以说

---

①　杨开道：《农村社会学》，世界书局1929年版，第80页。
②　杨开道：《农村社会学》，世界书局1929年版，第88—94页。

都是组织的势力。"①在发展农村社会组织的问题上,杨开道提出了组织的类别及建立组织的方法,这其中有这样几点值得注意:其一,农村中的地主、绅士乃是发展农村社会组织的对抗力量,故而也就不能依靠他们。杨开道对于农村中地主和绅士并没有什么好感,认为"他们的利益有一多半是从农民手里夺过来的",对于农村中改善农民生活的事"他们总是多方破坏",并且总是"想法子去破坏农民组织,去压迫农民领袖"②。其二,农村社会中有发展农村组织的人才。一般人认为,农村没有什么人才,即使有了人才也会跑到城里,因而"农村社会没有充分的人才,没有相当学识和经验的领袖"。杨开道不这样看,而是认为:"实际说起来,农村社会里面,可以在就的人才,不少于城市社会。假如他们受了相当的训练,他们一定能够领导农村社会,去谋农村社会生活的改善,文化的提高。所以人的方面的问题,是领袖养成问题,不是人才缺乏问题。"③其三,不能依靠家族势力来发展农村组织。有人鉴于家族组织在农村的力量,认为发展农村组织可以依靠家族组织。杨开道认为,农村中的家族组织是与现代社会中的组织格格不入的,尽管是可以适当地利用,但利用也是有条件的,这就是需要对家族组织加以"社会化"。他指出:"家族的组织,固然可以利用,但是我们要知道家族是一种保守的组织,一种尊崇既往的组织,和我们进步的社会,也许有点不相适合。并且家族组织,只管崇拜祖先,对于社会事业很少注意。在没有社会化以前,家族组织对于社会进步的贡献很少的,有的时候甚至于反进步,反社会。要是一个农村社会里面,只有一姓家族的组织,还可以比较坚固,要是有两姓以上的家族,他们彼此的冲突,就会使一个整个的农村社会四分五裂,不能有共同的生活。"④其四,必须推动农民思想觉悟和组织意识的发展。在杨开道看来,推进农村组织的发展关键要在引领农民上下功夫,这就需要使"村民觉得本村有组织的必要,生活有改善的必要",这"在组织开始的时候,尤为重要",因而从事农村组织工作的发起人需要"用动目的文字,去宣传改良的必要"⑤。与此同时,要不断地增进农民的"同类意识",其办法就是"使一村的农民,大家都觉得他们同是农民这一类,并且是同一农村的农民。他们有了这样的意识,自然会

① 杨开道:《农村社会学》,世界书局 1929 年版,第 97 页。
② 杨开道:《农村社会学》,世界书局 1929 年版,第 106 页。
③ 杨开道:《农村社会学》,世界书局 1929 年版,第 109 页。
④ 杨开道:《农村社会学》,世界书局 1929 年版,第 102—103 页。
⑤ 杨开道:《农村社会学》,世界书局 1929 年版,第 108 页。

发生同情,发生感情,去想法子结合起来"①。以上四点,可见杨开道在发展农村社会组织问题上,是积极探索农村社会改进道路的,并且大体上也是站在农民的利益上立言的。

杨开道所著《农村社会学》一书在社会学视域中研究农村问题,提出了"农村社会学"这个社会学的分支学科,这对于社会学体系在中国的发展和完善,应该说还是有积极意义的。该著比较详细地分析了农村社会学的研究对象、农村社会的特征与类型、农村社会的起源与进化、农村社会的人口与环境、农村社会生活、农村社会组织特征等问题,并就如何改进中国农村社会提出了自己的意见,为推进农村社会学这门学科的创建作出了开拓性的努力。杨开道的《农村社会学》尽管没有认识到当时中国农村社会的根本性问题,但从学科建设方面说对农村社会学这门学科却有开拓之功,故而在中国现代社会学史上也是有着重要的地位。

3. 吴景超的《都市社会学》(1929 年)及《社会组织》(1929 年)

吴景超[②]是现代中国著名的社会学家,著述众多,自成体系,为推进西方社会学体系的中国化作出了重要贡献。

吴景超的《都市社会学》于 1929 年 8 月由世界书局出版,是一部在当时很有学术影响的社会学著作,也是中国第一部研究都市社会学的学术著作,开创了都市社会学研究的新天地。该著以都市为研究对象,共 4 章(都市的经济、都市的人口、都市的区域、都市的控制),借鉴和汲取英美国家关于都市研究的成果,阐述了都市对社会发展的意义与地位。作者在研究中提出了"都市区域"这个概念,并赋予这个概念两个方面的含义:一是认为"都市区域"在范围上不仅包括都市本身,还包括都市以外的"附庸"。如该著说:"我们现在谈都市,第一就

---

① 杨开道:《农村社会学》,世界书局 1929 年版,第 108 页。

② 吴景超(1901—1968),字北海,安徽徽州人。现代中国著名的社会学家。1914 年入南京金陵中学读书,次年考入清华留美预备学校,1923 年夏赴美国明尼苏达大学社会学系学习,两年后毕业获学士学位。1925 年入芝加哥大学社会学系,三年后获硕士及博士学位。1928 年回国,任教于金陵大学。1931 年任教于清华大学,次年任教务长。1935 年任国民政府行政院秘书,1937 年任经济部秘书。1945 年任战时物资管理局主任秘书。1946 年任中国善后救济总署顾问。1947 年任清华大学社会学系教授,并与钱昌照等人发起组织"中国社会经济研究会",出版《新路》周刊。1952 年任中央财经学院教授,1953 年任中国人民大学教授。曾当选为民盟中央委员,第二、三届全国政协委员。毕生致力于社会学的教学与研究,特别注重社会经济现象的研究,倡导定量研究与定性研究相结合的研究方法,主张中国走发展都市以救济农村的工业化道路,提出了理想都市和公平社会的设想。著有《都市社会学》、《社会组织》、《第四种国家的出路》、《有计划按比例发展经济》、《中国人口问题新论》、《搞活区域经济》等著作。

要把眼光放大一点，不要只看到都市，应该还看到都市以外的附庸。"①这里，所谓"附庸"是指都市周围的地带，主要是受都市影响着的市镇及其所毗连的乡村。二是认为"都市区域"主要是一个经济上的概念，而不是政治上的概念。如该著说："都市区域，并不是政治区域，乃是一种经济区域。在这个区域之内的人民，分工合作，以其所有，易其所无。他们交易的中心点，便是都市。"②这样，该著对都市的研究，也就侧重于对都市经济生活的研究，重点阐明都市在社会经济生活中的地位。吴景超研究都市，一方面固然在于促进都市经济的发展而推动整个社会的都市化进程，另一方面也在于能够救济广大的中国农村，解决中国农村中人口过多的问题，从而推进中国农村社会的改造。在吴景超看来，发展都市就要增加都市的人口数量，然而，都市本身的人口并不能自然增多，这是与都市中人们的观点有关。在都市中，"他们抱定一种主义：与其生下子女来，不能充分的教养，不如不生。他们既有这种信仰，同时又有方法得到生育制裁的知识，所以他们的子女的数目，便减少了。这种现象，在各国都一致的。"③因此，要提高城市的人口数量，只能推动农村人口向城市移动。而从城市发展的历史来看，事实上也是，"客民迁徙入都市，直接或间接地，便供给都市许多大人物。……大人物的数目，都市较乡村中为多"④。发展都市不仅需要人口的数量，同时也需要人口的质量，特别是需要中壮年人这一群体。"因为都市中需要年富力强的人，所以都市中壮年人的成分，较之乡村中壮年人的成分为多。都市中所以呈活泼之象，都市中人所以喜欢进取，喜欢冒险，喜欢创造，与人口的年龄成分大有关系。"⑤正是因为都市需要人口，吴景超主张创造条件，促进农村人口向城市的移动。他说："发展中国实业，创造中国的都市，使附庸中可怜的农民，以及一切游手好闲的人，到都市中去寻生活，乃是救济中国人口过剩问题的一个好方法。"⑥这就是说，通过"发展中国实业"而使都市百业发达，更多地吸纳乡村中的人口，从而推进都市化的进程。这里，不难看出，吴景超提倡发展都市在当时有着救济农村的意图，这也使得他以后集中精力写出《第四种国家的出路》的专著，具体地倡导中国走都市工业化道路以救济乡村的主张："农村破产，在

① 吴景超：《都市社会学》，世界书局1929年版，第1—2页。
② 吴景超：《都市社会学》，世界书局1929年版，第2页。
③ 吴景超：《都市社会学》，世界书局1929年版，第36页。
④ 吴景超：《都市社会学》，世界书局1929年版，第39页。
⑤ 吴景超：《都市社会学》，世界书局1929年版，第39页。
⑥ 吴景超：《都市社会学》，世界书局1929年版，第46页。

中国已经成为有目共睹的事实,社会上已有许多热心的人士,在那儿作救济农村的工作,有的从政治入手,有的从教育入手,有的从自卫入手,还有许多走别的途径去帮助农民的。可是在这种救济农村的潮流之下,很少有人从发展都市着眼,去救济农村的。不但如此,社会上还有许多人,误认都市为农村的仇敌。他们以为都市对于农村,不但没有贡献,反可使农村的破产加深,这种误解,是应当矫正的。"①《都市社会学》从经济的观点来考察都市问题,认为都市的形成和发展需要一些具体的条件,这些条件主要也是经济方面。如该著指出:"一个发达成功的城市,至少要有下列的条件。它要有零售商场,满足都市中住民物质上的需要。它要有批发市场,有货栈,以便把附庸中及其他都市内的剩余货物,收集进来再分散出去。它要有工业的市镇包围着,以便原料收来之后,便可改为用品。它要有铁路轮船邮政电报,以便与各地易货物,通消息。最后,它要有大银行,以及其他具有银行作用的信托公司、保险公司等等,以流通金融,并且供给开发各种实业的资本。一个商埠如能把以上各方面都发展满意,便不愧为一个大都市,一个经济生活的中心了。"②吴景超的《都市社会学》有着显著的特点,孙本文在为该著所作的序言中说:"第一,注重社会学的观点。他开宗明义,就说明都市区域的概念,以及都市与附庸沟通的现象,使学者了解都市的存在与发展,不在其本身,而在其本身与其附庸区域交相作用的结果。又其讨论都市内部的生活,时时注意到环境与行为的关系。第二,注意研究方法。他以为研究都市,不是空谈,必须从实际研究下手。所以他举出地图纪载,与发展史的调查,为研究都市必不可少的工具。欲使学者了解都市问题的解决,与理想的都市的实现,须从切实研究下手。联合这两种特长,再加以统计材料的新颖,文笔的流畅,本书就可称是一部很好的都市社会学。……吴先生此书,就是中国第一部的都市社会学。以后中国都市研究的发展,都是靠吴先生开创之功与提倡之力。"③吴景超的《都市社会学》是我国最早的城市社会学专著,"比美国城市社会学的同类著作仅仅晚了两年"④,为中国的城市社会学这门学科的创立作出了开创性的贡献。

---

① 吴景超:《第四种国家的出路》,商务印书馆 1937 年版,第 66 页。
② 吴景超:《都市社会学》,世界书局 1929 年版,第 23 页。
③ 吴景超:《都市社会学》,世界书局 1929 年版,孙本文序,第 1 页。
④ 卢汉龙、彭希哲主编:《二十世纪中国社会科学·社会学卷》,上海人民出版社 2005 年版,第 106 页。

吴景超的《社会组织》于 1929 年 8 月由世界书局出版①，这是一部专门研究社会组织的社会学专著。该著在广阔的视域中研究社会组织问题，并特别重视家庭这一社会组织在整个社会系统中的重要地位，认为家庭最基本的职务是养育子女，并且养育子女又是与教育子女相结合的，因而所谓养育子女也就有着教育的功能。吴景超指出："家庭生活中，除却夫妻，还有子女。家庭从这一点看去，可以说是社会上传种的组织。他的最重要的职务，是在教养子女。……这种养育婴儿的职务，社会上还没有别的组织可以代替他。……但家庭的职务，不只是'养'子女，还要'教'子女。养的目的，在维持子女的生命。教的目的，在发达子女的能力，使他们将来在社会上，可以做一个有用的份子。教育的范围很广，如智识教育、道德教育、职业教育、公民教育等等，皆可包括在内。"②除了养育子女外，家庭还有一个重要的职务，这就是充当社会中"消费的单位"，于是"一个结婚而有子女的人，他在社会上所获得的金钱，不只是养活他一个人，还要养活他的一家"③。而就中国而言，"中国的家庭，以前还有一种宗教的职务。外国人说我们的宗教，是崇拜祖先。……相信人死后还有衣食的需要，所以对于子孙，有祭祀的要求。……与祖先崇拜的信仰有关的，还有一种信仰，便是风水。作子孙的，在先人死后，要寻一块佳地，安置先人的遗体。他尽了这种义务之后，便可享财运亨通、子孙发达的权利。这种种信仰，自然科学发达之后，便逐渐消灭了。"④《社会组织》一书考察了离婚这一社会现象，认为离婚也就标志着原有家庭的解体，因而也是家庭研究中不可忽视的问题。他分析了离婚现象的原因，指出："离婚乃是一对已婚的男女，对于婚姻生活不满意的态度。对于婚姻不满意的人，不一定离婚，但有趋于离婚一途的可能。……我们以为下列数种原因，是可以造成不满意之婚姻生活的。第一，便是性生活的不和谐。……婚姻失败的第二个重要原因，是由于双方见解的差异。……婚姻失败的第三个重要原因，是由于经济生活的压迫。……婚姻失败的第四个重要原因，由于男女缺乏共同生

---

① 该著于 1929 年 8 月由世界书局初版后，于 1931 年 8 月再版、1933 年 5 月 3 版。——参见国家图书馆编：《民国时期图书总目·社会科学总论》，国家图书馆出版社 2019 年版，第 191 页。

② 吴景超：《社会组织》（1930 年），孙本文编：《社会学大纲》上册，世界书局 1930 年版，第 31—33 页。

③ 吴景超：《社会组织》（1930 年），孙本文编：《社会学大纲》上册，世界书局 1930 年版，第 37 页。

④ 吴景超：《社会组织》（1930 年），孙本文编：《社会学大纲》上册，世界书局 1930 年版，第 38 页。

活的训练。"①吴景超在《社会组织》中对于家庭教育予以高度重视,阐发了家庭教育对于家庭维系和社会发展的极端重要性。他指出:"从教育一方面看去,家庭的责任,比以前缩小得多了。以前无论是智识方面、道德方面、职业方面,家庭总是最重要的教育机关。现在家庭对于子女的教育,只在最初的三四年,负完全责任,等到子女到了入学的年龄时,便有别机关,如学校、报馆、图书馆等等,与家庭分担责任了。虽然如此,家庭对于子女的教育的责任,还是很重大的。父母影响子女的力量,每为他种努力所不及。因为家庭是第一个教育机关,父母是第一个教师,他们在子女身上所留下的影响,是极根深蒂固的,是可以左右他们前途的发展的。"②吴景超将家庭教育视为家庭功能的中心问题,认为教育子女成才是家庭最重要的职责。他说:"家庭是以子女为中心,教养子女的职务是家庭的中心职务。一个家庭,是否已克尽厥职,应看从那个家庭出来的子女如何。"③鉴于中国传统家庭存在着男女有别的观点,吴景超认为在家庭教育中,应该教育好子女与异性相处的问题。他指出:"中国家庭中的教育,对于处世及待人之道,是很讲究的。不过以前的社会中,没有与异性朋友接触的机会,所以如何对待异性的朋友,是旧式家庭中所不讲究的。现在的社会变了,所以家庭教育,也应随之而改变,在今日的家庭教育中,如何对待异性的朋友一问题,应当有相当的注意。"④吴景超将家庭视为社会中极为重要的组织,阐发了家庭在社会运行中所担负的角色,这是他的《社会组织》著作中很重要的特色。需要说明的是,吴景超的《社会组织》一书还十分重视社会团体的研究,认为社会中除了有家庭这一重要的社会组织外,社会团体也占据极为重要的位置。这是因为,人们要成为社会的公民并进行社会的活动,就必须处于社会团体之中。他指出:"我们生活不是一个团体所能满足的。在原始的时代,家庭可以满足我们大多数的欲望,但现在的社会,已非昔比了。我们不但是家庭中一分子,也是国家的一个公民,学校中的一个学生,或商店中的一个伙计。我们不只属于一个团体,我们属于许多团体。我们在每一团体中,只能作片面的活动,满足我们特种的要求。我们的生

---

① 吴景超:《社会组织》(1930年),孙本文编:《社会学大纲》上册,世界书局1930年版,第27—30页。

② 吴景超:《社会组织》(1930年),孙本文编:《社会学大纲》上册,世界书局1930年版,第33—34页。

③ 吴景超:《社会组织》(1930年),孙本文编:《社会学大纲》上册,世界书局1930年版,第39页。

④ 吴景超:《社会组织》(1930年),孙本文编:《社会学大纲》上册,世界书局1930年版,第14—15页。

活,乃是各种团体生活的总体。一个社会中,有许多团体的,我们如取许多团体的活动,合而观之,便是社会生活。社会与团体,乃是一件事的两方面:我们如看他的全相,便是社会;我们如看他的分相,便是团体。"①吴景超的看法是,社会团体乃是社会成员进入社会活动的保证,同时也是现代社会进步的标识,这是因为所谓社会生活在本质上也就是团体生活,因而也就必须重视社会团体在社会运行中的基础性地位。

吴景超系统地接受了西方的社会学理论,而中国严重的社会问题引起他的高度关注。故而,西方的社会学理论与中国面临严峻现实这两方面,也成为他学术研究中的重要因素。吴景超所著《都市社会学》、《社会组织》等著作,有着救济中国社会的学术意图,其学术思想在本源上有着西方社会学的根基,而经世致用的学术理念又推动他关注中国现实问题的研究,因而其学术研究也是推进西方社会学中国化的重要探索。

4. 高尔松的《家族制度 ABC》(1929 年)

高尔松②是现代中国著名的马克思主义学者,研究领域宽广,对于中国马克思主义政治学、社会学、经济学皆有重要的贡献。高尔松以"高希圣"为笔名于1929 年出版的《家族制度 ABC》一书,共 6 章:家族制度的性质和机能、家族制度的起源、家族制度和氏族制度的关系、父权家长制的家族制度、家长制家族组织的崩溃、家族制度崩溃的趋势。该著以马克思主义唯物史观为指导,充分估价家族制度在社会生活中的独特性,并将家族制度与社会中的其他制度有机地研究联系起来,阐明家族制度在社会制度体系中的地位,成为当时研究家族制度的一部重要著作。

高尔松的《家族制度 ABC》一书所说的"家族制度"有着独特性的内涵,并在社会运行中阐发家族制度得以发生的条件。家族制度何以发生? 高尔松的解释

---

① 吴景超:《社会组织》(1930 年),孙本文编:《社会学大纲》上册,世界书局 1930 年版,第 2 页。

② 高尔松(1900—1986),字继郇,笔名高希圣,江苏青浦(今属上海市)练塘镇人。中国民主同盟成员。1923 年上半年经侯绍裘、朱季恂介绍参加中国国民党,同年 10 月经杨贤江、沈雁冰介绍加入中国共产党。1927 年 3 月,被推选为青浦县长。四一二政变后,被通缉而流亡日本,与共产党组织失去联系。在旅居京都期间,潜心著译。1929 年年 6 月回国在上海从事文化出版事业,相继开设平凡、开华、中学生等书局,编著社会科学著作,为建构中国马克思主义学术体系作出了重要贡献。解放后,于 1949 年 11 月到北京,在出版总署任编审,翌年参加中国民主同盟。以后在古籍出版社、中华书局、商务印书馆任编辑工作。精通日、英、德、俄等国语言。著作有《家族制度 ABC》、《社会科学大纲》、《社会主义大纲》、《社会运动全史》、《社会问题大纲》、《社会科学大辞典》、《经济科学大辞典》、《经济学教程》、《社会科学的基础知识》、《现代社会学大纲》等。

是:"至于在它(家族制度,引者注)的原始状态下,组织很单纯,职分也极少,不过是有男女性的区别者为了满足相互间性的欲望,而从事这种共同的生活。人类所有生物之性的区别和事实,使人类不过单独的生活,而经营男女结合的共同生活,这里便是使家族制度发生并存续的第一个根本原因。随着家族制度的发达,渐次附加了宗教上和道德上的意义。"①值得注意的是,高尔松在《家族制度ABC》一书中,还特别重视在制度设计的层面来考量家族制度,认为:"家族制度是和私有财产制度同样的形成了各种社会制度的基础,不过前者起源比之后者更早,所以在人生生活上,成为最重要的制度。家族制度在见存留于现今社会中具有自存能力的团体中最单纯的制度。在许多社会制度中很有以家族制度为基础而产生而发达而渐次复杂的制度。"②这里,高尔松认为家族制度发生最早,并在社会的制度体系中处于基础性的地位。对此,高尔松还有进一步的解释:"本来,家族制度是一种社会制度,同时家族团体又是一种自然的生物学上的构造物。即形成家族团体的人员,各自依自然地具有的性能而结合,因此夫妇由性的相异,亲子由血缘关系而互相结合。这实是构成了家族制度为原始制度的第一个理由。家族制度的发生早于其他制度,其他的各种制度是以家族制度为起因而发生的原因也便在这里。"③高尔松以历史发展的眼光看待家族制度,认为家族制度尽管在制度体系中具有基础性,并在事实上孕育出家长制,但随着社会的发展和个人主义新文化的兴起,家长制最后必然走向崩溃的命运,这是因为"家长制是以家长的专制为基础,以各个人要绝对的服从为条件而成立的,……所以它也如向来的君主专制国和向来的基尔特生产组织那样,对于新兴个人主义的气运及其新组织到底是冰炭不相容的。所以随着个人主义新文化的进展,家长制家族组织也不得不渐次归于衰灭了。"④高尔松还具体地分析了家长制渐次衰亡的原因,认为有这样几个方面:一是"崇拜祖先的习俗"的权威丧失,"家长制也就失了精神的所系……这些可以说是现时家长制家族渐次衰亡的主要原因";二是"引起家长制崩坏之原因的是家庭经济的瓦解";三是"成为家长制衰颓之原因的是国家权力对于家长制的限制了";四是"家长制崩坏最后还有一个理由,是因为个人主义的伸张和民主倾向的传播,而减少了家人对于家长权的服

---

① 高希圣:《家族制度ABC》,世界书局1929年版,第18页。
② 高希圣:《家族制度ABC》,世界书局1929年版,第2页。
③ 高希圣:《家族制度ABC》,世界书局1929年版,第5—6页。
④ 高希圣:《家族制度ABC》,世界书局1929年版,第80页。

从心一事"①。高尔松力图梳理家族制度形成和演进的轨迹,并揭示家族制度必然灭亡的历史命运。

高尔松的《家族制度 ABC》一书对于家族制度的基本功能进行分析。该著认为,家族制度具有维持社会运行的功能,这就是家族制度能够使"社会永久成为一个有机团体的机关"。该著指出:"家族制度以包括男女两性为它那组织上的必要条件,所以一方使它本身得能再生永续,同时又使由它集合而成的社会组织也得再生永续。所以家族制度为人类之社会生命的维持者,使社会永久成为一个有机团体的机关,这种最原始的机能自古至今终是保有着了的。"②该著尤为强调家族制度所具有的延续后代的社会功能,指出:"所谓家族制度的社会职能是在增殖子孙使他成为成人一点上,这个任务实是家族制度所特有的任务。……不产子女的夫妇结合,在夫妇个人方面就算是得到成功,但在社会的方面却是一个失败。"③又指出:"家族制度……在永续的一代代相传一国民或一民族所有的精神文化上,也是个重要的机关。"④这里,高尔松提出了家族制度所具有的维护社会运行、延续后代的功能。

高尔松在《家族制度 ABC》一书中,将家庭的研究与家族制度的研究结合起来并揭示两者的关系。高尔松在家族制度研究的视域下看待家庭问题,并基于"家庭——社会"演进的进路,确认家庭在社会形成和发展中具有"养成所"的地位,指出:"家庭实是爱他主义利他主义的养成所,即子女在家庭中最最剀切地而又最最深刻地接受遵守秩序,相互爱敬,克守自己的权利,同时尊重他人的权利,以至爱他和自尊等的教训,此外又经过种种在共同生活上所必要之道德上的训练。不论在过去或现在,为了社会生活的发展,共同精神上的养成,那就成为必要而不可缺少的。在这个意义上说,家庭是产生使社会发展之种子的培养所,对于社会的进步上所贡献的地方实是很多的。"⑤该著认为,为了建设现代新的家庭,就必须破除"大家庭制度",实行现代的小家庭制度。这里所谓"大家庭制度",是指其"结合组织尚是以血统的联络为本旨,在一家之中包含了涉及二代三代乃至四五代的血缘者,另又加上配偶者(以妻子为主体),例如家长夫妇、子

---

① 高希圣:《家族制度 ABC》,世界书局 1929 年版,第 80—88 页。
② 高希圣:《家族制度 ABC》,世界书局 1929 年版,第 3 页。
③ 高希圣:《家族制度 ABC》,世界书局 1929 年版,第 6—7 页。
④ 高希圣:《家族制度 ABC》,世界书局 1929 年版,第 9 页。
⑤ 高希圣:《家族制度 ABC》,世界书局 1929 年版,第 10—11 页。

的夫妇、孙的夫妇，其他未婚未独立的弟妹、孙子孙女等相集而形成了一家"①。而高尔松所倡导的"现代式的小家庭制"尽管仍然称之为家庭制度，尽管不失于家庭制度的一些要素，但它与那种传统的"家长制的大家庭"乃是不相同的。这种现代式的小家庭制，"它那家庭制度的意义减轻了许多，它不过是位于家族生活和纯个人主义的生活或共同的社会生活之过渡的生活形式"，故而也就成为"家族制度的最后形态"②。高尔松从建设新家庭的视域看待旧有的家族制度必然灭亡的命运，希望通过新家庭来推动家族制度的彻底变革。

高尔松的《家族制度 ABC》一书在研究家族制度与家庭问题上是一部很有特色的著作，力图从社会变迁和社会制度方面来说明家族制度的历史性，既承继了五四时期家族制度研究的学术传统，同时又体现了基于家族问题分析来进一步阐发家庭问题研究的思路，这对于家庭社会学这门学科的发展有着奠基性的学术贡献。高尔松的《家族制度 ABC》一书及他与郭真合著的《现代社会学大纲》③，在中国现代社会学史上有着重要的学术地位。

5. 柯柏年的《社会问题大纲》(1930 年)

柯柏年④所著《社会问题大纲》于 1930 年 7 月，由上海南强书局出版(1933 年再版)。该著共 10 章：社会问题底意义、现代的资本制度、劳动时间问题、工

---

① 高希圣：《家族制度 ABC》，世界书局 1929 年版，第 95 页。

② 高希圣：《家族制度 ABC》，世界书局 1929 年版，第 96 页。

③ 参见高希圣、郭真：《现代社会学大纲》，民意书店 1931 年版。

④ 柯柏年(1904—1985)，原名李春蕃，笔名马丽英、丽英、福英等，出生于广东潮安城(今潮州湘桥区)。马克思主义著作翻译家、著名学者。1920 年在沪江大学中学部，1923 年升入沪江大学社会学系，后转入上海大学社会学系。1924 年 9 月，从上海到北京参与组织"反对基督教同盟"。1925 年 8 月，应澄海中学校长杜国庠聘请，任澄海中学教员。1925 年 10 月，到周恩来领导的东征军总政治部任东江各属行政委员公署社会科副科长，被任命为东征军总政治部驻澄海特派员。1926 年夏被调到广州，任国民革命军第三军政治教官，并协助张太雷编辑中共两广区委机关刊物《人民周刊》。1926 年 2 月办《岭东日日新闻》，任副总编。大革命失败后辗转到上海，改名柯柏年。任江苏省委上海闸北区第三街道支部书记。参加社联，任党组成员。1935 年译狄慈根著《辩证法的逻辑》，由南强书局出版。全国抗战后转辗到达延安，任中央马列学院西方革命史研究室主任，中央研究院国际问题研究室主任。后任边区政府编审科长，中央军委"高级联络官"。抗战胜利后，任北平军调处执行部中共方翻译处处长、中共方面新闻处处长、中央外事组研究处处长。新中国成立后，任外交部首任美澳司司长，兼任中国人民政治法律学会副主席。1954 年，随员参加日内瓦会议。1955 年后任驻罗马尼亚人民共和国大使(1955 年 2 月至 1959 年 4 月)。1962 年，被任命为驻丹麦王国大使(1963 年 11 月至 1966 年)。1973 年，被任命为中国人民外交学会副会长、国际关系研究所副所长。1977 年，参加中国共产党第十一次全国代表大会。1981 年，被分别任命和聘为中华人民共和国外交史编辑委员会主任委员、国务院学位委员会法学组评议委员。著作有《社会问题大纲》等。

资问题、失业问题、资本制度与农民、土地问题、地租问题、农村的剥削关系、社会问题之解决。该著是 20 世纪 30 年代运用马克思主义研究社会问题的重要著作,在当时的中国学术界有较为重要的影响。

柯柏年的《社会问题大纲》坚持马克思主义的指导地位,在唯物史观视域之中揭示社会问题的来源及其实质。该书依据历史唯物主义原理认为,社会问题之由来在于社会经济制度之本身,亦即社会问题在本质上是社会经济制度的反映,因而解决社会问题就必须依据革命的方法,从社会经济制度的改造入手,才能取得效果。他指出:"社会问题之发生,不是由于社会态度之变更,而是由于社会制度之本身之缺点;社会问题之本质,不是大多数人对于目前的'共同的风俗,故训,道德,理想等'之态度的变迁,而是目前的经济制度不要利于大多数人——即被掠夺阶级——;社会问题之解决不是藉教育,宣传,立法的方法来改变社会态度,而是根本变革现代的经济制度。"①柯柏年认为,社会问题的本质既然在社会的经济制度,则变革社会的经济制度才是解决社会问题的根本办法,因而他主张人们起来为变革社会的经济制度而斗争。

《社会问题大纲》对于"产业后备军"问题进行研究,认为这是资本主义社会突出的社会问题。在说明"产业后备军"的由来时,柯柏年有这样的分析:"在资本主义的社会中,不论什么时候,都有许多具有工作能力而且愿意工作的工人找不到工作而被强制懒惰着。这些完全得不到职业的工人,就是普通所说的'失业者'。还有许多半被雇的'准失业者'。'失业者'和'准失业者'合起来,就构成了资本主义社会之产业后备军。"②他又指出:"产业后备军不仅是资本制度之生存必要条件,但也是资本制度底必然产物。因为,第一,资本底有机组织之不断地高度化,使对于工人之需求不断地相对减少;第二,资本主义之发展,使农民不断地迁徙至城市,又使成年男工被女工和童工所排挤而致失业;第三,资本主义的无规则的失产,引起了周期的恐慌,当恐慌到来的时候,就有许多工人失业。"③柯柏年通过对"产业后备军"这一社会问题的研究,旨在说明这样一个道理,即社会问题与社会的经济制度是密切联系在一起的,资本主义社会中的社会问题根源于资本主义社会,是资本主义的经济制度的产物;"产业后备军"作为资本主义社会中突出的社会问题,自然离不开资本主义社会之本身,并且这个问

---

① 柯柏年:《社会问题大纲》,南强书局 1930 年版,第 16 页。

② 柯柏年:《社会问题大纲》,南强书局 1930 年版,第 155 页。

③ 柯柏年:《社会问题大纲》,南强书局 1930 年版,第 158 页。

题事实上存在于资本主义的整个历史进程之中,不仅与资本主义社会相始终,而且与资本主义社会的社会组织、资本主义经济的周期性变化等也是密切相关的。这有助于人们将"产业后备军"这一资本主义的社会问题,与资本主义社会的本质联系起来进行考察,使人们透过社会现象的表层深入剖析资本主义制度的本身。

柯柏年的《社会问题大纲》一书在研究社会运动时,尤其注重分析中国的劳动运动,从中国社会的经济情形、政治斗争的特点、反帝反军阀的目标等方面,切实地阐述了中国劳动运动所具有的民族革命的性质。他指出:"半殖民地的中国底劳动运动,是怎样呢?第一,我们知道中国的经济,虽然不是资本主义的,但资本主义的生产是存在于中国几个大都市的。资本主义的生产制度一存在,劳动阶级与资本阶级之冲突也就存在了。第二,中国底劳动运动,在开始的时候,就是极尖锐化的政治斗争。因为军阀的政府,不承认工人有集会结社罢工之自由。工人若为要求减少劳动时间,增加工资,或改良待遇而组织工会和举行罢工,那么政府立即就加以残酷的压迫。在这种场合,就使劳动者最初所发动的是经济斗争,也因政府之残酷压迫,立刻就转变为政治的斗争。所以,中国底劳动运动底经济斗争与政治斗争,是分不开的。第三,中国的劳动者,与全国的一般的民众,共同受帝国主义之压迫和掠夺;而中国的军阀,又不过是帝国主义底工具。劳动者们为求民族之解放,不得不从事反帝国主义反军阀之斗争。所以,中国底劳动运动,带有民族革命的性质。"①柯柏年以中国社会的半殖民地半封建性质作为分析社会运动的前提,注意到中国受到国际帝国主义的共同压迫而沦为半殖民地半封建社会所带来的巨大影响,认识到中国劳动运动的反帝反军阀斗争目标以及由经济斗争转变为政治斗争历史进程,所以他的结论是:"中国的劳动者既受了过度的剥削,更不得不对资本家作经济的斗争,而又不得不同时对帝国主义和军阀作政治之斗争,以求得到他们的解放。中国底劳动运动,带有极大的民族革命底意义;这是中国底劳动运动异于资本主义国家底劳动运动之点。"②柯柏年依据中国半殖民地半封建的社会性质来考察中国劳动运动的反帝反封建性质,深刻地揭示了中国劳动运动所具有的经济斗争和政治斗争相统一的特点,为推进中国劳动运动的发展指明了前进的方向。

柯柏年在《社会问题大纲》中对社会运动中的农民运动也予以研究,认为中

---

① 柯柏年:《社会问题大纲》,南强书局1930年版,第444—445页。
② 柯柏年:《社会问题大纲》,南强书局1930年版,第445页。

国的农民运动在完成反封建任务获得土地的同时,固然要继续进行反对资本家的斗争,但同时更要根据中国受"国际资本帝国主义压迫"的严峻现实,将反对帝国主义作为农民运动的重大任务,才可能达到农民运动的目标,因而极力主张农民运动的不间断性。他指出:"农民运动之发展,必然从反对个别的地主转变为反对整个的封建制度,必然从要求减租和承认永佃权之斗争转变为土地革命。但是,农民推翻了封建的土地私有制度,实现了农民自有其土地,还是不能解除他们所有的痛苦,还是没有得到真正的平等之可能。土地革命的实现,封建制度被推翻,必然助长资本主义之发展。因而资本主义的压迫必然加强。所以,农民群众一定要更进一步地联合着工业的劳动者来共同推翻资本主义。"①柯柏年考察中国农民运动有一个重要的特点,即将农民运动放在世界范围内来分析,同时又将农民运动与中国实际联系起来,要求依据具体情形来讨论农民运动所要担负的历史任务,这样才能看到农民运动在变革现行社会制度、推动社会变迁中的历史作用。他指出:"各国农民受两重压迫,即处于封建的压迫(地主底压迫)和资本主义的压迫(资本阶级之压迫)之下;故农民运动底目的,是在于解除封建的和资本的压迫。在资产阶级民主革命已经完成了的资本主义国家,农民运动主要地是要推翻资本主义的统治。在产业落后的资产阶级民主革命尚未完成的国家,农民运动主要是要扫除封建的势力。中国底农民,除了受这两重压迫之外,还受多一层压迫,即国际资本帝国主义的压迫。所以,中国的农民要解除他们底痛苦,不仅要坚决地肃清封建的势力,但也要打倒帝国主义。"②柯柏年的论述说明,中国的农民运动必须根据中国的实际完成反帝和反封建的历史任务。

柯柏年的《社会问题大纲》是用马克思主义分析社会问题的社会学专著,主要是研究当时世界范围内各国社会的重大社会问题,并特别注意到当时中国社会问题的严重性。他在分析社会问题的过程中,注重考察社会问题的经济制度的本因,重视社会运动在推进社会变迁中的作用,尤其是立足中国实际具体地研究中国劳动运动、农民运动等社会运动在反帝反封建斗争中的意义,力图为中国的社会变革提供马克思主义的行动方案。柯柏年的《社会问题大纲》体现了马克思主义社会学中国化的基本理念,是马克思主义唯物史观与中国社会问题相结合的学术成果,在中国马克思主义社会学史上占有重要的地位。

---

① 柯柏年:《社会问题大纲》,南强书局1930年版,第461—462页。
② 柯柏年:《社会问题大纲》,南强书局1930年版,第460页。

6. 孙本文的《社会变迁》(1930 年) 等著作

孙本文是现代中国著名的社会学家,著作等身,其著作在中国社会学界有着广泛的影响力。这里,主要介绍他的《社会变迁》(1930 年)、《现代中国社会问题》(1942 年)、《社会心理学》(1946 年) 这三部著作。

(1)《社会变迁》(1930 年)。孙本文 1930 年出版的《社会变迁》一书,对于社会变迁进行理论上和学术上的分析,为构建社会变迁理论的学术研究体系作出了开拓性的贡献。

孙本文在《社会变迁》中,高度重视社会变迁的历史作用,将社会变迁视为社会演进的基本表征。他指出:"人类社会现象,无时无刻不在那儿变迁。人类的生活历史,只是社会变迁的记录。自有人类以来,在全世界上,没有一种社会是停止不变的。所以人类社会生活的现象,是一种动的现象,——一种变迁不息的现象。"[1]该著将社会变迁分为"寻常的社会变迁"和"非常的社会变迁"这两种,指出:"社会变迁的方式,无论是变其位置、变其形态、变其性质,或变其效用,他们的变迁,有的是很缓慢,很寻常;有的是很迅速,很剧烈。凡是寻常的、逐渐的、和缓的变迁,谓之寻常的社会变迁;凡是突然的、剧烈的、迅速的变迁,谓之非常的社会变迁。寻常的社会变迁,又有无意的与有意的之别。无意的社会变迁,就是不由人工计划而产生的变迁;有意的社会变迁,就是由人工计划而产生的变迁。"[2]

孙本文认为,寻常的社会变迁在总体上有"无意的社会变迁"及"有意的社会变迁"这两种,但这两种变迁形式所形成的原因,却大不相同。他指出:"无意的社会变迁……概括言之,不外乎下面几种原因:1. 由于异种文化互相接触后,社会上,不知不觉中接受新文化的影响,而使旧文化改变。2. 由于新发明产生后,社会上不知不觉采用新发明,使旧文化发生变迁,或失其效用。3. 由于社会上分子,老幼交替,新陈代谢的时候,所发生的差异的结果。4. 由于人口增加后,社会制度不知不觉变迁以适应之。5. 由于人口组合的改变,如战争之汰强留弱,或如移民之精壮外徙,足使社会发生变迁。……至于有意的社会变迁,与此大不相同。有意的社会变迁,是由人力计划而产生的,所以必定经过相当的步骤。第一,必先了解社会上的缺点,而加以一种批评指摘,以引起社会上人们的注意。

① 孙本文:《社会变迁》,孙本文主编:《社会学大纲(第 9 种)》下册,世界书局 1930 年版,第 5 页。

② 孙本文:《社会变迁》,孙本文主编:《社会学大纲(第 9 种)》下册,世界书局 1930 年版,第 14 页。

第二,规定改革的计划,引起公众的讨论。第三,造成舆论,以转移社会态度。第四,选择领袖,以引导群众,进行计划。最后,第五,方始实行改革的计划。"①就孙本文的思想认识而言,他是主张"寻常的社会变迁",但他认为"非常的社会变迁"也是社会变迁的重要形式,并且在社会演变中有着极为重要的意义,因而也是需要加以研究和说明的。

关于"非常的社会变迁",孙本文有这样的分析:"非常的社会变迁,通常叫革命。革命原不是常有的事,所以谓之非常的变迁。大概一个社会如能常常顺应潮流,加以相当的改革,那么,社会变迁,似乎可以遵循一定的途径。但实际不然。社会上往往因治人阶级,反对社会改革;而民众又不知改革,结果产生一种社会偷安的现象。这种偷安的现象,如再因循而不知振作,必发生两种结果。不是强邻侵入以征服之,就是内部自己发生革命。……在革命发生的时候,社会上引起剧烈的变迁。凡一切旧制度旧标准,失去其固有的效用。而社会上中心的新制度新标准,往往不易建立;即使建立,而民众因积重难返的原故,往往不易接受。在此时为革命未完成时期,必须俟中心的新制度新标准,完全建立,并且为民众接受,方可以说,革命达于完成。所以革命的全程,实包括破坏与建设两个阶段。破坏是革命的起点,建设是革命的终点。在这破坏开始,建设未成的过渡时期,社会上往往表现一种混乱现象;民众往往感受深切的痛苦,就革命的全程说,是不能免的。要直等到新制度新标准确实建设完成,民众痛苦,方始解除。"②孙本文对"革命"的解读很有特色:一是他认为革命虽不是常有的事,但革命的发生具有社会演变的必然性;二是他认为革命不只是"破坏"的问题,而是"包括破坏与建设两个阶段",亦即担负着破坏与建设的双重使命;三是他认为革命进程中表现出"过渡时期"的特征,社会上会因为革命而出现"一种混乱现象",而就"革命的全程说,是不能免的"。

孙本文不仅研究社会变迁的形式,而且也研究了社会变迁的性质,认为社会变迁实际上就是指社会现象的变迁。他指出:"何谓社会变迁,简单说,社会变迁就是社会现象的变迁,就是社会现象在不同时间上所发生失其本相的变动。……社会现象,包括一部分生物现象(如人口现象)及文化现象。从物质现象的变迁言之,则有风、云、雷、雨、暴风、骤雨、川流、河决、山崩、地裂等等。从文

---

① 孙本文:《社会变迁》,孙本文主编:《社会学大纲(第9种)》下册,世界书局1930年版,第16页。

② 孙本文:《社会变迁》,孙本文主编:《社会学大纲(第9种)》下册,世界书局1930年版,第18页。

化现象的变迁言之,则有物质之新陈代谢如发明、传播、改革等等。社会现象的变迁,就包括人口变迁和文化变迁。"①这里,孙本文将社会现象解说为生物现象和文化现象两个方面,并认为"社会现象的变迁,就是包括人口变迁和文化变迁",但他依据文化学的观点更强调文化变迁的重要性,这是由于他认为所谓人口变迁是可以由文化变迁加以影响的。他指出:"社会变迁,虽应包括人口变迁,但人口变迁,如生、老、病、死之类,虽属于生物的范围,而其所受文化的影响极大。换言之,这种生物的现象,已受文化的影响,而非纯粹的生物现象。在富有征服自然力的现代,人类可以支配人口的活动及变迁。人类生育是可用方法限制;避孕、堕胎的文化,可以使人类减少生育。发展科学,增进医药,可以减少疾病痛苦,延长寿命、控制死亡。文化事业的发达,可以使人类迁徙往来,发生人口变动。要之,人口的变迁,虽不能完全脱离生物原则的支配,但确已受人类自己力量的控制。"②

孙本文的《社会变迁》一书对于社会变迁问题的研究,揭示了社会变迁的种类、形式、性质及其作用,提升了社会变迁理论在社会学上的地位,这是对社会学研究的一个重要贡献。

(2)《现代中国社会问题》(1942年)。孙本文在1942年出版的《现代中国社会问题》,是一部以"中国社会问题"为对象的社会学著作。该著立足于"现代中国"社会相关问题的分析,集中地研究了中国的家庭问题,考察了中国的家族制度影响及其在近代以来所产生的变化,并重点说明现代中国的家庭状况、发展趋势。

孙本文研究家庭等社会问题,是从社会学的见地出发的,尤其注意到社会变迁对于家庭问题的巨大影响,故而他是在社会演变中考察家庭等社会问题的。诚如他说:"从社会学的观点,家庭是夫妇子女等亲属所结合的团体,其组织范围的大小,因社会而有不同。"③在孙本文看来,中国古代家庭的规模,主要是由是否"行宗法"而决定的,故而也就有大家庭与小家庭之分,这实际上是贵族家庭与平民家庭的区别。

关于中国家庭的历史状况,孙本文指出:"我国最普遍的家庭组织,不外有两种形式:一为夫妇子女同居,二为父母夫妇子女同居。而第二种为第一种的变形,盖即已婚子与媳妇与之同居的家庭。至其他各种形式,均居少数。"又指出:

"分居之风,由来已久。按我国古时,贵族之家与平民之家,其组织不尽相同。大概贵族之家行宗法,故恒为大家庭。平民之家,不行宗法,故无须为大家庭。古人所谓五口之家、八口之家,是指上有父母,下有妻子之家,即普通平民之家。此种平民家庭组织,自古迄今,并无多大变迁。"①孙本文从中国古代家庭的演变中概括出"贵族家庭"与"平民家庭"两种形式,这为他具体地分析中国的大家族制度作了学术上的准备。

对于中国历史上的大家族制度,孙本文主张以历史主义的态度进行评价,一方面要看到其在历史上所起到的积极作用,另一方面也要看到其缺点所在。他认为,在历史上,大家族制度确有其积极的地方:"中国家族制度,似确有其长处所在。其对于社会的影响,亦甚显明。(一)家族中互助的结果,可减少社会上许多负担,如养老恤贫之类。(二)同时,互助又可使不少有志青年,得向上发展的机会,间接能使社会发展。(三)家族道德发达的结果,扩充孝友之心,推而及于社会国家,则民胞物与之念所自出。(四)家族关系的严密,使全族之人,视家族为一体,家庭为家族的单位,家族为社会的中心。人人以保持家族的完全,发展家族前途,为人子应尽的责任。因此,家族发达,社会亦发达。故家族制度,足以协助社会维持秩序,并促其进步。"但是,大家族制度也有其自身的弱点所在,若单就"制度的本身而言",就有这样几个特别明显的缺陷:一是"中国家族制度,容易养成人子依赖心";二是"中国家族制度,同居共财,易启冲突";三是"中国家族制度,婚姻专制,易成冤偶"。而对于大家族制度,"若言其对于社会的影响,则最大缺点在过于重视家族关系,使人人以家族为活动中心,家族以外,不复知有国家民族"②。

在孙本文看来,中国的大家族制度就其实质而言,就是一种宗法制度,而这种宗法制度是与中国的封建制度紧密联系在一起的。关于宗法制度与封建制度的内在关系,他指出:"宗法制度与封建制度有密切关系。宗法常赖封建以推行,而封建常赖宗法以维系。大概一族之人,聚居一处,久之,人数日众,不能相容,乃不得不分殖于外,于是有封建制度。而凡分殖于外者,仍不可不思所以联络之,于是有宗法制度。"③孙本文认为,正是因为家族制度本身的问题,所以,中国的大家族制度自近代以来也就必然地发生很大的变化,这实际上也是近代中

---

① 孙本文:《现代中国社会问题》第 1 册,商务印书馆 1942 年版,第 68 页。
② 孙本文:《现代中国社会问题》第 1 册,商务印书馆 1942 年版,第 82—83 页。
③ 孙本文:《现代中国社会问题》第 1 册,商务印书馆 1942 年版,第 69—70 页。

社会为研究对象,以八章的篇幅构成:第一章是"绪论",第二章是"农村社会",第三章是"农村社会的起源",第四章是"农村社会的进化",第五章是"农村社会的人口",第六章是"农村社会的环境",第七章是"农村社会生活",第八章是"农村社会组织"。该著是作者代表性的社会学著作,其目的在于"解剖中国农村社会情形","阐明普通农村社会原理",从而"为农民生活运动,下一个稳固的根基"。该著不仅提出农村社会学是"应用社会学"的论断,而且对农村社会学所关涉的相关问题给予学理的阐发,为开拓农村社会学这门学科做出了积极的探索。

杨开道在《农村社会学》中提出,农村社会学只是一种特殊的纯粹的社会科学,在学科上属于应用社会学,主要是研究农村社会的整体,探讨农村社会的问题,阐明农村社会的基本现象。关于农村社会学的学科性质,该著指出:"广义的农村社会学,可以包含农村社会问题和纯粹农村社会学。因为农村社会学所研究的,是农村社会现象。农村社会现象,自然有它的常态和变态两面的。其实普通的社会现象,都是变态,常态不过是从许多变态中推出来的同点。"又指出:"广义的农村社会学,是一种特殊的纯粹社会学,同时也是一种应用社会学。"[1]《农村社会学》强调农村社会现象研究属于"应用社会学"的范围,这就为这门学科的研究和发展指明了方向。从学术渊源方面来看,杨开道提出农村社会学属于"应用社会学"的主张,是源于美国学者吉勒特(J.M.Gillette)的,但又认为农村社会学在研究内容上不能大而无边,如关于"农村经济、农村教育,已经成为一种独立的学问"[2],又如关于"农村娱乐"、"农村生活"、"农村自治"等也将"宣告独立",故而这些不能再纳入农村社会学的内容之中。同时,杨开道也不同意美国学者何桑(H.E.Hawthorn)关于农村社会学主要是研究"农村生活社会化"的看法,认为这种将农村社会学仅仅看作"社会化农村生活的一种应用科学"的主张,对于农村社会学的内容而言,是"未免太狭"了[3]。正是在考察学术界(主要是美国学术界)关于农村社会学的研究状况,所以杨开道在广义社会学与狭义社会学关系的视域中提出自己的看法:"广义的社会学,是包含一切普通的,特殊的,应用的社会研究;狭义的社会学,便只是一种普通的,基本的社会研究。农村社会学当然不是一种普通的社会学,因为农村社会学所研究的,不是一切的

① 杨开道:《农村社会学》,世界书局 1929 年版,第 5 页。
② 杨开道:《农村社会学》,世界书局 1929 年版,第 2 页。
③ 杨开道:《农村社会学》,世界书局 1929 年版,第 3 页。

社会现象,乃是农村社会里面的社会现象。从这一点看起来,我们可以知道农村社会学是一种特殊的社会学。特殊的农村社会学,他所研究的农村社会现象,当然不是农村经济,农村教育,或是农村宗教。……我们所研究的,只是农村社会生活的全体,农村社会生活的基本。"①这里,"农村生活的全体"或"农村生活的基本"也就成为农村社会学的研究对象,这自然也是以农村社会学的"应用社会学"性质为前提的。

杨开道的《农村社会学》一书,对于"农村社会"在学理上所给予的界定与剖析,应该说是较有特色的。

譬如,该著对于农村社会有这样的定义:"农村社会的定义,可以说是一种拿农业作主要职业的地方共同社会。他里面有四种要素:第一是人民,第二是共同生活,第三是在同一区域里面,第四是农业为主要职业。有了这四个条件,便成为农村社会。"②这个定义,清晰地表明,所谓农村社会不是简单的农业劳动等问题,而是集人民、共同生活、共同区域及农业共同体,并凸显了农村社会所具有的区域性、职业性、生活性的社会特征。

又譬如,该著不只是一般地描述农村社会状况,而是力图从理论上抽象出农村社会的特征,从而为进一步研究农村社会提供认识的前提。关于农村社会的特征,该著指出:"农村社会的特征,就是各个农村社会的同点,也就是农村社会和别种社会的异点。……(一)农村社会的主要职业是农业,城市社会的主要职业却是工商业。(二)因为农村社会是以农业为主要职业,而农业又多受天时地利的支配,所以天时地利,在农村生活各方面,有莫大的影响。(三)因为农业的工作,需用地面很多,所以农村社会所占地面也很宽。地面宽而人口少,所以农村社会人口密度,是较城市社会为稀。(四)因为农村地面辽阔,交通不便,所以农村社会的人民互相接触的机会较少。……(五)因为社会接触少,所以农村社会的人民,都靠着他自己的家庭,去供给他人生活各方面的需求。农民所有空闲时间,多半消磨在他的自己的家庭里。农村社会里的家庭生活,十分发达。……(六)因为农村社会里面的人民稀少,交通不便,经济不充,家庭思想过去发达,所以社会的组织非常的少。有许多农村社会,除了家族组织以外,简直没有旁的社会组织。就是有几个团体,他们的内容,都非常简单,组织也非常的不完备。"③这里,

---

① 杨开道:《农村社会学》,世界书局1929年版,第4页。
② 杨开道:《农村社会学》,世界书局1929年版,第11页。
③ 杨开道:《农村社会学》,世界书局1929年版,第13页。

社会中个人的行为。"①孙本文主张"社会心理学的研究单位应该是个人及其与社会的相互关系",亦即社会心理学的"研究对象应该是个人行为与社会的相互影响"②,因而认为社会心理学应通过确立研究对象而划定独立的研究领域,从而推动这门学科在社会学的视域中建立起来。对于这个见解,该著有这样的说明:"社会心理学应以个人行为与社会的相互影响为研究对象。从个人的立场说,社会心理学研究个人在社会中的行为。一方面研究个人行为所受社会的影响,一方面研究个人行为对于社会的影响。详细说,社会心理学研究个人行为如何形成? 其所受社会的影响如何? 又个人如何应付社会的刺激? 其对于社会的影响又如何? 若再从社会的立场说,……社会心理学研究社会中个人的行为。一方面研究社会对于个人行为的影响,一方面研究社会所受个人行为的影响。详细说,社会心理学研究社会如何陶冶个人行为? 社会对于个人行为发生何种影响? 又社会环境引起个人何种反应? 社会所受个人何种影响?"③孙本文从个人与社会关系角度来界定社会心理学的研究对象,突出研究"个人行为与社会的相互影响"的独特性意义,为社会心理学成为社会学学科体系中的独立学科作出了贡献。

孙本文著述《社会心理学》,就其著述目标而言,就在于使社会心理学具备科学的品格而成为一门科学,因而他认为,社会心理学一方面必须汲取心理学研究的特点,另一方面必须在社会学的研究视域之中,同时要规划社会心理的研究范围,并确立立足于社会的视角予以研究,而所有这些皆是社会心理学这门学科成为科学的重要条件。他指出:"著者以为心理学是研究个人行为的科学;它是研究个人在各种环境中所表现的行为;……社会学是研究社会行为的科学;它是研究人与人间互相关联或共同相关的行为——交互与集体的行为;它以整个社会为其研究的单位。它的研究范围是社会行为的过程及其组织与变迁。而社会心理学,介乎二者之间,是研究个人在社会中的行为科学,或说研究社会中个人行为的科学;它是研究社会对于个人行为的影响及个人行为对于社会的影响;它研究的范围是社会中的个人及其与社会间的相互关系与影响。社会心理学与心理学虽同是研究个人行为,但心理学研究的范围只止于个人,而社会心理学研究社会中的个人,注意于个人与整个社会及其与其他个人间的关系与行为;心理学

---

①　孙本文:《社会心理学》,商务印书馆 1946 年版,"序"第 1 页。

②　孙本文:《社会心理学》,商务印书馆 1946 年版,第 22 页。

③　孙本文:《社会心理学》,商务印书馆 1946 年版,第 21—22 页。

研究个人对于各种环境的反应,社会心理学只研究个人对于社会环境的反应。再说社会心理学与社会学虽同是研究社会现象,但社会心理学只研究个人行为与社会的关系,而社会学研究全部社会行为,或人与人间交互与集体的行为,其着眼点在整个社会。"①孙本文这里说明的是,就研究范围和学科性质而言,社会心理学虽然与心理学有密切的关系,但不是普通的心理学所研究的范围;同样,社会心理学是在社会学的视域之中,但又不同于一般的社会学所研究的整个的社会。

孙本文在《社会心理学》中由于确认社会心理学是研究个人在社会中的行为,因而主张立足社会来研究个人的行为,在社会关系中来剖析个人行为及其意义,并提出了以"需要"为导向具体地研究个人行为的需要、活动及其过程的主张。在他看来,个人的行为与其需要有着因果的关系。而人总是有其需要,这种需要大致有物质的需要、社会的需要、知能的需要及精神的需要这四种,"总之,行为发生于需要,需要有物质的社会的知能的与精神的四种,而这种种需要或从个人自动发生,或由外界环境引动,或系临时偶发,或系长期继续,其对于个人行为催迫的力量则一。"②这里是说,需要是客观存在的一种状态,同时也是人们从事活动的一种动力,因而在个人中必然地表现为活动,于是也就出现"由需要生活动"的现象。对于活动与需要的关系,孙本文指出:"需要是一种驱使力,迫使人不得不活动以满足之。需要就是心理与环境的失调,活动就是对于环境的调适。这种引起心理失调的力量通常称为'刺激',这种调适环境的活动通常称为'反应'。由需要生活动,即是由刺激生反应,亦即是失调而调适,这样就完成一种行为的过程。"③孙本文注意到,个人行为与其需要有着密切的关系,但个人的需要是不同的,各个人作为社会中的个人,对于社会环境的应对也是不同的,因而各个人的行为的过程及其表现也是不同的,这就必须研究需要与活动过程的关系。他指出:"各人有各人的需要;各欲在社会上满足各自的需要,调适各自的环境。于是各人与各人间发生种种互动、合作、冲突、竞争、顺应、同化、统制、服从、压迫、抵抗、联络、化分等等行为。人的需要无穷尽,要求满足需要的愿望,亦无穷尽,故社会现象的变化,亦无穷尽。人类生活,原只是互相满足需要,互相调适环境的一种过程。于此可见,人自需要发生以至需要满足,中间经过种种活

①　孙本文:《社会心理学》,商务印书馆 1946 年版,第 30 页。
②　孙本文:《社会心理学》,商务印书馆 1946 年版,第 36 页。
③　孙本文:《社会心理学》,商务印书馆 1946 年版,第 37 页。

动,而这种活动实为人类社会生活一重要部分,这是社会心理学所应详加研究的。"①孙本文通过"需要—活动—活动的过程"的研究,并依据其关于社会心理学研究任务的主张,进而揭示了社会心理学所要研究的中心问题:"我们既知社会心理学是研究个人在社会中的行为,所以社会心理学的任务,即在研究一个人如何为满足需要调适环境之故,而与他人发生交涉?与社会上文物制度发生接触?如何接受社会的规范与影响?如何应付社会的要求与刺激?如何控制或影响社会各方面的活动?这就是社会心理学上的中心问题。"②孙本文正是在对于社会心理学研究的原则、对象与范围等理论问题进行研究的基础上,就社会对个人行为的影响、社会环境制约个人行为的法则、个人行为对社会的影响、社会心理学发展趋势、社会心理学的具体运用等问题展开论述,从而构建了社会心理学的研究体系。

孙本文的《社会心理学》是一部重要的社会学著作,坚持社会心理学中国化的理念,为社会心理学成为社会学学科体系中一门比较成熟的学科作出了积极的努力,在中国现代社会学史上有着突出的地位。诚如有研究者评价的那样:"该书贯彻理论与应用并重的原则,特别是在社会心理学原理的应用上,以不背离中国固有的优良思想和当时的世界潮流为主,将社会心理学的各种流派和学说融为一体。尤为可贵的是,作为中国第一部系统的社会心理学专著,孙本文在书中广泛取材于中国的有关资料,在社会心理学中国化方面作了有益的尝试。"③

7. 卜愈之、吴泽霖的《社会学及社会问题》(1933 年)

卜愈之④、吴泽霖(1898—1990)合著的《社会学及社会问题》,于 1933 年由世界书局出版。该著是阐述社会学理论与社会问题的一部专著。

《社会学及社会问题》非常重视社会组织的研究,将社会组织视为社会构成的必备要件,阐述了社会组织的类别及其对于社会运行的重大意义。关于社会组织的类别,该著指出:"社会组织有自然的和人为的两种。家庭、宗族、乡里、村落是自然的社会组织,大部分是由血统关系来的,是天然的团聚,不是人为的

---

① 孙本文:《社会心理学》,商务印书馆 1946 年版,第 37—38 页。
② 孙本文:《社会心理学》,商务印书馆 1946 年版,第 40 页。
③ 卢汉龙、彭希哲主编:《二十世纪中国社会科学·社会学卷》,上海人民出版社 2005 年版,第 27 页。
④ 卜愈之,生卒年不详,江苏省东台栟茶镇人,20 世纪 20 年代毕业于大夏大学,后曾到法国留学。

组合。又如宗教、教育、工业、商业等是人为的组织。这些组织,大都是因某种嗜好,或兴趣,或利益相同,抱一定的目标,有一定的合作,而由人力结合的。原始社会,自然的组织多;现在社会,人为的组织多。"①这里,该著以进化论来看待社会组织,认为社会组织本身是随着社会演变而不断变化的,自然的社会组织在原始社会为多,但现在社会则是人为的社会组织为多,因而社会组织乃有着人为作用的巨大影响,这体现了人类自身的活动及其努力。在社会组织的功能问题上,该著以"规则"和"社会关系"来解读,阐述了社会组织的制度性特征和作用。譬如,该著指出:"社会组织,是社会规则,或社会制度的总体,一个团体里某项行为的规则,自然的标准称做规则,法定的标准称做制度;规则的总体,或制度的总体,就叫社会组织。……社会组织不仅仅是行为规则的总体,在这些行为规则中间,还有一种交互连带的关系。社会组织有两种使命:一种是表示该社会的特殊的色彩。如中国社会与外国社会不同,工业社会和商业社会不同。这就是因为组织的不同。另一种是表示各社会互相适应调和,形成一定的关系,如中国社会和外国社会有一定的关系;工业社会和商业社会有一定的关系。"②这就是说,社会组织在"规则"的视域中来看,乃是一社会区别于他社会的显著标识,亦即一种社会之所以能够与其他社会区别开来,就在于社会组织的不同;然而,社会组织还因为这些"规则"之间具有交互的关系,故而在不同的社会之间又有着相互的关系。这样,卜愈之、吴泽霖合著的《社会学及社会问题》就将社会组织置于社会规则与社会的内部联系之中,凸显了社会组织在社会演变中的关键性地位。

《社会学及社会问题》对于社会变迁的研究很有特色,不仅将社会变迁视为社会演进的基本表征,而且主张积极地推进社会变迁向着有序的方向前进。在作者看来,社会变迁是普遍存在的,大致有激烈与缓进之分,呈现革命与改革的两种情形,因而也就有着"非常的社会变迁"与"寻常的社会变迁"这两种状态:"非常的社会变迁,通常叫做革命;社会上如能常常顺应潮流,加以相当的改革,那么,社会可以依一定的途径,向前发展;但实际不然,社会上执政者,往往苟且偷安,反对社会改革;而民众又习于故旧,不知改革,因之使社会停滞。社会停滞后,必发生两种结果,不是强邻侵入以征服之,就是内部自己发生革命;有前者由于自己不知顺应潮流,致使外人出而代谋改革;后者由于社会分子自己的觉悟,

---

① 卜愈之、吴泽霖:《社会学及社会问题》,世界书局 1933 年版,第 85 页。
② 卜愈之、吴泽霖:《社会学及社会问题》,世界书局 1933 年版,第 84—85 页。

出而推翻一切不适用的制度。二者均能引起社会上绝大变迁。"①该著主要研究"寻常的社会变迁"而非那种"非常的社会变迁",并将"寻常的社会变迁"分为两种类型,即"有意的社会变迁"和"无意的社会变迁"。该著指出:"寻常的社会变迁可分为二种:一种是有意的社会变迁,一种是无意的社会变迁。(1)有意的社会变迁。这种变迁,是有人力计划而产生的,所以必须经过相当的步骤:A、求出社会的缺点,而加以批评指摘,以引起社会上人们的注意。B、提出改革的计划,引起公众讨论。C、将规定计划,造成舆论,以转移社会态度。D、领导群众,实施计划。E、努力实行改革计划。(2)无意的社会变迁,无外乎下列几种原因:A、异种文化接触后,社会上不知不觉受其影响而变迁。B、发明产生后,社会上渐渐采用,而使旧文化发生变迁。C、新陈代谢,社会上老幼交替,生死相继,而使社会发生变迁。D、人口增加或减少后,社会上便发生变迁。"②这里关于"无意的社会变迁"的论述,与孙本文在《社会变迁》中的论述完全一致(参见孙本文:《社会变迁》,世界书局1930年版,第16页)。那么,社会何以变迁呢?该著坚持文化诠释模式,并以文化的观点来说明社会变迁得以发生的依据:

> 社会何以变迁? 究竟是什么东西的变迁? 简单的说,社会变迁实际上就是文化变迁。文化变迁,可以分两方面:一方面是由于文化的停滞,一方面是由于文化的进化。无论文化停滞,或文化进化,都能引起社会的变迁。什么叫文化停滞呢? 就是社会上某种文化,一经存在,大家利用,最初是很好的,久之社会已经进步;而这种文化仍不变迁,于是从新变成旧,从旧变成腐败,而仍不改变。……停滞既久,渐渐阻碍人类进化,于是人类起而改革。改革的方法,一步一步的进行缓慢的,叫做社会改良;停滞太甚,人类用非常的手段,完全破坏,重新建设的,叫做社会革命。无论社会改良或社会革命,都要使社会发生变迁。什么叫文化进化呢? 就是一种文化本身的进化,一种由文化促进社会进化。文化本身是什么? 就是从古到今,一代一代的发明,一代一代的积累,这就是文化进化。既有这种文化,觉得某地方人口太多,就本文化的能力,提倡节欲,或增加经济,或移植人民等;若是人口太少,就鼓励生育等。总之,使人口调剂适合环境,这就是由文化促进人类的进化。无论文化进化或人口调剂,也都会使社会发生变迁。③

① 卜愈之、吴泽霖:《社会学及社会问题》,世界书局1933年版,第110页。
② 卜愈之、吴泽霖:《社会学及社会问题》,世界书局1933年版,第109页。
③ 卜愈之、吴泽霖:《社会学及社会问题》,世界书局1933年版,第101—102页。

上述关于社会变迁的解释,有这样几个比较显著的地方:一是将社会变迁归结于"文化变迁"。作者认为,所谓文化"就是从古到今,一代一代的发明,一代一代的积累",但文化是进化的,并因此而引起社会整体的进化,在这种意义上,所谓"文化进化"也就有两种具体的情形,即"一种文化本身的进化,一种由文化促进社会进化"。故而,所谓社会变迁"实际上就是文化变迁"。但是,因为文化有着停滞或进化的形式,于是文化的变迁也有着"文化的停滞"与"文化的进化"两种形式,这又导致社会变迁也出现"社会改良"及"社会革命"这两种形式。换言之,社会变迁最终是采取激进的形式或缓进的形式,皆取决于文化是进化还是停滞这个问题上。这是社会变迁研究中,典型的文化诠释模式。二是承认社会变迁的历史必然性。作者基于社会演化的文化解释模式,将文化视为社会的基本内容,并在强调"文化进化"必然性的同时,承认社会变迁的必然性,认为所谓社会都是处于不断的变迁之中的,并且这种社会变迁也就是"文化变迁",只是所采取的社会变迁方式有着激进和缓进的不同而已。由此,作者也就将社会变迁视为社会演进的基本表征。三是点明了社会变迁的两种形式。作者认为,无论何种社会皆处于变迁之中,但变迁的形式因为文化是停滞还是进化而分出不同,这就出现了"社会改良"和"社会革命"这两种形式,所谓"社会改良"就是运用"改革的方法"来对既有社会进行"一步一步的"、"缓慢的"社会改革,而"社会革命"则是"人类用非常的手段,完全破坏"并进而"重新建设"新社会,但"无论社会改良或社会革命,都要使社会发生变迁"。

《社会学及社会问题》一书,十分重视社会问题的研究,并在对"社会问题"进行学术界定的基础上,强调了解决社会问题在对于社会有序运行的极端重要性。该著对于社会问题本身有着严格的学术界定,认为需要认识社会问题中有着"客观的社会状况"与"主观的社会态度"这两方面。对此,该著指出:"大概一种社会问题,必包含两种要素,即:1. 客观的社会状况(社会制度变迁以前或变迁时,社会上的状况)。2. 主观的社会态度(社会制度变迁以前或变迁时,社会上公众对于这种社会状况的态度)。这两种要素中,社会态度却是社会问题发生的必要条件。故我们可说:凡是社会上许多人,认明是必须调整的任何社会状况,都成为社会问题。换句话说:凡是社会上许多人,对于任何社会制度或社会标准,认明是必须改革的时候,这社会里便发生了社会问题。"[1]应该说,作者将社会态度视为社会问题发生的要件大体上是正确的,但将社会态度提到超过社

---

① 卜愈之、吴泽霖:《社会学及社会问题》,世界书局1933年版,第124页。

会状况的高度,则又是不太合适的。因为,社会问题之所以发生固然有着人们的认知在其中发挥了作用,但归根到底还是因为社会状况本身存在问题。换言之,社会问题是否存在及存在的程度如何,并不因为人们是否认识,它本身就是一个客观存在的事实,只是因为人们认识了而发生一种态度,从而使社会上大多数感觉到社会问题的严重性。该著还认为,人口乃是重要的社会问题,需要加以切实的研究并获得圆满的解决,尤其是要努力提升人口的品质,这就需要在优生方面着力。该著指出:"人口的品质,虽千差万别,但总括起来,不外身体的差别,和精神的差别。人口品质问题,便是优生问题。换句话说,要改良人类的身体与精神,非实行优生不可。果然优生学有如此能力,实是人类前途莫大的幸福。"①该著认为,女子没有与男子具有平等的社会地位也是一个重要的社会问题,需要以男女平等的理念加以解决。该著指出:"男女同是'人',能力和行为又根本没有差异,那么男子做的事,女子当然也能做。纵然有些事,女子能力稍差一点,但决不能说女子不能参与。如女子参政竟有许多人反对,实是毫无理由的。女子参政,目的并不在比男子做的好,乃是借一个权力打消男子的压迫,争回女界的权利,提高女界的人格,这是谁也不能反对的,若能进一步使社会上不必男子独立经营,独立供献,女子也是一般的通力合作,使政治和社会更容易平等,更容易进化,这更是人人欢迎的。"②卜愈之、吴泽霖合著的《社会学及社会问题》高度重视社会问题研究,并提出了解决的思路与办法,这就提升了该著的实际应用性。

卜愈之、吴泽霖合著的《社会学及社会问题》一书,有这样几个显著的特点:一是将社会学理论的研究与社会问题的研究结合起来,在理论研究与实际研究的关系上有着重要的探索;二是以文化的观点诠释社会变迁,并将社会变迁视为社会运行的基本表征,体现了文化社会学的研究路线;三是该著语言简洁,通俗易懂,线索清晰,分析有条理,为推进社会学通俗化作出了积极的努力。卜愈之、吴泽霖合著的《社会学及社会问题》是一部很有特色的社会学专著,在现代中国社会学史上有着重要的地位。

8. 严景耀的《中国的犯罪问题与社会变迁的关系》(1934 年)

严景耀是 20 世纪 30 年代著名的马克思主义社会学家。《中国的犯罪问题与社会变迁的关系》一书,是严景耀 1934 年的博士学位论文。

---

① 卜愈之、吴泽霖:《社会学及社会问题》,世界书局 1933 年版,第 186 页。
② 卜愈之、吴泽霖:《社会学及社会问题》,世界书局 1933 年版,第 186 页。

《中国的犯罪问题与社会变迁的关系》一书"试图以社会观点研究形成犯罪的过程",其主要视角是"把犯罪者作为一个人来看待"。严景耀认为,从社会观点来看,"犯罪不过是他的行为的一个方面","这种犯罪行为不一定是不道德的,但可能是被那个集体认为是'错误的'或'不受欢迎的',或者是仅被集体中统治者所认为是犯罪的",然而这种行为"都是社会决定的",这是因为"人类的活动自由是受到现存制度的严格制约的",由此也就决定了"犯罪不是对作为社会情况的产物个人的部分的行为孤立地研究的,而是作为个人之间的社会的相互作用的结果而研究的"①。这里,严景耀对于"犯罪者"及"犯罪"行为的解读,有着鲜明的特点:一是强调"犯罪者"也是"人",提出了"把犯罪者作为一个人来看待"的命题,认为应该以"人"来对待"犯罪者",这实际上是要求给予"犯罪者"以人所应有的基本待遇;二是认定所谓"犯罪"皆有其社会的原因,亦即在根本上受制于"现存制度",故而提出要在"个人之间的社会的相互作用的结果"中来研究犯罪问题,这是马克思主义唯物史观在犯罪问题研究中的具体应用,体现出马克思主义的政治立场。

严景耀在《中国的犯罪问题与社会变迁的关系》一书中,提出从文化的角度来研究犯罪问题的重要性,并提示要研究犯罪者所面对的文化环境,这是他基于对文化的独特理解以及文化与犯罪关系的看法。关于犯罪问题的文化成因,严景耀指出:"社会学者不仅要知道当前存在的事物,过去存在的事物,并且还要知道它们在人们文化生活中的意义。犯罪,尽管它本身就是个有趣的问题,但是当我们还未发现它意味着什么时,它是没有重要价值的。我们想知道在什么情况下发生犯罪,犯罪者本身和他们的受害者的感受和态度怎样,一个人犯罪后社会和人们怎样对待他等这一类问题。同样的犯罪在不同的文化中有不同的意义,或者在'相同的'文化中,而在不同的时期又有不同的意义。……为了了解犯罪,我们必须了解发生犯罪的文化;反之,犯罪的研究又帮助我们了解文化及其问题。"②这里,严景耀实际上提出了两个相互联系的问题:一个问题是,所谓犯罪作为一种社会现象,皆是在一定的文化环境中的犯罪,亦即所谓犯罪皆是与相关的文化环境相联系的,故而从研究的角度就要解释犯罪这种现象"在人们文化生活中的意义",并且正是在这种意义上,从研究的角度来说,"为了了解犯罪,我们必须了解发生犯罪的文化;反之,犯罪的研究又帮助我们了解文化及其

---

① 严景耀:《中国的犯罪问题与社会变迁的关系》,北京大学出版社 1986 年版,第 3—4 页。

② 严景耀:《中国的犯罪问题与社会变迁的关系》,北京大学出版社 1986 年版,第 2 页。

国变迁的一个重要表征,这里有着多种因素的作用。他指出:"我国家族制度,数千年来,在大体上无大变动。有之,则自海通以后始发现之。所以家族制度的变迁,与其他社会各部分变迁一致,都起于与西洋交通以后。……其主要因素,大致如下:一、思想的因素。……但自海通以后,西洋自由平等与个人主义的思想,传入中土。于是我国固有的家庭约束,即受其影响,而发生变迁。影响的开端,虽难确言,大约在戊戌政变的前后。二、制度的因素。西洋小家庭制度的传入,大约在五口通商以后。……三、政治的因素。自辛亥革命以后,万象更新。人民在法律上与实际上获得许多自由平等的权利。于是极自然的推广至于家庭。……四、社会的因素。……我国自辛亥革命以还,交通日见发达。自由平等的思想与小家庭制度,不仅传至通都大邑,而且及于穷乡僻壤了。五、教育的因素。自前清末叶,新教育萌芽以来,受教育人数日增。教育原为社会改造的原动力,教育愈发达,则新思想新文化推广的力量愈大。因之,大家族制度所受的影响亦愈深。"①孙本文将近代以来西方影响中国家庭制度的情形,概括为思想、制度、政治、社会、教育这样几个方面,并说明这种多层面影响在社会生活中的具体表征,从而较好地说明大家族制度灭亡的必然性。

孙本文正是鉴于对中国大家族制度在近代变迁的考察,对于我国现代家庭发展的趋势,作了这样的预测:"近数十年来,我国家庭组织的范围与系统方面,可以见到两种明显的趋势:即由大家族制趋向于小家庭制,由阶级的家庭趋向于平等的家庭制。"②孙本文从社会稳定、和谐的角度,对于中国家庭的发展方向,也提出了"直系亲属同居为原则"的建设性主张:"中国目前最适宜的家庭组织,应以直系亲属同居为原则,以保存中国固有的家庭美德。而以家长为全家的领袖,以合理的态度,领导家事的进行,以实现家庭的安宁幸福。"③

孙本文的《现代中国社会问题》一书,基于中国社会实际来研究中国社会在演进中所出现的各种现象,并进而对于近代以来西方思想文化渗透作出历史的说明。该著除了对于中国的家族制度及家庭问题重点研究外,对于现代中国的其他社会问题亦有较多的研究,成为当时中国社会学界研究社会问题的重要著作。

（3）《社会心理学》（1946 年）。孙本文的《社会心理学》一书于 1946 年 11 月由商务印书馆出版（1948 年 8 月再版）,以社会学视域研究社会心理问题,在社会

---

① 孙本文:《现代中国社会问题》第 1 册,商务印书馆 1942 年版,第 110—111 页。
② 孙本文:《现代中国社会问题》第 1 册,商务印书馆 1942 年版,第 111—112 页。
③ 孙本文:《现代中国社会问题》第 1 册,商务印书馆 1942 年版,第 116 页。

心理学中国化方面作出了积极的探索,成为当时集大成的社会心理学著作①。该著依据社会心理学是研究"个人在社会中的行为"的观点,设置了该著的著述体系。全书分为六编30章,第一编交代了社会心理学的研究目的、研究对象、研究范围,介绍了社会心理学的源流派别;第二编对于人类行为的基础与型式进行了概述,说明人类行为的多样性及其对社会的影响;第三编和第四编一方面研究了社会情景对于个人行为的影响,另一方面又分析了社会制约个人行为的方式与途径;第五编讨论了个人行为对于社会影响的具体层面,分析了个人调适自己的行为以适合社会情境的法则;第六编就社会心理学的具体应用作出研究,探讨社会心理学在社会上运用的范围。

孙本文的《社会心理学》汲取当时社会心理学的研究成果,具有综合各派观点的特点。诚如作者在该著的"序"中所说:"多数学者承认:社会心理学是研究个人在社会中的行为,其研究的中心是社会中的个人,一面研究社会对于个人的影响,一面研究个人对于社会的影响。社会与个人双方相互的影响,成为社会心理学研究的领域。……本书内容,即依据这共同趋向,而自定一比较完整的体系。就现代各种派别说,本书是采综合的观点,与白乃德、杨京伯为近,而兼取柯莱的人格论、劳史的群众论之长。就心理学的立场看,本书重视缓和派行为主义的见解,与亚尔保为近,而同时撷取吴伟士的动态心理论、顾勒的完形论、勒温的形势心理论之长。本书认为:社会心理学虽可谓心理学的一个分支,或将来独立成科,然毕竟只是社会学的一部门,因其所研究者只是社会行为现象的一面——

---

① "社会心理学"作为一门学科在现代中国的创立,一开始也是在翻译西方心理学著作中起步的。如美国学者爱尔乌德(Charles A.Ellwood)的《社会心理学》(*An introduction to social psychology*),在1922年3月即有上海商务印书馆的译本(金本基、解寿晋的译本),其后商务印书馆多次再版。美国学者杨琴巴尔(Kimball Young)的《社会心理学》(*Social psychology*),商务印书馆于1930年12月出了高觉敷的译本。此外,美国学者奥尔波特(Floyd Hrnry)的《社会心理学》(*Social psychology*),在1931年5月亦有商务印书馆初版(赵演译本),至1941年3月商务印书馆至少出了5个版本。中国学者自著《社会心理学》著作的,比较早的有顾文麟的《社会心理学》(山东社会教育讲习所1924年4月版)。该著共7章,主要内容是社会心理学之定义、社会心理学之成立、社会心理学之类别、社会心理与个人心理之不同、社会心理之优点、社会心理之缺点、社会心理指导之法则。中国学者比较早地编纂社会心理学且在学术界有较大影响的,当数陆志韦编纂的《社会心理学新论》,主要内容是社会性的习惯、所谓"本能"、动作的改变、礼法与食色、共同的行为、崇拜与思想、何谓社会心理学等。该著由商务印书馆1924年3月初版,1930年出至4版,1933年还有"国难后1版"和"国难后再版"。(参见国家图书馆编:《民国时期图书总目·社会科学总论》,国家图书馆出版社2019年12月版,第189—190页)。孙本文的《社会心理学》晚出,且汲取既有的学术研究成果,故而乃是集大成的社会心理学著作。

问题";另一个问题是,人们对于犯罪的认识也是在一定的文化中形成的,认定是否犯罪以及在多大程度上的犯罪,是与研究者所处的文化氛围密切相关的,所以"同样的犯罪在不同的文化中有不同的意义,或者在'相同的'文化中,而在不同的时期又有不同的意义"。换言之,犯罪的文化环境以及认定犯罪的文化环境,是研究中所必须加以重视的,否则不仅不能认识社会、而且也不能认识犯罪问题。关于犯罪问题的文化研究及从文化角度研究犯罪问题的原因,严景耀指出:"犯罪不是别的,不过是文化的一个侧面,并且因文化的变化而发生异变。它是依据集体的一般文化而出现的,它既不是一个离体的脓疮,也不是一个寄生的肿瘤。它是一个有机体,是文化的产物。文化是有它独特性的事物,并只能有它本身的解释。现有的文化因它在特殊的文化现象中赋予决定性的解释而加倍活跃。它唤起了人们对它特有的存在的理由进行探索;而且某种形式的解释进一步地符合这种文化的典型特征。因此,文化似乎是一种排外性的。我们也许不可能解释所有的文化现象,或者说至少不能超过文化中的某一部分。但是,只要我们能解释,这种解释也必须局限在文化范围内。"①严景耀据此认为,如果不懂得发生犯罪的文化背景,不明白研究犯罪问题的研究者自身所处的文化环境,也就不能真正懂得犯罪问题的。换言之,犯罪问题需要从文化方面来给予充分的解释。

严景耀在《中国的犯罪问题与社会变迁的关系》一书中还认为,同一种的犯罪行为在不同的文化中就有不同的意义,因而在不同的文化标准中,对犯罪就有不同的概念。因此,这就需要具体地研究不同时段的社会,研究不同的文化状况,尤其是"文化的各个不同阶段和类型"及其所表征的"哲学和精神",借以反映"不同的道德观,不同的观点立场,不同的方式和不同的概念"对于犯罪问题研究的影响。他指出:"技术的形式、结构的类型和经济、政治的制度及公正的概念都显示出整个文化历史中各个人之间的亲密关系。文化的各个不同阶段和类型都是一贯的连续的,各有它自己的哲学和精神,它们由于不同的道德观,不同的观点立场,不同的方式和不同的概念而有所区别,但都是有利于社会组织的。以上各项因素都影响到对那些行动定为犯罪。"②严景耀从人类历史的记载中说明,在文字以前阶段许多被认为是犯罪的行为,在现代社会则不被认为是犯罪;许多在文字以前阶段认为是正当的行为,在现代社会则被认为是犯罪行为。

---

①　严景耀:《中国的犯罪问题与社会变迁的关系》,北京大学出版社 1986 年版,第 2—3 页。

②　严景耀:《中国的犯罪问题与社会变迁的关系》,北京大学出版社 1986 年版,第 6 页。

即使是在现代社会中,不同的国家甚至是在同一国家之内,也因为文化传统的不同,其所认为的犯罪行为也有很大的差异,法律对于犯罪的概念因时因地而变化。总之,犯罪现象,中外不同,古今各异,不能一概而论,由此也决定了"犯罪"只是一个相对的概念,对它的理解也就有赖于它所发生的文化背景。关于"犯罪"概念的相对性,严景耀认为这并不与社会上所谓必须"遵守的规则"相矛盾,相反社会上所规定的这些"规则",在事实上也是与既有的文化状况相联系的。他指出:"社会上任何必须遵守的规则,不管它有多少神秘色彩,或者是假借上帝之名,或超自然的威力,都是为了社会集体生活的融洽,成为一种社会的约制力。文化产生了福利哲学,设置了禁区,迫使人们不去作这种哲学认为是有害的事;确立了准则,叫人去做它认为是有益的事。所谓'不道德的'、'反社会的'或'犯罪'等概念不过是指那些不适合某时、某地或不能迎合统治者权威者的愿望的事而已。所以,还没有一个永久的、普遍的标准可以来明确指明那些事是正确的、正直的,并用以比较和批判那些不同的习俗。只有经验才能作出对某些有益的习俗的判断。"①严景耀关于犯罪标准及"犯罪"概念所具有"相对性"的论述,揭示了社会的、文化的种种因素的作用,主张将犯罪问题的研究置于其所关联的具体社会之中,为正确认识犯罪问题提供了新的研究思路。

严景耀所著《中国的犯罪问题与社会变迁的关系》一书,有着扎实而又可靠的资料基础,这在同时期的社会学著作中也是极为少见的。该著基于自己在1928—1930年广泛的调查,积累了关于中国犯罪问题的第一手基本资料,为此后中国犯罪问题的研究奠定了坚实的材料基础。该著研究的犯罪问题,主要有这样几个方面:

(1)关于犯罪的范围。严景耀通过调查发现,北平、上海(租借地除外)和山东济南三个城市犯罪率呈上升的趋势,其中男性犯罪增加率很高。北平犯人总数中男犯占92%,女犯占8%,比例为11比1;而根据北平近几年贪污和偷盗罪大幅度增加、诈骗犯显著增加的情形,可以"推论出男性犯人之增加是由于经济犯罪的增加"②。女子犯罪率低于男子,这种情形在全国都是如此的,其原因就在于"在中国,女子的生活经常是依靠男人来维持"、"女子的身体构造使她们无力去抢夺别人"、"在法律面前妇女的地位比较有利,她们比较容易得到

---

① 严景耀:《中国的犯罪问题与社会变迁的关系》,北京大学出版社 1986 年版,第 14—15 页。
② 严景耀:《中国的犯罪问题与社会变迁的关系》,北京大学出版社 1986 年版,第 18 页。

缓刑"、"妇女犯罪比较复杂、隐蔽,当然,她们被侦破逮捕归案的机会也较男子为少"①。

(2)关于犯罪的类型。严景耀根据自己的调查材料认为,中国的犯罪类型值得引起研究者注意,尤其要注意经济犯罪问题的研究。在他看来,经济犯罪占有绝大的比重,并且其他类型的犯罪,有些也是与经济有关的。他通过调查和分析后发现:在 12 省的 20 个城市中,在一定的年度内犯人总数为 94138 人,其中 35645 人犯偷窃罪,为数最多(约为总数的 38%);其次,为吸食鸦片及有吗啡嗜好者及其他毒品的贩运或吸用者,共 18915 人(为总数的 20%),两者约占总数的 58%。而据调查统计的资料,在 20 个城市中,15 个城市最主要的犯罪是偷盗,4 个城市最多的是贩吸鸦片和其他毒品,如安庆、芜湖、营口和太原,而在南昌则是杀人或伤人为最主要的。在 20 个城市的一定年度里,女犯为 7418 人,其中鸦片烟犯为数最多,计 2163 人,为犯罪总数的 29.2%。人数次多的是犯绑架及拐骗罪的,计 2124 人,占总数的 28.6%。这两种犯罪,相加为犯罪人总数的 57.8%。在所考察的城市中,有 9 个城市中鸦片及吸毒犯是最主要的,有 8 个城市中绑架和拐骗犯是主要的。在上海,性道德败坏罪和重婚罪最多,在南昌和安东则是凶杀罪和伤害罪最多;而在北平,9 年中女犯人数达 1286 人,其中犯拐卖罪者 307 人,占总数的 23.8%;其次为诱拐犯,计 250 人,占 19.4%;第三位为性犯罪,计 176 人,占 13.6%。统计表明,女犯中,犯经济罪者占多数。在犯罪中,"有些暴行罪主要是由于经济原因","经济犯罪如此普遍,以地区而论,不仅北平如此,在其他城市中同样地存在,几乎没有例外"②。

(3)犯罪与年龄的关系。严景耀通过对北平监狱有关犯人年龄的调查和研究后发现,犯罪与年龄有着密切的关系,表现为"不同年龄的犯人犯不同的罪行"。一般地说,16—25 岁的男犯数字增加最快,至 29 岁逐步下降,此后迅速下降。男犯中,20—29 岁的占 2/5。女犯的数字截然不同,犯罪数字逐年增加,到 44 岁是犯法者最多的,而 44 岁以上犯罪人数逐渐减少。年龄分布曲线的变化完全是缓渐的。35—44 岁虽是最高峰,但这个年龄之间的犯罪百分比仅为 28%。在男性犯罪中,不同类犯罪数的年龄分布比较显著,20—24 岁出现偷窃与诈骗犯最多;25—29 岁,违反行为、抢劫及暴行犯最多,并且大多数是经济犯罪。在女性犯罪中,与男性犯罪相比,其差别非常显著,将近 95% 的性行

---

① 严景耀:《中国的犯罪问题与社会变迁的关系》,北京大学出版社 1986 年版,第 19 页。

② 严景耀:《中国的犯罪问题与社会变迁的关系》,北京大学出版社 1986 年版,第 21 页。

为犯法是 34 岁女性犯的,犯绑架罪的仅为 15.9%,犯诱拐罪的仅为 13.3%。犯罪的年龄不仅与性别有关,也与所处的城市有关。"如北平与太原两地男犯的年龄分布:太原的犯人比北平犯人犯罪时的年龄要大得多,这一现象很值得注意。两者的高峰年龄相差 10 岁。太原是一座较北平小得多的城市,太原人口不到 10 万,北平人口约为 100 万。对照美国较大的工商业城市的青少年犯罪人数很高的特点,就可说明从犯罪年龄分布情况看,城市愈大,犯罪的年龄愈轻。"①

(4)关于犯罪的地区分析。严景耀通过研究指出,中国农村与中国城市对于"犯罪"有不同的认知。由于中国农村对于犯罪一般都是采取"私了"的办法来解决,"以致一个人从他们家族中拿走什么东西根本算不上犯罪。他可能因此受到家人或家族传统的教训,但他不是罪犯。"至于把犯罪看作社会问题的,还是随着城市生活的发展而来的。就北平城的犯罪情况而言,犯人大多住在城市里人口集中的地区,40%以上住在城内,37%住在城外,17%是无家可归;北平城里有几个犯罪集中的地区,"大多数小偷在城里最热闹的地区活动,例如前门外、天桥市场、东四牌楼和东单牌楼。北平地区四分之一以上的案件发生在前门外,或离它不远的天桥。这是北平两个最繁华的地区。"②

严景耀在《中国的犯罪问题与社会变迁的关系》一书中,根据调查的材料对犯罪的范围、类型进行分析,对犯罪与年龄的关系、犯罪的地域分布进行说明,改变了那种依赖外国材料论述犯罪问题的局面,从而使中国的犯罪问题的研究进到科学的层面。

严景耀是现代中国的著名的马克思主义学者,他在《中国的犯罪问题与社会变迁的关系》中依据自己调查的材料开辟犯罪学的研究领域,并在马克思主义指导下揭示了文化研究与社会研究在犯罪学研究的地位,努力将唯物史观研究社会的理念有机地贯彻到犯罪问题的研究中,不仅建立了中国式的犯罪学的学术研究体系,而且在社会学体系中开创了犯罪学这个新的分支学科。在中国学术界,以马克思主义为指导研究犯罪问题,依据自己调查的材料而系统地考察犯罪问题与社会变迁的关系,严景耀是第一人。严景耀是中国犯罪学研究的开创者,在中国马克思主义社会学史上占有重要的学术地位。

---

① 严景耀:《中国的犯罪问题与社会变迁的关系》,北京大学出版社 1986 年版,第 24—25 页。
② 严景耀:《中国的犯罪问题与社会变迁的关系》,北京大学出版社 1986 年版,第 25 页。

9. 陈序经的《中国文化的出路》(1934 年)

陈序经①所著《中国文化的出路》,是其代表性的文化社会学著作。1933 年 12 月,陈序经在中山大学作了题为《中国文化之出路》的讲演,提出了中国文化的出路在于全盘西化的主张。其后,陈序经在演讲稿的基础上加以增补,形成了《中国文化的出路》一书,并由上海商务印书馆于 1934 年 1 月出版。该著共七章,第一章是"文化的根本观念(上)",第二章是"文化的根本观念(下)",第三章是"折衷办法的派别",第四章是"复古办法的观察",第五章是"全盘西化的理由",第六章是"近代文化的主力",第七章是"南北文化的真谛"。就全书的架构来看,该著的第一章和第二章为全书的理论基础,从理论上建立自己的文化理论,因而是建构学术理论的重要努力;而后面的第三章至第七章,则是基于第一章和第二章所建立的文化理论,具体地评说思想界学术界的各种文化主张,并在评说中提出自己的"全盘西化的理由",因而属于在理论基础上的具体应用。就此来说,该著是理论建构与理论运用、学术阐发相结合的一部学术专著。

陈序经关于文化社会学的思想,是以其对于文化的界定为基础的。文化是什么?陈序经给文化下了这样的一个定义:"文化可以说是人类适应时境以满足其生活的努力的工具和结果"②。依据这个文化的定义,陈序经提出了"文化圈围"理论和文化"一致与和谐"论,为其"全盘西化"主张建立理论基础。

陈序经在文化理论上提出"文化圈围"理论,用以说明不同社会的文化及其特点。陈序经指出:"地理、生物、心理及文化各要素的影响,而形成某一社会的文化,我们可以叫做文化圈围。"这里,所谓"文化圈围",它也可以叫作"研究文化的单位"。对文化圈围的认识可以从两个方面去观察:一方面是空间,另一方面是时间。"从空间看去,文化的特性是复杂的;从时间看去,文化的特性是变

---

① 陈序经(1903—1967),字怀民,广东文昌县(现属海南省)人。社会学家、文化学家、教育家。早年随父到新加坡,1919 年回国后考入广州岭南中学。1922 年以同等学力考入上海沪江大学生物系,1924 年转入复旦大学社会学系。1925 年留学美国伊利诺伊大学,攻读政治学、社会学。1928 年获政治学博士学位。同年秋回国,受聘于岭南大学社会学系。1929 年至 1931 年于德国柏林大学、基尔大学研修,研究政治学、社会学和经济学。1931 年下半年回国,任岭南大学教授。1934 年转任南开大学经济研究所教授。1938 年执教西南联大。1946 年任南开大学教务长、经济研究所所长。1948 年任教于岭南大学。1956 年被评为一级教授,任中山大学副校长。1962 年兼任暨南大学校长,1964 年调任南开大学副校长。曾任广东省政协常委和全国政协委员。主要著作有《中国文化的出路》、《东西文化观》、《中国文化史略》等。

② 陈序经:《中国文化的出路》,上海商务印书馆 1934 年 1 月版,转引自杨深编:《走出东方:陈序经文化论著辑要》,中国广播出版社 1995 年版,第 63 页。

动的"。陈序经认为,由于从空间和时间两方面去看,文化具有复杂性和变动性,因而必须进而分析文化复杂性和变动性的缘由。由于文化的变动性的特点,使得文化在经过一段长时间后"文化遂成为不少的层累";而文化的复杂性的特点,又使得"在每一圈围的文化里,其所包含的成分也很多"。正是基于这样的逻辑推理,陈序经认为:"因此我们想对于文化本身上得到充分的了解,不但要明白形成文化的各种基础,还要知道文化的成分及其层累"①。那么,又如何能知道文化的成分及其层累呢?陈序经给出的答案是:要明白文化的成分,就应当从文化成分的分析来具体地研究文化,因为"文化成分的分析的功用,是使我们明白文化所包含的性质是什么及其关系的原则";要明白文化的层累,就必须通过文化地层的分类来研究,因为"文化地层的分类的功用,是使我们了解文化发展的原则及其程序"②。陈序经这里的意思,可以简单地概括为:要研究文化圈围,就必须研究某一"文化圈围"中文化的基本要素,亦即要进行文化的分析,如此也就必须研究某一文化圈围所处的文化发展阶段,亦即要进行文化层累的研究,以便对这一圈围的文化进行定位。由此,陈序经借鉴西方学者在时间上对文化的划分,主要是阐发文化发展观,这包括以下两个内容:第一,文化是发展的,因而文化有高低之分。陈序经说,文化有其演进的程序,"我们总要承认文化确有高低之分。它的演进的程序,是由低而高。而演进的原则,是由纷乱浑漠的形态而变为明确特殊的形态,由简单而变为复杂,由少数部分和散漫的结合而变为多数部分和明确的结合"③。第二,文化是演进的,演进是由于文化的变化,而文化变化有渐变和突变的分别。在陈序经看来,文化渐变是文化发展的普遍形态,其文化发展"有一种继续不断的痕迹";而文化的发展乃是突变的形态,即"在某种地层较低的文化的人类,可以不必经过人家已经的阶级,而直接能模仿人家已达的最高阶段"④。应该指出的是,陈序经的"文化圈围"论是用文化的时空两维性去阐释的,其目的在于为他的"全盘西化"论奠定理论上和逻辑上的前提。既然文化都具有相同的成分,因此中西文化并没有什么根本的不同,中国人学习

---

① 陈序经:《中国文化的出路》,上海商务印书馆 1934 年 1 月版,转引自杨深编:《走出东方:陈序经文化论著辑要》,中国广播出版社 1995 年版,第 68 页。

② 陈序经:《中国文化的出路》,上海商务印书馆 1934 年 1 月版,转引自杨深编:《走出东方:陈序经文化论著辑要》,中国广播出版社 1995 年版,第 69 页。

③ 陈序经:《中国文化的出路》,上海商务印书馆 1934 年 1 月版,转引自杨深编:《走出东方:陈序经文化论著辑要》,中国广播出版社 1995 年版,第 82 页。

④ 陈序经:《中国文化的出路》,上海商务印书馆 1934 年 1 月版,转引自杨深编:《走出东方:陈序经文化论著辑要》,中国广播出版社 1995 年版,第 83 页。

西方先进文化就有可能;既然中国文化与西方文化相比,处在文化的较低时期和较低阶段,那么中国人学习西方文化乃是必要的;既然文化发展有突变的形态,中国人就可以不经过西方人的文化发展阶段而直接地接受西方的现代文化,从而能够与西方文化并驾齐驱。又因为文化是整个的,而且文化某一方面变化又是能影响其他方面,因而中国接受西方文化就应该是"全盘"的,而不能仅仅是物质的或制度的层面。

在陈序经的文化理论中,他提出的文化"一致与和谐"论颇有特色。这一理论的侧重点,是关于一种文化与另一种文化相接触后的发展趋向问题。对此,陈序经有两个重要的观点:

第一个观点是,同一圈围的文化是"一致与和谐"。陈序经根据自己的文化理论,作了"一致与和谐"的论述。他认为,每一圈围的文化都是整个的表示。但是所谓整个的表示,并非指"唯一"或"独一",而是"一致与和谐"。这个结论何以成立?陈序经主要是从文化的创造者个人以及文化在时间与空间上的特性这两方面来说明的。其一,"人"作为文化的创造者,决定着所创造的文化具有"一致与和谐"。这里,创造文化的"人"并非独一或唯一的人,而是普通的人,或是多数的个人。这种"人"具有两大特性,即相同与相异,而社会文化的创造及发展,也正是由于人的这两种特性。因为人与人之间"有了相同性;他们能够起同情心而合作;有了相异性,他们可以互相利用而分工"。既然社会或团体中的个人具有相同和相异的两种特性,有着社会生活中的"合作"和"分工",因此,"设使在某一社会或团体里,人人对于适应时境以满足他们的生活的努力的工具和团结是同样的,那么这社会或团体的文化,是成了一致。设使他们循着各人的异处去做,而成为互相利用的分工,那么这个社会或团体的文化,从个体方面看去,固是各异,但从全部看去,却是和谐。"①这里,陈序经从人与人之间的"相同性"和"相异性",而引申出人们在社会生活中"合作"与"分工"两种形式,进而说明人们的创造活动所具有"和谐"与"一致"的特点。其二,从文化的时间和空间的特性来看,文化也具"有一致与和谐"。陈序经认为,文化的空间性的特性是极为复杂的,它包含着分析不尽的成分,尽管文化的分析乃是人为的。但"文化是和谐的","因为文化的各方面有时都是人人所需要的,从这方面看去,她也可以叫做一致"。陈序经认为,从文化的时间上分析,文化的演化是由简单

① 陈序经:《中国文化的出路》,商务印书馆 1934 年 1 月版,转引自杨深编:《走出东方:陈序经文化论著辑要》,中国广播出版社 1995 年版,第 85 页。

而变为复杂,正"因为简单,所以易趋于一致;因为复杂,才有和谐"①。陈序经同时也指出,文化的这种由"一致"而至"和谐"的发展,只能当作一种相对的真理,却非绝对的原则。但从整个文化的发展历程来看,文化发展的总趋势是呈现一致而又和谐的趋向。

第二个观点是,两种或两种以上文化接触的结果是"一致与和谐"。陈序经提出的"一致与和谐"理论,其侧重点还是关于一种文化与另一种文化接触后发展趋势的探讨。关于两个圈围的文化接触后的发展趋向,陈序经分析为三种情况,即:(1)两种完全相同的文化相接触→一致;(2)两种完全相异的文化相接触→和谐;(3)两种同异兼有的文化相接触→一致与和谐。关于两种以上的文化接触,在陈序经看来其实亦是两种文化的接触,只不过接触的次数不是一次完成罢了,故而陈序经认为多种文化接触之后,"其结果也是趋于一致与和谐"。关于文化接触以后某种文化是否存在"保存固有文化"问题,陈序经的回答是否定的。他认为,两种完全不同或有异有同的文化,其接触以后在其过渡时代,表面上是平行的,而实际上却是在经历着文化变换的过程。"因为接触一经发生,立成了一种新局势,新要求,新趋向",是相互接触的甲乙两种文化的"双双必需";"因为时代环境一变,则他们唯有一种共同的文化并没有所谓'固有',更没有什么所谓'保存固有'"。这种"共同的文化",不是别的,而正是两种或两种以上文化接触后的结果或趋向,这就"是先进文化的伸张",亦即"是一种共同和谐的文化"。正是基于这样的看法,陈序经认为近代中西文化的接触之后,中国绝没有"保存固有文化"的可能,中国文化只能成为历史的陈迹,其结果是西方文化一统天下。这样,陈序经为其此后全盘西化主张的提出铺下了理论基础。

陈序经在《中国文化的出路》中提出的文化社会学思想,以其"文化圈围"理论和文化"一致与和谐"论最为突出,在当时的中国社会学界、文化界可谓独树一帜。该著充分地借鉴了西方资产阶级的文化理论,并广泛地运用西方人类学、社会学和文化学的研究成果,比较系统地阐发他关于文化变革的根本主张。陈序经正是以这种文化主张对于思想界的复古派和折衷派予以猛烈地批判,指出中国文化的出路在于"全盘西化"。陈序经说:"我们的结论是,救治目前中国的危亡,我们不得不要全盘西洋化。但是彻底的全盘西洋化,是要彻底的打破中国的传统思想的垄断,而给个性以尽量发展其所能的机会。但是要尽量去发展个

---

① 陈序经:《中国文化的出路》,商务印书馆 1934 年 1 月版,转引自杨深编:《走出东方:陈序经文化论著辑要》,中国广播出版社 1995 年版,第 86 页。

性的所能,以为改变文化的张本,则我们不得不提倡我们所觉得西洋近代文化的主力的:个人主义。"①尽管陈序经的"全盘西化"主张不可能实现,但在当时对于批判复古思潮还是有一定的积极意义的。

10.吴云高的《现代家庭》(1935 年)

吴云高的《现代家庭》一书由中华书局于 1935 年 4 月初版,1939 年 7 月再版。该著是一部专论现代家庭建设的学术专著,分 4 编研究家庭制度、家庭教育、家庭卫生、家庭经济等问题,为推进家庭社会学学科的建立作出了重要的贡献。

何谓家庭呢? 对此,吴云高在《现代家庭》中,给予了广狭两方面的说明,并就家庭在各个"经济时代"的演变及其所起的作用给予了具体分析。吴云高认为,家庭在狭义上具有生物学的性质,但家庭在广义上则是具有社会的性质。他指出:"什么是家庭? 要解答这个问题,我们可以从广狭两方面来分别叙述:先从狭义的说:家庭是包含两代或两代以上(此又有大家庭和小家庭之分)血统关系所构成的团体。这个团体,即是一种自然的生物学上的构造物。明白点说:便是夫妇与子女共同生活的地方。……再从广义的来说:家庭组织实系社会组织的缩影,集合各个家庭而成社会,家庭实为社会组织之基础。原始的社会制度就是家庭。"②这里,吴云高不仅从生物学角度而且也从社会演变的角度,说明了家庭对于人种的延续和社会的进化所发生的作用。

《现代家庭》一书从社会变迁的观点来研究家庭,在社会经济演变的视角中探索家庭的产生和发展问题。关于家庭的起源问题,该著指出:"我们要追溯人类家庭的起源,却不能不说是起于生理上自然的需要。质言之,就是起自'情感'与'生殖'两个作用。……我们可说家庭乃是一种自然的组合,它的基础即是生物的基础,天赋生物一种产生子女的本能,人类家庭就是抚育子女的机关。"③又指出:"及至社会渐渐进化,家庭组织为适应生活环境起见,也渐渐改变,成立了一种家庭制度。这种制度的形式,原系依各时代、各民族递次的变化而有差异。"④正是依据进化论的观点,吴云高认为家庭的演变乃是一个不断前进的过程:"自古以来渔猎时代,是母系家庭,一至农业时期,就变为父系家庭。

① 陈序经:《中国文化的出路》,商务印书馆 1934 年 1 月版,转引自杨深编:《走出东方:陈序经文化论著辑要》,中国广播出版社 1995 年版,第 139 页。
② 吴云高:《现代家庭》,中华书局 1935 年版,第 14 页。
③ 吴云高:《现代家庭》,中华书局 1935 年版,第 5 页。
④ 吴云高:《现代家庭》,中华书局 1935 年版,第 6—7 页。

现在到了工业时期,又一变而为小家庭,可知家庭的组织,常是随时代的潮流,和社会环境的需要而变迁的,尤其是受社会经济组织的影响为最大。"①该著关于家庭产生问题的说明,不仅突出了家庭具有不断发展和前进的特点,而且将"社会环境的需要"作为家庭变迁的重要原因,同时又认为"社会经济组织"对于家庭的影响为"最大",这就突出了社会经济生活在家庭变迁中的重要作用,因而也是很有学术见识的。

《现代家庭》对于家庭在各个经济时代演变的情形,亦从社会经济演变的角度给予具体的说明:"当家庭经济时代,即以家庭为经济活动的中心。家庭之所消费,即是家庭自己的生产,离开了家庭便无经济可言。后来经济发达到了都市经济时代,经济的重心,移转在都市上了;然而家庭仍为制造商品之中心,家庭在生产上的地位,并未十分降低;不过它所消费的,不是完全取之于家庭罢了。最后到了国家经济时代,受着工商业发达的影响,家庭经济的地位,有一部分为工厂所夺,不免降低,然而在农业尚未全部工业化之前,那农村的生产功用,大部分仍然是靠着农人的家庭。这样看来,家庭在经济上的地位,不仅在最初有广大的领域,就是在现在,也还有相当的势力。"②值得注意的是,该著是在社会经济生活的变动中,来具体地考察家庭地位和作用的演变,并依次考察了"家庭经济时代"、"都市经济时代"、"国家经济时代"中家庭演变与社会经济变迁之间的关系,反映作者具有历史变迁的眼光和社会经济的研究视角。

《现代家庭》一书对于家庭未来演变趋势作了探索。该著认为,家庭的组织形式在未来会有重要的变化,但家庭的变革只是变革了家庭组织的形式,而不是改变了家庭的本质。该著指出:"固然,一般理想的社会主义者以为将来到了那实现共产主义的日子,居住有公共住宅,膳食有公共膳堂,抚育儿童有公育院,家庭制度可以消灭于无形。其实此种理想,即使实现,至多亦不过消灭现代的家庭的形式,决不致消灭整个家庭的组织。这个理由,便是因为家庭组织,是以两性结合同居为要素的。两性同居的事实,既为势不能免,然则家庭的存在,自然亦为势所必然之事。于是我们可以料想将来的家庭,它的组织方式虽则变化无已,然而实质却仍屹立不动。不过随时代而变迁有各种不同的方式罢了。"③这里是说,即使是到了未来理想的社会,只要还存在着"两性结合同居"的问

---

① 吴云高:《现代家庭》,中华书局 1935 年版,第 8 页。
② 吴云高:《现代家庭》,中华书局 1935 年版,第 17—18 页。
③ 吴云高:《现代家庭》,中华书局 1935 年版,第 13 页。

题,则家庭也就不能够完全被消灭,只不过此时的家庭因时代的变迁而有"不同的方式"。

《现代家庭》一书对于家庭生活中男女结婚的年龄问题进行研究,力图为青年男女的婚姻提供指导。该著主张婚姻由男女双方自主,但又认为在中国的转型社会时期,婚姻还是要征求父母同意的。他说:"不过在我国目前新旧过渡的时期,男女双方年事尚轻,对于社会的认识不足,对于对方的观察不明,贸然自由结合,恐怕没有好结果。所以婚姻之成,除由双方自主外,必须征求父母的同意。父母年事已高,观察自必周密,而且做父母的当然没有一个不愿意他的儿女得一个好伴侣的,当然要为他的儿女十二分精细选择的,子女有这两位亲切的顾问,在婚姻的前途中,自然可以比较美满些。"①那么,男女应该在什么年龄结婚呢?该著反对中国长期以来盛行的早婚风俗,但也不同意过分的晚婚,认为只有在适当的年龄及经济上独立时,结婚才有助于男女双方的身心健康。该著指出:"结婚年龄的主张,大约是以生理上发育完全,及经济上完全独立为标准。……因此我觉得最相宜的年龄是二十岁至二十五岁。因为这时候身体已经发育完全,而且都受过充分的教育或职业的训练,经济上也比较地有独立的希望了。"②该著提出结婚年龄问题,将生理发育及经济独立作为考量的标准,主张青年男女在适当的年龄结婚,反对从一个极端走向另一个极端,这是应该给予充分肯定的。

《现代家庭》一书对于家庭伦理进行研究,主张变革中国传统的家庭伦理,但也认为应汲取传统家庭伦理中有益的方面。该著指出:"我们以为做父亲的不必要装成一副很严肃的样子对待子女,也不必用高压手段来威吓子女,因为这都不过是一种虚伪的形式。这种虚伪的形式,不仅阻遏父子间真实感情的发生,并且还妨害子女个性的自由发展。所以我们主张把这偏重形式的伦理革除,俾使父子自然的爱,可以充分地表现而发展。这才是增进家庭福利的切实办法。因为做父母的对待子女是应该尽力爱护,负责教养的。质言之,教养便是为亲的职责。"③该著主张革除中国传统的父子伦理中不良的方面,尊重子女个性的发展,但认为作为子女的还是要有"孝"的伦理,"父母对子女有教养的责任,子女对父母便有孝敬的义务"④。该著对于夫妇之间也提出新的伦理的要求,指出:

① 吴云高:《现代家庭》,中华书局1935年版,第35页。
② 吴云高:《现代家庭》,中华书局1935年版,第36页。
③ 吴云高:《现代家庭》,中华书局1935年版,第28页。
④ 吴云高:《现代家庭》,中华书局1935年版,第29页。

"夫妇是人伦的起始。他们的职责:一面要忠实保持专一不贰的情爱,因为情爱专一,便可获得永远的和谐;一面又要充分表现分工合作的精神,必须互让、互助、互相依靠。"①该著结合现代家庭发展的要求,在批判地继承中国传统伦理的基础上,又汲取了现代西方注重个性发展的伦理,主张在中国建立新型的家庭伦理关系。

吴云高在《现代家庭》中高度重视家庭教育的重要性,将家庭中的子女教育问题视为家庭的重要职责之一,一方面主张家庭教育中要有明确的施教方针,发挥父母言传身教的作用;另一方面又要求父母在研究儿童习性、选择儿童读物等方面下功夫。吴云高认为各个家庭不同,可以有不同的教育方式,并没有一个统一的范式,但还是要有一个明确的施教方针。他指出:"施教的方针,约有感化和指导二端。在感化方面,便是因情感作用而收教导上的效力。例如子女有一善的动作,父母常喜形于色,这于无形中实给了子女一大奖勉。如子女有一不善的动作,父母常露出不快的样子,又于无形中实给了子女一个惩戒。……再如在指导方面,是以理智作用,使子女充分明了,然后引入正轨。……假如家庭的启示良好,父母的榜样贤明,则子女必受良善的影响,否则,家庭的显示恶劣,父母的行为卑鄙,则子女亦必受不良之熏陶。"②基于家庭教育的"感化与指导"的理念,吴云高提出了父母言行教育的极端重要性,认为父母在家庭教育中要积极地发挥言传身教的作用。吴云高还倡导父母研究儿童的习性,了解儿童成长的特点,借以有意识地发展儿童"动"的天性。吴云高对于家庭教育的研究有着中西教育思想糅合的特点,既吸收了中国传统教育中有关言传身教的有益内容,又融入了西方注重儿童个性发展的理念,为推进现代家庭的建设作出了积极的探索。

吴云高的《现代家庭》一书重点研究家庭的起源与发展,对于现代家庭的婚姻、家庭伦理、家庭教育等方面做出了创造性的探索,并对于现代家庭建设提出了积极的建议,而在思想内容上又有着取鉴中外、中西合璧的特点。该著不仅立足于中国的现代家庭建设的主题,体现了中国本位的研究理念,而且也具有现代的眼光和西方的注重个性发展的思想,力图在现代家庭建设的问题上调适传统与现代之间的张力,为家庭社会学的发展作出了重要的贡献。

---

① 吴云高:《现代家庭》,中华书局 1935 年版,第 31—32 页。
② 吴云高:《现代家庭》,中华书局 1935 年版,第 45 页。

11. 童润之的《乡村社会学纲要》(1941 年)

童润之[1]是现代中国著名的社会教育家,所著《乡村社会学纲要》是其代表性的社会学专著,该著是在讲稿的基础上撰写而成,出版于 1941 年[2]。

童润之在《乡村社会学纲要》一书中,高度重视家庭在社会系统中的地位,认为家庭乃是社会中极为重要的组织,不仅担负着儿童社会化的功能,而且也担负着文化传承的功能。他指出:"举凡社会所有的功能,家庭无不担负之,而家庭所有的功能,未必为社会完全所有。如种族保持与延续的责任,则完全由社会中各个家庭分任之,而非任何其他机关可以代负。又如各个分子生命的维护,特别是幼年分子,亦莫不赖家庭负其全责。"[3]又指出:"家庭是宗教、道德、风俗、语言、文字及其他社会遗传的保持及发展者。社会文化之传与后代,固有种种方式,但父母之传与子女,是一种最有力最普遍的方式。婴儿出世以至长成,逐渐习知前人的道德、行为、思想、技能及一切生活的工具,其中一部分固由学校及社会习得,但一切基本的学习则直接得之父母,而且在学校内的学习,又往往为家庭学习所支配或修正。家庭是文化保持与培植最有力的机关,舍弃家庭,则文化几无传于后代的可能。"[4]童润之认为,家庭之所以担负着这样的社会功能,其根本原因就在于家庭是社会系统的家庭,家庭乃是社会中的重要组织,因而其不仅担负社会的功能,而且有些特殊的功能又是社会所无法替代的。他指出:"家庭是社会组织的一种,但组织的成分与其他社会团体不同。按普通团体往往由相同份子组织而成,而家庭则由相异份子组织而成。而且这些相异份子必定有伦理上的关系,即夫与妻及父母与子女的关系。三个男子或五个女子住在一处,虽

① 童润之(1899—1993),原名德福,江苏南京人。著名社会教育家。早年毕业于南京金陵大学,1926 年夏赴美留学于加州大学,获教育硕士学位。1928 年回国后,任教于中华女子中学。1929年任无锡劳动学院教授,兼农民师范班主任,讲授乡村中等教育、乡村社会学等课程。1930 年任中华女子中学校长。1934 年任江苏省立教育学院教务主任、教授,讲授农村中等教育、乡村社会学纲要等课程。1938 年在桂林代理省立江苏教育学院院长并主持院务,1940 年任江西国立中正大学教育系教授、主任,1941 年任国立广西大学农学院院长,1943 年任重庆国立社会教育学院社会教育系主任、教授,1945 年到无锡任省立江苏教育学院院长。新中国成立后,相继任苏南文化教育学院副院长,南京教育行政干校教授,南京师范学院外语系教授。著有《中华民族的智力》、《乡村社会学纲要》、《乡村教育与民众教育》、《教育学讲义》等著作。
② 童润之的《乡村社会学纲要》,在新中国成立前有三个版本:重庆正中书局 1941 年 10 月渝初版,重庆正中书局 1944 年 5 月 3 版,上海正中书局 1946 年 11 月沪 1 版。——参见国家图书馆编:《民国时期图书总目·社会科学总论》,国家图书馆出版社 2019 年版,第 196 页。
③ 童润之:《乡村社会学纲要》,正中书局 1946 年版,第 161 页。
④ 童润之:《乡村社会学纲要》,正中书局 1946 年版,第 163—164 页。

然是一个团体,但不是家庭,因为他们都是相同份子。一男一女作友谊上的交往,而不结为夫妻,亦不能算是一个家庭。……家庭组织的最低限度是一夫一妻,一个人不能成为家庭。"①童润之在社会系统中考察家庭的地位,指明家庭乃是社会中的重要组织,担负着特殊的社会功能,这就凸显了家庭作用的独特性。

童润之的《乡村社会学纲要》对于乡村的婚姻问题予以高度重视,倡导打破既有的"强迫式"的婚姻制度。在他看来,婚姻问题关系到整个社会的运行,对于人口问题及其他社会问题皆影响很大,而对于结婚年龄高低的影响更为显著。他指出:"结婚年龄的高低与人口生育率及其他社会问题的关系颇大。结婚年龄低,则生育的机会多,而母子的体质,家庭及社会经济,均趋薄弱,年龄高则反是。"②因此,童润之主张在结婚的年龄上应该有所规定,选择一个比较合适的年龄段。那么,乡村婚姻的主要问题究竟在什么地方呢? 童润之认为,乡村婚姻问题主要出在"强迫式"的婚姻制度上,这种制度给社会变迁带来了诸多的问题。他指出:"我国乡村青年的婚姻大都是强迫式的,许多家庭问题是由于婚姻的不满意而造成的。此种婚姻制度相习成风,无知的青年男女对此本不敢有所异议,只得抑郁忍受,但家庭的不和,女之受虐待,男或女的离村逃亡等等家庭不幸事件,都由这种制度造成。且强迫婚姻大都行之于知识半开、初成年或未成年的青年男女之身,致使青年健康受损,生产率及婴儿死亡率增高。其影响于日后家庭幸福至巨。"③童润之从婚姻制度入手来研究乡村婚姻问题,主张打破这种"强迫式"的婚姻制度,这应该说是抓住了中国乡村婚姻问题的本质。

童润之的《乡村社会学纲要》通过对乡村家庭的考察,高度重视乡村妇女在家庭中的地位,主张采取措施发挥乡村妇女的作用,同时还主张对于乡村儿童予以高度的关注。在童润之看来,乡村家庭的改造首要的在于改良大家庭,使大家庭变成小家庭,妇女的解放也只有在改良大家庭的过程中才能得以实现。他指出:"改良大家庭的方法:(一)男女应使平等;(二)婚姻不可专制;(三)打破家族思想;(四)限制祀祖,禁止蓄妾;(五)打破嗣续及重男轻女之风;(六)废除繁重婚丧礼礼仪。"④关于乡村家庭中的主妇问题,童润之指出:"名义上主妇在家庭中处一次要地位,但实际上其地位较其丈夫为重要,尤以乡村家庭的主妇为然。我国乡村妇女对于家庭负有两重责任,一是从事农田劳作,一是主持家事。

---

① 童润之:《乡村社会学纲要》,正中书局 1946 年版,第 165 页。
② 童润之:《乡村社会学纲要》,正中书局 1946 年版,第 83 页。
③ 童润之:《乡村社会学纲要》,正中书局 1946 年版,第 183 页。
④ 童润之:《乡村社会学纲要》,正中书局 1946 年版,第 167—168 页。

在一般的乡村家庭中,主妇的工作较之其丈夫的工作更为繁重,但在生活上所得的物质及精神报酬则较低。主妇既与男子一同参加劳作,则家政主持的责任难免有疏忽之虞,对于儿童的教养,疾病的扶持,家庭经济的措置,衣食住等需要的妥善管理,以及其他种种家庭事务,均不能一一圆满地担负起来,此于家庭及主妇本身均有重大的损失。"①童润之认为,由于乡村主妇与丈夫同样地担负着田间劳作的任务,这就使得乡村主妇之所长得不到应有的发挥,因而也就制约着乡村家庭的发展,故而也就需要改变这种分工状况。童润之对于乡村儿童问题也给予高度的关注,认为不能将乡村儿童局限在农业劳动上,这会使儿童失去未来的发展机会。他指出:"儿童从事农业工作,固可略增家庭收入,且可养成劳动习惯与生产技能,但其弊害远超过于利益,第一是妨碍儿童受教育的机会。……第二是戕贱儿童的身体,使其健康受损。……第三是减少儿童对于农业的兴趣。"②因此,童润之认为儿童在乡村从事农业劳动只能是辅助性的,不能以农业劳动作为其主要任务。正是对于乡村主妇和乡村儿童的研究,童润之提出了解决乡村家庭问题的思路:"解决乡村家庭问题,要从经济与教育两方面着手,而实施的对象,应顾到主妇青年及儿童三方面,不能仅限于家长。……欲谋家庭经济的改善,应特别注意妇女,欲谋农业科学的根本推广,尤不能不从青年及儿童下手。"③这里,童润之将经济与教育作为解决农村问题的抓手,主张积极地关注和发挥乡村妇女、青年及儿童的作用。

童润之是一位留学归来的知识分子,高度关注中国的乡村问题,并就乡村社会作出学术的探讨,这是与其改造中国农村的志向相联系的。乡村社会问题是20世纪30年代和40年代社会学研究的重要领域,并形成了农村社会学这一分支学科,这与当时中国农村问题的严重化是密切联系的。童润之的《乡村社会学纲要》尽管未能从农村中生产关系方面进行研究,也未能抓住农民阶级与地主阶级的矛盾和农村中土地问题的严重性,但他主张研究中国社会必须研究乡村社会,将农村家庭问题作为研究和解决农村问题的抓手,并就乡村中婚姻问题、妇女作用发挥问题、农村儿童个性发展问题等作出积极的探索,因而所著《乡村社会学纲要》为改造农村社会提出了比较积极的建议,故而在中国社会学史上亦有重要的学术地位。

---

① 童润之:《乡村社会学纲要》,正中书局1946年版,第178页。
② 童润之:《乡村社会学纲要》,正中书局1946年版,第185页。
③ 童润之:《乡村社会学纲要》,正中书局1946年版,第186页。

12. 费孝通的《生育制度》(1947 年)

费孝通的《生育制度》一书 1947 年 9 月由商务印书馆出版,共 17 章:种族绵续的保障、双系抚育、婚姻的确立、内婚和外婚、夫妇的配合、社会结构的基本三角、居处的聚散、父母的权力、世代间的隔膜、社会性的断乳、社会继替、交代参差、单系偏重、以多继少、续绝、亲属扩充、氏族。该著从生育制度的视角来研究婚姻、家庭与社会的关系,阐发家庭制度、婚姻制度、亲属关系和氏族学等问题,是一部专论生育制度的社会学专著。

费孝通高度重视生育制度研究的意义,将生育制度视为人类种族绵延的保证和社会运行的基础。他认为,人类的延续及社会的完整,就在于有生育制度的支撑。这是因为,生育制度"把人们结成社会,使每个人不但是个生物的个体,而且是一个社会的分子;每个个人的生存不能单独解决,他得依靠社会的完整。社会完整是个人健全生活的条件,而社会的完整必需人口的稳定,稳定的人口有赖于社会分子的新陈代谢,因之引起了种族绵续的结果。"①该著就其总体著述理念来看,是将生育制度视为一种文化体系,认为其具有保证社会完整性、延续性的功用。费孝通指出:"生育制度——包括求偶、结婚、抚育——和性的关系,可以有两种说法:一是说生育制度是用来满足人类性的需要,一是说人类性的需要是在生育制度中得到满足的。"②在费孝通看来,不能简单地以"人类性的需要"来理解生育制度,因为生育制度本身其实乃是对人类性的需要的一种限制,而家庭也不是单纯的两性关系的生物团体。因此,费孝通赞同马林诺斯基以文化的观点研究生殖问题所提出的看法:"生殖作用在人类社会中已成为一种文化体系。种族的需要绵续并不是靠单纯的生理行动及生理作用而满足的,而是一套传统的规则和一套相关的物质文化的设备活动的结果。这种生殖作用的文化体系是由各种制度组织成的,如标准化的求偶活动、婚姻、亲子关系及氏族组织。"③由此,费孝通从文化上来解读婚姻这一社会事实,认为婚姻对于文化的维系和社会的运行起着基础性作用,因而也就需要从文化的高度来认识婚姻问题。他说:"婚姻并不只是生物的交配,也是文化的交流。在个人讲,与一个生活习惯不大相同的人共同生活确有困难,但是从整个社会看,不同生活习惯的人谋共同生活,是促进文化传布和进步的方法。"④以文化观点来研究生育问题,凸显生

① 费孝通:《生育制度》,商务印书馆 1947 年版,第 16 页。
② 费孝通:《生育制度》,商务印书馆 1947 年版,第 4 页。
③ 费孝通:《生育制度》,商务印书馆 1947 年版,第 5 页。
④ 费孝通:《生育制度》,商务印书馆 1947 年版,第 51—52 页。

育制度的文化意蕴及其在文化传承中的地位,这是费孝通《生育制度》一书的最重要的特色。

费孝通在《生育制度》一书中,正是在文化与社会秩序的视域中来看待婚姻问题、家庭问题,强调婚姻的社会认可性质及其男女双方在婚姻中所应承担的社会责任。他指出:"确立双系抚育的文化手段,这就是我们普通所谓婚姻。婚姻是人为的仪式,用以结合男女为夫妇,在社会公认之下,约定以永久共处的方式来共同担负抚育子女的责任。"①这里,所谓"双系抚育"是说由父母来抚育孩子,亦即父母是抚育孩子的中心人物,承担着抚育孩子的主体责任,并且这个工作是在男女合作的家庭中完成的,抚育因此也就成为一种双系制度。"双系抚育"就是"把抚育的任务交给一男一女的基本单位去担负,可以说是采取了小群负责的原则。我已经说过,社会的新陈代谢作用是为了社会的完整,使社会的各分子的生活能健全进行,所以是一种社会工作。这工作交给一定的小群去经营,所以发生了父母的双系抚育形式。"②费孝通将"确立双系抚育的文化手段"视为"婚姻"中最为主要的内容,就是强调婚姻的文化性、社会性的性质,故而他说:"我们承认两性关系和婚姻关系是两个不相混的概念。决定亲子的社会关系的是婚姻关系,不是生物关系。……我们更可以明了人类中的双系抚育不是直接从两性生殖上演化出来的结果了。"③在费孝通看来,婚姻虽然是在男女间缔结的,但其实是一种社会行为,具有社会力量的作用,因而也就具有"公众性"的一面。他指出:"我说婚姻是用社会的力量造成的,因为依我所知世界上从来没有一个地方把婚姻视作当事人间个人的私事,别的人不加过问的。婚姻对象的选择非但受着社会的干涉,而且从缔结婚约起一直到婚后夫妇关系的维持,多多少少在当事人之外,总有别人来干预。这样,就把男女个人间的婚姻关系弄成了一桩有关公众的事件了。"④而就婚姻成立的程序来看,婚姻皆要有一定的手续,并体现出权利与义务的社会关系。因此,"在达到婚姻的一番手续中常包括着缔约的双方,当事人和他们的亲属,相互的权利和义务。在没有完全履行他们的义务之前,婚姻关系是不能成立的。在结婚前,男女双方及其亲属所履行的各种责任,在我们看来,其重要性是在把个人的婚姻关系,扩大成由很多人负责的

---

① 费孝通:《生育制度》,商务印书馆 1947 年版,第 29 页。
② 费孝通:《生育制度》,商务印书馆 1947 年版,第 29 页。
③ 费孝通:《生育制度》,商务印书馆 1947 年版,第 35 页。
④ 费孝通:《生育制度》,商务印书馆 1947 年版,第 35 页。

事,同时使婚姻关系从个人间的感情的爱好扩大为各种复杂的社会联系。"①费孝通从社会文化的视角研究婚姻问题,强调婚姻所具有的"公众性"及其在承续社会关系上的作用,揭示了婚姻与社会演进的关系。

费孝通在《生育制度》一书中把夫妇关系看作是家庭关系中极为重要的方面,强调处理好夫妇关系的极端重要性。在他看来,家庭中的夫妇关系只有处于"高度的契洽"中,才能经营好家庭并具有合作的家庭生活。他说:"夫妇之间需要高度的契洽是为了要经营全面合作的生活。他们相互依赖以得到满足的地方太多了,因之,只要有一二方面不相和洽,整个夫妇间的生活都会搁浅。"②费孝通分析了夫妇关系的特点,认为:"一个理想的夫妇关系是要具有双重资格,一方面是能胜任社会所交给他们抚育孩子的事务,一方面是两人能享受友谊爱好的感情生活。……夫妇感情生活的未尽发展确是中国传统文化的一个弊病。"③那么,如何能处理好夫妇间的关系呢?费孝通提出了自己的看法:"夫妇之间能否相处,在我看来,是决定于两方面:他们以往的历史里是否有相互了解的底子,和他们既已共同生活是否有相互融合的意愿。前者是社会的安排,后者则要靠两人的爱好。所以社会合理的安排和夫妇的恋爱是相成的。若是把恋爱训作是两性无条件的吸引,把一切社会安排置之不顾的一往情深,(这是一种艺术,而不是社会事业)婚姻也必然是这种恋爱的坟墓了。真的坟墓里倒还存安静,恋爱的坟墓里要求一个安静的生活却是不可得的。"④费孝通把夫妇关系视为家庭关系的重要方面,提倡建立理想的夫妇关系。

自然,费孝通在《生育制度》中强调夫妇关系对家庭关系的极端重要性,并不是说他忽视家庭中的亲子关系。事实上,他也十分重视家庭中的亲子关系,并将亲子关系视为夫妇关系得以维系的前提和家庭得以成立的条件。他说:"在这个婚姻的契约中同时缔结了两种相联的社会关系——夫妇和亲子。这两种关系不能分别独立,夫妇关系以亲子关系为前提,亲子关系也以夫妇关系为必要条件。这是三角形的三边,不能短缺的。"⑤费孝通以"三角形"的比喻说明亲子关系的重要性,认为亲子关系是夫妇关系得以稳定和维系的关键,"三角形的完成是孩子的出生","孩子的出世才完成了正常的夫妇关系,稳定和充实了他们全

① 费孝通:《生育制度》,商务印书馆1947年版,第37页。
② 费孝通:《生育制度》,商务印书馆1947年版,第53—54页。
③ 费孝通:《生育制度》,商务印书馆1947年版,第61页。
④ 费孝通:《生育制度》,商务印书馆1947年版,第66页。
⑤ 费孝通:《生育制度》,商务印书馆1947年版,第67页。

面合作的生活。这个完成了的三角形在人类学和社会学的术语里被称做家庭。"①正是基于亲子关系在家庭中的突出地位,费孝通主张家庭要担负起抚育孩子的责任,使其成为社会生活中的成员。他指出:"正因为人生下来并不是一个完全适合于集体生活的动物,所以我们的集体生活不能全由本能来完成,而得求之于习惯。社会习惯的养成是抚育作用的主要事务。我们要把一个生物的人转变成一个社会分子,这个转变的初步工作就在家庭里。"②这就是说,所谓家庭主要是由夫妇关系和亲子关系构建起来的社会组织,离开了夫妇关系或离开了亲子关系也就不可能形成一个完整而有完美的家庭,而作为家庭也就需要将孩子的抚育工作及将其培养为"社会分子"作为极为重要的职责。

费孝通在《生育制度》中提出了一种崭新的学术理念,他不是将个人与社会对立起来,而是以辩证的观点将个人与社会紧密地联系起来分析两者的关系,并在文化学视域中阐发夫妇关系及亲子关系在家庭中的地位,从而对于"传宗接代"这个古老的问题作出社会关系的解说。对于该著,诚如他后来所评价的那样:"为了集体需要的新陈代谢,社会必须再生产新的成员,社会新成员的再生产必须经过生物性的生殖和社会性的抚育;新成员能否出生必须得到社会的批准,社会成员的培养更需要社会的抚育,于是出现'家',要使男女成家,必须经过社会规定的结婚手续,并服从社会规定的两性关系。我在这本书里提出的观点,正是传统认识的倒叙。"③费孝通的《生育制度》以文化观点研究生育制度,在社会关系中阐释生育问题,并就家庭中的婚姻问题、夫妇关系、亲子关系作出说明,申明了"双系抚育"对于家庭延续和社会演进的极端重要性,有力地推进了家庭社会学研究的深化。费孝通的《生育制度》是现代中国社会学的名著,在中国现代学术史上有着重要的地位。

此外,现代中国还有一些比较重要的社会学著作,也是需要提及的:

(1)杨幼炯的《社会学述要》,泰东图书局 1927 年版。

(2)高希圣、郭真的《社会运动家与社会思想家》,平凡书局 1929 年版。

(3)高希圣、郭真的《现代社会学大纲》,民意书店 1931 年版。

(4)艾森的《婚姻问题》,现代问题丛书社 1931 年版。

(5)郭真的《结婚论 ABC》,世界书局 1931 年版。

---

① 费孝通:《生育制度》,商务印书馆 1947 年版,第 72 页。

② 费孝通:《生育制度》,商务印书馆 1947 年版,第 100 页。

③ 费孝通:《费孝通学术文化随笔》,中国青年出版社 1996 年版,第 76 页。

（6）罗敦伟的《中国之婚姻问题》，大东书局 1931 年版。

（7）谭纫就的《中国离婚的研究》，中华基督教女青年会全国协会 1932 年印行。

（8）王平陵的《中国妇女的恋爱观》，光华书局 1932 年版。

（9）郝伯珍的《婚姻问题总论》，天津《大公报》社 1933 年版。

（10）潘光旦的《中国之家庭问题》，商务印书馆 1934 年版。

（11）冯品兰①的《社会学纲要》，商务印书馆 1934 年版。

（12）陶希圣的《婚姻与家族》，商务印书馆 1935 年版。

（13）陈顾远的《中国婚姻史》，商务印书馆 1936 年版。

（14）郭箴一的《中国妇女问题》，商务印书馆 1937 年版。

（15）王造时的《中国问题的分析》，商务印书馆 1935 年版。

（16）高达观的《中国家族社会之演变》，正中书局 1944 年版。

（17）杜君慧的《中国妇女问题讲话》，新知书店 1947 年版。

（18）刘百川、刘学愿的《学校与家庭》，商务印书馆 1948 年版。

（19）李宜琛的《婚姻法与婚姻问题》，正中书局 1944 年版。

（20）沈钧儒的《家庭新论》，商务印书馆 1933 年版。

以上这些著作，虽然政治立场、学术理念、服务目标、研究方法有很大的差异，研究的对象亦不尽相同，所提出的主张及得出的结论，亦多有值得商榷的地方，但大致皆是研究社会学中值得关注的问题，因而对于现代中国社会学的发展也作出了重要的贡献。

---

① 冯品兰（1894—1984），原名泽兰，字蕙田，浙江义乌人。1917 年留学日本东京高等师范学校，1923 年回国，曾任省立金华师范学校校长。著有《儿童研究》（1931 年）、《西洋教育史》（1933 年）、《现代教育思潮》（1933 年）、《社会学纲要》（1934 年）、《法兰西史》（1936 年）等。《社会学纲要》共 9 章：序论、社会概论、社会演进、社会之体制、社会活动、社会法则、社会历程、社会控制、社会学小史及其派别。此著最早为商务印书馆 1934 年 2 月初版，1935 年商务印书馆出第 2 版，1939 年商务印书馆出第 3 版。——参见国家图书馆编：《民国时期图书总目·社会科学总论》，国家图书馆出版社 2019 年版，第 145 页。

第十一章　民族学

　　民族学是以民族为研究对象的学科,是现代学术研究中的重要门类。民族学把民族作为整体进行全面的考察,研究民族的起源、发展以及消亡的过程,探讨各民族演化中的生产力和生产关系、经济基础和上层建筑,因而是社会科学中一门独立的学科。五四时期,在西方民族学的影响下,现代中国的民族学处于创建阶段。由于此时马克思主义在中国传播开来,用马克思主义观点分析民族问题也就逐渐形成特色。这使得现代中国的民族学出现了以进化论为指导的学派和以唯物史观为指导的学派。1919—1949 年中国学术界对于民族学的研究,使民族学作为一门独立学科建立起来,并在中国现代学术体系中占有重要的地位。

一、民族学研究的历程

　　五四时期及其以后一段时间,民族学作为一个学科处于创建之中。中国民族学作为一门学科是在西方民族学的影响下发展起来的,在不少方面以西方学术研究方法为标准,但本土化的趋向亦十分鲜明。

(一) 民族学的引进

　　早在 20 世纪初叶,民族学作为一门学科开始被引进到中国。1926 年蔡元培发表了《说民族学》一文,介绍这一门学科的内容和意义,倡导在中国开展民族学研究,将民族学建设成为一门专门的学问。蔡元培在文章中界定"民族学是一种考察各民族的文化而从事于记录或比较的学问",并就"记载的民族学"与"比较的民族学"进行学术上的分析,认为研究民族学需要梳理其与"人类学"、"人种学"、"考古学"的关系,确认"民族的文化随时代而进步"①。蔡元培从 1928 年任中央研究院院长之后,就组织力量先后对广西瑶族、台湾高山族、黑龙江赫哲族、湖南苗族等进行实地调查,并取得了一定的成果。西方民族学最初介绍到中国的主要是进化学派,中国学界翻译出版的有摩尔根、泰勒等人的著作,这在学术界产生了较大的影响。随后,传播学派、历史学派、社会学年刊学派等相继传入。传入比较晚的是功能学派,但其影响较大。国统区的有些大学,也开设了民族学课程。20 世纪 30—40 年代,民族学研究者们曾分别深入少数民族地区和汉族农村中作实地调查研究,出版了一些专著和报告,迄今还有参考价值。抗日战争期间,许多民族学学者集中在西南地区,对当地各民族进行调查研究,并办有刊物,发表不少民族学方面的文章,在社会上产生了较大的影响。

20 世纪 20 年代末和 30 年代,由于中国的民族危机不断加深,民族的研究受到重视。此时,马克思主义民族学研究的著作被大量地翻译到中国。代表性的译著有:

——唐杰编译的《民族革命原理》(华兴书局 1930 年 3 月初版),分为纲领之部、马克思主义关于民族问题的原理、马克思主义与中国问题 3 编,收入马克思的《中国及欧洲的革命》、列宁的《社会主义革命与民族自决权》、乌利安诺夫的《民族与殖民地问题提纲》、罗易的《民族与殖民地问题的附加议案》、斯大林的《民族问题》等 15 篇问题。

——焦敏之编译的《民族问题大纲》(读书生活出版社 1938 年初版,1938 年10 月再版,1939 年 12 月出版了第 3 版),主要阐述民族的本质,民族运动之史的发展,怎样解决民族问题,帝国主义与民族的解放运动,被压迫民族的解放运动及其前途,俄罗斯革命中的民族问题,苏联的民族政策等。

——李铁冰编译的《论民族革命问题》(火炬出版社 1938 年 4 月版),收录马克思、列宁、斯大林等文章 13 篇,有马克思的《中国及欧洲的革命》,列宁的《工人阶级与民族问题》、《社会主义革命与民族自决权》、《第三国际第二次大会关于民族与殖民地问题决议案》、《在第二次共产国际大会上的演说》,斯大林的《十月革命与民族问题》、《民族问题》、《论南斯拉夫的民族问题》、《再论民族问题》、《东方大学的政治任务》、《问题的提法》、《民族自主》,罗易的《民族与殖民地问题的附加议案》等。

——斯大林著、张仲实译《论民族问题》(生活书店 1939 年 3 月初版),内收

---

① 《蔡元培文集》第 5 卷,浙江教育出版社 1997 年版,第 441—447 页。

《马克思主义与民族问题》、《关于民族问题的报告》、《十月革命与民族问题》、《党在民族问题方面的迫切任务》、《论民族问题的提法》、《论各苏维埃共和国的联合》等 24 篇文章,为斯大林 1913—1934 年间关于民族问题的言论。

马克思主义经典作家关于民族问题、殖民地问题的论述,是适应于中国民族解放斗争的迫切需要而在中国传播的,这不仅为马克思主义民族理论中国化提供了理论指导,而且也为中国马克思主义民族学体系的建构提供了理论遵循和学术资源。

(二)20 世纪 20 年代末和 30 年代中国学者的民族学研究

中国学者对于民族问题及民族斗争的研究,在 20 世纪 20 年代末和 30 年代取得了重要的学术成果。代表性成果,列表如下①:

书名	著者	出版社	内容
世界弱小民族问题	李作华	太平洋书店 1929 年 5 月版	共 15 章。分述朝鲜、印度、埃及、越南、阿拉伯及东南非地区弱小民族被压迫被侵略的情况和弱小民族的反抗活动
弱小民族的革命方略	柳絮	中山书店 1929 年 6 月初版	论述弱小民族解放的目标和殖民地革命的方略。有附录《东方革命者的使命》、《一个革命者的人生观》
现代民族问题	郭真	现代书局 1929 年 6 月版	包括民族概念,新兴资本主义时代的民族问题,帝国主义时代的民族问题,社会主义时代的民族问题,中国民族问题等 5 章
民族问题	李达	南强书店 1929 年 9 月初版	论述氏族、种族、民族的区别,民族的发生与发展问题。包括民族,帝国主义前期的民族问题,帝国主义时代的民族问题,苏俄的民族问题,民族问题几个根本原理等 5 章
民族斗争	饮血	东方被压迫民族协会 1931 年 12 月初版	内收《被压迫民族沉痛悲哀的解剖》、《何谓民族意识》、《立体的革命形态与平面的革命形态》、《从帝国主义生存柱石下认识了民族斗争的根本出路》等 6 篇
民族独立运动概论	洪为法	民智书局 1931 年版	共 7 章。论述民族的形成,民族问题的产生,民族独立运动的根本精神——民族自决,国际斗争中民族独立运动的地位,民族独立的障碍和民族国际,中国民族独立运动的世界性等

① 参见北京图书馆编:《民国时期总书目·政治》上卷,书目文献出版社 1991 年版,第 60—62 页。

书名	著者	出版社	内容
弱小民族与国际	张肇融	正中书局 1936 年 3 月初版	共 5 章:最近国际关系的素描,弱小民族和国际关系的检阅,印度民族独立和英帝国主义崩溃问题,朝鲜独立运动和日帝国主义的没落问题,菲列宾独立运动和美帝国主义没落问题
民族问题讲话	吴清友	生活书店 1936 年 7 月版	共 7 章。讲述资本主义初期、工业资本时代、帝国主义时代、近代的民族问题,苏联解决民族问题的方法,中国的民族问题等
被压迫民族战争论	周安国	上海杂志公司 1937 年 12 月版	共 9 章。介绍被压迫民族战争的必然性和意义,被压迫民族对于现代战争应有的认识,以及被压迫民族与游击战、夜间战、巷街战、空中战、化学战、宣传战等问题
民族革命论	俞希平	天马书店 1938 年 3 月版	共 4 部分:民族问题的含义及其史的发展,帝国主义对殖民地的压迫,批评几种对于解决民族问题的错误思想,中国民族革命应取的政策
民族问题讲话	尹澄宇	民族革命出版社 1939 年 10 月初版	分上、下篇。上篇收:什么叫民族? 民族问题的产生与发展,帝国主义的侵略,民族问题与社会革命,俄国民族问题 8 讲;下篇收:中国民族革命两大任务,现阶段中国民族革命战列的任务,中国民族革命战争胜利的条件 3 讲

(三) 民族学研究的学术组织与相关刊物

现代中国的民族学研究在 20 世纪 30 年代的进步,还表现为此时建立了相关的研究组织和学术刊物。

中国民族学会于 1934 年 12 月在南京成立,主要发起人包括何子星、黄文山、孙本文、凌纯声、商承祖、胡鉴民、徐益棠、何联奎等知名学者。这是中国第一个民族学学术团体。中国民族学会的机关刊物是《民族学研究集刊》,这是黄文山和卫惠林主持中山文化教育馆期间所编辑的,主编为黄文山,主要编辑者为卫惠林等。主要撰稿人为黄文山、卫惠林、林惠祥、凌纯声、吴文藻、马长寿、潘光旦、徐益棠、方国瑜等,大多数为中国民族学会会员。该刊由中山文化教育馆编,商务印书馆出版,前后共出版 6 期。1936 年在上海出版第 1 期,后因抗战爆发,第 2 期迁至长沙出版;第 3 期至 5 期又迁至重庆出版,1948 年在上海出版第 6 期后停刊。《民族学研究集刊》是中国民族学、人类学发展早期最为重要的刊物,其内容包括民族学理论、少数民族研究、考古发掘、风俗调查、神话研究等,较重要的论文有:《民族学的对象领域及其关联的问题》(卫惠林)、《论世界文化与民族关系之前途》(卫惠林)、《民族学实地调查方法》(凌纯声)、《中国民族自救运动中的人口问题》(潘光旦)、《种族主义论》(黄文山)、《僚族研究》(戴裔煊)、《民族学学说的新综合——新进化论》(林惠祥)、《民族文化论究》(朱辛流)等。《民族学研究集刊》注重民族学研究成果的搜集,该刊的第 2 期、第 4 期、第 6 期分别有《近代我国民族学译著目录》、《抗战以来我国民族学选目》、《战时我国民族学选目下编》等文章,搜集的民族学研究的专著和论文以及相关文献甚为全备。

抗战时期出现的《新民族》杂志,在当时的学院派中有较大的影响。1938年,由时任中央大学校长的罗家伦主编的《新民族》杂志出版,该刊"是一群大学教书的人在兴奋苦恼自责自忏的谈话场中产生的,所以没有固定的社员可言"①。罗家伦在该刊发表了不少关于民族研究的文章,如《建立新人生观》(《新民族》创刊号,1938 年 2 月 23 日)、《民族与民族性》(《新民族》第 1 卷第 2 期,1938 年 3 月 5 日)、《抗战的国力与文化的整个性》(《新民族》第 1 卷第 7、9、10、11 期,1938 年)、《民族与地理环境》(《新民族》第 1 卷第 15 期,1938 年 6 月 5 日)、《弱是罪恶,强而不暴是美》(《新民族》第 1 卷第 17 期,1938 年 6 月 20 日)、《知识的责任》(《新民族》第 1 卷第 18 期,1938 年 6 月 27 日)、《恢复汉唐以前形体美的标准》(《新民族》第 1 卷第 19 期,1938 年 7 月 3 日)、《民族与人口》(《新民族》第 2 卷第 1、2 期,1938 年 7 月 17 日、24 日)、《民族与种族》(《新民族》第 2 卷第 6—8 期,1938 年 8 月 21 日、28 日及 9 月 4 日)、《侠出于伟大的同情,侠气就是革命的精神》(《新民族》第 3 卷第 2 期,1938 年 12 月 11 日)等。罗家伦强调"民族性"在民族中的极端重要地位,认为"民族性"是从"民族"中表现出来的,成为民族秉性中具有核心意义的精神,因此这种"民族性是独立国家或民族的灵魂。一个国家或民族,如丧失它的民族性,就不能团结,不能存在。"罗家伦视域中的民族性乃是民族中抽象出的基本精神、价值观念,本源于民族形成与发展的过程中,同时又深刻地反映民族的特质。他指出:"民族就是综合以上所述的种族,自然环境,经济生活的方式,法律与政治社会的组织,宗教,语言文字,教育和历史种种因素而形成的一个人类集团。……民族性就是构成民族的种种因素之总和,反射在集团人类生活上面,成为他们理想,愿望,风格等项特点的结晶。它是一个民族的灵魂,为洪水所不能湮灭,烈火所不能焚化,

---

① 罗家伦:《"新民族"的前奏曲》(1938 年),张晓京编:《中国近代思想家文库·罗家伦卷》,中国人民大学出版社 2015 年版,第 254 页。

武力所不能征服的。"①罗家伦执掌中央大学,他创办《新民族》杂志及倡导开展"新民族"的研究,在国统区的学院派知识分子中是有很大的学术影响。罗家伦虽然主要是作为政府官员而出场的,但他对民族问题的研究还是颇用心力的,故而在学术研究中又较多地有着学者的一面。1946年,罗家伦对自己近10年关于民族问题研究的成果进行总结,在商务印书馆出版了《新民族观》著作。该著以"有机体"观点及"化合体"的观点来诠释民族及其形成过程,重视"文化的、社会的、政治的"多种因素在民族形成和发展中所起的作用,从而在民族研究中表现出历史演进的视域和对多种因素进行综合分析的思路。他在《新民族观》一书中,指出:"民族好像一个有机体的组织,包含各种生命的原素,同时也吸收各种生命的养料,无论是物质的或是精神的。民族的形成,决非一朝一夕之故;如现代各个重要民族的出现,决不能和孩子出世一样,有'年庚八字'可纪,其酝酿结合,正所谓'由来已久'。又好像化学品一样,把各种原素渐渐的聚在一起,相摩相荡,等到电流一通,溶解程度一到,或是化学作用一起,就可成为一种另具特性的化合体。又因其中某种原素的成分不同,这种化合体的特性也不一样。……无疑义的民族形成,以文化的、社会的、政治的溶解力为最多。但在历史上,尤其在初民时代,武力的帮助也很不少,这又何庸讳言。"②罗家伦对民族问题的研究有着持久的兴趣,晚年在台湾被聘为政治大学兼职教授时,还专门讲授"民族主义"专题。

现代中国的民族学研究趋向,大致是沿着进化论与唯物论两个方向发展的。由于处在民族存亡的背景中,因而民族学研究有着现实化的学术研究趋向,其本土化的特征亦十分显著。这是我们在研究中国民族学的历程中所要特别注意的。此外,中国的民族学研究往往与社会学联系在一起,两者的界限有时并不是十分清晰的,许多学者是两者都加以研究,并取得相关的研究成果。当时,有不少民族学家同时也是社会学家,如潘光旦、陈序经、杨成志、吴文藻、林耀华、李安宅、费孝通等。民族学与社会学这两个学科联系的紧密性,不仅有助于民族学在研究中体现出社会研究的特征,而且也使民族学与社会变革的现实有着密切的联系。

现代中国的民族学研究所取得的成绩是显著的,不仅基本上建立了中国民

---

① 罗家伦:《民族与民族性》(1938年),张晓京编:《中国近代思想家文库·罗家伦卷》,中国人民大学出版社2015年版,第267页。

② 罗家伦:《新民族观》,商务印书馆1946年版,第3—4页。

族学的研究系统,而且也培养了一批民族学的专门人才,他们在新中国成立之后大多成为民族学研究的领军人物。现代中国的民族学研究,尽管与哲学、政治学、经济学、史学等学科相比,学术研究成果还不是很多,学科的地位应该说还未得到有效的呈现,但在中国现代学术史上也是有着重要地位的,并且在现代中国学术体系中乃是不可或缺的组成部分,因而也是需要引起研究者高度关注的。

二、民族学研究的主要问题

民族学是一门政治性、民族性、文化性皆很强的学科,从政治的意义上说就在于探索民族的生存、独立与解放及其发展规律,在现代中国而言就是要服务于中华民族的解放事业。对于处于半殖民地半封建社会的中国而言,民族学研究必须面对中华民族的生存状态,谋求中华民族的独立与解放,继续推进自鸦片战争以来一直开展的民族复兴的光辉进程。五四运动开启了中国民族解放运动的新征程,中国社会进入新民主主义革命的新阶段。与此相联系,中国的民族学研究尽管有着不同的研究路径,但都将民族独立与解放作为研究的重点,集中研究民族本质及其规律、民族压迫问题以及民族解放道路等问题。

(一) 民族本质及其规律的研究

对于民族是什么的问题,民族又具有怎样的特征,这在当时的思想界、学术界皆有着较大的分歧。因而,也是民族学所要重点回答的问题。

梁启超、孙中山、朱执信等以进化论为依据,认为民族最主要的特征是"民族意识",一民族之所以为一民族,就在于有其民族意识的存在;而民族意识是在共同的血缘、生活、语言、宗教、风俗习惯的基础上形成的,其本身也是随着社会的变革而不断发展的;民族伴随人类社会之始终,但某一具体的民族在历史演变中有可能消亡,民族消亡取决于天然淘汰力、政治力和经济力这三个条件。

譬如,梁启超在《中国历史上民族之研究》(1922年)中说:"血缘、语言、信仰,皆为民族成立之有力条件,然断不能以此三者之分野,遂指为民族之分野。民族成立之唯一的要素,在'民族意识'之发现与确立。何谓民族意识? 谓对他而自觉为我。"而"民族意识"之形成过程,"举要言之,则最初由若干有血缘关系之人人(民族愈扩大则血缘的条件效力愈减杀),根据生理本能,互营共同生活,对于自然的环境,常为共通的反应,而个人与个人间,又为相互的刺戟,相互的反应,心理上之沟通,日益繁富,协力分业之机能的关系,日益致密,乃发明公用之语言文字及其他工具,养成共有之信仰、学艺及其他趣嗜,经无数年无数人协同努力所积之共业,厘然成一特异之'文化枢系'与异系相接触,即对他而自觉而我。此即民族意识之所由成立也。"①

又譬如,孙中山就明确说,"民族是由于天然力造成的",与"国家是用武力造成的"不同,"自然力便是王道。用王道造成的团体,便是民族。武力就是霸道,用霸道造成的团体,便是国家。"②又说,在"自然力"之中,最大的力是"血统",次大的力是"生活",第三大的力是"语言",第四个力是"宗教",第五个力是"风俗习惯",因而"我们研究许多不相同的人种,所以能结合成种种相同民族的道理,自然不能不归功于血统、生活、语言、宗教和风俗习惯这五种力。这五种力,是自然进化而成的,不是用武力征服得的。"③

再譬如,朱执信说:"民族者,部落所合成,而非部落之谓也。同文化、同历史、同其繁荣、同其衰落,则忘其人种学上之差别同异,而专以历史上已成事实为根荄,自信为一民族。"④

上述几种观点,尤以孙中山提出的"自然力论"影响较大,并在学术研究中形成了以"自然"作为解释民族形成的主要依据,可以称之为"自然解释模式"。孙中山尽管不是民族学研究的专家,但他的观点在此后的中国社会中处于正统的地位,因而颇为正统派学者所重视。譬如,周昆田撰写的《三民主义之边政建设》中说:"民族为自然力量所形成,而其所以形成民族之要素,则为血统、生活、语言、宗教与风俗习惯之五项。此五项要素如属相同,则为相同之民族,否则即为异族。……惟在此五项要素之中,仅血统一项乃出自先天,其他各项均为后天环境之产物,易生变化。"⑤又譬如,穆超在其《中国民族性》一书中说:"民族的造成,可以说是气候、地域、生活的关系,而民族的所以成功,实在由于血统、语言、文字、风俗、习惯及宗教等要素所造成。"⑥再譬如,毛起鵕、刘鸿焕在《我们的国族》一书中也说:"民族是指一群由于血统、生活、语言、文字、宗教、风俗、习惯

① 梁启超:《中国历史上民族之研究》(1922年),《饮冰室合集》(专集之四十二),中华书局1932年版,第1—2页。

② 《三民主义》(1924年1月—8月),《孙中山选集》,人民出版社1981年版,第618页。

③ 《三民主义》(1924年1月—8月),《孙中山选集》,人民出版社1981年版,第621页。

④ 《国家主义之发生及其变态》(1919年9月),《朱执信集》上卷,中华书局1979年版,第350页。

⑤ 周昆田:《三民主义之边政建设》,《边政公论》(创刊号),1941年8月10日。

⑥ 穆超:《中国民族性》,正义文化社1936年版,第14页。

等多种不同之复杂的结合的人民而言,就是说民族是包括地理的、人种的、经济的以及文化的、心理的等等的精神和物质的因素。"①又再譬如,朱辛流在《民族文化论究》文章中说:"民族的生成,是包含有诸种的自然力量,如土地、语言、文字、风俗、习惯、宗亲关系等,几乎是完全由于自然发生,经过历史的嬗递得来,再加上地理环境所占有的位置,如山川、气候、河流、地形、地势等,均足以影响自然力的发展。而民族的生存,可说是建筑在自然环境之上,很多时自然的力量,已不是人为可以克服,故其优胜劣汰,明白显现,无可掩饰,而且直接的投射于民族文化的效用的本身上。"②可见,孙中山提出的关于民族起源的主张,在现代中国的学术研究中是有着重要的影响。

梁启超提出的"民族意识"的主张,也被此后的不少学者所继承和发展。譬如,吕思勉在其《中国民族演进史》中就是用"民族意识"来解读民族的形成问题。他说:"民族,是具有客观条件,因而发生共同(对外即可称为特异)的文化;因此发生民族意识,由此意识而相团结的集团。……客观条件,自然是先要明白的。但是这种条件的有无,和其重要性,在各时代,各地方,并不一致。这是因为:条件只是构成民族意识之具,而民族意识,当由何种条件构成,及其各种条件的重要性,在各时代,各地方,本不能一致之故。但是条件虽有出入,而无条件则民族意识无由构成,这是理论上当然的结果。"③大体上说,梁启超的"民族意识"说启迪了后来从文化上解释民族起源的一部分学者。

由文化上解释民族的形成,可以称为"文化解释模式",这在现代中国的一些学院派学者中还是比较流行的。这种解释模式是将传统的进化论发展为"新进化论",强调文化在民族形成中的根本性作用,其解释路径大致是这样的:"新进化论以为人类全体的文化是进化的,其进化便由各民族各呈献其发明,并交相传播。由发明而传播,复由传播而促进发明。由于传播故文化基础越积越多,而发明也愈容易。就一个民族言之,则接受传播愈多者,进化必愈快;接受传播少者则进化慢;闭关自守不愿接受传播者恐致倾于退化。至于进化的率度也越来越速,其原因是发明的基础愈积愈多,使发明愈易为力,而传播的历程因交通利便也愈趋快捷和广速。"④除上面所说吕思勉主张从文化视角解说民族形成问题外,还有不少学者有这样的观点。譬如,戴裔煊在《僚族研究》一文中说:"辨别

---

① 毛起鵁、刘鸿焕:《我们的国族》,独立出版社 1942 年版,第 3 页。
② 朱辛流:《民族文化论究》,《民族学研究集刊》第 3 期,1943 年 9 月。
③ 吕思勉:《中国民族演进史》,中国文化服务社 1936 年版,第 1—2 页。
④ 林惠祥:《民族学学说的新综合——新进化论》,《民族学研究集刊》第 1 期,1936 年 5 月。

民族异同,以文化为标准。……任何民族之文化,大都随生活方式而定,生活方式则为地理条件之一种表示。"①可见,从文化角度来分析民族的产生和发展的条件,在当时的中国学术界也有着较大的影响。

在民族形成问题上所形成的"自然解释模式"与"文化解释模式"都是以进化论为指导的,这两种解释模式在 20 世纪 40 年代有着合流的趋势。其表现是,有些学者力图将两者综合起来,一方面比较注重自然的作用,但另一方面又强调文化的作用。张质君在 20 世纪 40 年代所著《人类社会与民族国家论》一书中,明确指出:

> 一个民族形成,实由自然力和文化力所促成。
>
> (1)自然力——这是指自然环境,和血统两因素;最初人类仅能适应自然,而无利用自然的能力。每因高山、大河的隔离,便形成两种不同的支族,……除自然环境外,还要注意血族,血统是种族发展的必要条件。……人类由婚姻而发生血统关系,上古时已实行部落通婚。不仅使种族扩大(世界上没有纯粹的种族),且由部落的合并,而形成民族的初步。
>
> (2)文化力——文化是形成民族最主要的力量。其最初是强大部落(或支族)征服其他部落,而用武力(文化力的一种)统治;并取其女子相婚配,以征服者本身的文化为基础,兼并被征服者而使部落扩大,形成最早民族。……部落时代,武力是形成民族的必要手段,不过民族各有其本身的文化,并非武力所能征服。②

中国的马克思主义者及其学者是在马克思主义指导下来解说民族问题的。瞿秋白、李达、吴清友、林克多等人,依据马克思主义的民族观指出,民族必须具备共同的语言、共同的居住地域、共同的经济生活以及表现于共同文化的共同心理四个因素。这对于建立以马克思主义为指导的民族理论体系有着重要的意义。当然,在民族形成的问题上,马克思主义者内部亦有着不同的看法,存在着较大的分歧:

中国马克思主义者对民族问题作出研究的首推李大钊。在《史学要论》中,李大钊依据唯物史观指出:"一个民族都有一个民族的特性,即各民族都有其特别的气质、好尚、性能。……我想一个民族的特性,可以造成一个民族的特殊历史。民族特性,即是使各民族各有其特殊的经历的最有力的原动力。而在别一

---

① 戴裔煊:《傜族研究》,《民族学研究集刊》第 6 期,1948 年 8 月。
② 张质君:《人类社会与民族国家论》,商务印书馆 1946 年版,第 96 页。

方面,各民族于其生活经历中所起的种种事变,种种经验,有时或助长、养成、发达潜在于该民族特性中固有的特色;有时或反阻抑其发展,甚或有以变化之;故在民族经历论,不可不于此点加以详密的考察。或谓民族特性实为受地理的影响而成者,然此亦非以简单的原因所能解释。一民族特性的成立,固受地理的影响不少,但此外如人种的、经济的关系,亦不能说全无影响。"①李大钊主张从经济的方面研究民族经历,开启了此后瞿秋白、李达等中国早期马克思主义者对民族问题的系统研究。

瞿秋白、李达等认为,民族形成于资本主义社会,其所以出现是由于"资本蓄积"的发展造成的。瞿秋白指出,"民族之发生及发展"经历了三个阶段:

> 1.商业之发生即民族形成之第一步过程,六、七世纪时阿拉伯人的统一运动即其一例。2.商业发展之后,各种族或各省(中国)之中自然发生言语统一运动以及一切风俗、礼教、法律、政治的统一的要求。3.工业资本发现之后,这种统一运动——即民族之完全形成便得着了更切实的经济基础,因为资产阶级已有极强的统一的需要,要组织成一"民族国家",以为统一独占国内市场并与外国资产阶级竞争之最有力的工具,如意大利、法兰西、德意志的立国和统一的历史,都是极明显的实例。②

李达也指出:

> 新兴的资产阶级对于封建主义胜利的时代,世界到处进行民族统一运动。这种运动,决不是由于自由的理想,是由于"资本蓄积"的发展。商品经济要想得到完全的胜利,不能不首先征服国内市场,并在同一言语的人口之领土内,排除一切的障碍,使言语能够统一及其顺利的发达,因为言语的统一及其顺利的发达,是近代资本主义商品流通最重要的条件,是人民自由的结合与买卖的接近不可缺乏的因素。然资本主义要想满足这种要求,一定要形成民族国家。这种民族国家的形成,是一切民族运动的倾向,这种深刻的经济要素,是促进民族国家的形成,在西欧各国,都是经过这种过程。英吉利人、法兰西人、德意志人、意大利人等,在某个时期,都是与征服封建阶级的资产阶级相适应,形成一种民族。这种民族的形成,同时就是独立的民族国家的形成。③

---

① 《史学要论》(1924年5月),《李大钊全集》第4卷,人民出版社2006年版,第419页。

② 《现代民族问题讲案》(1926年1月),《瞿秋白文集》第3卷,人民出版社1989年版,第488—489页。

③ 《民族问题》(1929年),《李达文集》第1卷,人民出版社1980年版,第566页。

在瞿秋白、李达等看来,民族产生于资本主义时代,但民族并不是永恒的,资本主义完全消灭后,民族也将随之消亡,民族消亡的条件是生产力的发展。瞿秋白、李达等人关于民族的观点,显然是出自斯大林的。斯大林在《民族》的文章中指出:"民族不是偶然的昙花一现的混合物,而是人们组成的稳定的共同体",并认为民族的特征是"共同的语言"、"共同的地域"、"共同的经济生活、经济上的联系"、"共同文化上的共同心理素质"。斯大林在《民族运动》的文章中又指出:"民族不是普通的历史范畴,而是一定时代即资本主义上升时代的历史范畴。封建制度消灭和资本主义发展的过程同时就是人们形成为民族的过程。"对照斯大林和瞿秋白的论述,可以发现,瞿秋白对民族概念的界定遵循了斯大林的民族思想,除个别用语不一外,都强调了民族存在于资本主义阶段、民族具有共同的基本特征。

瞿秋白、李达的上述观点在当时的马克思主义学者中处于主流的地位,在20世纪30—40年代有重要的影响,中共的政治家和不少学者大多赞同这一出自斯大林的观点。博古说:"民族是一种历史的范畴,是资本主义向上发展时代的历史范畴,封建制度底消灭和资本主义的发展的过程是人们结合为民族的过程。"[1]学者林克多也说:"民族不仅是历史的范畴,而且是特定时代的历史范畴,所以从封建制度崩溃,到资本主义时代,民族的形成,是以国家的形式出现的。"[2]斯大林关于民族问题的主张,对于中国共产党人的民族观有着重要的影响。

当然,在中国马克思主义学者阵营的内部及一些进步的学者中,也有不同意瞿秋白、李达等人的观点。周谷城则认为,民族形成于原始社会末期,经历了由氏族部落再发展到部落联合体(民族)的过程。周谷城说:"为着共同防御天灾,防御外患,及为着减少彼此之间的冲突;一言以蔽之,曰为改善生活,各氏族乃继续不断的互相联合。始则氏族与氏族联合构成部族;终则部族与部族联合,构成部族联合体(confederacy of tribes)或民族(nation)。"[3]周谷城的这个观点,在早期的其他马克思主义者也是存在的。譬如,蔡和森在《社会进化史》中,也持这样的观点。蔡和森说:"几个种族,由继续不停的战争弄得很弱,彼此分散于广大的边境之上,他们以很少的人口占住很宽的地盘。由此,几个血统相近的种族

---

① 博古:《国际主义和革命的民族主义》,《群众周刊》第1卷第12期,1938年4月。

② 林克多:《民族革命战争论》,光明书局1937年版,第1页。

③ 《中国政治史》(1940年),《周谷城全集》第1卷,上海社会科学院出版社1988年版,第67页。

遂发生暂时联盟之必要；在某几处地方，有几个原来血族相近的种族，涣散之后，又从新集合为永久的联盟，并且开始为民族的形成。"①这里，蔡和森关于民族形成的观点，是源于恩格斯的《家庭、私有制和国家起源》一书中的观点。

　　一般来说，中国马克思主义者是遵循斯大林关于民族形成于资本主义时代的判断，但这个判断在运用到中华民族的分析上，有时就有不能满意的地方。到20世纪的40年代初，一些马克思主义学者结合中国民族形成的特点对于民族形成问题给予新的解说，周谷城应该说是这方面的代表。为了解决马克思主义经典理论中的具体主张与中国实际的矛盾，也有学者力图在马克思主义指导下，依据中国的具体情形而作出新的诠释。有学者指出：因为中国还是一个殖民地半殖民地半封建的社会，所以作为统治民族的汉族来说，虽亦处于发展为现代民族的过程之中，但这个过程还没有完结。就中国国内的少数民族，如回族、蒙古族，更没有来得及在经济上结合而成为一个完整的民族，但它们仍然是民族，只不过还不是一个现代的民族。因此，"中国虽是一个多民族的国家，但这个多民族的国家，并不与斯大林所指的东欧的多民族国家相同，因为中国是处在另一种历史条件下，是处在二十世纪时代，是一个殖民地半殖民地半封建的国家。这个国家，正进行着代表各民族利益的新民主主义革命。新民主主义的胜利，必然将中国社会的发展推上非资本主义的道路。……因此，如果在象东欧那样的国家里，各弱小民族的发展，只能被束缚在统治民族的资本主义专政的绳索中；那末，在中国，在新民主主义革命胜利之后，各民族的发展将走着同东欧国家完全不同的道路，即：不是被压迫的而是平等的，不是被束缚的而是自由的，不是资本主义专政的，而是新民主主义的道路。"②这样的见解尽管还有不够到位的地方，但比较成功地解决了马克思主义经典作家的民族理论与中国民族现实之间的矛盾，显然是马克思主义民族理论中国化的重要成果，这反映了中国马克思主义者在民族学研究方面逐步走向自觉。

　　总体而言，在民族的形成及其本质问题上，现代中国的学者形成了三种解释模式，即自然解释模式、文化解释模式、经济解释模式。这对现代中国的民族学研究的行进方向，确实是产生了很大的影响。

（二）民族压迫问题的研究

　　"民族压迫问题"之所以成为现代中国民族学研究的重要议题，根源于中华

---

①　《社会进化史》（1924 年），《蔡和森文集》，人民出版社 1980 年版，第 544 页。

②　民族问题研究会编：《回族民族问题》（1941 年 4 月），民族出版社 1980 年版，第 98—99 页。

民族自近代以来所遭受的沉重的民族压迫。由于自鸦片战争以后中国一直处于外来民族的压迫和奴役之中,民族矛盾十分尖锐并成为近代中国社会中的最主要矛盾,因而民族压迫也就成为中国政治生活中的严酷问题,同时也是中国社会前进的主要障碍。诚如毛泽东在《中国革命和中国共产党》文章所说:"帝国主义和中华民族的矛盾,封建主义和人民大众的矛盾,这些就是近代中国社会的主要的矛盾。当然还有别的矛盾,例如资产阶级和无产阶级的矛盾,反动统治阶级内部的矛盾。而帝国主义和中华民族的矛盾,乃是各种矛盾中的最主要的矛盾。"[1]在民族学的研究中,将民族压迫问题作为民族学研究的重点,将民族平等作为学术研究的政治追求,正是当时的中华民族遭受的最为严重的民族压迫的反映。因此,讨论现代中国民族学研究的重要问题,必须将民族学这门学科置于现代中国的历史进程之中,并将当时中国的社会矛盾作为一个极为重要的背景。

现代中国的学者在研究民族压迫问题的过程中,大多关注帝国主义的侵略政策,并认识到西方资产阶级对外掠夺的本质及其对中华民族发展的严重危害。这种认识,在马克思主义学者中业已形成普遍的共识。瞿秋白指出:"资本家地主的政权不倒,连小资产阶级及农民都习于民族的自大性,根本上决不能免民族间的压迫和剥削。"[2]中共中央的文件也指出:"帝国主义的列强,对于侵略中国和镇压中国的民族运动是一致的,无论它是先进的帝国主义(如英国)或后起的帝国主义(如日本)。"[3]当时作为中共中央总书记的陈独秀,他在1926年从资产阶级的"民族的国家主义运动"角度,对于西方国家中资产阶级压迫弱小民族的历史过程,在马克思主义指导下作了经典性的叙述:

> 十八世纪新兴的资产阶级运动,此期运动已渐渐脱离前时代血统及宗教的色彩,而立脚在国家主义上面,因为这时代社会经济的发展,已不限于农业,已需要商业的发展更进的工业的发展,已非宗法社会制度血统宗教等所能支配,并且在经济的需要上,已有了血统不同或宗教不同之民族所合成的国家;这些民族中的资产阶级,正需要一个军国制度的国家机关,即超越民族血统及宗教信仰之上的国家权力,以供其资本主义发展之用。这种国

---

① 《毛泽东选集》第二卷,人民出版社1991年版,第631页。

② 《十月革命与弱小民族》(1924年11月),《瞿秋白文集》第2卷,人民出版社1988年版,第679—680页。

③ 《中共中央为反抗帝国主义野蛮残暴的大屠杀告全国民众》(1925年),中共中央书记处编:《六大以前》,人民出版社1980年版,第291页。

家主义的民族运动,亦即民族的国家主义运动,由日耳曼、意大利渐渐蔓延到全欧洲,民族运动渐渐成了国家主义的工具;由日耳曼、意大利之成功,渐渐由自卫的国家主义变成侵略的国家主义——资本帝国主义。这些资产阶级的民族主义者即国家主义者,对外则利用"民族统一"的口号,扩张本国的领土与主权(如俄国之大斯拉夫主义,德国之大日耳曼主义,日本之大亚细亚主义等),对内则利用"民族同化"的口号,征服境内的少数民族(如俄国之大俄罗斯主义,土耳其之大土耳其主义,中国之大中华主义,外蒙之大蒙古主义等),复利用"民族生存"及"保卫祖国"等口号,欺骗国内的无产阶级为资产阶级的国家牺牲。在这时代,不但民族运动是国家主义之工具,并且国家主义也就是资产阶级之工具。①

此后,中国马克思主义者以大量的事实揭露帝国主义的侵略政策及其对中华民族的严重危害,并借此进一步暴露帝国主义的侵略本质,阐明弱小民族的灾难之源。李达指出:"以创造特权民族为目的,资产阶级所采用的手段非常复杂,但是压迫民族对于他民族的轻视、傲慢、威胁的感情,到处都是一样。"②李平心也说:"帝国主义通过经济、政治、军事、文化的力量对弱小民族施行无厌的掠夺,拷榨土著的勤劳大众的血汗,破坏被侵略民族底经济与独立。"③中国的马克思主义者揭露帝国主义的侵略政策,号召弱小民族联合起来以革命斗争形式来反抗帝国主义的侵略,争取民族的独立与自由,这在启迪民族救亡意识、振奋民族精神、推进新民主主义革命的历史进程等方面发挥很大的政治动员作用。

"民族差异"是民族学研究中形成的具有特定含义的范畴。现代中国的学术界普遍认为,民族压迫和民族剥削根源于民族差异。而所谓民族差异,则是指各民族间在经济、政治、文化发展上的不平衡。故而,民族压迫和民族剥削也可以说是民族差异的必然结果。然而,关于民族差异的形成问题,学术界却有不同的看法:

吕思勉、王日蔚等认为,民族差异是由于生活不同造成的,而与民族性无关。

① 《孙中山三民主义之民族主义是不是国家主义?》(1926年5月25日),《陈独秀著作选》第2卷,第1043—1044页。

② 《民族问题》(1929年),《李达文集》第1卷,人民出版社1980年版,第582页。

③ 《研究国际问题的基本方法论》(1936年4月),李平心:《平心文集》第1卷,华东师范大学出版社1985年版,第302页。

譬如,王日蔚①就这样指出:"一民族文化之高低乃系于其所营生活之不同,而与其天生之优劣民族性无与焉。"②又譬如,吕思勉也说汉族与匈奴之文化上的差异不在于其民族性,而在于农耕与游牧的不同,匈奴"其文明程度,终不逮汉族者,则汉族久进于耕农,而匈奴迄滞于游牧之故也"③。

李达、瞿秋白等人根据东方民族被压迫、被剥削的事实,认为东西方的民族差异,不是自然条件造成的,而是帝国主义的侵略造成的,民族压迫的实质是阶级压迫。瞿秋白指出:"各民族之互相依赖及各地域之经济统一的过程,在资本主义之下,却不是各民族的合作,而是先进民族压迫剥削弱小民族。各先进民族之间如有互争殖民地的必然现象——即所谓帝国主义。因此,各强大民族的资产阶级以强力阻止弱小民族的互助结合,往往用极狠辣残暴的手段封锁已经制服的弱小民族,隔离他们,离间他们,以遂其一民族同化其他小民族之阴谋,以求垄断这些小民族地域里的经济政治势力。"④李达也指出:"'东方各国民'其落后的原因,不是因为他们住在东方,也不是因为气候的酷热,而是由于世界资产阶级活动的结果,是由于这些国家已经变成了殖民地或半殖民地的缘故。这些国民特殊的经济,特殊的社会构造,特殊的文化状态,都是由于世界资本主义'过度剥削'的结果。"⑤因此,要解除民族压迫,就必须反抗帝国主义的侵略,取得国家的独立与民族的解放。

(三) 民族解放道路的探索

现代中国的学者,不管是马克思主义学者还是资产阶级学者,尽管有着意识形态的差异,研究上也有不同的学术进路,但在民族学的研究中,一般说来都将探索民族解放的道路、实现中华民族的伟大复兴的中国梦作为最为重要的研究目标。这既集中地反映了中华民族受压迫的客观现实,同时也折射出学者们要求解除民族压迫、寻求民族独立的强烈愿望。

---

① 王日蔚,即王真(1905—1989),著名历史学家,北京师范大学教授。"王日蔚"是其在《禹贡》杂志上发表关于维吾尔民族史的文章所用的笔名。在此期间,王氏还先后发表了《伊斯兰教入新疆考》、《伊斯兰教回族辩》、《丁零民族考》等民族学的文章,在学界引起反响。后来,转向中国现代史的研究,曾担任北京师范大学中国现代史教研室主任。

② 王日蔚:《新疆之伊兰民族》,《禹贡》第3卷第11期,1935年8月1日。

③ 吕思勉:《中国民族史》(1934年),中国大百科全书出版社1987年版,第43页。

④ 《十月革命与弱小民族》(1924年11月1日),《瞿秋白文集》第2卷,人民出版社1988年版,第678页。

⑤ 《民族问题》(1929年),《李达文集》第1卷,人民出版社1980年版,第587页。

孙中山、朱执信等资产阶级革命家,在资产阶级民主思想的影响下,结合中华民族处于被压迫的现实,树立了民族主义旗帜。"民族主义"概念本是西方的口号,是近代以来西方资产阶级民族国家一方面用以动员国内各民族反对外来民族的侵略,另一方面又以反对外来民族侵略为口号来压迫本国无产阶级,奴役本国的弱小民族的主张。因而,体现了资产阶级的政治意识形态。孙中山所倡导的民族主义与这种民族主义不同,它主张在国际上反对帝国主义的侵略,同时团结世界上一切平等待我之民族,在国内主张民族平等、民族自觉,促进国内各民族共同发展。在中国国民党第一次全国代表大会宣言中,孙中山指出:"国民党之民族主义,其目的在使中国民族得自由独立于世界。……民族主义对于任何阶级,其意义皆不外免除帝国主义之侵略。其在实业界,苟无民族主义,则列强之经济的压迫,致自国生产永无发展之可能。其在劳动界,苟无民族主义,则依附帝国主义而生存之军阀及国内外之资本家,足以蚀其生命而有余。"又说:"国民党之民族主义,有两方面之意义:一则中国民族自求解放;二则中国境内各民族一律平等。"①孙中山等人认为,被压迫民族必须联合起来,反对强权,争取民族自决,而这种自决必须靠自己的努力去实行。对于孙中山的民族主义,瞿秋白有一中肯的评价:"中国国民党孙中山先生的民族主义,便是革命的民族政策:一方面代表中国国民(资产阶级当然在内)反对帝国主义并且不侵略中国的弱小民族,别方面与无产阶级世界革命中之民族政策相溶合,联合一切被压迫民族——决不是国家主义。"②可以说,孙中山的民族主义是在民族自由平等的前提下,要求恢复中华民族自由平等的地位。

马克思主义民族理论为中国马克思主义民族理论的形成和发展提供了理论上的指导。王稼祥指出:"无产阶级导师——马克思、恩格斯、列宁、斯大林,对民族问题与殖民地、半殖民地问题有很多的著作,有了系统的理论。殖民地半殖民地的无产阶级根据马列主义的理论把爱国主义与国际主义联系起来,它在民族解放中的纲领与主张既是坚决彻底的,没有民族妥协主义与民族侵略主义的任何成份,而对国内民族问题有彻底的主张和实践。"③中国马克思主义者正是运用马克思主义的民族理论,结合中华民族被压迫的严峻现实,创造性地提出了

---

① 《中国国民党第一次全国代表大会宣言》(1924年1月23日),《孙中山选集》,人民出版社1981年版,第591页。

② 《现代民族问题讲案》(1926年1月),《瞿秋白文集》第3卷,人民出版社1989年版,第495页。

③ 《关于三民主义与共产主义》(1939年),《王稼祥选集》,人民出版社1989年版,第228页。

争取民族独立的理论,推进了马克思主义民族理论的中国化进程。

第一,在对待国内民族问题上,以毛泽东、周恩来等为代表的中国共产党人同意孙中山的民族平等主张,并切实地推进国内的民族平等。中国共产党人指出,压迫其他民族的民族是不能够取得解放的,国内各民族不论大小都是平等的,民族平等的前提在中国是汉族首先要尊重其他少数民族,抛弃传统的大汉族主义。实行民族平等的具体措施是,尊重少数民族的语言、文字、风俗习惯和宗教信仰,帮助少数民族争取在政治、经济、文化上的解放和发展。中国共产党人基于中华民族的整体利益,坚持中国国内的少数民族是中华民族大家庭中的重要一员,为争取少数民族利益的实现而奋斗,强调"这些少数民族本身地位的加强,正是中国整个国力和民力加强的主要源泉"[1]。在民族危亡的严峻形势下,中国共产党人号召全国各族人民不论任何阶级、党派、团体或个人,都要以中华民族利益为重,发扬中华民族的爱国主义精神,投身到抗击帝国主义侵略的民族斗争中来,结成最广泛的民族统一战线,开展伟大而又神圣的抗日战争。毛泽东在中共六届六中全会上所作的《论新阶段》的报告中指出:"中国共产党人必须将爱国主义和国际主义结合起来。我们是国际主义者,我们又是爱国主义者,我们的口号是为保卫祖国反对侵略者而战。对于我们,失败主义是罪恶,争取抗日胜利是责无旁贷的。因为只有为着保卫祖国而战才能打败侵略者,使民族得到解放。只有民族得到解放,才有使无产阶级和劳动人民得到解放的可能。中国胜利了,侵略中国的帝国主义者被打倒了,同时也就是帮助了外国的人民。因此,爱国主义就是国际主义在民族解放战争中的实施。"[2]中国共产党人认为,统一战线的指导原则是使阶级斗争服从于民族利益,但也不能因此就失去党派和阶级的独立性。这是因为,在民族斗争中,阶级斗争是以民族斗争的形式出现的。关于民族斗争与阶级斗争的关系,毛泽东有一段经典论述:

> 阶级斗争和民族斗争的关系也是这样。在抗日战争中,一切必须服从抗日的利益,这是确定的原则。因此,阶级斗争的利益必须服从于抗日战争的利益,而不能违反抗日战争的利益。但是阶级和阶级斗争的存在是一个事实;有些人否认这种事实,否认阶级斗争的存在,这是错误的。企图否认阶级斗争存在的理论是完全错误的理论。我们不是否认它,而是调节它。我们提倡的互助互让政策,不但适用于党派关系,也适用于阶级关系。为了

① 吴清友:《民族问题讲话》,生活书店 1936 年版,第 162 页。
② 《毛泽东选集》第二卷,人民出版社 1991 年版,第 520—521 页。

团结抗日,应实行一种调节各阶级相互关系的恰当的政策,既不应使劳苦大众毫无政治上和生活上的保证,同时也应顾到富有者的利益,这样去适合团结对敌的要求。只顾一方面,不顾另一方面,都将不利于抗日。①

第二,在对待国际间的民族问题上,中国共产党人创造性地发展了列宁的民族殖民地理论,主张国际间的被压迫民族团结与合作,反对共同的民族压迫。中共四大作出的《对于民族革命运动之议决案》中明确指出:"全世界各民族的经济发展程度不同,革命的性质亦因之各异,在欧美资本制度发达的国家,遂形成无产阶级的社会革命运动,在东方殖民地半殖民地的国家形成多阶级的民族革命运动。这两种革命之性质虽然不同,而革命之目的都有一共同点,即推翻资本帝国主义。前者成功固然影响于后者,后者胜利亦有助于前者,两种革命运动都含有世界性,这两种革命运动会合起来,才是整个的世界革命。因此,东方殖民地之无产阶级都应该不迟疑地参加各本国之民族革命运动。"②瞿秋白、毛泽东等指出,所谓殖民地问题,不过是民族问题的扩大及发展上的时期不同罢了,殖民地问题实际上是世界范围的民族问题,只要帝国主义存在,也就永久没有解决国际间的民族问题的时候,故而需要将爱国主义与国际主义结合起来。吴清友也指出:"我们应当确定,被压迫民族与压迫民族是两个完全对立的客体,这里不能'和平共居',而且也没有任何平等的可能;就是说,资本主义控制弱小民族的基本弹簧——经济剥削和政治压迫——未被彻底铲除以前,民族的压迫一日不能消灭,而且民族矛盾随着独占资本的发展、法西斯主义的狂暴、以及世界经济的恐慌而加深了。"③中国马克思主义学者认为,世界革命本质上是阶级斗争,所以中国民族革命如果没有社会主义国家的支援就难以成功。

在现代中国,还有蒋介石的民族理论,这是传统的大汉族主义的重要体现。在《中国之命运》一书中,蒋介石借口中国各民族无种族、血系的区别,炮制出所谓的宗族理论。该书声称各宗族间的差别,仅是宗教和地理环境的差异,实际上是同一个民族。其理论的实质,是否认中国有少数民族的存在,这是大汉族主义的突出反映。《中国之命运》虽然也提出了民族平等政策,但在实际中是一纸空文,未有任何的效果。蒋介石的民族理论遭到思想界、学术界的声讨。

---

① 《毛泽东选集》第二卷,人民出版社1991年版,第525页。
② 《对于民族革命运动之议决案》(1925年),《建党以来重要文献选编》第2册,中央文献出版社2011年版,第215页。
③ 吴清友:《民族问题讲话》,生活书店1936年版,第58页。

三、民族学研究的代表性著作

现代中国的民族学研究也出现了一些具有代表性的专著。主要是:瞿秋白的《现代民族问题讲案》(讲稿,1926 年),徐庆誉的《中国民族与世界文化》(世界学会 1928 年版),李达的《民族问题》(南强书局 1929 年版),傅绍曾的《中国民族性之研究》(文化学社 1929 年 12 月版),凌纯声的《松花江下游的赫哲人》(国立中央研究院历史语言研究所 1935 年版),吴清友的《民族问题讲话》(生活书店 1936 年版),吕思勉的《中国民族演进史》(正义文化服务社 1936 年版),吕振羽的《中国民族简史》(生活·读书·新知三联书店 1947 年版),穆超的《中国民族性》(正义文化社 1936 年版),林惠祥的《中国民族史》(商务印书馆 1937 年版),林克多的《民族革命战争论》(光明书局 1937 年版),张元济的《中华民族的人格》(商务印书馆 1937 年 5 月初版)①,张厉生的《中国之民族精神》(青年书店 1939 年版),毛起鵕、刘鸿焕的《我们的国族》(独立出版社 1942 年版),张质君的《人类社会与民族国家论》(商务印书馆 1946 年版),罗家伦的《新民族观》(商务印书馆 1946 年版),华岗的《中华民族解放运动史》(鸡鸣书店 1946 年版),刘少奇的《论国际主义与民族主义》(人民出版社 1951 年版)等。以下,试就具有代表性的民族学著作,择其要者作简要的叙述。

(一) 瞿秋白的《现代民族问题讲案》(1926 年)等著作

瞿秋白在中国共产党的创立时期和国民革命时期,作为中国共产党杰出的政治活动家和理论宣传家,针对中国共产党建立后开展民族民主革命的需要,撰写了《现代民族问题讲案》等著作②。这些著作运用马克思主义理论深入研究民

---

① 张元济此著从《左传》、《史记》、《战国策》等著作中辑佚历史人物的事迹以文言文呈现,配以白话文解说,彰显中华民族"无以生以害仁,有杀身以成仁"及"富贵不能淫、贫贱不能移、威武不能屈"的精神,在当时具有张扬民气、反抗日本侵略的现实意义,社会影响极大。该著自 1937 年 5 月上海的商务印书馆初版后,1947 年 2 月出至 6 版;此外,还有长沙的商务印书馆、重庆的商务印书馆等的版本。——参见国家图书馆编:《民国时期图书总目·社会科学总论》,国家图书馆 2019 年 12 月版,第 357 页。

② 瞿秋白以马克思主义为指导研究民族问题,除了《现代民族问题讲案》(1926 年 1 月)外,还有了《十月革命与弱小民族》(1924 年 11 月)、《自民族主义至国际主义》(1924 年 5 月)、《民族的劳资斗争》(1925 年 2 月)等。

族问题,为寻求民族解放运动的道路做了积极而又宝贵的探索,为马克思主义民族理论的中国化作出了重大贡献。

1. 对民族的本质及其发展规律的探索。

瞿秋白运用马克思主义的民族理论批判资产阶级的民族观,就民族的本质特征和发展规律做了积极的探索,形成了一系列符合马克思主义民族观的基本观点。

瞿秋白正确揭示了民族的本质内容。1926 年 1 月,瞿秋白在《现代民族问题讲案》中指出:"民族之第一要点为资本主义的经济关系,第二为地域之限定——即某国资产阶级专利的市场,第三即此地域内言语文字等文化关系的统一——消灭封建宗法时代的散乱纷歧的状态以利于资本主义的发展。"所以,民族可定义为"民族者乃因资本主义之发生及发展而形成之一种人类的结合,有内部的经济关系,即共之地域以及共同之言语文化等者也。"①瞿秋白对民族概念的界定和对民族内容的揭示有两个最为显著的特点。第一,强调民族的社会经济结构,这是马克思主义唯物史观在分析民族这一历史现象中的具体应用。瞿秋白由于注重民族的社会经济基础的分析,因而认识到民族只存在于特定的历史阶段,是一定的历史阶段的产物,也就是说,民族在根本上是由社会的经济基础所决定的。瞿秋白说:"民族为一定地域内许多种族之合并同化而组成国家或有组织国家之倾向的人类结合,——他的经济基础是手工业商业发展后直至工业资本时代之交易经济。"②第二,强调民族是特定社会发展阶段的"一种人类的结合",是"文化关系的统一",因而民族有着共同的经济基础、共同区域、共同之言语文化等特征。瞿秋白关于民族定义的描述和对民族特征的揭示,是符合马克思主义民族观的基本精神的。斯大林指出:"民族不是偶然的、昙花一现的混合物,而是由人们组成的稳定的共同体",并认为民族的特征是"共同的语言"、"共同的地域"、"共同的经济生活、经济上的联系"、"共同文化上的共同心理素质"③。斯大林还指出:"民族不是普通的历史范畴,而是一定时代即资本主义上升时代的历史范畴。封建制度消灭和资本主义发展的过程同时就是人们形成为民族的过程。"④对照斯大林和瞿秋白的论述,我们可以发现,瞿秋白对民族概念的界定遵循了斯大林的民族思想,除个别用语不一外,都强调了民族存在于

---

① 《瞿秋白文集》第 3 卷,人民出版社 1989 年版,第 490 页。
② 《瞿秋白文集》第 3 卷,人民出版社 1989 年版,第 488 页。
③ 《斯大林选集》上卷,人民出版社 1979 年版,第 61 页。
④ 《斯大林选集》上卷,人民出版社 1979 年版,第 69 页。

资本主义阶段、民族具有共同的基本特征。

　　瞿秋白对民族的形成、民族发展趋向等问题也做了深入的研究。如上所述，瞿秋白认为民族正式形成于资本主义社会，而"民族之发生及发展"则是一个具体的历史过程，并经历了前后相续的具体阶段。他认为"民族之发生及发展"经历了三个阶段，即"1.商业之发生即民族形成之第一步过程，六、七世纪时阿拉伯人的统一运动即其一例。2.商业发展之后，各种族或各省（中国）之中自然发生言语统——运动以及一切风俗、礼教、法律、政治的统一的要求。3.工业资本发现之后，这种统一运动—即民族之完全形成便得着了更切实的经济基础，因为资产阶级已有极强的统一需要，要组织成一'民族国家'，以为统一独占国内市场并与外国资产阶级竞争之最有力的工具，如意大利、法兰西、德意志的立国和统一的历史，都是极明显的实例。"①这里，瞿秋白在尊重马克思主义关于民族形成于资本主义时期的观点的同时，又在很大程度上有所发挥，即高度重视前资本主义社会生产力的发展对民族的形成所起的奠基作用，并强调历史发展的连续性及对民族形成的综合影响。列宁曾说："资本主义把民族分成占少数的压迫民族，即大国的（帝国主义的）、享有充分权利的特权的民族，以及占大多数的被压迫民族，即附属和半附属的、没有平等权利的民族。"②这说明，瞿秋白对马克思主义民族的理解和阐释是正确的。

　　瞿秋白认为，民族并不是永恒的，资本主义完全消灭后，民族也将随之消亡，而民族消亡的条件正是生产力的发展。他指出，生产力发展是民族消亡的决定性因素，"世界生产力的开展，各民族因之而日益趋于同化，各自消灭他的特殊性。"③这是由于"生产力的集中和发展必须打破资本主义的私有制度和国家的界限而成为世界的社会主义的经济。……因此，民族之间的互相仇视，处处强分界限的现象也自然消灭。"④瞿秋白还认为，被压迫民族的联合与革命也是促进民族消亡的重要因素。无产阶级革命必然联合一切被压迫的民族，各国的革命"势必逐渐汇合，而进于各族之间的经济合作"，因此"民族并非永久的，资本主义完全消灭后，民族也要随之而消灭"⑤。将民族作为特定历史阶段的产物，并将生产力的发展作为民族产生、发展和消亡的决定性因素，同时注重在生产力基

①　《瞿秋白文集》第3卷，人民出版社1989年版，第489页。
②　《列宁选集》第4卷，人民出版社2012年版，第98页。
③　《瞿秋白文集》第2卷，人民出版社1988年版，第678页。
④　《瞿秋白文集》第3卷，人民出版社1989年版，第489—490页。
⑤　《瞿秋白文集》第3卷，人民出版社1989年版，第490页。

础上的社会政治革命对民族消亡的影响,这反映出瞿秋白具有很高的马克思主义理论素养。

瞿秋白坚持马克思主义的民族观,正确揭示了民族的特征和民族产生、发展、消亡的过程,对民族的本质及民族发展规律进行了积极的探索,为马克思主义民族观的中国化做出了积极的努力。瞿秋白关于民族概念的界定和对民族特征的概括,对中国共产党民族理论的奠基起了积极的影响。

2. 对民族问题和民族解放道路的探索

瞿秋白尤其注重马克思主义民族理论与中国革命的具体实践相结合,从世界无产阶级革命斗争的新形势和中国共产党领导民主革命的实际出发,就民族问题和中国民族解放的道路做出了积极而又成功的探索,显示了马克思主义与中国革命相结合的良好学风。

瞿秋白对民族压迫的残酷性和危害性做了深刻的揭露,表达了民族斗争反映阶级斗争的思想。他指出,在资本主义社会条件下,是先进民族压迫、剥削弱小的民族,各民族处于不平等的地位。他说:"各强大民族的资产阶级以强力阻止弱小民族的互助结合,往往用极狠辣残暴的手段封锁已经制服的弱小民族,隔离他们,离间他们,以遂其一民族同化其他小民族之阴谋,以求垄断这些小民族地域里的经济政治势力。"[①]瞿秋白认为,这种强大民族对弱小民族的压迫和剥削,反映了阶级的利益,是阶级斗争在民族问题上的集中反映,因为"资本家地主的政权不倒,连小资产阶级及农民都习于民族的自大性,根本上绝不能免民族间的压迫和剥削"[②]。瞿秋白关于民族斗争是阶级利益反映的观点是正确的,在阶级社会里特别是在资本主义社会里,民族压迫并非由民族的差异所引起,而是强大民族的统治阶级实行其阶级意志和政治统治的步骤。瞿秋白关于民族压迫反映阶级斗争的这一认识,反映了中国共产党早期领导人对马克思主义民族观中核心问题的深刻把握。

瞿秋白从反对民族压迫的目标出发,极力主张中华民族在平等的基础上实行民族联合以反击帝国主义和军阀的进攻。瞿秋白宣传民族平等和反帝思想,他指出:"我们国民党的民族问题,是要全国各种小民族一律平等、自由,联合成中华民国,所以我们国民革命,是站在全民众的观点上去反抗外国资本主义,而国民革命第一个目标——民族主义——就是代表全中国的民众与外国资本主义

---

① 《瞿秋白文集》第 2 卷,人民出版社 1988 年版,第 678 页。
② 《瞿秋白文集》第 2 卷,人民出版社 1988 年版,第 679—680 页。

去实行阶级斗争。"①这里,瞿秋白把阶级斗争的思想融入了民族斗争,阐述了民族平等和民族联合对反帝斗争的极端重要性。瞿秋白认为,要使中国的各民族在平等的基础上实行民族联合,就"应当以苏联为模范,来组织革命的政权——就是使中国境内蒙古、西藏、满洲、回族等民族,完全以自由、平等的原则,加入革命的中国"②。瞿秋白强调通过阶级斗争手段组织革命政权,并揭示了实行民族平等和进行民族革命的意义,这是马克思主义政治学说在民族革命中的运用。在总结五卅运动教训的基础上,瞿秋白号召中国社会的各阶级组织民族联合战线,以全民族的力量来完成民族民主革命的任务。他说:"现在我们凡是要求中国民族解放的一切阶级,都应当赶紧联合起来,一致向帝国主义、军阀及一切反动势力进攻。"③在宣传民族联合战线的同时,瞿秋白对民族战线中以"国家主义"为代表的右倾思想予以高度警觉。他指出,孙中山的民族主义代表了革命的民族政策,"一方面代表中国国民(资产阶级当然在内)反对帝国主义并且不侵略中国的弱小民族,别方面与无产阶级世界革命中之民族政策相融合,联合一切被压迫民族——决不是国家主义"④。瞿秋白的论述对于反对民族民主战线中的右倾行为,对于捍卫孙中山民族主义的革命性是有积极意义的。

瞿秋白基于马克思主义民族理论中国化的理念,还对中国民族解放道路中的理论和实际问题做了深入的探讨,在以下几个方面表现出重大的理论建树。

一是对民族运动的性质做了科学的分析和说明。中国共产党在 1925 年 1 月作出了《关于民族革命运动之决议案》,指出封建阶级和资产阶级的民族运动包含着两面性:"一是反抗帝国主义的他民族侵略自己的民族,一是以对外拥护民族利益的名义压迫本国无产阶级,并且以拥护自己民族光荣的名义压迫较弱小的民族。"⑤瞿秋白根据党的决议案,结合自己的思考,对民族运动的性质问题做了进一步的研究。他指出,资产阶级在革命前提出的民族运动的口号和要求,"确是解放生产力而造成所谓国民经济的必要步骤",因此具有进步的性质;但工业资本渐渐发展而成帝国主义后,"束缚生产力的发展","蒙蔽无产阶级及一

---

① 《瞿秋白文集》第 3 卷,人民出版社 1989 年版,第 387 页。

② 《瞿秋白文集》第 3 卷,人民出版社 1989 年版,第 409 页。

③ 《瞿秋白文集》第 3 卷,人民出版社 1989 年版,第 401 页。

④ 《瞿秋白文集》第 3 卷,人民出版社 1989 年版,第 495 页。

⑤ 《对于民族革命运动之决议案》,《中共中央文件选集》第 1 册,中共中央党校出版社 1989 年版,第 330 页。

般平民"，其民族运动"已经变成法西斯蒂的运动，完全是反动的性质了"①。瞿秋白通过对资产阶级民族运动的历史分析，既肯定其早期的进步性，又批判了其后期的反动性，这是极为独到的，也是符合实际的。

二是对民族殖民地问题做出了马克思主义的说明。在无产阶级革命的新时代，把殖民地半殖民地的民族问题提到无产阶级革命的高度，这是列宁的重要思想。列宁认为，只有民族殖民地问题得到解决，无产阶级才能取得彻底的胜利，因此殖民地的民族解放是无产阶级革命的重要组成部分。早在 1923 年，瞿秋白在列宁思想的影响下，就认为世界被压迫民族只有团结起来才能打倒国际帝国主义。他指出："只有俄国社会革命的发展，中国国民运动的奋起，世界无产阶级与各殖民地劳动平民携手，'用一切方法，从最强的着眼'，共同颠覆所有帝国主义、所有的军阀制度，方能得世界经济的发达，人类文明的再造。"②这就提出了全世界无产阶级、被压迫民族团结起来共同反抗帝国主义的主张。这一主张是瞿秋白研究世界形势和中国民族解放运动的结果，同时也是与共产国际对中国革命的指导分不开的。

三是对民族问题与殖民地问题之间的关系作了科学的解说。瞿秋白认为，民族问题是一国内各民族之间的关系问题，殖民地问题是各国之间的问题。"殖民地问题，不过是民族问题的扩大"，"殖民地问题实际上是世界范围的民族问题"。基于对民族问题和殖民地问题关系的这样定位，瞿秋白由此断定："现在世界上是被压迫民族与帝国主义民族的斗争，是全世界的民族问题。"③这就把殖民地问题与民族问题联结起来，申明了殖民地半殖民地人民反对国际帝国主义侵略和国内军阀统治的斗争，在全世界民族解放运动中的重要地位，从而使殖民地半殖民地人民的革命斗争上升到世界民族问题的高度。

四是阐述了民族解放运动与阶级斗争之间的不可分离的关系。瞿秋白认为，民族解放运动与阶级斗争两者有着密不可分的联系，他说："中国工人反抗日本资本家，这是很明显的劳资斗争，然而也是很明显的民族斗争；中国的民族主义者、民权主义者，若不赞助工人阶级这种阶级斗争，永世也不能得到民族的解放和中国的独立。"④关于如何处理好民族解放运动与阶级斗争的关系，瞿秋白提出了极为有价值的思想，概括起来有这样几个重要的观点：（一）资本主义

---

① 《瞿秋白文集》第 3 卷，人民出版社 1989 年版，第 489 页。
② 屈维它（瞿秋白）：《帝国主义侵略中国之各种方式》，《前锋》第 1 期，1923 年 7 月 1 日。
③ 《瞿秋白文集》第 3 卷，人民出版社 1989 年版，第 503—504 页。
④ 《瞿秋白文集》第 3 卷，人民出版社 1989 年版，第 14 页。

国家的无产阶级革命要与被压迫民族的解放运动"结成联合战线","对于列强帝国主义的资产阶级之阶级斗争";(二)社会革命和国民革命是"一个过程的两个方面","决不能分割而对立";(三)无产阶级革命要赞助弱小民族的解放运动,"甚至于联合当地资产阶级民治派",以反抗封建军阀及买办阶级;(四)在民族解放运动中,"国民革命最终的领袖总是无产阶级——这却是一个公律"①。瞿秋白的这些理论探索为推动中国民族解放运动的发展作出了重大贡献,丰富了中国共产党的理论宝库。

瞿秋白在《现代民族问题讲案》等著作中,从中国民族民主革命的实际出发,运用马克思主义民族理论解决中国的实际问题,提高了中国共产党在幼年时期的马克思主义理论水平,不仅推动了当时反帝反封建斗争的深入,而且奠定了中国共产党民族理论的基础。瞿秋白是马克思主义民族理论中国化的积极探索者,为推进新民主主义民族学理论的建构作出了重要贡献,在中国马克思主义民族学史上有着重要的地位。

(二) 李达的《民族问题》(1929 年)

李达对马克思主义民族理论中国化有独特的贡献,他写有《民族问题》一书,1929 年由上海南强书局出版。该书主要是从政治理论研究的视角来研究民族问题的,阐述其对民族问题的基本看法。该书将民族问题的研究上升到政治学的高度,同时又将民族问题与资本主义的兴起的历史进程联系起来,分析了民族国家的基本类型及其性质,这也是对中国马克思主义政治学发展的重要贡献。

李达对民族与国家之间的关系进行分析,力求从"民族共同体"和"国家共同体"的差异上予以区分。在李达看来,民族具有"常住的共同体"、"言语的共同体"、"地域的共同体"、"经济的结合"、"心理的共通性"等五个特性,因而"所谓民族,是历史所形成的常住的人们共同体,并且是因共同的言语,共同的居住地域,共同的经济生活及表现于文化的共同心理而结合的人们共同体。"②这里不难看出,李达对民族特性的论述,是与斯大林的论述有理论上的渊源关系。值得注意的是,李达在研究民族问题时,是将民族与国家进行对比中来阐发自己的见解的。他在阐述民族的"言语的共同体"时指出:"常住的共同体,不限定常常是民族。国家虽是常住的共同体,但不能说是民族的共同体,例如德意志,日本,

---

① 《瞿秋白文集》第 3 卷,人民出版社 1989 年版,第 506—508 页。
② 《民族问题》(1929 年),《李达文集》第 1 卷,人民出版社 1980 年版,第 564 页。

虽是常住的共同体,但不是民族。民族共同体与国家共同体的区别,在什么地方呢? 国家共同体,没有共同的言语,是可以存在的,但是民族共同体,没有共同的言语,是没有存在的可能。例如日本的朝鲜民族,世界战争以前的奥地利亚的捷克民族,俄罗斯的波兰民族,虽各有其独自的言语,然对于日本,旧奥,旧俄的存在,毫无妨碍。"①李达的论述说明,民族的特性除了表现为"常住的共同体"外,"言语的共同体是民族的第二个特性",因而民族与国家是有密切联系的,但两者在是否有"言语的共同体"问题上的区别也是显然存在的。

李达对"民族国家"的形成进行研究,以资本主义的兴起作为解释民族国家形成的基本条件。在李达看来,民族国家的形成是近代资本主义发展的产物,与资本主义的历史进程是紧密联系在一起的。当时的新兴资产阶级为着要建立资本主义的生产关系,不仅要废除种族时代的生产手段、财产及人口的分散状态,并且要集中人口、生产手段、政治力量,以建立其民族的阶级利益,因而近代资本主义的勃兴促进了民族统一运动与民族国家的形成。为了说明这个道理,李达对西欧国家、东欧洲国家、东方国家在近代演进的情形作了具体分析,考察了资本主义兴起在民族国家形成中的作用。李达在《民族问题》著作中有这样的分析:

新兴的资产阶级对于封建主义胜利的时代,世界到处进行民族统一运动。这种运动,决不是由于自由的理想,是由于"资本蓄积"的发展。商品经济要想得到完全的胜利,不能不首先征服国内市场,并在同一言语的人口之领土内,排除一切的障碍,使言语能够统一及其顺利的发达,因为言语的统一及其顺利的发达,是近代资本主义商品流通最重要的条件,是人民自由的结合与买卖的接近不可缺乏的要素。然资本主义要想满足这种要求,一定要形成民族国家。这种民族国家的形成,是一切民族运动的倾向,这种深刻的经济要素,是促进民族国家的形成,在西欧各国,都是经过这种过程。英吉利人、法兰西人、德意志人、意大利人等,在某个时期,都是与征服封建阶级的资产阶级相适应,形成一种民族。这种民族的形成,同时就是独立的民族国家的形成。例如英吉利、法兰西等各民族,同时就是英吉利、法兰西等各国家。爱尔兰的情形,要算是例外,不能变更一般的局面。

东欧的情形稍异,东欧各国是由多数民族构成的,如奥地利亚、匈牙利、俄罗斯,是其一例。奥地利亚的德意志人,在政治上占有优越的势力,统一

---

① 《民族问题》(1929 年),《李达文集》第 1 卷,人民出版社 1980 年版,第 563 页。

奥地利亚各民族形成一国家。匈牙利的马查尔人,是匈牙利各民族中的精锐,有组织国家的能力,遂统一了匈牙利。在俄罗斯,大俄罗斯人进行民族统一运动,建筑自己的基础,组织贵族的官僚政治。这种多数民族国家的形成,是由于封建制度尚未完全肃清的缘故。

当时资本主义在东方各国亦开始发达,商业及交通机关的发展,大都市的勃兴,各民族的经济,发生了很大的变动。资本主义侵入到被压迫民族,破坏了他们的平稳生活,使他们奋起为民族运动,同时,新闻杂志的发达,议会、国会的行动,更足以促进民族感情的高涨。一般智识阶级,也醉心于民族思想,向着这方面前进,但是可惜自觉被压迫民族,到了此时,遭受压迫民族种种压迫与反对,早已不能形成为独立民族国家。

如上所述,可知民族的结合,即是民族的统一运动与民族国家的形成。其发生与发展,是与资本主义发生与发展的时期及地点一致的。其阶级的原动力,是资产阶级。[1]

李达的这段论述,一是突出了资本主义的兴起对民族国家建立的决定作用,同时也说明了资产阶级在追求阶级的利益过程中,对民族国家建立的巨大推进作用;二是分析了民族国家的不同类型,认为西欧的民族国家与东欧的民族国家以及东方的国家存在很大的不同,并指出了这主要是由于资产阶级的世界性扩张运动所带来的结果,亦即是由于"资产阶级为追求利润与剥削,努力于民族统一与民族国家的树立,更进而征服合并其他的民族,以掠夺更广大的领土"的缘故[2]。由此,李达认为民族国家兴起的这种特殊过程,决定了"民族斗争"在民族国家之间更加尖锐化和激烈化;突出的表现是,"在帝国主义前期的民族斗争,到了帝国主义时代,成为白热化。支配的资本主义国家在其发展的过程,因为征服并压迫他民族的结果,由单一民族国家变为多民族国家,独立的弱小国家与弱小民族,成为互相角逐的帝国主义各国侵略的对象,因此,民族斗争,无论在帝国主义国家的内部或外部,都不能不激烈化了。"[3]李达在考察民族国家形成的过程中,注意到资本主义兴起、民族运动、资产阶级等因素在其中所起的不同的作用,将"民族国家"作为一个特定的历史范畴来认识,揭示了民族国家的阶级性质及其所具有的历史性特征。

---

① 《民族问题》(1929年),《李达文集》第1卷,人民出版社1980年版,第566—567页。
② 《民族问题》(1929年),《李达文集》第1卷,人民出版社1980年版,第569页。
③ 《民族问题》(1929年),《李达文集》第1卷,人民出版社1980年版,第589—590页。

　　李达对民族问题的政治性有深刻的研究,从而使民族问题的研究上升到政治学研究的高度。在政治学的研究中,一般是以阶级、国家、政党等问题为研究重点,而对民族问题的研究不是作为主要的内容。李达认为,民族问题与民族的阶级斗争问题、民族国家的建立问题是密切联系在一起的,并且是与资本主义的兴起的历史进程不可分离的,因此,民族问题在现代社会具有重要的政治意义,需要从阶级斗争的角度以及资本主义的本质方面来细致研究。譬如,李达通过对民族问题与殖民地问题关系的辨析,阐述民族问题的阶级性质及资本主义国家的民族政策服务于资产阶级的阶级利益的本质。他指出:"所谓民族问题,是一定国家内各民族间相互关系的问题。所谓殖民地问题,是各国间相互关系的问题。资产阶级的民族政策与殖民地政策,都是以获得商品贩卖市场、原料的生产地、低廉的劳动力及投资的处所为目的。因此,民族问题与殖民地问题,其阶级的本质是相同的。殖民地政策不过是资产阶级发展到金融资本主义时代的一种扩大了深刻化的民族政策。换句话,民族问题是在帝国主义前期发展的阶段;殖民地问题是在帝国主义时代发展的阶段。而殖民地问题,是具有世界规模的民族问题。"①又譬如,李达通过民族自决权与民族自治权的对比研究,阐明作为民族问题重要内容的民族自决权具有政治斗争的性质,并说明争取民族自决权的斗争在根本上是被压迫民族与压迫民族进行政治斗争的突出表现。他指出:"民族自决权要求,决不是自治权的要求,要限制民族自决权在自治权狭隘的范围内,那当然是错误的。若要把民族自治权,曲解为文化的自治权;把政治的权力,依然委诸压迫民族的党中;而只把文化的设备(教育机关)、宗教等归之被压迫民族,把被压迫民族斗争的武器,变为压迫民族支配的工具,这种主张更是错误之至了。所谓民族自决权,实是殖民地和隶属国对于帝国主义的本国,完全脱离的权利,是被压迫民族要求独立国家存在的权利。这种民族分离权和建设独立国家权,不是法律问题,不是帝国主义宪法范围的问题,不是'民族平等'的声明书和宣言的问题,而是实际斗争的问题,即是以被压迫民族的实力对付帝国主义列强的实力的问题。"②李达将民族问题的研究纳入政治学研究范畴,这不仅是推进马克思主义民族理论中国化的积极努力,而且是对中国马克思主义政治学发展的重要贡献,其学术意义和政治意义皆是重大的。

　　李达的《民族问题》一书有体系性的架构,全书共五章,对民族、帝国主义前

---

① 《民族问题》(1929年),《李达文集》第1卷,人民出版社1980年版,第591页。
② 《民族问题》(1929年),《李达文集》第1卷,人民出版社1980年版,第604页。

期的民族问题、帝国主义时代的民族问题、苏俄的民族问题、民族问题几个根本
原理等进行了较为系统的阐发,是中国马克思主义者运用马克思主义理论研究
民族问题的代表性著作,初步地构建了民族学理论的学术体系。就学术渊源而
言,李达的《民族问题》以马克思主义的政治理论为指导,对列宁的民族与殖民
地理论以及斯大林的民族理论予以继承和发展,吸收了现代民族斗争特别是殖
民地半殖民地人民进行革命斗争的经验。该书虽然是研究民族问题的学术著
作,但与无产阶级的革命运动是紧密联系在一起的,并表征其推进马克思主义中
国化的思想诉求。譬如,李达在该书的"小引"中明确指出:"民族问题,是世界
革命的根本问题之一,要了解世界革命和中国革命的理论和策略,就必得研究民
族问题。"因此,该书对中国革命的相关问题予以特别的关注,寄希望通过对民
族问题的阐述,为中国革命理论体系的构建提供新的思路。从学术史的角度来
看,该书关于国家与民族关系的论述,突出了民族问题的阶级性,并将民族问题
放在一定的历史范畴内来解说,用马克思主义的政治理论回答了解决民族问题
的基本方法,这是对马克思主义的国家学说、民族学说的理论宝库的一个重要
贡献。

(三) 吴清友的《民族问题讲话》(1936 年)

吴清友[1]出版的《民族问题讲话》(生活书店 1936 年版)[2],是一部重要的马
克思主义民族理论著作。该著共 7 章内容,主要讲述资本主义初期、工业资本时
代、帝国主义时代、近代的民族问题,不仅介绍了苏联解决民族问题的方法,而且
也阐明了解决中国民族问题的极端重要性。该著在马克思主义民族理论中国化
方面有突出的贡献。

吴清友在中国新民主主义革命的视域下对民族平等问题进行研究,认为真
正的民族平等只能是在反对帝国主义民族压迫的斗争中才能取得。他指出:
"中国革命的民族主义者,它反对任何民族侵略,压迫与干涉中国民族的生活,

---

[1] 吴清友(1907—1965),原名毓梅,笔名白芒、启明、青佑,福建省福安人。留学苏联莫斯科
中山大学,学习政治经济学专业。1930 年回国后,受聘为上海《中华月报》主编、上海交通大学教
授。1942 年任重庆交通大学经济地理教授。新中国成立后,在中国人民银行总行专家室工作,并兼
任北京大学俄语教授和中国人民大学政治经济学教授。1958 年任中国人民银行总行办公厅副主
任,1961 年调任中国社会科学院拉美所翻译室组长。著作有《民族问题讲话》、《殖民地问题》、《殖
民地问题与民族解放运动》、《苏联计划经济》、《苏联国民经济》等。

[2] 吴清友的这部《民族问题讲话》,生活书店于 1936 年 7 月出初版,至 1937 年 3 月出第 3 版。

主张中国民族完全独立、自由与平等;同时也主张中国境内一切弱小民族(如蒙古、西藏、回人、苗人等)一律平等;帝国主义国家革命的民族主义者,也同样反对任何的民族压迫;反对本国民族去压迫、侵略与干涉中国民族及其它民族的生活,主张全世界各民族在完全平等互助的基础上实现如苏联那样的伟大的自由联合,这就是国际主义与民族主义辩证的联系。"①又说:"中国是一个多民族的国家。……我们主张中国境内的这些少数民族,在政治、经济和文化上都应有独立发展的机会,万不可再加以歧视,因为这些少数民族本身地位的加强,正是整个中国国力和民力加强的主要源泉。他们是构成中国民族解放运动的基本队伍,我们在事实上应以平等的原则对待他们,使他们不但不为帝国主义所利用,而是要使他们与汉族的广大劳苦大众携手,共同为推翻帝国主义的统治而斗争。……我们要铲除任何帝国主义加诸中国境内任何民族的压迫,同时我们也反对中国诸民族间有着民族压迫的存在。"②吴清友依据马克思主义民族理论来研究中国的民族问题,积极主张开展中国的民族革命运动,以革命的手段反对帝国主义国家对中华民族的压迫,为争取民族平等而斗争。这就将反对帝国主义的民族压迫与中国的民族民主革命紧密联系起来。

　　吴清友通过对民族形成过程的历史考察,认为民族压迫并不是现在才有的问题。在他看来,在民族的形成过程的一开始,也就存在着严重的"民族压迫"问题,并且民族矛盾在资本主义时代呈现激化的态势中而更加严重。他指出:"民族形成的过程是与封建制度的消灭和资本主义的发展的过程相互平行的。……在这种情形之下,民族没有而且也不能平均地,正常地发展起来,结果创立的民族国家是混合的,多民族的,资产阶级的国家,这里往往由一个强有力的民族来统治境内许多弱小民族。……我们样当确定,被压迫民族与压迫民族是两个完全对立的客体,这里不仅不能'和平共居',而且也没有任何平等的可能;就是说,资本主义控制弱小民族的基本弹簧——经济剥削和政治统治——未被彻底铲除以前,民的压迫一日不能消灭,而且此种民族矛盾随着独占资本的发展、法西斯主义的狂暴以及世界经济的恐慌而加深了。"③在吴清友看来,"民族问题"因其历史的和时代的不同,其表现形式也是有所差异的,中国当时的民族问题主要在于反对帝国主义的压迫,完成反帝的任务。他指出:"中国境内非

①　吴清友:《民族问题讲话》,生活书店1936年版,第39页。
②　吴清友:《民族问题讲话》,生活书店1936年版,第162页。
③　吴清友:《民族问题讲话》,生活书店1936年版,第57—58页。

汉族的诸少数民族,在历史上曾为中国统治民族压迫的主体,但同时也是欧美及帝国主义实行民族压迫的对象。最近几十年来,中国半殖民地式的发展,使中国不能完成自己创立独立民族国家的任务。因此目前中国整个民族问题只有在反帝,尤其是以反日为第一的旗帜之下,才能获得解决,他的任务是争取国家的独立完整和统一。"①吴清友还认为不能将"民族自决"狭义地解释为"自治权",而应该解释为"被压迫民族自由地和独立地过其民族生活应有的权利,即殖民地被压迫民族与宗主国完全分立的权利,即民族有独立国家生存的权利"②。由此,吴清友主张:"我们承认每一民族有自由地决定其命运的权利,在不妨碍别个民族利益的条件下,有随意地建立其民族生存的权利,他有自决权,他甚至于有分立权,但这绝不是说每一民族无论在什么条件下,都应当这样做,更不是说无论在什么地方,这样做都有好处。他采用自治制,或采用分离制,或采用联邦制,应当以有利于某一民族的大多数(劳动者)的利益为前提,换句话说,他应当根据其周围的具体历史条件制定解放民族问题的方案。"③

吴清友认为,民族主义不仅有广义和狭义之分,而且民族主义在不同性质的国家中也有其不同的内涵。他指出:"民族主义在殖民地和半殖民地国家则具有不同的涵义。它是争取民族独立、自由与解放的政治武器,它丝毫没有包含侵略或剥削别个民族的成份在内,反之,它是排除异族侵略和剥削的武器,它是同情和赞助与自己处境相同的别个被压迫民族解放运动的武器,因此,'联合世界上被压迫民族以平等待我的国家共同奋斗',成为孙中山先生民族主义的基本纲领之一,这绝不是偶然的。再,被侵略国家的民主主义,是求民族的平等与自由,那里解放斗争的尖锋是朝向反对帝国主义。"④吴清友指出,中国的民族压迫问题的严重化与帝国主义对中国的侵略是分不开的,帝国主义的侵略致使"中国更进一步转化为半殖民地",一方面打断了中国民族资本主义正常发展进程,另一方面又"把中国的农奴封建制度的残余保存起来,作为他们统治中国的支点。这一点,正加强了对中国的民族压迫。帝国主义者曾竭力设法保存中国封建式的散漫性,并进而怂恿中国边疆少数民族在经济政治上脱离中央政府和分立,把他们变成自己的殖民地。"⑤吴清友的论述说明,解决中国的民族压迫问

---

① 吴清友:《民族问题讲话》,生活书店 1936 年版,第 160—161 页。
② 吴清友:《民族问题讲话》,生活书店 1936 年版,第 7 页。
③ 吴清友:《民族问题讲话》,生活书店 1936 年版,第 4—5 页。
④ 吴清友:《民族问题讲话》,生活书店 1936 年版,第 34 页。
⑤ 吴清友:《民族问题讲话》,生活书店 1936 年版,第 158—159 页。

题,获得中华民族的平等与自由,必须以反对帝国主义对中国的侵略为前提。

吴清友的《民族问题讲话》是一部马克思主义的民族学著作,该著依据马克思主义的民族理论来研究中国的民族问题,将中国民族问题与反帝反封建的新民主主义革命紧密结合起来,阐明了争取民族平等与民族独立的极端重要意义,推进了中国马克思主义民族学的发展。吴清友的《民族问题讲话》是中国马克思主义民族理论发展进程中的经典著作,在中国现代学术史上有着重要的地位。

(四) 林克多的《民族革命战争论》(1937 年)

林克多①出版的《民族革命战争论》(光明书局 1937 年版),据列宁、斯大林关于民族解放运动的论断而写成的。全书共 4 章:民族战争的本质,初期的民族革命战争,帝国主义和民族革命战争,民族革命战争的战略。该著对于民族的形成和发展等问题进行研究,在运用马克思主义民族理论研究中国民族斗争方面颇具特色,为推进"民族战争"问题的研究作出了理论上的探索。

关于民族的形成和发展问题,林克多认为:"民族不仅是历史的范畴,而且是特定时代的历史范畴,所以从封建制度崩溃,到资本主义时代,民族的形成,是以国家的形式出现的。"②这里,林克多认为民族的形成"是以国家的形式出现的",突出民族问题的政治性特征。这是运用马克思主义阶级理论所作出的正确分析。关于民族自决问题,林克多指出:"民族自决权,是被压迫民族在争取解放斗争中的政治上的独立权,任何民族只有自己才有处理自己命运的权力,其他的民族不能有任何的干涉。换句话说,各民族都有依照各自的意志,而处理政治的权力,都有站在自治的原则上,而建立自己的生活的权力——建立自由独立国家的权力。"③林克多关于民族自决的论述,基于民族与国家关系而展开,强调了"建立自由独立国家的权力"在民族自决中的现实目标。

林克多结合当时世界范围内民族战争的形势,运用唯物史观重点就"民族战争"问题予以学术上的研究,指出:"民族战争当然可以在各种形式之下进行,这要看该民族的历史和经济等发展的程度。要看该民族人民的民族觉悟的程度。但在历史上,民族战争的教训,指明被压迫民族要求得解放,必需实行全面的民族抗战,才能获得民族解放战争的最后胜利。当然民族解放战争在工业资

---

① 林克多,生卒年不详,原名李平,浙江黄岩人。曾在巴黎做工,1930 年应募到苏联做工。著有《民族革命战争论》、《苏联闻见录》等。

② 林克多:《民族革命战争论》,光明书局 1937 年版,第 1 页。

③ 林克多:《民族革命战争论》,光明书局 1937 年版,第 6 页。

本主义与帝国主义时代,特别是世界大战以后苏联社会主义建设胜利时代,是有重大的区别。在工业资本主义时代的民族革命战争,还大部分是单个国家范围以内的问题,所以在那时候政府的单纯军事抗战,还能取得胜利。在帝国主义时代的民族解放战争,由国家的范围变成国际的范围了,因此在这时候的民族解放战争,要求得到胜利,必须和苏联携手,藉以得到国际上的援助,同时更应实行全面的全民族抗战,只有政府的单纯军事抗战,必然要遭到失败。全面的全民族抗战,是帝国主义时代民族解放战争唯一重要的方法,其意义就是争取民族抗战的最后的胜利,建立独立自由的国家。"①林克多还特别指出,在帝国主义时代的半殖民地的"民族战争"中,有着建立广泛的统一战线的可能与必要,并且这种"民族战争"在性质上是属于世界社会主义革命的一部分。他说:"现在帝国主义公然进行军事侵略,直接占领土地,毁灭半殖民地国家的民族生存。它加强对殖民地、半殖民地及弱小民族国家的经济侵略,降低劳动生产品的价格,厉行倾销,减低不独立国家的关税。它加强对殖民地、半殖民地民族解放运动的斗争,而且要推翻民族改良派的政权,建立媚外的独裁政权。因此,引起弱小民族国家全民族人民的不满,他们对于帝国主义及其代理人,表示极端的愤恨,激起广大人民组成反帝阵线。帝国主义资产阶级与土著资产阶级的冲突加强起来,帝国主义列强间的竞争加强起来,殖民地民族资产阶级与封建势力的冲突加强起来,使得大众反帝的民族独立运动能有很大的发展。同时,帝国主义国家内部因为统治阶级积极备战,无情地剥削广大的劳动大众,资产阶级与无产阶级对立的形势,也加强起来。所以现在殖民地及不独立国家的民族解放运动,不是世界总的民主革命的一部分,而是总的社会主义革命的一部分。民族解放运动与社会主义运动,已交织成一片了。"②林克多关于"民族战争"的研究,突出了说明了开展帝国主义时代的半殖民地的"民族战争"对于民族独立的极端重要性,这在当时对于动员全民族的抗战并争取抗战的胜利,有着重要的理论价值与现实意义。

林克多所著《民族革命战争论》是以马克思主义民族理论为指导撰写的著作,阐明了以"民族战争"形式抗击外来侵略、争取民族独立和解放的必然性,为推进中国马克思主义民族学理论中国化进程和民族学这门学科在中国的建立作出了贡献,因而在中国现代学术史上有着重要的学术地位。

---

① 林克多:《民族革命战争论》,光明书局 1937 年版,第 62—63 页。
② 林克多:《民族革命战争论》,光明书局 1937 年版,第 55—56 页。

（五）刘少奇的《论国际主义与民族主义》(1948 年)

刘少奇在解放战争的隆隆炮声中,于 1948 年撰成了《论国际主义与民族主义》一书,从阶级斗争与民族斗争的关系入手,梳理了民族主义与国际主义之间的关系,从理论上阐述了马克思主义民族观,在宣传和发展马克思主义民族理论方面有重要的理论建树。

第一,揭示了民族主义的阶级性特征。刘少奇以马克思主义阶级斗争理论来剖析民族主义,认为民族主义是阶级斗争的反映,反映着阶级的利益及思想诉求,因而具有阶级性的特征。他指出,资产阶级的民族主义是以资产阶级的利益为基础的,服务于资产阶级的政治统治。资产阶级的民族纲领与民族政策,虽然在表面上是以全民族利益的面目出现,但实际上是代表资产阶级利益的。他说,资产阶级"在自己国内,要使整个人民的利益服从于它这一阶级的利益,把这一阶级或其中某一上层的利益,放在全国人民的利益之上,并企图由他们垄断'民族'这个名义,宣布自己是本民族的代表或本民族利益的保护人,以作为欺骗人民的工具;同时,在国外,则把自己民族(实质上是指它的上层阶级)和其他民族的利益对立起来,企图把自己民族放在其他民族之上,在可能的时候,就去压迫和剥削其他民族,以其他民族的利益为牺牲,并从国外的掠夺中分出一部分以收买国内一部分人,去缓和与分裂本国人民对于它的反对。"①刘少奇认为,资产阶级的民族主义就是其阶级利益的集中表现,其民族政策与民族纲领反映了资产阶级的阶级本质。

第二,阐述了资产阶级民族观作用的历史性。刘少奇对于资产阶级的民族主义的考察,还从历史演变的视角揭示其历史性的特色,认为资产阶级的民族主义自然是以其阶级性贯穿其中,但在不同的历史阶段其作用亦有很大的不同。他指出,在资产阶级处于上升阶段时,其民族主义有着历史的进步性。这就是说,"当着一个民族被其他民族压迫,或在本国封建主义的压迫之下,资产阶级为了自己阶级的利益而和这类压迫发生矛盾的时候,它是可以在一定条件之下,和人民一起,对这类压迫进行一定程度的斗争的"②。然而,一旦资产阶级成为社会的主流阶级,特别是取得政权而成为统治阶级以后,其民族主义则呈现出反动性,此时的民族主义也就成为掠夺和剥削其他民族的工具。对于资产阶级

① 刘少奇:《论国际主义与民族主义》,人民出版社 1951 年版,第 3—4 页。
② 刘少奇:《论国际主义与民族主义》,人民出版社 1951 年版,第 4 页。

民族主义由进步性蜕变为反动性的过程,刘少奇这样指出:"资产阶级掠夺的财富愈多,他们的贪欲和吞并争夺的野心就愈加无底地扩大,就愈加要加紧对本国人民的压迫和对全世界各民族实行侵略,并且愈加要在民族主义这个口号之下来实行这种对内的压迫和对外的侵略,甚至要完全武断地把自己民族说成是'优良人种',因而就有权统治世界的其他部分,有权压迫其他'劣等民族'。"①在资产阶级成为统治阶级以后,资产阶级与本国人民的利益形成根本对立,就会压迫国内的弱小民族;而当整个民族面临外敌入侵时,资产阶级就会"出卖自己的民族",甚至"帮助异民族的统治者或其他帝国主义者来压迫本国的人民,以本国的人民为牺牲,来达到它保护其财产、维护其政治地位的目的"②。刘少奇的论述说明,资产阶级民族主义的作用不是一成不变的,而是随着资产阶级政治活动而历史性地发生变化的。

第三,分析了世界范围内民族斗争的新形势。刘少奇以马克思主义为指导研究民族问题,具有世界性的视野和与时俱进的风格。他考察了工业革命后民族问题演进的历程,认为近代以来的民族问题实际上"就是少数国家的帝国主义者(上层分子、资本家)凶恶地压迫与掠夺全世界殖民地和半殖民地的问题"③。但到第二次世界大战之后,民族问题"就成为更大多数人口的问题,反帝国主义的阵营在民族问题上是更加扩大了,而帝国主义国家的数目则已更少,也更加孤立了。"④这样,在世界范围内民族问题出现了新形势:"阶级问题和民族问题是这样明显地连接起来,这就有利于欧洲各国无产阶级:一方面,团结国内更广大的人民,而把保卫自己民族独立与争取社会主义的事业联合起来;另一方面,又团结殖民地与半殖民地更广大的人民,而把殖民地半殖民地的民族解放运动与自己争取社会主义的事业联合起来。"⑤刘少奇的论述说明,就世界范围内而言,当时出现两种形式的民族解放运动,一种是资本主义国家的无产阶级民族运动,另一种是殖民地半殖民地的民族运动,并且这两种民族运动相互支持、相互依托,共同冲击帝国主义的政治统治秩序。

第四,提出了无产阶级的国际主义民族观。在刘少奇看来,无产阶级的民族观自然也具有阶级性的特征,但无产阶级坚持国际主义的政治立场,奉行的是马

---

① 刘少奇:《论国际主义与民族主义》,人民出版社1951年版,第5页。
② 刘少奇:《论国际主义与民族主义》,人民出版社1951年版,第6页。
③ 刘少奇:《论国际主义与民族主义》,人民出版社1951年版,第23页。
④ 刘少奇:《论国际主义与民族主义》,人民出版社1951年版,第34页。
⑤ 刘少奇:《论国际主义与民族主义》,人民出版社1951年版,第32页。

克思主义的国际主义的民族观,反对一切民族压迫,主张民族的自由与平等,这是无产阶级的国际主义与民族主义的结合。刘少奇指出:"无产阶级的国际主义对于民族的看法,及其处理世界民族问题的基本原则,是从本国人民群众的根本利益出发,同时也是从全世界各民族的人民群众——即全人类共同的根本利益出发。"①无产阶级的这种国际主义的民族主义,"它既反对任何异民族压迫自己的民族,同时,又坚决反对自己的民族去压迫任何其他民族,而主张一切民族(不论大小强弱)在国际和国内的完全平等与自由联合及自由分立,并经过这种自由分立(目的是要打破目前各帝国主义国家对于世界大多数民族的压迫和束缚)与自由联合(即在打破帝国主义的压迫之后由各民族实行在完全自愿的基础上的联合)的不同具体道路,逐步地走到世界的大同。"②这里,刘少奇指出了无产阶级的民族主义的基本内容,揭示了无产阶级解决民族问题所应采取的"自由联合及自由分立"途径。刘少奇还认为,坚持无产阶级的国际主义的民族主义,对于资本主义国家的无产阶级政党而言,需要的是坚持"从来就是最坚定地反对本国民族中的统治者——帝国主义集团去侵略和压迫殖民地与半殖民地民族",以实际行动援助殖民地半殖民地的民族解放运动,并且在取得国家政权时"必须马上取消本国帝国主义对于国内外一切民族的压迫"③;对于殖民地半殖民地的无产阶级政党而言,就是要"成为最坚定的领导被压迫民族反对帝国主义的民族解放运动的先锋战士",并且要反对本民族的资产阶级向帝国主义者出卖本民族的行径,以取得国家的独立和民族的解放④。刘少奇提出的国际主义的民族主义主张,就在于使无产阶级的国际主义与民族主义有机统一起来,使世界范围的民族解放运动中互相配合、互相支持,从而取得反对帝国主义的最后胜利。

刘少奇的《论国际主义与民族主义》一书,以第二次世界大战后民族解放运动蓬勃发展为总背景,在阐发马克思主义民族理论的前提下,因应时势地提出无产阶级国际主义的民族主义主张,使马克思主义民族观与时俱进地得到发展和创新。这是对发展马克思主义民族理论的重要贡献。

---

① 刘少奇:《论国际主义与民族主义》,人民出版社 1951 年版,第 7 页。
② 刘少奇:《论国际主义与民族主义》,人民出版社 1951 年版,第 8 页。
③ 刘少奇:《论国际主义与民族主义》,人民出版社 1951 年版,第 10 页。
④ 刘少奇:《论国际主义与民族主义》,人民出版社 1951 年版,第 10 页。